GUIA PRÁTICO & VISUAL

HTML5 e CSS3

Tradução da Sétima Edição

ELIZABETH CASTRO • BRUCE HYSLOP

ALTA BOOKS
EDITORA
Rio de Janeiro, 2013

HTML5 e CSS3 — Guia Prático & Visual Copyright © 2013 da Starlin Alta Editora e Consultoria Eireli.
ISBN: 978-85-7608-803-5

Translated from original HTML5 and CSS3, Seventh Edition: Visual QuickStart Guide © 2012 by Elizabeth Castro and Bruce Hyslop, Inc. ISBN 978-0-321-71961-4. This translation is published and sold by permission Peachpit Press, the owner of all rights to publish and sell the same. PORTUGUESE language edition published by Starlin Alta Editora e Consultoria Eireli, Copyright © 2013 by Starlin Alta Editora e Consultoria Eireli.

Todos os direitos reservados e protegidos por Lei. Nenhuma parte deste livro, sem autorização prévia por escrito da editora, poderá ser reproduzida ou transmitida.

Erratas: No site da editora relatamos, com a devida correção, qualquer erro encontrado em nossos livros. Procure pelo título do livro.

Marcas Registradas: Todos os termos mencionados e reconhecidos como Marca Registrada e/ou Comercial são de responsabilidade de seus proprietários. A Editora informa não estar associada a nenhum produto e/ou fornecedor apresentado no livro.

Impresso no Brasil — 1ª Edição, 2013

Vedada, nos termos da lei, a reprodução total ou parcial deste livro.

Produção Editorial Editora Alta Books **Gerência Editorial** Anderson Vieira **Editoria de Informática** Jaciara Lima	**Supervisão Gráfica** Angel Cabeza **Supervisão de Qualidade Editorial** Sergio Luiz de Souza **Supervisão de Texto** Jaciara Lima	**Conselho de Qualidade Editorial** Anderson Vieira Angel Cabeza Danilo Moura Jaciara Lima Natália Gonçalves Sergio Luiz de Souza	**Design Editorial** Bruna Serrano Marco Aurélio Silva	**Marketing e Promoção** marketing@altabooks.com.br
Equipe Editorial	Claudia Braga Cristiane Santos Daniel Siqueira	Evellyn Pacheco Juliana de Paulo Licia Oliveira	Marcelo Vieira Milena Souza Thiê Alves	Vanessa Gomes Vinicius Damasceno
Tradução Artur H. Piva Antoniazzi	**Copidesque** Vinicius Rocha	**Revisão Técnica** Pedro Freire Boga *HTML5 with JavaScript and CSS3 Certified Specialist*	**Revisão Gramatical** Gabriel Almeida Jaciara Lima	**Diagramação** Diego Oliveira

Dados Internacionais de Catalogação na Publicação (CIP)

```
C355h    Castro, Elizabeth.
             HTML5 e CSS3 / Elizabeth Castro, Bruce Hyslop. – Rio de Janeiro,
         RJ : Alta Books, 2013.
             576 p. : il. ; 24 cm. – (Guia prático & visual)

             Inclui material online.
             Modo de acesso: <http://www.altabooks.com.br>
             Inclui índice.
             Tradução de: HTML5 and CSS3: Visual QuickStart Guide (7.ed.).
             ISBN 978-85-7608-803-5

             1. HTML (Linguagem de marcação de documento). 2. XHTML
         (Linguagem de marcação de documento). 3. Sistemas hipertexto. 4.
         Folhas de estilo. 5. Editoração eletrônica. 6. Sites da Web. I. Hyslop,
         Bruce. II. Título. III. Série.
                                                              CDU 004.738.52
                                                              CDD 006.74
```

Índice para catálogo sistemático:
1. Linguagens de marcação   004.738.52

(Bibliotecária responsável: Sabrina Leal Araujo – CRB 10/1507)

Rua Viúva Cláudio, 291 – Bairro Industrial do Jacaré
CEP: 20970-031 – Rio de Janeiro – Tels.: 21 3278-8069/8419 Fax: 21 3277-1253
www.altabooks.com.br – e-mail: altabooks@altabooks.com.br
www.facebook.com/altabooks – www.twitter.com/alta_books

À família.

Agradecimentos

Escrever os agradecimentos é um dos maiores desafios ao se trabalhar em um livro, porque você quer ter a certeza de mostrar, apropriadamente, sua gratidão a todos. Este livro é o resultado do apoio, trabalho incessante e boa vontade de muitas pessoas. Espero fazer justiça a todas elas, e que você tenha um pouquinho de paciência enquanto eu as agradeço.

Meus mais sinceros agradecimentos para:

Nancy Aldrich-Ruenzel e Nancy Davis, por confiar a mim esta edição de um livro que tem sido importante à Peachpit por tantos anos.

Cliff Colby, por me recomendar e tornar isso possível; por sua confiança em mim e sua paciência, flexibilidade e orientação; e por inúmeras conversas e muitas risadas.

Robyn Thomas, por seu tremendo esforço em nos manter no caminho certo, por disputar diversos documentos, fazer sábias edições e recomendações, e por nos dar constantes palavras de incentivo, que sempre foram um combustível.

Michael Bester, por todos os *feedbacks* e sugestões precisas, detectando erros técnicos e omissões, e por nos ajudar a passar a mensagem correta aos leitores. Foi um imenso prazer trabalhar com ele em outro livro.

Chris Casciano, sob a mesma linha, por toda sua especialidade técnica, sugestões e *feedback* fundamental. Eu lhe agradeço muito por juntar-se a nós nas últimas semanas; tivemos sorte em ter você.

Cory Borman, pelo hábil supervisionamento da produção do livro, por criar diagramas rapidamente, e seu bom humor.

Scout Festa, por corrigir cuidadosamente a gramática e a pontuação, amarrar a linguagem, assegurar a precisão das figuras e referências dos capítulos e, acima de tudo, por fornecer um nível muito importante de polidez.

David Van Ness, por seu grande cuidado ao montar as páginas e por sua capacidade e atenção aos detalhes.

Nolan Hester, por compartilhar sua perícia para o esforço de revisar a disposição das páginas.

Valery Haynes Perry, por lidar com a crítica tarefa de criar um índice remissivo eficiente, com o qual os leitores contarão muitas vezes.

Os inúmeros companheiros de marketing, vendas e outros na Peachpit pelo trabalho de bastidores para tornar este livro um sucesso.

A minha família e amigos, por checarem meu progresso e por me fazerem ter pausas ocasionais e bem-vindas da escrita. Obrigado àqueles amigos em particular que, apesar de cansados de me ouvir dizer que não poderíamos nos encontrar, continuaram me convidando mesmo assim.

Robert Reinhardt, como sempre, por fazer eu começar a escrever livros e por sua orientação enquanto eu embarcava neste aqui.

À comunidade da internet, por suas inovações e por compartilharem seu conhecimento para que outros se beneficiem (eu mencionei vários de vocês ao longo do livro).

A vocês, leitores, pelo interesse em aprender sobre HTML e CSS e por selecionar este livro; eu sei que há muitos outros para escolher. Espero que o livro os sirva bem.

Muito obrigado aos seguintes autores contribuintes. Os leitores têm um livro mais valioso graças aos seus esforços, pelos quais sou grato. Eu também gostaria de pedir desculpas ao Erik Vorhes por não sermos capazes de encaixar os Apêndices A e B no livro. Os leitores que os virem no site do livro com certeza darão valor ao seu trabalho.

Em ordem alfabética por sobrenome, os autores contribuintes são:

Scott Boms (Capítulo 14)

Scott é um premiado designer, escritor e orador que fez parcerias com organizações como PayPal, HSBC, Hyundai, DHL, XM Radio, revista *Toronto Life*, e Masterfile durante seus mais de 15 anos de trabalho com a web. Quando ele está longe do computador, você pode encontrá-lo tirando fotos com sua Polaroid; tocando bateria com sua banda, George; ou curtindo o tempo com sua esposa maravilhosa e dois filhos. Ele é @scottboms no Twitter.

Ian Devlin (Capítulo 17)

Ian Devlin é um desenvolvedor web irlandês, blogueiro e autor que gosta de codificar e escrever sobre tecnologias web emergentes como HTML5 e CSS3. Além de desenvolvedor front-end, Ian também constrói soluções para tecnologias back-end como .NET e PHP. Ele escreveu recentemente um livro, *HTML5 Multimedia: Develop and Design* (Peachpit Press, 2011).

Seth Lemoine (Capítulos 5 e 16)

Seth Lemoine é um desenvolvedor de software e professor em Atlanta. Por mais de dez anos, ele trabalhou em projetos desafiadores para ver o que é possível com tecnologias que vão de HTML, JavaScript e CSS a Objective-C e Ruby. Seja encontrar formas inovadoras de ensinar HTML5 e CSS a seus alunos ou aperfeiçoar sua receita de Schezuan em sua panela wok ao ar livre. Ser criativo é sua paixão.

Erik Vorhes (Apêndices A e B, disponíveis no site do livro)

Erik Vorhes cria coisas para a web com o VSA Partners e é editor de gestão do Typedia (http://typedia.com/). Mora em Chicago.

Brian Warren (Capítulo 13)

Brian Warren é um designer sênior da Happy Cog, na Filadélfia. Quando não está escrevendo ou projetando, ele passa seu tempo brincando com sua bela família, ouvindo música e fabricando cerveja. Ele atualiza, incessantemente, seu blog em http://begoodnotbad.com.

E, por fim, gostaria de agradecer especialmente a Elizabeth Castro. Ela criou a primeira edição deste livro há mais de 15 anos e alimentou seu público com cada versão que se seguia. Seu estilo de ensinar ressoou, literalmente, em centenas de milhares de leitores ao longo dos anos. Eu sou extremamente grato pela oportunidade de ser parte deste livro, e fui muito cuidadoso para fazer tudo certo, tanto pelo livro quanto para os leitores, enquanto trabalhava nesta edição.

—Bruce

Sumário Resumido

	Agradecimentos	iv
	Introdução	xv
Capítulo 1	Blocos de Montagem de Páginas na Web	1
Capítulo 2	Trabalhando com Arquivos de Páginas na Web	25
Capítulo 3	Estrutura Básica do HTML	41
Capítulo 4	Texto	99
Capítulo 5	Imagens	147
Capítulo 6	Links	165
Capítulo 7	Blocos de Montagem do CSS	179
Capítulo 8	Trabalhando com Folhas de Estilo	197
Capítulo 9	Definindo Seletores	213
Capítulo 10	Formatando o Texto com Estilos	241
Capítulo 11	Layout com Estilos	275
Capítulo 12	Folhas de Estilo de Portáteis a Desktop	327
Capítulo 13	Trabalhando com Fontes Web	353
Capítulo 14	Aprimoramentos com o CSS3	371
Capítulo 15	Listas	397
Capítulo 16	Formulários	417
Capítulo 17	Vídeo, Áudio e Outras Mídias	449
Capítulo 18	Tabelas	489
Capítulo 19	Trabalhando com Scripts	497
Capítulo 20	Testando e Depurando Páginas na Web	505
Capítulo 21	Publicando Suas Páginas na Web	521
	Índice	529

Sumário

Agradecimentos iv

Introdução...xv

HTML e CSS em Resumo...xvi
Aprimoramento Progressivo: A Melhor Prática.......................................xviii
Este Livro É para Você?..xx
Como Este Livro Funciona..xxii
Web Site da Companhia..xxiv

Capítulo 1   **Blocos de Montagem de Páginas na Web......................................1**

Uma Página HTML Básica 3
A Semântica do HTML: Marcação com Significado.....................................6
Marcadores: Elementos, Atributos e Valores..13
O Conteúdo de Texto de uma Página na Web...16
Links, Imagens e Outros Conteúdos Não-Textuais....................................17
Nomes de Arquivos..19
URLs..20
Elementos-chave...24

Capítulo 2   **Trabalhando com Arquivos de Páginas na Web 25**

Planejando Seu Site 26
Criando uma Nova Página na Web 28
Salvando Sua Página na Web...30
Especificando uma Página Padrão ou Homepage 33
Editando Páginas na Web..35
Organizando Arquivos...36
Visualizando Sua Página em um Navegador...37
A Inspiração dos Outros..39

Capítulo 3   **Estrutura Básica do HTML 41**

Iniciando Sua Página na Web...43
Criando um Título..46
Criando Cabeçalhos...48
Entendendo o Outline do Documento do HTML5.....................................50
Agrupando Cabeçalhos 58

Construções de Páginas Comuns.. 60

Trabalhando com a Tag Header 61

Marcando a Navegação... 64

Criando um Artigo.. 68

Definindo uma Seção 72

Especificando um Aside 75

Criando um Rodapé... 80

Criando Containers Genéricos... 84

Melhorando a Acessibilidade com ARIA.. 88

Nomeando Elementos com uma Class ou ID.. 92

Adicionando o Atributo Title aos Elementos 95

Adicionando Comentários.. 96

Capítulo 4   **Texto**... **99**

Iniciando um Novo Parágrafo.. 100

Adicionando Informação de Contato do Autor 102

Criando uma Figura.. 104

Especificando o Tempo.. 106

Enfatizando e Marcando um Texto Como Importante 110

Indicando uma Citação ou Referência.. 112

Citando um Texto.. 113

Destacando um Texto... 116

Explicando Abreviações 118

Definindo um Termo... 120

Criando Superscripts e Subscripts 121

Informando Edições e Textos Imprecisos... 124

Marcando o Código... 128

Utilizando Texto Pré-formatado.. 130

Especificando Fine Print 132

Criando uma Quebra de Linha... 133

Criando Spans... 134

Outros Elementos 136

Capítulo 5   **Imagens**... **147**

Sobre as Imagens para a Web 148

Conseguindo Imagens 152

Escolhendo um Editor de Imagens 153

Salvando Suas Imagens... 154

Inserindo Imagens em uma Página... 156

Oferecendo um Texto Alternativo... 157

Especificando o Tamanho da Imagem..158
Dimensionando Imagens com o Navegador.......................................160
Dimensionando Imagens com um Editor de Imagens.........................161
Adicionando Ícones ao Seu Site...162

Capítulo 6   Links 165
A Anatomia de um Link..166
Criando um Link para Outra Página na Web.....................................167
Criando Âncoras..172
Direcionando a uma Âncora Específica 174
Criando Outros Tipos de Links...175

Capítulo 7   Blocos de Montagem do CSS 179
Construindo uma Regra de Estilo 181
Adicionando Comentários a Regras de Estilo....................................182
A Cascata: Quando as Regras Colidem 184
Um Valor de uma Propriedade..188

Capítulo 8   Trabalhando com Folhas de Estilo..............................197
Criando uma Folha de Estilo Externa..198
Vinculando a Folhas de Estilo Externas..200
Criando uma Folha de Estilo Incorporada...202
Aplicando Estilos Inline...204
A Importância da Localização 206
Usando Folhas de Estilo para Mídias Específicas..............................208
Oferecendo Folhas de Estilo Alternativas...210
A Inspiração dos Outros: CSS 212

Capítulo 9   Definindo Seletores 213
Construindo Seletores..214
Selecionando Elementos por Nome...216
Selecionando Elementos por Class ou ID...218
Selecionando Elementos por Contexto..221
Selecionando Parte de um Elemento...227
Selecionando Links Baseados em Seus Estados.................................230
Selecionando Elementos Baseados nos Atributos..............................232
Especificando Grupos de Elementos...236
Combinando Seletores...238
Recapitulação dos Seletores..240

Capítulo 10   **Formatando o Texto com Estilos** **241**

Escolhendo uma Família de Fontes 243

Especificando Fontes Alternativas 244

Criando Itálicos 246

Aplicando Formatação em Negrito 248

Definindo o Tamanho da Fonte 250

Definindo a Altura da Linha 255

Definindo Todos os Valores de Fonte de Uma só Vez 256

Definindo a Cor 258

Modificando o Background do Texto 260

Controlando o Espaçamento 264

Adicionando Indentação 265

Definindo as Propriedades de Espaço em Branco 266

Alinhando o Texto 268

Alterando a Caixa do Texto 270

Usando Caixa Baixa 271

Decorando o Texto 272

Capítulo 11   **Layout com Estilos** **275**

Considerações ao Começar um Layout 276

Estruturando Suas Páginas 279

Estilizando Elementos do HTML5 em Navegadores Antigos 286

Redefinindo ou Normalizando Estilos Padrões 290

O Modelo Caixa 292

Modificando o Background 294

Definindo a Altura ou a Largura de um Elemento 298

Definindo as Margens ao Redor de um Elemento 302

Adicionando Padding ao Redor de um Elemento 304

Fazendo os Elementos Flutuarem 306

Controlando Onde os Elementos Flutuam 308

Definindo a Borda 311

Deslocando Elementos do Fluxo Natural 314

Posicionando Elementos Absolutamente 316

Posicionando Elementos em 3D 318

Determinando Como Tratar Overflow 320

Alinhando Elementos Verticalmente 322

Modificando o Cursor 323

Exibindo e Ocultando Elementos 324

Capítulo 12	**Folhas de Estilo de Portáteis a Desktop**	**327**

Estratégias para Portáteis e Considerações 328

Entendendo e Implementando Media Queries 333

Construindo uma Página que se Adapte
    com Media Queries 340

Capítulo 13	**Trabalhando com Fontes Web**	**353**

O Que É uma Fonte Web? 354

Onde Encontrar Fontes Web 356

Baixando Sua Primeira Fonte Web 358

Trabalhando com **@font-face** 360

Estilizando Fontes Web e Gerenciando o
    Tamanho do Arquivo 365

Capítulo 14	**Aprimoramentos com o CSS3**	**371**

Entendendo os Prefixos dos Fabricantes 373

Uma Olhada Rápida sobre a Compatibilidade
    dos Navegadores 375

Utilizando Polyfills para o Aprimoramento Progressivo 376

Arredondando os Cantos dos Elementos 378

Adicionando Sombras ao Texto 382

Adicionando Sombras a Outros Elementos 384

Aplicando Diversos Backgrounds 388

Utilizando Backgrounds Gradientes 390

Definindo a Opacidade dos Elementos 394

Capítulo 15	**Listas**	**397**

Criando Listas Ordenadas e Desordenadas 398

Escolhendo Seus Marcadores 401

Escolhendo Onde Começar a Numeração da Lista 403

Utilizando Marcadores Personalizados 404

Controlando Onde Ficam os Marcadores 406

Definindo de uma só Vez Todas as Propriedades dos
    Estilos de Lista 407

Estilizando Listas Aninhadas 408

Criando Listas de Descrição 412

Capítulo 16	**Formulários**	**417**
	Criando Formulários	419
	Processando Formulários	421
	Enviando Dados de Formulário por E-mail	424
	Organizando os Elementos do Formulário	426
	Criando Caixas de Texto	428
	Criando Caixas de Senha	431
	Criando Caixas de E-mail, Telefone e URL	432
	Rotulando Partes do Formulário	434
	Criando Botões de Rádio	436
	Criando Caixas de Seleção	438
	Criando Checkboxes	440
	Criando Áreas de Texto	441
	Permitindo aos Usuários o Upload de Arquivos	442
	Criando Campos Ocultos	443
	Criando um Botão de Envio	444
	Utilizando uma Imagem para Enviar um Formulário	446
	Desativando Elementos do Formulário	447
	Novos Recursos do HTML5 e Suporte dos Navegadores	448
Capítulo 17	**Vídeo, Áudio e Outras Mídias**	**449**
	Plugins de Terceiros e a Multimídia Nativa	451
	Formatos de Arquivos de Vídeo	452
	Adicionando um Único Vídeo à Sua Página	453
	Explorando os Atributos de Vídeo	454
	Adicionando Controles e Autorreprodução a Seu Vídeo	455
	Colocando um Vídeo em Loop e Especificando um Pôster de uma Imagem	457
	Evitando o Pré-carregamento de Seu Vídeo	458
	Utilizando Vídeos com Várias Fontes	459
	Várias Fontes de Mídia e o Elemento Source	460
	Adicionando Vídeo com Hyperlink Fallbacks	461
	Adicionando Vídeo com Flash Fallbacks	463
	Fornecendo Acessibilidade	467
	Adicionando Arquivos no Formato de Áudio	468
	Adicionando um Único Arquivo de Áudio à Sua Página	469
	Adicionando à Sua Página um Único Arquivo de Áudio com Controles	470
	Explorando os Atributos de Áudio	471
	Adicionando Controles e Autorreprodução para o Áudio em um Loop	472

Pré-carregando um Arquivo de Áudio... 473

Fornecendo Diversas Fontes de Áudio...474

Adicionando Áudio com Hyperlink Fallbacks...475

Adicionando Áudio com Flash Fallbacks 476

Adicionando Áudio com Flash e um Hyperlink Fallback...................... 478

Conseguindo Arquivos Multimídia..480

Considerando o Gerenciamento de Direitos Digitais (DRM)...............481

Incorporando uma Animação em Flash...482

Incorporando um Vídeo do YouTube 484

Utilizando Vídeo com Canvas 485

Emparceirando Vídeos com SVG 486

Outros Recursos...487

Capítulo 18 — Tabelas 489

Estruturando Tabelas..490

Abrangendo Colunas e Fileiras 494

Capítulo 19 — Trabalhando com Scripts 497

Carregando um Script Externo 499

Adicionando um Script Incorporado...502

Eventos JavaScript..503

Capítulo 20 — Testando e Depurando Páginas na Web.................... 505

Experimentando Algumas Técnicas de Depuração...............................506

Checando as Coisas Fáceis: Em Geral 508

Checando as Coisas Fáceis: HTML...510

Checando as Coisas Fáceis: CSS...512

Validando Seu Código...514

Testando Sua Página 516

Quando as Imagens Não Aparecem 519

Ainda com Problemas?..520

Capítulo 21 — Publicando Suas Páginas na Web............................... 521

Conseguindo Seu Próprio Nome de Domínio 522

Encontrando um Servidor para Seu Site... 523

Transferindo Arquivos para o Servidor...525

Índice 529

Introdução

Se estiver apenas começando a aventurar-se na construção de sites, ou já tenha construído alguns, mas quer assegurar-se de que seu conhecimento está atualizado, você chegou a um momento muito emocionante da indústria.

A forma como codificamos e estilizamos páginas, os navegadores nos quais vemos as páginas e os aparelhos nos quais vemos os navegadores se desenvolveram substancialmente nos últimos anos. Antes limitados apenas a mostrar a web em nossos computadores e laptops, hoje podemos levá-la conosco em diversos aparelhos: telefones, tablets, laptops, computadores, e muito mais.

Isso nada mais é além do que deveria ser, porque a promessa da web sempre esteve associada à dissolução dos limites – o poder de compartilhar e acessar informação livremente de qualquer metrópole, comunidade rural ou em qualquer lugar no meio disso, a partir de qualquer aparelho habilitado para a web. E o alcance dela continua a se expandir conforme a tecnologia encontra seu espaço em comunidades que antes estavam isoladas.

Outra coisa grandiosa da web é que qualquer pessoa é livre para criar e lançar um site. Este livro lhe mostra como. Ele é ideal para iniciante, sem nenhum conhecimento de HTML ou CSS, que quer começar a criar páginas na web. Você encontrará instruções claras e fáceis de se seguir, que vão levá-lo através do processo de criação de páginas passo a passo. Por último, o livro é um guia útil de se ter a mão. Você pode procurar os tópicos no sumário ou índice e consultar apenas aqueles assuntos sobre quais precise de mais informação.

HTML e CSS em Resumo

No centro do sucesso da web está uma linguagem de marcação simples, baseada em texto, que é fácil de aprender e qualquer aparelho com um navegador web básico pode ler: HTML. Todas as páginas na web requerem ao menos um pouco de HTML; elas não seriam páginas na web sem ele.

Conforme você aprenderá em maiores detalhes enquanto avança por este livro, o HTML é usado para definir o significado de seu conteúdo, e o CSS tem a função de definir como seu conteúdo e sua página web parecerão. Tanto as páginas em HTML e arquivos CSS (folhas de estilo) são arquivos de texto, tornando-os fáceis de editar. Você pode ver trechos de HTML e CSS em "Como Este Livro Funciona", próximo ao fim desta introdução.

Você mergulhará no aprendizado de uma HTML básica logo no início do Capítulo 1, e começará a aprender como estilizar suas páginas com CSS no Capítulo 7. Veja "O que Este Livro Vai lhe Ensinar" para uma visão geral de todos os capítulos e um resumo dos tópicos abordados.

O que é HTML5?

Saber um pouco do básico da origem do HTML ajuda você a entender o HTML5. O HTML começou no início da década de 1990 como um pequeno documento que detalhava diversos elementos usados para construir páginas na web. Muitos desses elementos eram para descrever conteúdos de páginas como cabeçalhos, parágrafos e listas. O número de versões de HTML aumentou conforme a linguagem evoluiu com a introdução de outros elementos e ajustes às suas regras. A versão mais atual é o HTML5.

O HTML5 é uma evolução natural das versões anteriores do HTML e luta para refletir as necessidades tanto dos sites atuais quanto dos do futuro. Ele herda a grande maioria dos recursos de suas predecessoras, fazendo com que, se você já codificava em HTML antes do HTML5, já saiba muito sobre esta. Isso também significa que muito do HTML5 funciona em navegadores novos e antigos; ser compatível com versões anteriores é um princípio de design chave do HTML5 (veja www.w3.org/TR/html-design-principles/ - site em inglês).

O HTML5 também adiciona um monte de novos recursos. Muitos são bem diretos, como elementos adicionais (**artigo**, **seção**, **figura**, e muitos outros) que são usados para descrever conteúdo. Outros são bem complexos e ajudam a criar aplicações web poderosas. Você precisará ter uma noção concreta sobre a criação de páginas na web antes que possa avançar para os recursos mais complexos que o HTML5 oferece. Ele também introduz áudio próprio e playback de vídeo para suas páginas, os quais o livro também aborda.

O que é CSS3?

A primeira versão do CSS não existia até o HTML já estar por aí após alguns anos, tornando-se oficial em 1996. Assim como o HTML5 e sua relação com versões anteriores de HTML, o CSS3 é uma extensão natural das versões de CSS que o precederam.

O CSS3 é mais poderoso do que suas versões anteriores e introduz inúmeros efeitos visuais, como sombras de texto, cantos arredondados e gradientes. (Veja "O Que Este Livro Vai lhe Ensinar" para detalhes sobre o que é abordado.)

Padrões Web e Especificações

Em primeiro lugar, você deve estar se perguntando quem criou o HTML e o CSS, e quem continua a desenvolvê-los. O World Wide Web Consortium (W3C) — dirigido pelo inventor da web e HTML, Tim Berners-Lee — é a organização responsável por guiar o desenvolvimento dos padrões web.

A O site da W3C é a fonte primária da indústria para especificações sobre os padrões web.

As *especificações* são documentos que definem os parâmetros de linguagens como HTML e CSS. Em outras palavras, as especificações padronizam as regras. Siga as atividades do W3C em www.w3.org (em inglês) **A**.

Por diversas razões, outra organização – Web Hypertext Application Technology Working Group (WHATWG, encontrada em www.whatwg.org – em inglês) — está desenvolvendo a especificação do HTML5. O W3C incorpora o trabalho da WHATWG em sua versão oficial das especificações em progresso.

Com os padrões definidos, nós podemos construir nossas páginas a partir de regras preestabelecidas, e navegadores – como Chrome, Firefox, Internet Explorer (IE), Opera e Safari — podem ser construídos para mostrar nossas páginas com aquelas regras em mente. (No geral, os navegadores implementam bem os padrões. Algumas versões antigas do IE, especialmente o IE6, têm alguns problemas.)

As especificações passam por diversos estágios de desenvolvimento antes de serem consideradas finalizadas, quando recebem uma *Recomendação* (www.w3.org/2005/10/Process-20051014/tr – em inglês).

As especificações para o HTML5 foram concluídas e publicadas em 17/12/2012 (veja em www.w3.org/2012/12/html5-cr), já iniciando a elaboração das especificações para o HTML5.1. As especificações do CSS3 ainda estão sendo elaboradas (www.w3.org/Style/CSS/current-work), mas o que se verifica é que, em ambos os casos, se trata de um trabalho contínuo, onde após a conclusão de uma especificação, uma nova é iniciada.

Em geral, os recursos mencionados neste livro estão bem arraigados em suas respectivas especificações, então o risco de elas mudarem antes de se tornarem uma Recomendação é mínimo. Os desenvolvedores têm usado vários recursos do HTML5 e CSS3 há algum tempo. Logo, você também pode.

Aprimoramento Progressivo: A Melhor Prática

Comecei a introdução falando da universalidade da web — a noção de que a informação deve ser acessível a todos. O Aprimoramento Progressivo o ajuda a construir sites com a universalidade em mente. Não é uma linguagem, mas uma abordagem de construir sites que Steve Champeon criou em 2003 (http://en.wikipedia.org/wiki/Progressive_enhancement — em inglês).

A ideia é simples, mas poderosa: comece seu site com conteúdo e comportamento em HTML que seja acessível a todos os visitantes . À *mesma* página, adicione seu design com CSS B e adicione mais um comportamento com JavaScript, geralmente carregando-os a partir de arquivos externos (você aprenderá como fazer isso).

O resultado é que os aparelhos e navegadores capazes de acessar páginas básicas exibirão uma experiência padrão e simplificada; aparelhos e navegadores capazes de visualizar sites mais robustos mostrarão a versão aprimorada. A experiência do seu site não precisa ser a mesma para todos, desde que seu conteúdo seja acessível. Em sua essência, a ideia por trás do aprimoramento progressivo é que todos ganham.

A Uma página HTML básica, sem nenhum CSS personalizado. Esta página pode não parecer incrível, mas a informação é acessível — e é isso que importa. Mesmo navegadores criados quase que juntamente com a web, há mais de 20 anos, podem mostrar esta página; assim como os celulares mais antigos com navegadores web. E os *leitores de telas*, software que lê em voz alta páginas da web para deficientes visuais, conseguirão navegar por ela facilmente.

B A mesma página vista em um navegador que suporta CSS. Trata-se da mesma informação, só que apresentada diferente. Usuários com aparelhos e navegadores mais poderosos conseguem uma experiência aprimorada quando visitam a página.

Este livro ensina como construir sites progressivamente melhorados, ainda que nem sempre dê esse nome explicitamente quando faz isso. Trata-se de um resultado natural das melhores práticas transmitidas ao longo do livro.

Entretanto, os Capítulos 12 e 14 realmente destinam-se ao aprimoramento progressivo logo de cara. Dê uma olhadinha rápida neles caso esteja interessado em saber como o princípio dessa melhoria o ajuda a construir um site que adapte seu layout baseado no tamanho da tela de um aparelho e capacidades de um navegador, ou como navegadores mais antigos mostrarão designs simplificados enquanto os mais modernos exibirão designs melhorados, com efeitos em CSS3.

O aprimoramento progressivo é uma melhor prática chave, que é o coração para a construção de sites para todos.

Este Livro É para Você?

Este livro não requer nenhum conhecimento anterior sobre construção de sites. Por isso é destinado ao iniciante absoluto. Você aprenderá tanto HTML quanto CSS desde o início. Para que isso seja possível, você também aprenderá sobre os recursos que são novos no HTML5 e CSS3, com ênfase naqueles que designers e desenvolvedores utilizam atualmente em seus trabalhos diários.

Mas mesmo que você *esteja* familiarizado com HTML e CSS, você ainda pode aprender com este livro, especialmente se quiser se atualizar rapidamente sobre as últimas novidades do HTML5, CSS3 e das melhores práticas.

O que este livro vai lhe ensinar

Nós adicionamos aproximadamente 124 páginas a este livro desde a edição anterior para que possamos trazer até você o máximo de material possível. (A primeira edição do livro, publicada em 1996, tinha um total de 176 páginas.) Também fizemos atualizações substanciais (ou reescrevemos totalmente) a quase todas a páginas. Resumindo, esta tradução da sétima edição representa uma grande revisão.

Os capítulos estão organizados da seguinte forma:

- Os capítulos de 1 a 6 e 15 a 18 abordam os princípios da criação de páginas HTML e a gama de elementos HTML à sua disposição, demonstrando claramente como utilizar cada um.

- Os capítulos de 7 a 14 focam-se no CSS, desde a criação de sua primeira regra de estilo até a aplicação de efeitos visuais aprimorados com CSS3.

- O capítulo 19 mostra como adicionar JavaScript previamente escrito nas suas páginas.

- O capítulo 20 diz como testar e depurar suas páginas antes de colocá-las na web.

- O capítulo 21 explica como assegurar seu próprio domínio e depois publicar seu site na web para todos verem.

Dando um pouco mais de detalhes, alguns dos tópicos incluem:

- Criando, salvando e editando arquivos HTML e CSS.

- O que significa escrever HTML semântico e por que ele é importante

- Como separar o conteúdo de suas páginas (ou seja, seu HTML) de suas apresentações – um aspecto chave do aprimoramento progressivo.

- Estruturando seu conteúdo de forma significativa através do uso de elementos HTML que estão no mercado há anos e outros que são novos no HTML5.

- Melhorando a acessibilidade de seu site com o ARIA landmark roles e outras boas práticas de codificação.

- Adicionando imagens às suas páginas e otimizando-as para a web.

- Vinculando uma página a outra, ou parte de uma página a outra parte.

- Estilizando o texto (tamanho, cor, negrito, itálico, e mais); adicionando cores de background e imagens; e implementando um layout fluido, de múltiplas colunas, que pode diminuir ou expandir para acomodar tamanhos de telas diferentes.

- Alavancando novos seletores no CSS3 que permitam a você focar seus estilos a uma gama maior de maneiras do que era possível anteriormente.

- Aprendendo as opções para atender visitantes em aparelhos portáteis.

- Construindo um único site para todos os usuários – estejam usando celulares, tablet, laptop, desktop ou outro aparelho habilitado para a web – baseado em vários princípios de web design responsivo, alguns dos quais influenciam as media queries do CSS3.

- Adicionando fontes web personalizadas a suas páginas com `@font-face`.

- Utilizando efeitos CSS3 como opacidade, transparência de background alpha, gradientes, cantos arredondados, sombreamento, sombras dentro de elementos, sombras de texto, e várias imagens de background.

- Construindo formulários para solicitar informação de seus visitantes, incluindo o uso de alguns dos novos tipos de formulários no HTML5.

- Incluindo mídia em suas páginas com os elementos de **audio** e **video** do HTML5.

E mais.

Esses tópicos são complementados por várias dezenas de exemplos de códigos que mostram como implementar os recursos baseados nas melhores práticas na indústria.

O que este livro não vai lhe ensinar

Apesar da inclusão de tantas páginas desde a edição anterior, há tanta coisa para se falar quando se trata de HTML e CSS que tivemos que deixar alguns tópicos de lado.

Com algumas exceções, decidimos omitir itens que você teria menos ocasiões de uso, que ainda estão sujeitos a mudanças, que faltam suporte aos navegadores mais utilizados, que exigem conhecimento em JavaScript, ou que sejam de nível avançado.

Alguns dos tópicos não abordados incluem:

- Os elementos **details**, **summary**, **menu**, **command** e **keygen** do HTML5.

- O elemento **canvas** do HTML5, que o permite desenhar gráficos (e até criar jogos) com JavaScript.

- As APIs do HTML5 e outros recursos avançados que requerem conhecimento em JavaScript ou que não estejam diretamente relacionadas aos novos elementos semânticos do HTML5.

- CSS sprites. Esta técnica envolve a combinação de mais de uma imagem em uma única imagem, o que é muito útil para minimizar o número de assets que sua página precisa carregar. Veja www.bruceontheloose.com/htmlcss/ (site em inglês) para mais informações.

- Substituição de imagens CSS. Estas técnicas estão geralmente ligadas com CSS sprites. Veja www.bruceontheloose.com/htmlcss (em inglês) para mais informações.

- Alterações, animações e transições do CSS3

- Novos módulos de layout do CSS3.

Como Este Livro Funciona

Praticamente todas as seções do livro contêm exemplos práticos de códigos que demonstram um uso no mundo real (Ⓐ e Ⓑ). Normalmente, eles são emparceirados com capturas de tela que mostram o resultado do código quando você vê a página web em um navegador Ⓒ.

A maioria das capturas é da última versão do Firefox disponível naquele momento. Entretanto, isso não implica a recomendação do Firefox sobre qualquer outro navegador. As amostras de código serão muito parecidas em qualquer uma das versões mais recentes do Chrome, Internet Explorer, Opera ou Safari. Como você aprenderá no Capítulo 20, você deve testar suas páginas em uma vasta variedade de navegadores antes de colocá-las na web, já que não há como saber quais navegadores seus visitantes vão usar.

O código e as telas são acompanhados de descrições dos elementos do HTML ou propriedades do CSS em questão, ambos para dar contexto às amostras e aumentar o seu grau de entendimento sobre elas.

Em vários casos, você poderá achar que as descrições e amostras de códigos serão suficientes para que comece a usar os recursos do HTML e CSS. Mas caso precise de uma orientação explícita sobre como usá-las, instruções passo a passo são sempre fornecidas.

Por fim, a maioria das seções contém dicas que dão informações de uso adicionais, melhores práticas, referências a partes relacionadas do livro, links para recursos relevantes e mais.

Ⓐ Você encontrará um fragmento de código HTML em várias páginas, com as seções pertinentes destacadas. Uma elipse (...) representa um código ou conteúdo adicional que foi omitido para abreviar. Normalmente, a porção omitida é mostrada em uma figura diferente do código.

```
...
<body>
<header role="banner">
    ...
        <nav role="navigation">
            <ul class="nav">
                <li><a href="/" class="current">home</a></li>
                <li><a href="/about/">about</a></li>
                <li><a href="/resources/">resources</a></li>
                <li><a href="/archives/">archives</a></li>
            </ul>
        </nav>
    ...
</header>

...

</body>
</html>
```

B Se o código CSS é relevante ao exemplo, ele é mostrado em uma caixa própria, com as seções pertinentes destacadas.

```
/* Site Navigation */
.nav li {
    float: left;
    font-size: .75em; /* makes the
    → bullets smaller */
}

.nav li a {
    font-size: 1.5em;
}

.nav li:first-child {
    list-style: none;
    padding-left: 0;
}
```

C Screen shots de um ou mais navegadores demonstram como o código afeta a página.

Convenções usadas neste livro

O livro utiliza as seguintes convenções:

- A palavra *HTML* é abrangente, representando a linguagem em geral. *HTML5* é usada quando refere-se a esta versão específica do HTML, como quando discute-se uma característica que é nova no HTML5 e não existe em versões anteriores do HTML. A mesma abordagem se aplica ao uso dos termos *CSS* (geral) e *CSS3* (específico ao CSS3).

- O texto ou o código, que é um espaço reservado para um valor que você mesmo criaria, está em itálico. A maioria dos espaços aparecem nas instruções passo a passo. Por exemplo, "Ou digite **#rrggbb**, no qual **rrggbb** é a representação hexadecimal da cor."

- Um seta (→) em uma figura de código indica uma continuação da linha anterior — a linha foi separada para encaixar na coluna do livro **B**. A seta não é parte do código em si, então não é algo que você digitaria. Ao invés disso, digite a linha continuamente, como se ela não tivesse sido divida em outra.

- A primeira ocorrência de uma palavra é feita em itálico quando é definida.

- *IE* é normalmente utilizado como uma abreviação popular de *Internet Explorer*. Por exemplo, IE9 é sinônimo de Internet Explorer 9.

- Quando um sinal de mais (+) aparecer após o número da versão de um navegador, ele significa a versão listada mais as versões posteriores. Por exemplo, Firefox 8+ refere-se ao Firefox 8.0 e todas as versões depois desta.

Introdução xxiii

Web Site da Companhia

O site do livro, www.bruceontheloose.com/htmlcss (em inglês), contém a tabela de conteúdo, todos os exemplos de código apresentados no livro (mais alguns adicionais que não caberiam), links para recursos mencionados no livro (assim como adicionais), informações sobre referências usadas durante a escrita, uma lista de erratas e mais.

O site também inclui seções de referência (Apêndices A e B) que não tivemos espaço para incluir no livro. Eles são úteis para ver rapidamente elementos e atributos do HTML ou propriedades e valores do CSS (Eles também contêm algumas informações não mencionadas no livro). Você também pode encontrar os apêndices já traduzidos no site da Editora Alta Books http://www.altabooks.com.br/ (procure pelo nome do livro).

Você pode encontrar os exemplos de código no site original do livro (conteúdo em inglês) www.bruceontheloose.com/htmlcss/examples/. Você pode visualizá-los diretamente do site ou salvá-los em seu computador – todos os arquivos HTML e CSS estão à sua disposição.

Em alguns casos, eu incluí comentários adicionais ao código para explicar mais sobre o que ele faz ou como usá-lo. Diversas amostras de códigos no livro foram abreviadas por questão de espaço, mas as versões completas estão no site do livro. Por favor, sinta-se à vontade para usar o código como lhe convir, modificando-o conforme as necessidades de seus projetos.

As URLs de algumas páginas-chave do livro estão listadas a seguir:

- Home page: www.bruceontheloose.com/htmlcss
- Site da Editora Alta Books: http://www.altabooks.com.br/ (procure pelo nome do livro)

Espero que você ache os sites úteis.

Por favor, observe que esta publicação não contempla as imagens coloridas referenciadas no texto. As imagens encontram-se disponíveis em apêndice disponibilizado no site da Editora Alta Books, localize a página pelo nome do livro.

Na mesma página, faça download dos dois apêndices traduzidos, originalmente disponibilizados no site oficial do livro.

Não esqueça, ainda, de baixar o arquivo compactado contendo todos os exemplos dos códigos trabalhados.

Blocos de Montagem de Páginas na Web

Enquanto que as páginas na web tornam-se cada vez mais complexas, sua estrutura básica permanece incrivelmente simples. A primeira coisa que você deve saber é que é impossível criar uma página web sem HTML. Conforme aprenderá, o HTML recebe seu conteúdo e descreve seu significado. Por sua vez, os navegadores processam o conteúdo codificado no HTML para os usuários.

Uma página web é formada, basicamente, por três componentes:

- *Conteúdo de texto*: simplesmente o texto que aparece na página para informar aos visitantes sobre seus negócios, férias com a família, produtos ou qualquer que seja o foco de sua página.

- *Referências a outros arquivos*: elas carregam itens como imagens, áudio, vídeo e arquivos SVG (Scalable Vector Graphics – Gráficos Vetoriais Escaláveis), ligando-os a outras páginas HTML e assets, assim como folhas de estilo (que controlam o layout de sua página) e arquivos JavaScript (que adicionam comportamento à sua página).

- *Marcadores*: os elementos HTML que descrevem o conteúdo de seu texto e fazem as referências funcionarem. (O *m* em HTML significa *markup*)

Neste Capítulo

Uma Página HTML Básica	3
A Semântica do HTML: Marcação com Significado	6
Marcadores: Elementos, Atributos e Valores	13
O Conteúdo de Texto de uma Página na Web	16
Links, Imagens e Outros Conteúdos Não-Textuais	17
Nomes de Arquivos	19
URLs	20
Elementos-chave	24

É importante perceber que cada um dos componentes em uma página web é feita exclusivamente de texto. Isso significa que as páginas são salvas em formato de texto apenas e podem ser visualizadas em praticamente qualquer navegador ou plataforma, seja um desktop, celular, tablet, entre outros. Isso garante a universalidade da web. Uma página pode parecer diferente quando visualizada em um aparelho se comparada a outro, mas não tem problema. A coisa mais importante como primeiro passo é tornar o conteúdo acessível a todos os usuários, o que o HTML permite.

Além dos três componentes em que uma página é basicamente construída, ela também inclui HTML que fornece informações da página em si, a maioria das quais seus usuários não veem explicitamente e são principalmente destinadas aos navegadores e sites de busca. Isso pode incluir informações sobre a língua do conteúdo (inglês, francês, e assim por diante), codificação de caracteres (normalmente UTF-8), e muito mais.

Este capítulo vai apresentar uma página HTML básica, discutir algumas melhores práticas e explicar cada um dos três componentes importantes.

Nota: como mencionado na introdução, eu uso *HTML* para me referir à linguagem em geral. Para os exemplos em que estiver destacando características únicas a uma versão da linguagem, utilizarei o nome individual. Por exemplo, "O *HTML5* apresenta novos elementos diversos e redefine ou elimina outros que existiam no *HTML4* e *XHTML 1.0*." Para mais detalhes, por favor, consulte: "Como Este Livro Funciona", na introdução.

Uma Página HTML Básica

Vamos dar uma olhada em uma página HTML básica para lhe dar um contexto sobre o que virá neste capítulo e nos demais. A Figura Ⓐ ilustra como um navegador de um desktop normalmente renderiza o código HTML em Ⓑ. Você vai aprender um pouco do básico sobre o código Ⓑ, mas não se preocupe se não entender tudo agora. Isto é para apenas lhe dar um gostinho do HTML. Você tem o resto do livro para aprender mais sobre o assunto.

Você provavelmente pode adivinhar alguma coisa do que está acontecendo no código, principalmente na seção **body**. Primeiro, vamos ver a parte que vem antes do **body**.

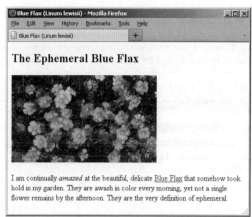

Ⓐ Uma renderização padrão típica de uma página. Embora a figura mostre a página no Firefox, ela é visualizada de forma parecida em outros navegadores.

Ⓑ Aqui está o código para uma página HTML básica. Eu destaquei as partes do HTML para que você possa distingui-las do conteúdo de texto da página. Como demonstrado em Ⓐ, o HTML em torno do texto não aparece quando você vê a página em um navegador. Mas, conforme você vai aprender, a marcação é essencial porque ela descreve o significado do conteúdo. Repare, também, que cada linha está separada com quebra de linha. Isso não é obrigatório e não influencia na renderização da página.

```html
<!DOCTYPE html>
<html lang="en">
<head>
    <meta charset="utf-8" />
    <title>Blue Flax (Linum lewisii)</title>
</head>
<body>
    <article>
        <h1>The Ephemeral Blue Flax</h1>

        <img src="blueflax.jpg" width="300" height="175" alt="Blue Flax (Linum lewisii)" />

        <p>I am continually <em>amazed</em> at the beautiful, delicate <a href="http://
          en.wikipedia.org/wiki/Linum_lewisii" rel="external" title="Learn more about Blue
          Flax">Blue Flax</a> that somehow took hold in my garden. They are awash in color every
          morning, yet not a single flower remains by the afternoon. They are the very definition
          of ephemeral.</p>
    </article>
</body>
</html>
```

Blocos de Montagem de Páginas na Web 3

Tudo acima da tag de início **<body>** é a informação instrucional para os navegadores e sites de busca mencionados anteriormente **C**. Cada página começa com a declaração DOCTYPE, que diz ao navegador a versão do HTML da página.

Você deve sempre usar o DOCTYPE do HTML5, que é **<!DOCTYPE html>**. A caixa do texto não importa, mas é mais comum utilizar DOCTYPE em caixa alta. De qualquer forma, sempre inclua o DOCTYPE em suas páginas (Veja a barra lateral "O DOCTYPE Melhorado do HTML5", no Capítulo 3, para maiores informações).

As partes que começam em **<!DOCTYPE html>** e continuam até o **</head>** são invisíveis aos usuários com uma exceção: o texto entre **<title>** e **</title>** – Blue Flax (Linum lewisii) – aparece como o título no topo da janela e da aba do navegador **B**. Além disso, é normalmente o nome padrão de um bookmark ou favorito do navegador e é uma informação valiosa para sites de busca. O Capítulo 3 explica o que fazem as outras partes do segmento de topo de uma página.

C O elemento de texto **title** é a única parte da área de cima de um documento HTML que o usuário vê. O resto é informação sobre a página para os navegadores e sites de busca.

```
<!DOCTYPE html>
<html lang="en">
<head>
    <meta charset="utf-8" />
    <title>The Ephemeral Blue Flax
   ⇢ (Linum lewisii)</title>
</head>
```

D O conteúdo da página existe entre as tags de início e fim do elemento **body**. O documento termina em **</html>**.

```html
<!DOCTYPE html>
<html lang="en">
. . . [document head] . . .
<body>
    <article>
        <h1>The Ephemeral Blue Flax</h1>

        <img src="blueflax.jpg" width="300"
        → height="175" alt="Blue Flax (Linum
        → lewisii)" />

        <p>I am continually <em>amazed</em>
        → at the beautiful, delicate
        → <a href="http://en.wikipedia.org/
        → wiki/Linum_lewisii" rel="external"
        → title="Learn more about Blue Flax">
        → Blue Flax</a> that somehow took
        → hold in my garden. They are awash
        → in color every morning, yet not a
        → single flower remains by the
        → afternoon. They are the very
        → definition of ephemeral.</p>
    </article>
</body>
</html>
```

Enquanto isso, o conteúdo de sua página – isto é, o que é visível aos usuários – vai entre **<body>** e **</body>**. Por fim, a tag de fim **</html>** sinaliza o fim da página **D**.

A paragrafação do código não tem absolutamente nenhum valor se o código é um HTML válido. Ela também não afeta como o conteúdo é exibido no navegador (o elemento **pre**, que você aprenderá no Capítulo 4, é a exceção). Entretanto, é comum paragrafar o código que está aninhado a um elemento pai para tornar mais fácil a identificação da hierarquia dos elementos conforme você lê o código. Você aprenderá mais sobre pais e filhos, mais tarde, neste capítulo. Você também aprenderá, com mais detalhes, sobre o a renderização padrão dos navegadores.

Primeiro, vamos discutir o que significa escrever a semântica do HTML e por que ela é um ponto importante de um site eficaz.

Blocos de Montagem de Páginas na Web   **5**

A Semântica do HTML: Marcação com Significado

O HTML é um sistema inteligente para incluir informação sobre o conteúdo em um documento de texto. Essa informação, chamada de marcação, descreve o *significado* do conteúdo, ou seja, a *semântica*. Você já viu alguns exemplos em nossa página HTML básica, como o elemento **p**, que marca o conteúdo de um parágrafo.

O HTML não define como o conteúdo deve aparecer no navegador; este é um papel do CSS (Cascading Style Sheets – Folhas de Estilo em Cascata). O HTML5 enfatiza essa distinção mais do que qualquer outra versão anterior. Está no centro da linguagem.

Você deve estar se perguntando por que, se for o caso, alguns textos na página HTML básica **Ⓐ** parecem maiores do que outros, ou está em negrito ou itálico **Ⓑ**.

Boa pergunta. A razão é que todos os navegadores Web possuem um arquivo CSS (uma *folha de estilo*) embutido que indica como cada elemento HTML exibe por padrão, a menos que você crie um arquivo próprio que o sobrescreva. A apresentação padrão varia sutilmente de navegador para navegador, mas, em geral, ela é bem consistente. E, mais importante, a estrutura básica do conteúdo e o significado definidos por seu HTML permanecem os mesmos.

Ⓐ O conteúdo de nossa página básica mais um segundo parágrafo adicionado ao fim. Os elementos HTML não ditam como o conteúdo deve aparecer, ou apenas o que ele significa. Ao contrário, cada folha de estilo embutida nos navegadores dita como o conteúdo é exibido por padrão **Ⓑ**.

```
...
<body>
    <article>
        <h1>The Ephemeral Blue Flax</h1>

        <img src="blueflax.jpg" width="300"
        → height="175" alt="Blue Flax (Linum
        → lewisii)" />

        <p>I am continually <em>amazed</em>
        → at the beautiful, delicate
        → <a href="http://en.wikipedia.org/
        → wiki/Linum_lewisii" rel="external"
        → title="Learn more about Blue Flax">
        → Blue Flax</a> that somehow took
        → hold in my garden. They are awash
        → in color every morning, yet not a
        → single flower remains by the
        → afternoon. They are the very
        → definition of ephemeral.</p>

        <p><small>&copy; Blue Flax Society.
        → </small></p>
    </article>
</body>
</html>
```

6 Capítulo 1

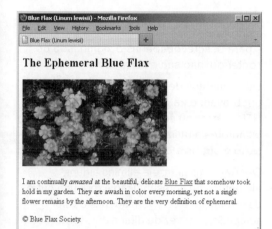

B Uma folha de estilo padrão de um navegador renderiza títulos (elementos **h1-h6**) de forma diferente a do texto normal, deixa em itálico o texto **em**, e colore e sublinha os links. Além disso, alguns elementos começam em sua própria linha (**h1** e **p**, por exemplo), e outros são exibidos no conteúdo ao redor (como **a** e **em**). Este exemplo inclui um segundo parágrafo (aviso de direitos autorais) para deixar claro que cada parágrafo ocupa sua própria linha. É fácil de sobrescrever todas ou qualquer uma dessas regras de apresentação com suas próprias folhas de estilo.

Nível de bloco, Inline e HTML5

Como você pode ver, alguns elementos HTML (por exemplo, `article`, **h1** e **p**) são exibidos em suas próprias linhas, como um parágrafo em um livro, enquanto que outros (**a** e **em**) aparecem na mesma linha que outro conteúdo **B**. De novo, trata-se de uma função do padrão das folhas de estilo do navegador, não dos elementos HTML em si. Deixe-me elaborar. Antes do HTML5, a maioria dos elementos eram categorizados como *nível de bloco* (aqueles que apareciam em linhas próprias) ou *inline* (que apareciam dentro de uma linha de texto). O HTML5 se livra desses termos porque ele associa os elementos com a apresentação que você aprendeu que não é o papel do HTML.

Em vez disso, de modo geral, os elementos que anteriormente haviam sido apelidados de inline são categorizados no HTML5 como phrasing content — ou seja, elementos e seus textos contidos que aparecem essencialmente dentro de um parágrafo. (O Capítulo 4 é focado quase que exclusivamente em phrasing content. Veja a lista completa em http://dev.w3.org/html5/spec-author-view/content-models.html#phrasing-content-0 — em inglês)

Os antigos elementos nível de bloco também caem em novas categorias do HTML5 que focam-se na semântica. Muitos desses elementos são parte dos blocos estruturais principais e títulos de seu conteúdo (vá para o Capítulo 3 para aprender mais sobre elementos de seccionamento de conteúdo e conteúdo de título).

Isto posto, os navegadores não mudaram suas regras de exibição padrão para esses elementos, e nem deveriam. Afinal de contas, você não ia querer que, digamos, os dois parágrafos (os elementos `p`) se sobrepusessem, ou que o texto **em** ("amazed") dividisse a sentença, aparecendo em sua própria linha (**em** é o elemento que você usa para adicionar ênfase).

Então, títulos, parágrafos e elementos estruturais como **article** geralmente são exibidos em linhas próprias, e o phrasing content aparece na mesma linha que o conteúdo ao redor. E embora o HTML5 não use mais os termos nível de bloco e inline, isso ajuda a conhecer o que eles significam. É comum tutoriais os utilizarem, uma vez que eles foram inseridos na linguagem HTML antes do HTML5. Talvez eu os utilize ocasionalmente para determinar rapidamente se um elemento ocupa a própria linha ou se a compartilha por padrão.

Cobriremos CSS em detalhes nos próximos capítulos, mas, por ora, saiba que uma folha de estilo, como uma página HTML, é apenas texto, então você pode criar uma com o mesmo editor de texto que seu HTML.

O Foco do HTML5 na Semântica

O HTML5 enfatiza a semântica do HTML, deixando todo o aspecto visual para o CSS. Este nem sempre foi o caso com as versões anteriores do HTML.

Um meio próprio de estilizar páginas não existia nos primeiros anos da web; o HTML já existia há alguns anos quando o CSS1 foi oficialmente lançado, em dezembro de 1996. Para preencher essa lacuna durante os anos, o HTML incluiu diversos elementos de apresentação, cujo propósito era permitir estilizações básicas de texto, como colocá-lo em negrito, itálico ou em um tamanho diferente do resto do texto.

Esses elementos serviram a seu propósito na época, mas eles rapidamente caíram em desuso conforme melhores práticas surgiram para o desenvolvimento da web.

No centro deste pensamento estava – e muito ainda está – a noção de que o HTML é para descrever apenas o significado do conteúdo, não sua exibição.

Os elementos de apresentação do HTML quebravam esta melhor prática. Assim, o HTML4 acabou com seu uso, recomendando os autores a utilizar o CSS para estilizar o texto e outros elementos das páginas.

O HTML5 vai além; ele elimina alguns elementos de apresentação e redefine outros, de forma que eles levem apenas o valor semântico, em vez de ditar a apresentação.

O elemento **small** é um exemplo. Inicialmente ele foi feito para tornar um texto menor do que o texto normal. No entanto, no HTML5, **small** representa um fine print, como um aviso legal. Você pode usar o CSS para torná-lo o maior texto da página, se quiser, mas isso não modificará o sentido de seu conteúdo **small**.

Enquanto isso, a antiga contraparte do **small**, o elemento **big**, não existe no HTML5. Há também outros exemplos que você aprenderá no decorrer do livro.

O HTML5 também define novos elementos como **header**, **footer**, **nav**, **article**, **section**, e muitos outros, que enriquecem a semântica do seu conteúdo. Você também aprenderá sobre eles mais tarde.

Entretanto, se você utiliza um elemento HTML que existia desde o nascimento da linguagem ou um que seja novo no HTML5, seu objetivo deve ser o mesmo: escolher os elementos que melhor descrevem o significado de seu conteúdo, sem levar em conta sua apresentação.

C O **body** de nossa página básica, que contém os elementos **article**, **h1**, **img**, **p**, **em** e **a** para descrever o significado do conteúdo. Todo o conteúdo está aninhado no **article**.

```
<body>
    <article>
        <h1>The Ephemeral Blue Flax</h1>

        <img src="blueflax.jpg" width="300"
        ↪ height="175" alt="Blue Flax (Linum
        ↪ lewisii)" />

        <p>I am continually <em>amazed</em>
        ↪ at the beautiful, delicate
        ↪ <a href="http://en.wikipedia.org/
        ↪ wiki/Linum_lewisii" rel="external"
        ↪ title="Learn more about Blue Flax">
        ↪ Blue Flax</a> that somehow took
        ↪ hold in my garden. They are awash
        ↪ in color every morning, yet
        ↪ not a single flower remains by
        ↪ the afternoon. They are the very
        ↪ definition of ephemeral.</p>
    </article>
</body>
```

D Os títulos são elementos críticos para definir o visual da página. Eles tornam a página mais acessível para usuários com leitores de telas, e os sites de busca os utilizam para determinar o foco de uma página.

```
<h1>The Ephemeral Blue Flax</h1>
```

E É fácil adicionar imagem a uma página com **img**. Como definido pelo atributo **alt**, "Blue Flax (Linum lewisii)" é exibido se nossa imagem não aparecer.

```
<img src="blueflax.jpg" width="300"
↪ height="175" alt="Blue Flax (Linum lewisii)"
↪ />
```

A Semântica de Nossa Página HTML Básica

Agora que você conhece a função do HTML, vamos nos aprofundar um pouco mais no pensamento por trás da marcação de um conteúdo. Como verá, não existe mágica para escrever a semântica do HTML. A maior parte é senso comum, uma vez que esteja familiarizado com os elementos a seu dispor. Vamos revisitar o **body** de nossa página básica para termos uma noção dos elementos mais utilizados no HTML **C**.

Todo o conteúdo está dentro de um elemento **article** **C**. Resumindo, o **article** define um pedaço distinto do conteúdo. O elemento **article** é a escolha apropriada para envolver o conteúdo dessa nossa página, mas não necessariamente para todas as que for escrever. Você aprenderá mais sobre isso quando usar o **article** no Capítulo 3.

Em seguida vem o título **D**. O HTML lhe fornece seis níveis de títulos, **h1–h6**, com o **h1** sendo o mais importante. Um **h2** é um subtítulo, e assim por diante, da mesma forma como você digita um documento com diversos títulos em um editor de texto.

Toda página HTML deve ter um **h1** (ou mais, dependendo do conteúdo), então marcar nosso título com **h1** foi a escolha óbvia. Os elementos título **h1–h6** são mais abordados no Capítulo 3.

Em seguida, você tem uma imagem **E**. O elemento **img** é a primeira escolha para exibir uma figura, então, de novo, não há dúvidas quanto ao elemento apropriado. O atributo **alt** fornece o texto que é exibido caso a imagem não carregue ou a página seja visualizada em um navegador que leia apenas no formato de texto. Você aprenderá mais sobre imagens no Capítulo 5.

Blocos de Montagem de Páginas na Web **9**

O parágrafo é marcado com – surpresa – o elemento **p** Ⓕ. Assim como em materiais impressos, um parágrafo pode conter uma única sentença ou várias delas. Se nossa página precisasse de mais um parágrafo, você simplesmente adicionaria outro elemento **p** após o primeiro.

Há dois elementos aninhados dentro de nosso parágrafo que definem o significado de partes do texto: **em** e **a** Ⓕ. Esses são exemplos dos inúmeros elementos de phrasing content que o HTML5 fornece, a maioria dos quais melhora a semântica de texto em parágrafo. Como mencionado, estes, junto com o **p**, são discutidos no Capítulo 4.

O elemento **em** significa "stress emphasis" (ênfase no destaque), no caso de nossa página, ele enfatiza a admiração que as flores induziram Ⓕ. Lembre-se de que, porque o HTML descreve o significado do conteúdo, o **em** dita o ênfase semântico, e não visual, embora seja comum renderizar um texto **em** em itálico.

Por fim, a página define um link para uma outra com o elemento **a** ("âncora"), que é o mais poderoso de todo o HTML, porque ele faz da web, a web: ele vincula uma página a outra página ou recurso, e vincula uma parte de uma página a outra (tanto para a mesma página, quanto para outras). No exemplo, significa que o texto "Blue Flax" é um link para uma página na Wikipedia Ⓖ.

Ⓕ O elemento **p** pode conter outros elementos que definam a semântica de frases dentro de um parágrafo. Os elementos **em** e **a** são dois exemplos.

```html
<p>I am continually <em>amazed</em> at
→ the beautiful, delicate <a href="http://
→ en.wikipedia.org/wiki/Linum_lewisii"
→ rel="external" title="Learn more about
→ Blue Flax">Blue Flax</a> that somehow
→ took hold in my garden. They are awash in
→ color every morning, yet not a single
→ flower remains by the afternoon. They are
→ the very definition of ephemeral.</p>
```

Ⓖ Este elemento **a** define um link para uma página da Wikipedia sobre o Blue Flax. O atributo opcional **rel** adiciona à semântica ao indicar que o link aponta para outro site. Porém, o link funciona sem ele. O atributo opcional **title** aprimora a semântica do **a** ao fornecer informação sobre a página vinculada. Ela aparece no navegador quando um usuário passa o cursor sobre o link.

```html
<a href="http://en.wikipedia.org/wiki/Linum_
→ lewisii" rel="external" title="Learn more
→ about Blue Flax">Blue Flax</a>
```

10 Capítulo 1

Muito fácil, não? Uma vez que tenha aprendido mais sobre os elementos HTML disponíveis para você, a escolha dos mais adequados ao seu conteúdo é geralmente uma tarefa bem direta. Vez ou outra, você vai se deparar com um conteúdo que poderia ser marcado em mais de uma forma, o que não tem problema. Nem sempre há uma forma certa ou errada, mas sim na maioria das vezes.

Por fim, o HTML5 não tenta fornecer um elemento para todo o tipo de conteúdo imaginável, senão a linguagem ficaria desajeitada. Ao contrário, ela adota uma postura prática, baseada no mundo real, definindo elementos que cubram a maior parte dos casos.

Parte da beleza do HTML é que ele é simples o suficiente para que todos aprendam o básico, construam algumas páginas e daí aumentem seus conhecimentos. Então, embora existam aproximadamente 100 elementos HTML, não deixe esse número assustar você. Há vários principais que você utilizará várias vezes, enquanto que os restantes são reservados a casos menos comuns. Você já aprendeu o básico de diversos elementos comuns, então você está indo bem.

Por que a Semântica Importa

Agora que você já sabe a importância da semântica do HTML e a viu em ação, é preciso saber *por quais* razões ela é importante.

Aqui estão algumas das mais importantes (não é uma lista exaustiva), sendo que já mencionamos algumas:

- Acessibilidade melhorada e interoperabilidade (o conteúdo está disponível para tecnologias assistivas a visitantes com deficiências, e a navegadores de desktop, celular, tablets e outros aparelhos similares)

- Melhoria na otimização para sites de busca (Search Engine Optimization - SEO)

- (Normalmente) código mais leve e páginas mais rápidas

- Manutenção e estilização de código mais fáceis

Se você não está familiarizado com acessibilidade, é a prática de tornar seu conteúdo disponível a todos os usuários, não levando em consideração suas capacidades (veja www.w3.org/standards/webdesign/accessibility – em inglês). Tim Berners-Lee, inventor da web, disse a famosa frase, "O poder da web está em sua universalidade. O acesso por todos, independentemente da deficiência, é um aspecto fundamental".

Qualquer aparelho com um navegador é capaz de exibir HTML, uma vez que é apenas texto. Os meios pelos quais um usuário acessa o conteúdo podem variar, no entanto. Por exemplo, usuários que enxergam bem veem o conteúdo, enquanto que aqueles com deficiência visual podem aumentar o tamanho da página ou da fonte, ou ainda usar um leitor de telas, software que lê o conteúdo em voz alta para eles (um exemplo de tecnologia assistiva). Em alguns casos, os leitores de telas anunciam o tipo de elemento HTML que está ao redor do conteúdo para dar contexto ao usuário sobre o que virá a seguir. Por exemplo, pode-se dizer ao usuário que uma lista foi encontrada antes que itens individuais sejam lidos em voz alta. De forma parecida, os usuários são informados quando um link é encontrado, então eles podem decidir se querem segui-lo.

Os usuários de leitores de telas podem navegar por uma página de diversas maneiras, como pulando de um título para outro através de um comando no teclado. Isso os permite colher os temas principais de uma página e ouvir com mais detalhes aqueles que mais interessarem, em vez de ouvir a página toda sequencialmente.

Então você pode ver porque uma boa semântica torna-se uma diferença marcante a usuários com deficiência.

O SEO – isto é, o posicionamento de sua página nos resultados de um site de busca – pode melhorar, porque sites de busca dão ênfase às porções de seu conteúdo que são marcadas de forma particular. Por exemplo, os títulos dizem à aranha do sistema de busca os tópicos principais de sua página, ajudando o site a determinar como indicar o conteúdo da página.

Conforme você avançar com o livro, você aprenderá porque uma boa semântica pode tornar seu código mais fácil e eficiente de manter e estilizar.

Marcadores: Elementos, Atributos e Valores

Agora que você já viu um pouco de HTML, vamos ver mais detalhadamente sobre o que constitui a marcação.

O HTML tem três componentes de marcação principais: *elementos*, *atributos* e *valores*. Você viu exemplos de cada um em nossa página básica.

Elementos

Os elementos são como pequenos rótulos que descrevem as diferentes partes de uma página web: "Isto é um título, aquela coisa logo ali é um parágrafo, e aquele grupo de links é a navegação." Nós discutimos alguns elementos na seção anterior. Alguns deles têm um ou mais atributos, que depois descrevem o propósito e conteúdo (se houver) do elemento.

Os elementos podem conter texto e outros elementos, ou podem ser vazios. Um elemento não-vazio consiste em uma tag de início (o nome e atributos do elemento, se houver, entre os sinais de maior que e menor que), o conteúdo e uma tag de fim (uma barra seguida do nome do elemento, de novo, entre os sinais de maior e menor) **Ⓐ**.

Um *elemento vazio* parece-se com uma combinação da tag de início e fim, com um sinal inicial de menor que o nome do elemento seguido por qualquer atributo que possa ter, um espaço opcional, uma barra opcional, e o último sinal de maior que, que é obrigatório **Ⓑ**.

O espaço e a barra antes do fim de um elemento vazio são opcionais em HTML5. É provavelmente justo dizer que aqueles que codificaram em XHTML, que exige uma barra para fechar um elemento vazio, tendem a usá-la também no HTML5, embora certamente outros a tenham abandonado. Eu a incluo em meu código, mas caso decida omitir do seu, a página se comportará da mesma forma. Seja como for, eu recomendo que se mantenha a consistência.

Ⓐ Eis um típico elemento HTML. A tag de início e fim rodeiam o texto que o elemento descreve. Neste caso, a palavra "amazed" é enfatizada, graças ao elemento **em**. Costuma-se digitar as tags de elemento em caixa baixa.

```
<img src="blueflax.jpg" width="300" height="175" alt="Blue Flax (Linum lewisii)" />
```
Um espaço e uma barra

Ⓑ Elementos vazios, como o **img** mostrado aqui, não rodeiam nenhum conteúdo de texto (o atributo de texto **alt** é parte do elemento, não sendo rodeado por ele). Eles têm uma única tag, que serve tanto para abrir e fechar o elemento. O espaço e a barra ao final são opcionais no HTML5, mas é comum incluí-las. Porém, o > que completa o elemento é necessário.

Blocos de Montagem de Páginas na Web **13**

É comum digitar os nomes dos elementos em caixa baixa, embora o HTML5 não seja exigente quanto a isso, também permitindo letras em caixa alta. No entanto, é raro encontrar alguém que codifique em maiúsculas hoje em dia, então, a menos que o rebelde dentro de você não consiga resistir, eu não o recomendo. Trata-se de uma prática vista como ultrapassada.

Atributos e Valores

Os atributos contêm informações sobre o conteúdo no documento, ao contrário de estar contido em si mesmo (**C** e **D**). No HTML5, um valor de atributo pode opcionalmente vir entre aspas, mas é costume incluí-las, então eu recomendo que você sempre o faça. E

assim como com os nomes dos elementos, recomendo que você digite os nomes dos atributos em caixa baixa.

Embora você encontrará detalhes sobre valores aceitáveis para a maioria dos atributos neste livro, deixe-me lhe dar uma ideia dos tipos de valores que encontrará conforme for progredindo.

Alguns atributos podem aceitar qualquer valor, enquanto outros são mais limitados. Talvez os mais comuns sejam aqueles que aceitem valores enumerados ou pré-definidos. Em outras palavras, você deve escolher um valor de uma lista de escolhas padrão **E**. Certifique-se de escrever os valores enumerados em letras minúsculas.

```
                  for é um elemento de label

<label for="email">Email Address</label>

                    O valor do atributo for
```

C Eis um elemento **label** (que associa um rótulo de texto com um campo de formulário) com um simples par de atributo e valor. Os atributos estão sempre localizados dentro de uma tag de início. É comum colocá-las entre aspas.

```
    href é um atributo de a                              rel também é um atributo de a
                       Valor para href                          Valor para rel

<a href="http://en.wikipedia.org/wiki/Linum_lewisii" rel="external"
→ title="Learn more about Blue Flax">Blue Flax</a>

                    Valor para title
    title é um atributo de a
```

D Alguns elementos, como **a** mostrado aqui, podem levar um ou mais atributos, cada um com seu próprio valor. A ordem não é importante. Separe cada par de atributo-valor do próximo com um espaço.

```
<link rel="stylesheet" media="screen" href="blueflax.css" />

                        Valor pré-definido
```

E Alguns atributos aceitam apenas valores específicos. Por exemplo, o atributo **media** no elemento **link** pode ser definido para **all**, **screen** ou **print**, entre outros, mas você não pode inventar um valor para ele, como com o atributo **title**.

Muitos atributos exigem um número para seus valores, especialmente aqueles que descrevem tamanho e comprimento. Um valor numérico nunca inclui decimais, apenas o número. Onde os decimais são aplicáveis, como na largura e altura de uma imagem ou vídeo, elas são interpretadas como pixels.

Alguns atributos, como **href** e **src**, mencionam outros arquivos e, por isso, precisam conter valores na forma de uma URL, ou Uniform Resource Locator, um endereço único do arquivo na web. Você aprenderá mais sobre URLs na seção "URLs" deste capítulo.

Pais e Filhos

Se um elemento contém outro, ele é considerado pai do elemento anexo, ou filho. Quaisquer elementos contidos no elemento filho são considerados descendentes do elemento pai **F**. Você, na verdade, cria uma árvore genealógica de uma página, que mostra as relações hierárquicas entre cada elemento na página e isso identifica de forma única cada um deles.

Essa estrutura básica, parecida com uma árvore genealógica, é um recurso chave do código HTML. Ela facilita tanto os elementos de estilização (que você começará a aprender no Capítulo 7) quanto a aplicação do comportamento JavaScript a eles.

É importante notar que quando elementos contêm outros, cada um precisa estar aninhado apropriadamente, ou seja, totalmente contido em seu pai. Sempre que usar uma tag de fim, ela deve corresponder à última tag não-fechada. Em outras palavras, primeiro abra o elemento 1, depois o 2, então feche o 2, e só assim feche o 1 **G**.

```
<article>
    <h1>The Ephemeral Blue Flax</h1>
    <img src="blueflax.jpg"... />
    <p>... continually <em>amazed</em> ... delicate <a ...>Blue Flax</a> ...</p>
</article>
```

F O elemento **article** é pai dos elementos **h1**, **img** e **p**. De forma que os elementos **h1**, **img** e **p** são filhos (e descendentes) do **article**. O elemento **p** é pai de ambos elementos **em** e **a**. O **em** e **a** são filhos de **p** e também descendentes (mas não filhos) de **article**. Por sua vez, **article** é seu ancestral.

Correto (sem linhas sobrepostas)

```
<p>... continually <em>amazed</em> ...</p>
<p>... continually <em>amazed ...</p></em>
```

Incorreto (os conjuntos de tags cruzam-se uns com os outros)

G Os elementos devem ser aninhados corretamente. Se você abre **p** e, então, **em**, você precisa fechar **em** antes de **p**.

O Conteúdo de Texto de uma Página na Web

O texto contido dentro dos elementos é, talvez, o ingrediente mais básico de uma página. Se você já usou um editor de texto, isso quer dizer que já digitou algum. Porém, o texto em uma página HTML possui algumas diferenças importantes.

Primeiro, quando um navegador renderiza o HTML, ele transforma espaços extras ou tabs em um único espaço, e ainda converte retornos e line feeds em um espaço ou os ignora como um todo (Ⓐ e Ⓑ).

Em seguida, o HTML usado para ser restrito aos caracteres ASCII – basicamente, as letras da língua inglesa, numerais e alguns dos símbolos mais comuns. Caracteres acentuados (comuns a vários idiomas da Europa Ocidental) e muitos dos símbolos usados no dia a dia tiveram que ser criados com referências especiais de caracteres, como **é** (para é) ou **©** (para ©). Veja a lista completa em www.elizabethcastro.com/html/extras/entities.html (em inglês).

O Unicode suaviza muitos problemas com caracteres especiais. É uma prática padrão codificar páginas em UTF-8, como na página básica Ⓒ, e salvar arquivos HTML com a mesma codificação (veja "Salvando Sua Página na Web", no Capítulo 2). Eu recomendo que faça o mesmo.

Porque o Unicode é um super conjunto de ASCII – é tudo o que o ASCII é, e muito mais – documentos codificados em Unicode são compatíveis com os navegadores e editores existentes, exceto alguns muito antigos. Os navegadores que não entendem o Unicode interpretarão adequadamente as porções ASCII do documento, enquanto que navegadores que realmente entendam Unicode também exibirão a porção não-ASCII. Mesmo assim, ainda é comum usar, de vez em quando, referências de caracteres, como para o símbolo de direitos autorais, uma vez que ele é fácil de lembrar e digitar **©** Ⓐ.

Ⓐ O conteúdo de texto de uma página (destacado) é quase tudo além da marcação. Neste exemplo, repare como cada sentença é separada por pelo menos uma quebra de linha, e algumas palavras são separadas por vários espaços (apenas para enfatizar a ideia sobre a omissão de retornos e espaços). Além disso, ele inclui uma referência de caractere especial (**©**) para o símbolo de direitos autorais, garantindo que ele seja exibido corretamente, não importando a codificação em que você salve o documento.

```
<p>I am continually <em>amazed</em> at the
→ beautiful,    delicate Blue Flax that
→ somehow took hold in my garden.

They are awash in        color every
→ morning, yet not a single flower
→ remains by the afternoon.



They are the very definition of
→ ephemeral.</p>
<p>&copy; Blue Flax Society.</p>
```

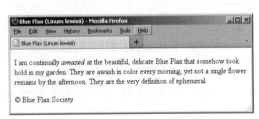

Ⓑ Repare que quando você vê o documento em um navegador, os espaços e retornos extras são ignorados, e a referência de caractere é substituída pelo símbolo correspondente (©).

Ⓒ Especifique a codificação de caracteres do documento logo após a tag de início **head**. O atributo **charset** define o tipo de codificação.

```
<!DOCTYPE html>
<html lang="en">
<head>
    <meta charset="utf-8" />
    <title>Blue Flax (Linum lewisii)</title>
</head>
<body>
...
</body>
</html>
```

(A) Em nosso documento HTML básico, há uma referência a um arquivo de imagem chamado **blueflax.jpg**, que o navegador vai pedir, carregar e exibir quando ele carregar o restante da página. Ela também inclui um link para uma outra página sobre o Blue Flax.

```
...
<article>
    <h1>The Ephemeral Blue Flax</h1>

    <img src="blueflax.jpg" width="300"
    ↪ height="175" alt="Blue Flax (Linum
    ↪ lewisii)" />

    <p>I am continually <em>amazed</em> at
    ↪ the beautiful, delicate <a href=
    ↪ "http://en.wikipedia.org/wiki/Linum_
    ↪ lewisii" rel="external" title="Learn
    ↪ more about the Blue Flax">Blue Flax
    ↪ </a> that somehow took hold in my
    ↪ garden. They are awash in color every
    ↪ morning, yet not a single flower
    ↪ remains by the afternoon. They are the
    ↪ very definition of ephemeral.</p>
</article>
...
```

Links, Imagens e Outros Conteúdos Não-Textuais

É claro que parte do que torna a web tão vibrante são os links de uma página para outra, e as imagens, vídeos, música, animações, etc. Em vez de anexar os arquivos externos, como vídeos, no arquivo HTML eles são salvos de forma independente e são simplesmente referenciados dentro da página **(A)**. Uma vez que a referência nada mais é do que um texto, o arquivo HTML permanece quase que universalmente acessível.

Os navegadores podem lidar com links e imagens (exceto os navegadores que leem apenas texto) sem deixar nada de fora **(B)**. No entanto, eles não podem, necessariamente, lidar com qualquer tipo de arquivo. Se você referenciar um arquivo que o navegador de seu visitante não entende, o navegador tentará encontrar um Plugin ou uma aplicação de ajuda – algum programa apropriado no computador do visitante – que seja capaz de abrir aquele tipo de arquivo.

Você também pode dar aos navegadores informações extras sobre como renderizar o conteúdo com um Plugin, se necessário, ou como baixar o Plugin caso o visitante ainda não o tenha instalado no computador.

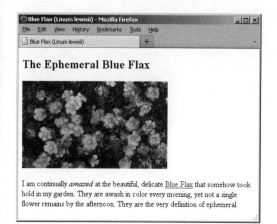

(B) Imagens e outros conteúdos não-textuais são referenciados de uma página na web, e o navegador os exibe juntamente com o texto.

Todo esse negócio de baixar e instalar Plugins quebra a experiência do visitante com seu site, presumindo que ele ainda esteja lá. Os Plugins também podem apresentar problemas de performance, uma vez que eles não são uma parte nativa do navegador.

Flash, por exemplo, tem sido o Plugin mais utilizado há anos. Não há dúvidas de que você tenha assistido, em dado momento, um vídeo online pelo Flash e depois seu computador ficou mais lento ou o navegador travou (ou ambos).

O HTML5 tenta minimizar muitos desses problemas com a introdução de um reprodutor de mídia nativa no navegador através dos elementos **audio** e **video**. Infelizmente, tem havido vários debates entre os fabricantes de navegadores sobre quais formatos de mídia suportar, então ainda não é possível se livrar de todos os Plugins. Mas é um começo.

Você aprenderá mais sobre imagens no Capítulo 5, e verá sobre os Plugins, elementos de mídia do HTML5, etc, no Capítulo 17.

Nomes de Arquivos

Como qualquer outro documento de texto, uma página na web tem um nome de arquivo que se identifica a você, a seus visitantes e seus navegadores. Há algumas dicas que devem ser lembradas ao designar os nomes dos arquivos à sua página. Elas vão ajudar você a organizar seus arquivos, facilitar que seus visitantes encontrem e acessem sua página, garantir que seus navegadores vejam a página corretamente, e melhorar o SEO (Ⓐ e Ⓑ).

Use Nomes de Arquivo em Minúsculas

Uma vez que o nome do arquivo que você escolheu determina o que seus visitantes terão que digitar para chegar à sua página, você pode poupá-los de erros de digitação (e dores de cabeça) utilizando apenas letras minúsculas nos nomes dos arquivos. É também de grande ajuda quando você mesmo cria os links entre suas páginas. Se todos os nomes de arquivos possuem apenas letras minúsculas, é uma coisa a menos com que você terá que se preocupar.

Separe as Palavras com um Travessão

Nunca inclua espaços entre as palavras nos nomes de seus arquivos. Em vez disso, use um travessão, por exemplo: `company-` `-history.html` e `my-favorite-movies.` `html`. Você vai encontrar, ocasionalmente, um site que usa underscore ("_"), mas ele não é recomendando porque os sites de busca preferem os travessões.

Use a Extensão Apropriada

A forma principal que um navegador sabe que deve ler um documento de texto como uma página na web é olhando sua extensão. Embora `.htm` também funcione, `.html` é mais comum, então eu recomendo que você use esta como sua extensão. Se a página tiver alguma outra, como `.txt`, o navegador vai tratá-la como texto e vai mostrar todo o seu belo código ao visitante.

DICA Esteja ciente de que nem sempre o Mac OS ou o Windows revelam a extensão verdadeira de um documento. Modifique as opções de pasta, se necessário, para que você possa ver as extensões.

Nome do arquivo, em letras minúsculas   Extensão

`buckminster-fuller.html`

Separe cada palavra com um travessão

Nomes de arquivos em maiúsculas são difíceis de digitar e de comunicar

`Buckminster_Fuller.html`

Underscores não são tão bons quanto os travessões para sites de buscas

Ⓐ Lembre-se de usar apenas letras minúsculas para os nomes de seus arquivos, de separar as palavras com um travessão e de adicionar a extensão .html. Misturar letras maiúsculas e minúsculas faz com que fique mais difícil para o usuário digitar o endereço da sua página e encontrá-la.

Abordagem correta

`http://www.yoursite.com/notable-architects/20th-century/buckminster-fuller.html`

`http://www.yoursite.com/NotableArchitects/20th_CENTURY/Buckminster_Fuller.html`

Abordagem incorreta

Ⓑ Também use apenas letras minúsculas e travessões para seus diretórios e pastas. O negócio é a consistência. Se você não usa letras maiúsculas, seus visitantes (e você) não precisam perder tempo se perguntando "Agora, aquele era um B maiúsculo ou minúsculo?"

Blocos de Montagem de Páginas na Web **19**

URLs

Uniform Resource Locator, ou URL, é um nome sofisticado para endereço. Ela contém a informação sobre onde um arquivo está e o que um navegador deve fazer com isso. Cada arquivo na internet tem uma URL única.

A primeira parte da URL é chamada de *esquema*. Ela diz ao navegador como lidar com o arquivo que ele está prestes a abrir. O esquema mais comum é o HTTP, ou Hypertext Transfer Protocol. Ele é usado para acessar páginas na web **A**.

A segunda parte da URL é o nome do servidor em que o arquivo está localizado, seguido pelo caminho que leva ao arquivo, e o nome do arquivo em si. Às vezes, uma URL omite o nome de um arquivo e termina com um caminho, que pode ou não incluir uma barra **B**. Neste caso, a URL refere-se ao arquivo padrão no último diretório do caminho, tipicamente chamado de `index.html`.

Outros esquemas comuns são `https`, para páginas seguras; `ftp` (File Transfer Protocol), para baixar arquivos **C**; `mailto`, para enviar e-mail **D**; e `file`, para acessar arquivos em um disco rígido local ou em uma rede de compartilhamento local (são raras as ocasiões em que se usa o esquema `file`) **E**.

Um esquema é geralmente seguido por dois pontos e duas barras. `mailto` e `news` são exceções; eles levam apenas uma barra.

Note que o esquema `file` é seguido por dois pontos e três barras. Isso porque o servidor, que, em outros esquemas, vai entre a segunda e terceira barras, é considerado o computador local. Sempre digite os esquemas em letras minúsculas.

Desses esquemas, você usará mais frequentemente o `http` e o `mailto`. Os outros são para casos específicos.

A Sua URL básica contém um esquema, nome do servidor e nome do arquivo.

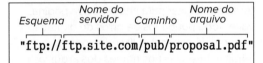

B Uma URL com uma barra e nenhum nome de arquivo ao arquivo padrão no último diretório nomeado (neste caso, o diretório `tofu`). O nome de arquivo padrão mais comum é `index.html`. Então, esta URL e a do exemplo anterior apontam para a mesma página.

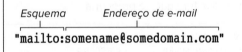

C Quando o usuário clica nesta URL, o navegador começará uma transferência FTP do arquivo `proposal.pdf`.

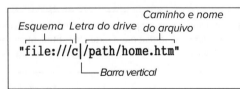

D Uma URL para um endereço de e-mail inclui o esquema `mailto` seguido de dois pontos, mas sem nenhuma barra, e então o endereço de e-mail em si.

E Para referenciar um arquivo a uma máquina Windows local, use o esquema `file`. Para Macintosh, use `file:///Harddisk/path/filename`. A barra vertical não é necessária. (Às vezes, isso também funciona com o Windows.)

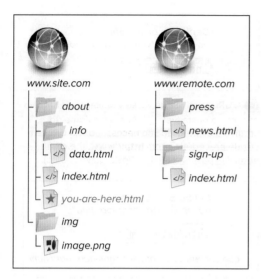

F O documento que contém as URLs (`you-are-here.html`, neste caso) é o ponto de referência para URLs relacionadas. Em outras palavras, as URLs relacionadas são relativas à localização daquele arquivo no servidor. URLs absolutas funcionarão, não importando onde estejam localizadas, porque elas sempre possuem a URL completa para um recurso.

URLs Absolutas

As URLs podem ser absolutas ou relativas. Uma *URL absoluta* mostra o caminho completo para o arquivo, incluindo o esquema, o nome do servidor, o caminho completo e o nome do arquivo em si **F**. Uma URL absoluta é como um endereço completo, com nome, rua, número, cidade, estado, CEP e país. Não importa de onde a carta seja enviada, os correios conseguirão encontrar o destinatário. Nos termos das URLs, isso significa que a localização da URL absoluta em si não tem qualquer influência na localização do real arquivo referenciado – seja uma página na web em seu servidor ou em algum outro, uma URL absoluta de um arquivo em particular será exatamente a mesma.

Quando você estiver referenciando um arquivo de um servidor de outra pessoa, uma URL absoluta será sempre utilizada. Você também precisará de URLs absolutas para sites FTP ou, geralmente, para qualquer tipo de URL que não utilize um protocolo HTTP.

A **tabela 1.1** descreve como você acessaria vários arquivos do `you-are-here.html` – tanto aqueles no mesmo site (site.com), quanto aqueles em outro (remote.com) – como forma de ilustrar a diferença entre URLs absolutas e relativas.

TABELA 1.1 **URLs Absolutas versus URLs Relativas**

Nome do arquivos	URL Absoluta (pode ser usada em qualquer lugar)	URL Relativa (funciona apenas em you-are-here.html)
index.html	http://www.site.com/about/index.html	index.html
data.html	http://www.site.com/about/info/data.html	/info/data.html
image.png	http://www.site.com/img/image.png	../img/image.png
news.html	http://www.remote.com/press/news.html	(nenhum: uso absoluto)
index.html	http://www.remote.com/sign-up/index.html	(nenhum: uso absoluto)

URLs Relativas

Para lhe dar as direções à casa de minha vizinha, em vez de dar o endereço completo, eu posso dizer apenas, "fica a três casas descendo, à direita." Este é um endereço relativo – para onde ele aponta depende de onde a informação se origina. Com a mesma informação, em uma cidade diferente, você jamais encontraria minha vizinha.

Da mesma forma, uma URL relativa descreve a localização do arquivo desejado com relação à localidade do arquivo que contém a referência da URL em si. Então, você pode ter uma URL dizendo algo como "vincule com a página xyz que está no mesmo diretório desta página".

A URL relativa para um arquivo que está no mesmo diretório que a página atual (ou seja, a que contém a URL em questão) é simplesmente o nome do arquivo e a extensão **G**. Você cria a URL para um arquivo em um subdiretório do diretório atual digitando o nome do subdiretório, seguido de uma barra e, então, o nome e a extensão do arquivo desejado **H**.

Para referenciar um arquivo em um diretório acima da hierarquia dos arquivos, use dois pontos finais e uma barra **I**. Você pode combinar e repetir esse comando para referenciar qualquer arquivo em um mesmo servidor ou drive como o arquivo atual.

> *Dentro da pasta atual, há um arquivo chamado "index.html"...*
>
> `"index.html"`

G A URL relativa que vai se vincular a um arquivo na mesma pasta (ver **F**). Apenas o nome do arquivo e a extensão são necessários na URL, em vez de precedê-los com **http://www.site.com/about/** (a pasta na qual ambos arquivos estão).

> *Dentro da pasta atual, há uma pasta chamada "info"...*
>
> `"info/data.html"`
>
> *... que contém......um arquivo chamado "data.html".*

H Para referenciar um arquivo (**data.html**, neste exemplo) que está contido a uma pasta dentro da pasta atual (ver **F**), adicione o nome da subpasta e uma barra em frente ao nome do arquivo.

> *A pasta que contém a pasta atual...*
>
> *...contém... ...uma pasta chamada "img"*
>
> `"../img/image.png"`
>
> *... que contém... ...um arquivo chamado "image.png"...*

I Este arquivo, como você pode ver em **F**, está em uma pasta (*img*) que está ao lado da pasta atual (*about*) no diretório raiz do site. Neste caso, você usa dois pontos finais e uma barra para subir um nível, e então entrar no subdiretório seguido de uma barra, seguida do nome do arquivo. (Normalmente, você escolheria um nome mais específico para o arquivo da imagem do que **image.png**, que é propositalmente genérico para o exemplo.)

Como alternativa, se seus arquivos estiverem em um servidor na web, você pode evitar caminhos de arquivos pesados como `../../img/family/vacation.jpg` pulando diretamente para a raiz de seu site e, a partir daí, chegar ao arquivo desejado. Uma única barra no início torna isso possível, então a URL *relativa à raiz* neste caso seria `/img/family/vacation.jpg` (presumindo que a pasta `img` está localizada na pasta raiz do site, o que é comum). De novo, isso só funciona em um servidor na web, como no provedor que hospeda seu site ou em algum que você esteja rodando localmente em sua máquina (o Apache é a escolha mais popular para isso).

Se você não está desenvolvendo seu site localmente em um servidor, então geralmente você vai querer usar URLs relativas (menos quando elas apontarem para arquivos em um outro servidor, é claro). Elas tornarão mais fácil a mudança de suas páginas de um sistema local para um servidor. Desde que a posição relativa de cada arquivo permaneça a mesma, você não terá que mudar nenhum caminho, então os links funcionarão corretamente.

Elementos-chave

O básico do HTML e algumas melhores práticas fornecem o alicerce para a construção de sites eficientes. Vamos recordar os elementos-chave:

- Uma página na web é feita principalmente de três elementos: conteúdo de texto, referências a outros arquivos e marcação.

- Uma marcação HTML é composta de elementos, atributos e valores.

- É comum escrever todo seu HTML em letras minúsculas (o DOCTYPE é uma exceção), envolver seus valores de atributo com aspas e fechar elementos com um espaço e uma barra (/).

- Sempre comece seus documentos HTML com a declaração DOCTYPE:

  `<!DOCTYPE html>`

- O conteúdo de uma página vai no elemento **body**. As instruções direcionadas ao navegador e sites de busca vêm antes dele, sendo a maior parte no **head**.

- Marque seu conteúdo com a semântica do HTML, sem levar em conta como ele deve aparecer em um navegador.

- A semântica do HTML melhora a acessibilidade e pode tornar seu site mais eficiente e fácil de manter e estilizar.

- CSS controla a apresentação de conteúdo HTML.

- Cada folha de estilo própria do navegador dita a apresentação padrão do HTML. Você pode sobrescrever essas regras com seu próprio CSS.

- Crie os nomes de arquivos e pastas em letras minúsculas, separadas por um travessão, em vez de por um espaço ou underscore.

A seguir, você vai aprender como trabalhar com arquivos de páginas na web.

2

Trabalhando com Arquivos de Páginas na Web

Antes que você comece a escrever elementos e atributos em HTML, é importante saber como criar arquivos nos quais usará tais códigos. Neste capítulo, você aprenderá como criar, editar e salvar arquivos de páginas na web. Também falarei um pouco sobre planejamento e organização.

Se você não pode mais esperar e já sabe como criar os arquivos em si, pule para o Capítulo 3, no qual começo a explicar a codificação do HTML.

Neste Capítulo

Planejando Seu Site	26
Criando uma Nova Página na Web	28
Salvando Sua Página na Web	30
Especificando uma Página Padrão ou Homepage	33
Editando Páginas na Web	35
Organizando Arquivos	36
Visualizando Sua Página em um Navegador	37
A Inspiração dos Outros	39

Planejando Seu Site

Embora você possa começar a escrever páginas na web logo de cara, é uma boa ideia pensar e planejar primeiro o seu site **A**. Dessa forma, você terá uma direção a seguir e não precisará fazer tantas reorganizações mais tarde.

Para planejar seu site:

- Descubra por que você está criando este site. O que você quer dizer?
- Pense em seu público. Como você pode adaptar o conteúdo para que ele chame a atenção de seu público?
- De quantas páginas ele vai precisar? Que tipo de estrutura você quer que ele tenha? Você quer que os visitantes naveguem pelo seu site numa dada sequência ou que seja fácil de explorar em qualquer direção?
- Esboce seu site em uma folha de papel.
- Crie um padrão de nome simples e consistente para suas páginas, imagens e outros arquivos externos (veja "Nomes de Arquivos" no Capítulo 1).

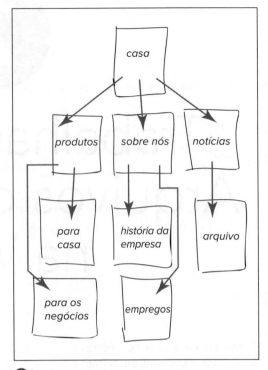

A Esboçar seu site e pensar no que ele possa conter pode ajudar você a decidir que tipo de estrutura ele precisa.

DICA Não fique muito tempo fazendo o planejamento de seu site. Em dado momento, você precisará se aprofundar e começar a escrever o conteúdo e o código.

DICA Se você não está muito acostumado com a web, navegue um pouco para ter uma ideia das possibilidades. Você pode começar com os sites das suas concorrentes.

DICA É comum, mas não obrigatório, mapear a estrutura das pastas de seu site da forma que ele está no papel Ⓐ. Veja "Organizando Arquivos".

DICA Leia o artigo de Erin Kissane, "A Checklist for Content Work" (www.alistapart.com/articles/a-checklist-for-content-work/ - em inglês), para ideias de como você pode produzir o conteúdo de seu site. É uma amostra do livro dela, que fala sobre as estratégias de conteúdo.

DICA O livro *Princípios do Web Design Maravilhoso - 2ª Edição* (Alta Books, 2012), de Jason Beaird, pode lhe interessar caso seja um novato em design e esteja buscando orientação sobre como criar um site com design atrativo e eficaz.

Criando uma Nova Página na Web

Você não precisa de nenhuma ferramenta especial para criar uma página na web. Você pode usar qualquer editor de texto, até mesmo o Bloco de Notas (Ⓐ e Ⓒ), que já vem no Windows, ou o TextWrangler (Ⓐ e Ⓑ), que pode ser baixado gratuitamente para o OS X (www.barebones.com/products/textwrangler). (Os computadores Mac incluem um editor chamado TextEdit, mas ele tem um bug em algumas versões do OS X, tornando-o muito difícil de trabalhar com arquivos HTML.)

Para criar uma nova página:

1. Abra qualquer editor de texto.
2. Escolha Arquivo > Novo para criar um novo documento em branco Ⓐ.
3. Crie o conteúdo em HTML conforme explicado no resto do livro, começando pelo Capítulo 3.
4. Certifique-se de salvar seu arquivo como explicado em "Salvando Sua Página na Web".

Ⓐ Abra seu editor de texto. Digite o HTML no documento em branco que aparecer ou escolha Arquivo > Novo. A opção de menu exata pode variar sutilmente. Se estiver usando o TextWrangler (Mac), é File > New > Text Document, como mostrado acima. A outra imagem, abaixo, é do Bloco de Notas (Windows).

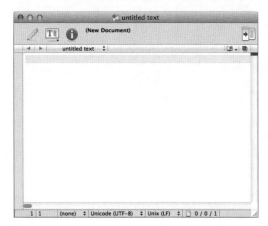

Ⓑ Em um Mac você pode usar o TextWrangler para escrever o código HTML de sua página. Veja as dicas para uma lista de editores Mac com recursos mais robustos para escrever os códigos.

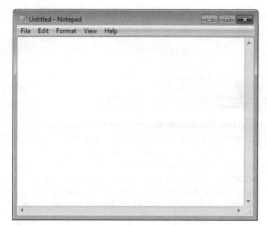

C Este é o Bloco de Notas, o programa mais básico que os usuários do Windows podem utilizar para criar páginas HTML. Vários outros estão disponíveis (veja as dicas).

DICA Há diversos editores de texto para o OS X e Windows que foram especialmente criados para o código HTML (e CSS). Eles têm recursos de dicas e finalização de códigos para ajudar você a codificar de forma mais rápida e precisa. Eles destacam o código para facilitar a distinção entre elementos HTML e o conteúdo de texto escrito, e ainda possuem outros diversos recursos úteis; o Bloco de Notas não tem nenhum deles. Alguns editores HTML estão disponíveis gratuitamente, mas o investimento nesses citados acima vale a pena, e eles geralmente incluem uma versão de teste gratuita que você pode utilizar antes de comprar.

DICA Alguns editores populares do OS X são o BBEdit (www.barebones.com/products/bbedit), Coda (www.panic.com/coda/), Espresso (http://macrabbit.com/espresso/), Sublime Text (www.sublimetext.com) e TextMate (http://macromates.com). (O TextWrangler é geralmente considerado como um "BBEdit Lite".) O TextMate é o mais popular, embora ele tenha visto a competição se acirrar. O Sublime Text também está disponível para o Windows, assim como o E Text Editor (www.e-texteditor.com), Notepad++ (http://notepad-plus-plus.org), e muitos outros. Procure por "editor HTML" na internet para descobrir outros.

DICA Se você utiliza um dos editores mencionados acima, o processo de criação de uma página é parecido. E, para editar uma página existente, escolha Arquivo > Abrir de seu editor de texto e abra o arquivo (veja "Editando Páginas na Web"). Use o resto deste livro para adicionar seu próprio HTML e CSS para criar a página que quiser.

DICA Não use processadores de textos, como o Microsoft Word, para codificar páginas HTML. Eles podem incluir códigos inválidos ou desnecessários a seus arquivos.

Salvando Sua Página na Web

Você cria uma página com um editor de texto, mas ela foi feita para ser visualizada em diversos navegadores de diversas plataformas. Para ser acessível a todos esses diferentes programas, você salva as páginas na web apenas no formato de texto — sem nenhuma formatação que um processador de palavras possa adicionar.

Para que os navegadores (e servidores) possam reconhecer as páginas e saber como interpretar a marcação que elas contêm, os arquivos das páginas possuem a extensão .html ou .htm em seus nomes; isso também distingue esses arquivos daqueles simples, que não são páginas na web. Embora ambas funcionem, é habitual utilizar a extensão .html, então recomendo que você a utilize para seus arquivos.

Por causa dessa extensão, um ícone de uma página combina com o navegador padrão do sistema — não o editor em que o arquivo foi escrito **A**. Na verdade, quando você clica duas vezes sobre um arquivo de uma página, ela abre em um navegador, não em um editor de texto. Isso pode ser ótimo para testar uma página em um navegador, mas adiciona-se um passo a mais na edição de páginas na web (veja "Editando Páginas na Web").

Resumindo: quando salvar sua página, salve-a no formato de texto com a extensão .html ou .htm.

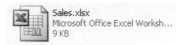

A Uma planilha do Excel tem a extensão .xlsx e é identificada com o ícone do Excel (acima). Se você clicar duas vezes nele, ele é mostrado no Excel. Um arquivo de página na web, não importa em qual editor ela seja criada, possui a extensão .html ou .htm e é identificada com o ícone do navegador padrão (neste caso, o Firefox). Se clicar duas vezes nele, ele é mostrado em seu navegador padrão (não no editor de texto).

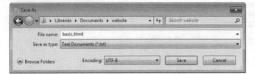 **B** Escolha Arquivo > Salvar Como em seu editor de texto

Para salvar sua página:

1. Uma vez criada sua página, escolha Arquivo > Salvar Como em seu editor de texto **B**.
2. Na caixa de diálogo que aparecer, escolha Texto Simples ou Documento de Texto (ou seja lá como seu programa o chamar) como formato.
3. Dê ao documento a extensão .html (preferível) ou .htm. (Isso é muito importante!)
4. Escolha a pasta para salvar a página.
5. Clique em Salvar (**C** e **D**).

C No Bloco de Notas, nomeie seu arquivo com a extensão .htm ou .html e escolha Documentos de Texto a partir do menu drop-down "Salvar arquivo como". Certifique-se de que a Codificação está definida para UTF-8 (veja a última dica) e clique em Salvar. As opções podem ser diferentes (mas parecidas) em outro editor de texto.

DICA Não importa se você usa .html ou .htm, embora o .html seja recomendável por ser a escolha mais comum. Qualquer um que usar, seja consistente, porque usar a mesma extensão deixará mais fácil lembrar as suas URLs mais tarde.

continua na próxima página

D No TextWrangler, nomeie seu arquivo e escolha onde salvá-lo. O TextWrangler tem como padrão o UTF-8 (que é o que você quer, exceto em casos especiais), mas você pode fazer outra escolha a partir do menu de Encoding drop-down (veja a última dica). Clique em Save para salvar o arquivo.

Trabalhando com Arquivos de Páginas na Web   **31**

DICA Alguns editores de texto no Windows podem adicionar sua extensão padrão ao seu arquivo, mesmo que você já tenha especificado .html ou .htm. (Repare que isso não deveria ser um problema com a maioria dos editores feitos especificamente para editar páginas HTML.) Seu arquivo, agora chamado `webpage.html.txt`, não será visto adequadamente em um navegador. Para deixar as coisas piores, o Windows geralmente oculta extensões, fazendo com que o problema não seja completamente óbvio, especialmente para os iniciantes. Há duas soluções. A primeira é colocar o nome de seu arquivo entre aspas quando salvá-lo pela primeira vez. Isso deve evitar que a extensão extra seja adicionada. Em seguida, você pode pedir ao Windows que exiba as extensões dos arquivos **E**, possibilitando que o conteúdo a mais seja excluído.

DICA Quando escolher o formato de texto, seu arquivo é normalmente salvo com os caracteres padrões de seu sistema. Se quiser criar uma página com outra codificação (talvez para incluir símbolos especiais ou textos em outras línguas), você terá que usar um editor de texto que permita a escolha da codificação. Normalmente, o UTF-8 é a melhor escolha para codificar. Se seu editor tiver uma opção de salvar arquivos codificados como "UTF-8, no BOM", "UTF-8, without BOM" ou algo parecido, escolha essa. Caso contrário, escolha o UTF-8 **F** Em alguns casos, o modo UTF-8 do editor não inclui o BOM, mesmo se ele não notar explicitamente esse fato em seu menu de codificação. Veja http://en.wikipedia.org/wiki/Byte_order_mark (em inglês) ou http://pt.wikipedia.org/wiki/Marca_de_ordem_de_byte (em português) – se estiver curioso para saber o significado de BOM. Prepare-se para se encantar!

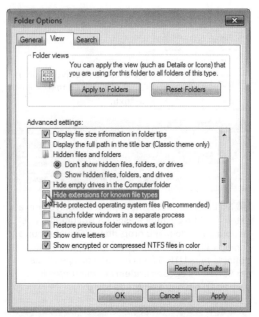

E No Windows Explorer, escolha Organizar > Pasta e opções de busca ou Ferramentas > Opções de Pasta (dependendo da versão de seu Windows) para ver essa caixa de diálogo. Ela pode parecer diferente, dependendo da versão do sistema. Clique na aba Visualizar e desça até ver a opção "Ocultar extensões para tipos de arquivos conhecidos". Certifique-se de que ela não esteja selecionada, caso queira ver a extensão do arquivo (como .html) na área de trabalho.

F Muitos editores de texto permitem a escolha da codificação do arquivo, assim você pode salvar símbolos e caracteres de outras línguas em um mesmo documento. Na maioria das vezes, o UTF-8 é a codificação recomendada. Escolha a opção UTF-8 no BOM se estiver disponível. Alguns editores (como o TextWrangler, mostrado aqui) a tem como padrão.

A Salve o arquivo como **index.html** para designá-lo como a página padrão a ser aberta naquele diretório.

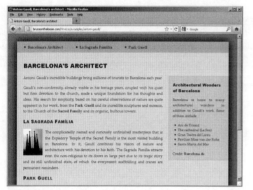

B Quando o visitante digita o caminho para o diretório, mas omite o nome do arquivo em si, o arquivo com o nome padrão é usado. Eu digitei http://bruceontheloose.com/htmlcss/examples/antoni-gaudi/ neste exemplo. Se eu tivesse digitado http://bruceontheloose.com/htmlcss/examples/antoni-gaudi/index.html, a mesma página teria sido carregada.

Especificando uma Página Padrão ou Homepage

A maioria dos servidores web tem um sistema para reconhecer uma página padrão em cada pasta, baseado no nome do arquivo. Em quase todos os casos, **index.html** é reconhecido como a página padrão **A**, embora os servidores normalmente procurarão por nomes de arquivos como **index.htm** e **default.htm** se o **index.html** não existir. Se seus visitantes digitarem uma URL com o diretório, mas não especificarem o nome do arquivo, o arquivo padrão é usado **B**.

A página padrão (geralmente **index.html**) que você cria no topo do diretório web (normalmente chamado de *raiz*) é a homepage do seu site. Esta é a página que aparecerá quando os visitantes digitarem seu domínio sem nenhuma informação adicional: www.*yourdomain*.com.

De forma semelhante, você pode criar uma página padrão para qualquer ou todos os diretórios de seu site. Por exemplo, a página de destino (isto é, a página principal) para um diretório **/products/** ou **/about-us/** em seu site também seria chamado de **index.html**, mas ele existiria em sua pasta específica. (Um diretório é apenas uma pasta, como as que você vê nos drives do computador.) Os visitantes geralmente acessam essas seções de seu site a partir da homepage ou através da navegação principal, que existe em todas as páginas.

continua na próxima página

Para especificar uma homepage ao seu site ou uma página de destino a um diretório dentro dela:

Salve seu arquivo como **index.html** (veja "Salvando Sua Página na Web") na pasta desejada. (Se **index.html** não funcionar como a página padrão no servidor de seu site quando você fizer o upload, no Capítulo 20, consulte o seu provedor.)

DICA Se você não tiver uma página padrão em cada diretório, alguns servidores podem mostrar uma lista com o conteúdo dos diretórios (que você pode querer revelar ou não a seus visitantes). Para manter os olhos curiosos afastados, crie uma página padrão para todos os diretórios do site que contenham páginas HTML. Outra opção é modificar a configuração do servidor, de forma que a lista de arquivos fique oculta (você também pode mostrá-la, caso já esteja oculta). Ocultar a lista é recomendável quando há pastas que contenham assets, como suas imagens, arquivos de mídia, folhas de estilo e arquivos JavaScript. Consulte seu provedor sobre como fazer isso.

Editando Páginas na Web

Ⓐ Alguns editores de texto no Windows, como o Bloco de Notas, não podem ver arquivos HTML automaticamente. Escolha Todos os Arquivos (ou uma opção parecida) se for necessária a visualização de arquivos com qualquer extensão.

Ⓑ Uma vez que os arquivos com qualquer extensão são exibidos, você pode escolher o arquivo HTML desejado e clicar em Abrir.

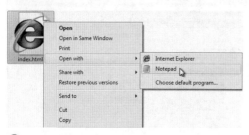

Ⓒ No Windows, você também pode clicar no documento com o botão direito e, então, escolher Editar ou Abrir Com, no menu que aparecer. Em um Mac, clique no item com o botão direito e, então, escolha o editor de texto desejado.

Porque as páginas na web são, na maior parte das vezes, vistas com um navegador, quando você clica nelas duas vezes na área de trabalho, o navegador padrão abre alegremente, exibindo-as. Se quiser editar a página, você terá que abri-la manualmente em seu editor de texto.

Para editar páginas na web:

1. Abra seu editor de texto
2. Escolha Arquivo > Abrir
3. Navegue até o diretório que contenha o arquivo desejado
4. Se não vir seu arquivo listado, escolha a opção Todos os Arquivos (ou uma descrição semelhante) (Ⓐ e Ⓑ). O nome e a localização podem variar sutilmente de programa para programa e de plataforma para plataforma
5. Clique em Abrir. Seu arquivo está pronto para a edição.

DICA Uma vez que tenha feito as mudanças a um arquivo já salvo, você pode simplesmente escolher Arquivo > Salvar para salvar as modificações, sem ter que se preocupar com o formato (como descrito em "Salvando Sua Página na Web").

Organizando Arquivos

Antes que tenha muitos arquivos, é uma boa ideia saber onde você vai colocá-los. É habitual (mas não obrigatório) criar uma pasta para cada seção principal dentro de seu site, permitindo o agrupamento de páginas HTML relacionadas.

Para organizar seus arquivos:

1. Crie uma pasta central ou diretório para armazenar todo o material que estará disponível em seu site. No Mac, escolha Arquivo > Nova Pasta Ⓐ. No Windows, da área de trabalho (ou de dentro de uma pasta de sua escolha), clique com o botão direito e escolha Novo > Pasta Ⓑ. Dê um nome a ela.

2. Crie subpastas de forma que elas reflitam a organização de seu site (Ⓐ e Ⓒ). Por exemplo, você pode decidir criar uma pasta separada para cada seção de seu site, junto com subpastas individuais dentro dela, conforme a necessidade.

3. É comum criar uma pasta acima de todas para as imagens de seu site e, opcionalmente, adicionar subpastas para ajudá-lo a organizar suas imagens por seção ou outro critério. Outra opção é criar uma pasta principal chamada **Assets** (ou algo parecido) e colocar *nela* sua pasta de imagens, juntamente com as pastas para outros assets, como vídeo, folhas de estilo, etc. (Você começará a aprender sobre folhas de estilo no Capítulo 7.)

> **DICA** Use nomes curtos e descritivos para seus arquivos e pastas, preferencialmente separando as palavras com um traço (não um espaço). Use apenas letras minúsculas, assim suas URLs são mais fáceis de digitar, sendo mais fáceis de se alcançar. Para mais detalhes sobre como criar bons nomes de arquivos, consulte "Nomes de Arquivos", no Capítulo 1.

Ⓐ Em um Mac, escolha Nova Pasta e, então, dê um nome a ela. Crie uma pasta separada para cada seção de seu site.

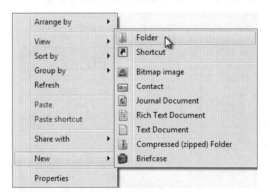

Ⓑ No Windows, da área de trabalho ou Windows Explorer, clique com o botão direito e escolha Novo > Pasta.

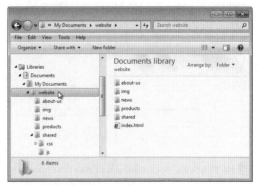

Ⓒ Você pode dividir a pasta em subpastas se necessário.

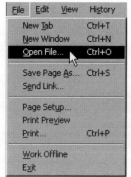

A A partir do navegador desejado (este é o Firefox), escolha Arquivo > Abrir Arquivo. No Internet Explorer, é Arquivo > Abrir.

B Escolha o arquivo que queira abrir e clique no botão Abrir.

C A página aparece no navegador. Confira a página com cuidado, certificando-se de que ela está da forma que planejou.

Visualizando Sua Página em um Navegador

Uma vez criada a página, você vai querer ver como ela aparece em um navegador. Na verdade, como não há como saber qual navegador seus visitantes usarão – e os navegadores nem sempre renderizam as páginas da mesma forma –, é recomendável visualizar a página em vários deles.

Para ver sua página em um navegador:

1. Abra o navegador

2. Escolha Arquivo > Abrir, > Abrir Arquivo, ou > Abrir Página (não Abrir Localização), dependendo do navegador **A**.

3. Na nova caixa de diálogo que aparecer, vá até a pasta que contenha a página desejada, selecione-a e clique em Abrir **B**. A página é exibida no navegador **C** exatamente igual como será publicada em seu servidor web (veja o Capítulo 21). Esses passos podem variar sutilmente em navegadores diferentes.

DICA Vocês também pode (normalmente) clicar duas vezes em um ícone de página para visualizá-la em um navegador. Ou, caso já esteja com ele aberto, você pode arrastar o ícone do arquivo até a janela do navegador. Geralmente, uma vez que você pegue o jeito da coisa, esta é a opção mais fácil de visualizar uma página em um navegador.

continua na próxima página

DICA Alguns navegadores mais modernos não possuem uma opção de menu equivalente a Arquivo > Abrir para abrir uma página. Assim, tente o método de arrastar, mencionado na dica anterior.

DICA Se sua página não aparecer na caixa de diálogo, certifique-se de que você a tenha salvo no formato de texto e dado a ela a extensão .html ou .htm (veja "Salvando Sua Página na Web").

DICA Você não precisa fechar o documento no editor de texto antes de visualizá-lo em um navegador, mas você realmente precisa salvá-lo. Se você mudar a página após abri-la no navegador, salve o arquivo novamente e aperte o botão de atualizar do navegador para recarregar a página. (Você pode seguir os passos que usou inicialmente para visualizar a página no navegador, mas isso demoraria mais.)

DICA Seus visitantes não conseguirão ver seu site enquanto ele não for publicado em seu servidor web (veja o Capítulo 21).

A Inspiração dos Outros

Uma das formas mais fáceis de expandir sua fluência em HTML é olhando como outros desenvolvedores e designers criaram *suas* páginas. Por sorte, o código HTML é fácil de ler e de aprender. Entretanto, conteúdo de texto, gráficos, sons, vídeo, folhas de estilo e outros arquivos externos podem ter direitos autorais. Como regra geral, use as páginas dos outros como inspiração para seu HTML e, a partir daí, crie seu próprio conteúdo.

A Todos os navegadores de desktops têm um menu de comando que permite a visualização do código HTML da página. Os nomes variam de Visualizar Fonte a Fonte da Página (no Firefox, mostrado) a nomenclaturas parecidas. (No Chrome, é Ferramentas > Exibir código fonte.)

Para ver o código HTML de outros designers com Visualizar Fonte:

1. Abra uma página em qualquer navegador
2. Escolha Visualizar Fonte (ou a escolha apropriada do navegador em questão) (**A** e **B**). O código HTML será exibido **C**.
3. Se desejar, salve o arquivo para um estudo mais aprofundado.

B A maioria dos navegadores também permitirá que você clique na página com o botão direito e escolha o comando Visualizar Fonte (ou qualquer que seja o nome) a partir do menu que aparecer. O Chrome é mostrado. Esta é geralmente a forma mais fácil de ver a fonte, uma vez que pode ser complicado encontrar a opção no menu principal ou submenu.

Para ver o código HTML de outros designers com ferramentas de desenvolvimento:

Outra forma de ver a fonte de uma página é com as ferramentas de desenvolvimento do navegador. Elas são diferentes em cada navegador, mas todos eles têm alguns recursos que se sobrepõem.

Essas ferramentas mostram uma visão mais interativa do código-fonte. Você pode inspecionar o HTML e o CSS de partes específicas de uma página, editá-los no navegador e ver as mudanças na página imediatamente. E você pode usá-las em qualquer site, e não só no seu. As mudanças são temporárias — elas não são escritas sobre os arquivos HTML e CSS verdadeiros que a página carregou. Isso é útil para o aprendizado, já que você pode ver como um efeito específico foi alcançado ou você pode brincar com o código para ver o que acontece, sem medo de estragar nada.

C Os navegadores modernos exibem seus próprios códigos em suas abas ou janelas (como mostrado), enquanto os mais antigos podem mostrá-los em um editor de texto específico. As cores distinguem o conteúdo da página dos elementos HTML, atributos e valores. Isso é chamado de *destaque de sintaxe*. Os números das linhas à esquerda *não* são parte do código HTML, e nem todos os navegadores os exibem em seus modos de visualizar fonte. Eles são apenas um indicador que o Chrome inclui em sua janela.

Veja a barra lateral "Ferramentas do Desenvolvedor nos Navegadores", no Capítulo 20, para mais informações sobre as ferramentas de desenvolvimento para navegadores modernos e antigos.

DICA Não há uma regra sobre quem coloca um site na web. É isso que a torna tão incrível – é um meio aberto, com uma barreira relativamente baixa para entrar. Você pode ser um novato, um especialista, ou qualquer coisa no meio disso. Lembre-se sempre disso quando revisar o código de outros sites. Se algum código parecer suspeito, não presuma que seu autor sabe mais do que você só porque o site dele está na web. Há diversos sites que servem como ótimos exemplos das melhores práticas de codificação, enquanto que há muitos outros que são, digamos, menos do que o ideal. Então, mantenha uma visão crítica e confira este livro e outros recursos quando tiver dúvidas sobre a adequação de uma técnica específica.

DICA Você também pode salvar o código-fonte copiando-o da janela Visualizar Fonte e colá-lo em seu editor de texto. Então você pode salvar o arquivo.

DICA Você também pode salvar o código-fonte e, normalmente, muitos de seus assets (como imagens) selecionando Arquivo > Salvar Como (ou Arquivo > Salvar Página Como) na maioria dos navegadores. No entanto, o navegador pode reescrever partes do código quando salvar a página, então ele não será exatamente o mesmo, como seria, caso você o tivesse salvado usando a dica anterior.

DICA Para visualizar o CSS em uma página na web, veja "A Inspiração dos Outros: CSS", no Capítulo 8.

Estrutura Básica do HTML

Este capítulo aborda os elementos HTML que você precisa para estabelecer o alicerce e estrutura de seus documentos. Ou seja, o contorno os containers semânticos primários para seu conteúdo.

Você aprenderá sobre:

- Como começar uma página na web
- O contorno do documento do HTML5
- Os elementos **h1-h6**, **hgroup**, **header**, **nav**, **article**, **section**, **aside**, **footer** e **div** (a maioria dos quais são novos no HTML5)
- Como os atributos ARIA **role** podem melhorar a acessibilidade de sua página
- Como aplicar uma **class** ou **id** aos elementos
- Como aplicar o atributo **title** aos elementos
- Como adicionar comentários em seu código

Neste Capítulo

Iniciando Sua Página na Web	43
Criando um Título	46
Criando Cabeçalhos	48
Entendendo o Outline do Documento do HTML5	50
Agrupando Cabeçalhos	58
Construções de Páginas Comuns	60
Trabalhando com a Tag Header	61
Marcando a Navegação	64
Criando um Artigo	68
Definindo uma Seção	72
Especificando um Aside	75
Criando um Rodapé	80
Criando Containers Genéricos	84
Melhorando a Acessibilidade com ARIA	88
Nomeando Elementos com uma Class ou ID	92
Adicionando o Atributo Title aos Elementos	95
Adicionando Comentários	96

Criar uma estrutura clara e consistente não apenas define um bom alicerce semântico para sua página, mas também torna muito mais fácil aplicar estilos aos seus documentos com o CSS (a cobertura começa no Capítulo 7).

Se ainda não o fez, eu sugiro enfaticamente que você leia o Capítulo 1 antes de continuar. Ele mostra uma página HTML simples e explica alguns dos conceitos básicos. Uma vez que este é seu primeiro contato com uma página na web, eu repetirei alguma (mas não toda) informação e presumirei que você esteja familiarizado com o resto, de forma que possa dar seguimento àquelas ideias.

Além disso, se você leu meu livro *The HTML Pocket Guide*, parte deste material será familiar para você.

Ⓐ Aqui está o alicerce de toda página HTML. A indentação não importa, mas a estrutura é crucial. Neste exemplo, a língua padrão (pelo atributo **lang**) está definida para **en**, para o inglês. A codificação dos caracteres é o UTF-8.

```
<!DOCTYPE html>
<html lang="en">
<head>
    <meta charset="UTF-8" />
    <title></title>
</head>
<body>


</body>
</html>
```

Iniciando Sua Página na Web

Em seu nível mais básico, cada um de seus documentos HTML deve conter os seguintes componentes, como mostrado em Ⓐ:

- O DOCTYPE
- O elemento **html** (com o atributo **lang**, que é opcional, mas recomendado)
- O elemento **head**
- A codificação dos caracteres em um elemento **meta**
- O elemento **title** (você adicionará seu conteúdo logo, logo)
- O elemento **body**

Esse é o equivalente do HTML a uma folha em branco, uma vez que ele não tem nenhum conteúdo no **body** Ⓑ.

Então, antes que você adicione qualquer conteúdo ou outra informação, você precisa definir o alicerce de sua página:

Para começar uma página HTML5:

1. Digite **<!DOCTYPE html>** para declarar sua página como um documento HTML5. (Veja a barra lateral "O DOCTYPE Melhorado do HTML5" para informações relacionadas às versões anteriores do HTML.)

2. Digite **<html lang ="língua-do-código">** para iniciar a parte verdadeira do HTML de seu documento, em que **língua-do-código** é o código da língua que combina com a língua padrão do conteúdo de sua página. Por exemplo, **<html lang="en">** para o inglês ou **<html lang="fr">** para o francês. Veja www.bruceontheloose.com/references/language-codes.html (em inglês) para uma lista dos códigos das línguas disponíveis.

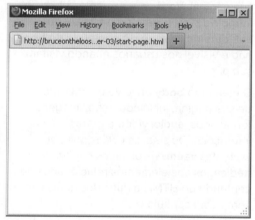

Ⓑ O alicerce mínimo de um código HTML visto no Firefox. Como você pode ver, não há nada a ser visto! Porém, você começará a adicionar o conteúdo em breve.

continua na próxima página

Estrutura Básica do HTML **43**

3. Digite **<head>** para começar o cabeçalho do documento de sua página.

4. Digite **<meta charset="UTF-8" />** para declarar a codificação dos caracteres como UTF-8. Se preferir, você também pode digitar **utf-8** em seu HTML. Além disso, o espaço e a barra são opcionais, então **<meta charset="UTF-8">** funciona da mesma maneira. (Outras codificações de caracteres também são válidas, mas o UTF-8 é a mais versátil, então é raro que você use outra.)

5. Digite **<title></title>**. O título de sua página será inserido aí. Você adicionará o texto do título na seção "Criando um Título".

6. Digite **</head>** para encerrar o documento do cabeçalho de sua página.

7. Digite **<body>** para começar o corpo de sua página. É nele que o conteúdo será inserido.

8. Deixe algumas linhas em branco para criar o conteúdo de sua página, que você fará ao longo do livro.

9. Digite **</body>** para terminar o corpo.

10. Digite **</html>** para finalizar sua página.

São diversos passos, mas como todas as suas páginas começarão assim, você pode usar uma única página HTML como o template, do qual começará todas as páginas economizando na parte da digitação. Na verdade, a maioria dos editores de código permitem que se especifique o código inicial de cada página, tornando tudo ainda mais fácil. Se você não encontrar um menu de Configurações ou Preferências, procure na seção Ajuda.

As duas partes de uma página: cabeçalho e corpo

Só como uma rápida recapitulação do que você aprendeu no Capítulo 1, as páginas HTML são divididas em duas partes: o cabeçalho **(head)** e o corpo **(body)** Ⓐ. O DOCTYPE, que inicia cada página, é o que procede essas partes.

O documento **head** é onde você define o título de sua página, inclui informação sobre ela para sites de busca, como o Google, carrega folhas de estilo e, ocasionalmente, carrega arquivos JavaScript (embora, por questões de performance, seja preferível carregar o JavaScript logo antes do fim da tag **</body>**, na parte de baixo de sua página). Você verá exemplos disso ao longo do livro. Exceto pelo **title**, que estudaremos a seguir, o conteúdo do **head** não é visível aos usuários quando visitam sua página.

O elemento **body** envolve o conteúdo de sua página, incluindo texto, imagens, formulários, áudio, vídeo e outras interações. Ou seja, as coisas que seus visitantes veem. Há diversos capítulos dedicados aos elementos relacionados ao conteúdo do HTML, alguns dos quais você verá neste capítulo.

DICA O HTML5 DOCTYPE garante que os navegadores sejam renderizados de modo confiável e diz para os validadores do HTML julgarem seu código contra os elementos e sintaxe permitidos pelo HTML5. Os validadores do HTML são discutidos no Capítulo 20.

DICA O DOCTYPE do HTML5 não difere maiúsculas e minúsculas. Por exemplo, há quem decida digitá-lo como `<!doctype html>`, mas é provavelmente mais comum usar `<!DOCTYPE html>` Ⓐ.

DICA O elemento `html`, que vem depois do DOCTYPE, precisa envolver todos os outros elementos de sua página Ⓐ.

DICA Certifique-se que seu editor de código esteja configurado para salvar os arquivos como UTF-8, para combinar com a codificação de caracteres especificada no código por `<meta charset="UTF-8" />` Ⓐ. (Ou se você especificou um `charset` diferente, salve seus arquivos nesse formato.) Nem todos os editores salvarão suas páginas como UTF-8 automaticamente, mas a maioria permite a escolha da codificação no menu ou no painel (veja "Salvando suas Páginas na Web", no Capítulo 2). Sem o UTF-8, você poderá ver caracteres engraçados no conteúdo, em vez da letra desejada, como um acento no i ou um til (~) no a.

DICA Você não precisa paragrafar o código que está aninhado ao elemento head Ⓐ. No entanto, o bom de fazê-lo é que você pode ver rapidamente onde o cabeçalho começa, o que há nele e onde ele termina. Não é incomum o cabeçalho ficar muito longo em algumas páginas.

O DOCTYPE Melhorado do HTML5

Ah, como é mais simples começar sua página agora que o HTML5 foi lançado. O DOCTYPE do HTML5 é bem menor, especialmente se comparado aos DOCTYPEs do passado.

Nos tempos do HTML 4 e XHTML 1.0, havia vários DOCTYPEs para escolher, cada um significando a versão do HTML e se ele estava em modo de Transição ou Estrito. Você invariavelmente tinha que copiá-los de algum outro lugar, porque eles eram muito complexos de se lembrar.

Por exemplo, aqui está o DOCTYPE para os documentos Estritos do XHTML.

```
<!DOCTYPE html PUBLIC "-//W3C//DTD XHTML 1.0 Transitional//EN"
"http://www.w3.org/TR/xhtml1/DTD/xhtml1-strict.dtd">
```

Caramba.

Por sorte, todos os navegadores — tanto os antigos, quanto os novos — entendem o DOCTYPE do HTML5, então você pode ficar com ele para todas as suas páginas e esquecer que os outros um dia existiram. (A única ocasião em que eles podem ser relevantes é se você herdar um site antigo e o dono não permitir a mudança do DOCTYPE para a versão do HTML5.)

Criando um Título

O alicerce do código HTML na seção anterior tinha `<title></title>` como um placeholder até chegar a hora de discutirmos o elemento **title**. E a hora é agora!

Cada página HTML precisa ter um elemento **title**. Um título deve ser curto, descritivo e único para cada página Ⓐ. Na maioria dos navegadores, ele aparece na barra de título da janela (o Chrome é uma exceção) Ⓑ. Ele também aparece na aba da página naqueles navegadores que permitem uma navegação com abas – ou seja, todos os maiores navegadores lançados nos últimos anos. O título também mostra listas do histórico e favoritos nos navegadores de seus visitantes Ⓒ.

Talvez ainda mais importante, o título é utilizado por sites de busca, como Google, Bing e Yahoo!, para eles terem uma noção do conteúdo de sua página e, normalmente, para mostrar o link que aparece nos resultados da busca Ⓓ.

Resumindo, crie um **título** especial para cada página com o objetivo de melhorar os resultados de busca e a experiência de seus visitantes.

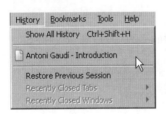

Ⓒ O título também aparece no histórico (mostrado) e lista de Favoritos de seu visitante.

Ⓐ O elemento **title** precisa ser colocado na seção **head**. Coloque-o após o elemento **meta**, que especifica a codificação de caracteres.

```
<!DOCTYPE html>
<html lang="en">
<head>
    <meta charset="UTF-8" />
    <title>Antoni Gaudí - Introduction
    →</title>
</head>
<body>


</body>
</html>
```

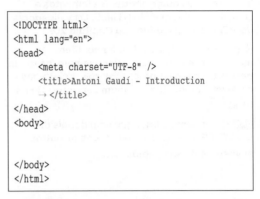
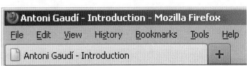

Ⓑ Na maioria dos navegadores, como o Firefox, o título de uma página é exibido tanto na barra de título da janela, quanto na aba. Porém, o Chrome (abaixo) exibe o título apenas na aba.

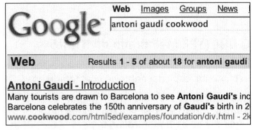

Ⓓ Talvez o mais importante, o título é geralmente usado como o texto vinculado que aponta o resultado da busca para sua página. Ele também é um fator importante para determinar a relevância de sua página em uma busca. Aqui você vê um título e parte do corpo mostrado no Google.

Um Olhar Mais Aprofundado nos Títulos das Páginas

Muitos desenvolvedores – até mesmo os bem-intencionados e com experiência – dão pouca importância ao elemento title. Eles vão simplesmente colocar o nome de seus sites e copiá-lo em todas as páginas HTML. Ou, ainda pior, eles vão deixar o **título** que o editor de código pode inserir automaticamente. Se um de seus objetivos é gerar tráfego a seu site, você estará fazendo um tremendo desserviço a si mesmo e a seus potenciais leitores ao adotar esta prática.

Os sites de busca possuem algoritmos diferentes que determinam o posicionamento de uma página e como seu conteúdo é indexado. No entanto, o **título** tem um papel chave. Os sites de busca podem ver o **título** como uma indicação sobre o que é a página, e indexar o conteúdo de uma na busca de um texto relacionado. Um **título** eficiente foca-se em diversas palavras-chave que são principais ao conteúdo da página.

Como melhor prática, escolha um **título** que resuma brevemente o conteúdo de um documento, o que beneficia os usuários com leitores de telas e a posição da página nos resultados de busca. Segundo, e opcional, indique o nome de seu site no **título**. É comum ver o nome do site no início do **título**, mas é melhor colocar o **título** especial, específico à página no começo.

Eu recomendo que você passe a mensagem principal de seu **título** nos 60 primeiros caracteres, incluindo espaços, porque os sites de busca geralmente os cortam de seus resultados por volta desse número (como base). Os navegadores exibem um número variado de caracteres, mas não mais que 60 na barra de título, no topo, antes de começarem a cortar o texto. Já as abas cortam os títulos ainda antes, por falta de espaço.

Para criar um título:

1. Coloque o cursor entre `<title>` e `</title>` no **cabeçalho** do documento.

2. Digite o título de sua página.

DICA O elemento title é necessário.

DICA Um **título** não pode conter qualquer formatação, HTML, imagens ou links para outras páginas.

DICA Alguns editores de código preenchem o título com um texto padrão quando você inicia uma nova página, a menos que o tenha instruído a usar um código específico como descrito em "Iniciando Sua Página na Web". Então, preste atenção quanto a isso, e certifique-se de substituir qualquer texto padrão por um **título** que você tenha criado.

DICA Se seu **título** contém caracteres especiais, como acentos ou símbolos, você terá que torná-los parte de sua codificação (o que não deve ser problema se estiver usando o UTF-8) ou escrevê-los com referências (veja a lista de caracteres disponíveis em www.elizabethcastro. com/html/extras/entities.html – em inglês). Além disso, não se esqueça de definir seu editor para salvar sua página com a codificação adequada, como UTF-8, assim os caracteres especiais são salvos corretamente (veja "Salvando Suas Páginas na Web", no Capítulo 2).

Criando Cabeçalhos

O HTML fornece seis níveis de cabeçalho para estabelecer a hierarquia das informações de suas páginas. Marque cada cabeçalho com um dos elementos **h1–h6**, no qual **h1** é o cabeçalho mais alto, **h2** é um subcabeçalho do **h1**, **h3** é um subcabeçalho do **h2**, e assim por diante. Os cabeçalhos estão entre os elementos mais importantes do HTML de qualquer página, como você vai ver.

Pense nos cabeçalhos **h1–h6** parecidos com aqueles de documentos não-HTML que você escreve, como relatórios de vendas, contratos, manuais de instruções, artigos – já deu para entender. Quando escreve esses tipos de documentos, você identifica cada seção principal com um cabeçalho, e quantos subcabeçalhos forem necessários. Coletivamente, esses cabeçalhos representam o outline do documento. O mesmo vale para suas páginas na web Ⓐ. Eu discuto esse tema mais profundamente na próxima seção, "Entendendo o Outline do Documento do HTML5".

Para organizar sua página na web com cabeçalhos:

1. Na parte **body** de seu documento, digite **\<hn\>**, em que *n* é um número de 1 a 6, dependendo do nível de importância do cabeçalho que queira criar. **h1** é o mais importante, e o **h6**, o menos.

2. Digite o conteúdo do cabeçalho.

3. Digite **\</hn\>**, em que *n* é o mesmo número usado no primeiro passo.

Ⓐ Use cabeçalhos para definir a estrutura de seu documento, como se fosse o outline. Aqui, "La Casa Milà" e "La Sagrada Família" – marcados como elementos **h2** – são subcabeçalhos do principal, "Antoni Gaudí", porque ele é o **h1**. (A parte **lang="es"** indica que o conteúdo está em espanhol; isso não afeta o outline.) Se "La Sagrada Família" estivesse no **h3**, então ele seria um subcabeçalho de "La Casa Milà" (e um subsubcabeçalho de "Antoni Gaudí"). A linha em branco entre cada cabeçalho é opcional e não interfere na exibição do conteúdo. Se eu fosse codificar o resto da página, o conteúdo relacionado (parágrafos, imagens, vídeos, etc.) seguiria cada cabeçalho. Você verá exemplos disso nas próximas páginas.

```
<!DOCTYPE html>
<html lang="en">
<head>
    <meta charset="UTF-8" />
    <title>Antoni Gaudí - Introduction
    → </title>
</head>
<body>

<h1>Antoni Gaudí</h1>

<h2 lang="es">La Casa Milà</h2>

<h2 lang="es">La Sagrada Família</h2>

</body>
</html>
```

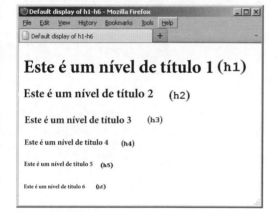

B Enquanto todos os cabeçalhos são exibidos em negrito por padrão, **h1** está em uma fonte maior do que **h2**, que é maior que **h3**, e assim por diante. Mas, como já se sabe, a aparência não é relevante na escolha de qual nível de cabeçalho usar. Você pode mudar a apresentação com o CSS.

DICA Seus cabeçalhos h1–h6 são particularmente importantes por causa de seu impacto na definição do outline da página. Por padrão, os navegadores exibem os cabeçalhos diminuindo-os progressivamente, do h1 ao h6 **B**. Mas não se esqueça de escolher os níveis de cabeçalho baseando-se apenas na hierarquia que for apropriada ao seu contexto, e não pelo tamanho do texto que você quer que apareça. Isso torna sua página semanticamente mais forte, o que melhora o SEO e a acessibilidade. Você pode estilizar os cabeçalhos como quiser, com fonte, tamanho e cores específicas. Para detalhes de como fazer isso, consulte o Capítulo 10.

DICA Os sites de busca se baseiam principalmente pelos cabeçalhos, especialmente os h1 (o que não significa encher sua página de h1s; os sites de busca são espertos quanto a isso). Entretanto, usuários que utilizam leitores de telas geralmente navegam por uma página pelos cabeçalhos, através do teclado, porque isso permite que eles acessem o conteúdo da página rapidamente e encontrem o que lhes interessa sem precisar ouvir a página toda. Mais uma razão para se ter uma hierarquia lógica de cabeçalhos.

DICA Use os níveis de cabeçalho constantemente ao longo de seu site para permitir uma melhor experiência aos usuários.

DICA Você pode adicionar uma id ao cabeçalho se quiser criar um link diretamente para ele (veja "Criando Âncoras", no Capítulo 6).

DICA Como nota lateral, em **A**, eu usei o atributo lang em cada h2 para indicar que seu conteúdo está em uma língua diferente (espanhol, representado pelo código de língua es) da do padrão da página (inglês), como declarado por <html lang="en">.

Estrutura Básica do HTML **49**

Entendendo o Outline do Documento do HTML5

Na seção anterior, você aprendeu que os elementos de cabeçalho, **h1-h6**, contribuem para o outline de sua página HTML. Nesta seção, você vai se aprofundar mais no aprendizado de como diversos elementos exclusivos do HTML5 também afetam o outline.

Mas, antes que continue, uma nota. Na discussão e páginas a seguir, eu geralmente utilizarei "seção" como um termo genérico para me referir a uma parte distinta de uma página, e não ao elemento **section** (que você aprenderá) em si. Quando me referir ao elemento **section**, a palavra estará estilizada da mesma forma que está nesta frase.

Certo, seguindo em frente.

Então, você sabe que cada documento HTML tem um outline básico, que é como um índice, definido pelos elementos de cabeçalho. Agora, ele não é algo exibido explicitamente em sua página – embora os navegadores um dia possam dar um jeito de ver isso –, mas sim com toda a semântica, e sua especificação para uso dos sites de busca e leitores de telas que utilizam o outline para ver a estrutura da página e fornecer a informação aos usuários.

A Versão 1 do outline do documento

```
...
<body>
    <h1>Product User Guide</h1>
    <h2>Setting it Up</h2>
    <h2>Basic Features</h2>
    <h3>Video Playback</h3>
    <h2>Advanced Features</h2>
</body>
</html>
```

B Versão 2 do outline do documento (mesmo outline da versão 1, mas com uma marcação mais significativa)

```
...
<body>
    <h1>Product User Guide</h1>
    <section>
        <h1>Setting it Up</h1>
    </section>

    <section>
        <h1>Basic Features</h1>
        <section>  <!-- nested, so it's a
        ↪ subsection  of its parent  -->
            <h1>Video Playback</h1>
        </section>
    </section>

    <section>
        <h1>Advanced Features</h1>
    </section>
</body>
</html>
```

Nas versões do HTML e XHTML que antecederam o HTML5, os elementos de cabeçalho **h1–h6** eram tudo o que você tinha para estruturar o outline. Por outro lado, o HTML5 inclui quatro elementos de *sectioning content* – **article**, **aside**, **nav** e **section** – que demarcam seções distintas dentro de um documento e definem o escopo dos elementos **h1–h6** (assim como **header** e **footer**).

Isso significa que cada elemento seccionado tem sua própria hierarquia **h1–h6**, o que é uma grande mudança das versões anteriores da linguagem. Além disso, não é apenas mais um **h1** em uma página. Certo, é geralmente recomendado pela especificação do HTML5 (porém, espere um pouco; logo explicarei por que você deve limitar seus **h1**s).

Tudo isso afeta o outline. Vamos comparar dois que sejam equivalentes para ver como isso funciona. Para ambos, imagine que cada cabeçalho é seguido por uma série de parágrafos e outro conteúdo representando a informação da seção.

O primeiro outline, que é um HTML5 perfeitamente válido e será familiar a todos que têm experiência com HTML e XHTML, usa apenas elementos de cabeçalho **A**.

A segunda versão **B** usa tanto os cabeçalhos quanto os elementos **section** do HTML5, incluindo uma **section** aninhada. (Nota: a paragrafação do código não é importante e não afeta o outline, mas fica mais claro de perceber quais elementos estão contidos em outros.)

Estrutura Básica do HTML **51**

Mais cedo, mencionei que os navegadores ainda não exibem o outline para você. Porém, você pode conferir isso com o HTML Outliner (http://gsnedders.html5.org/outliner/ – em inglês), de Geoffrey Sneddon, uma ferramenta simples, mas excelente, que apresenta uma representação visual do outline de seu documento. Usando-o para gerar os outlines das Versões 1 e 2 (A e B), pode-se ver que, embora o nível dos cabeçalhos **h1–h6** seja diferente, ambos resultam neste formato:

1. Product User Guide
   1. Setting it Up
   2. Basic Features
      1. Video Playback
   3. Advanced Features

Como você pode ver, cada elemento **section** na Versão 2 B torna-se uma subseção de seu **h1–h6** mais próximo ou um sectioning content ancestral (que também é o **section**, neste caso). O mesmo comportamento é verdadeiro para todos os quatro elementos sectioning content do HTML5 que mencionei mais cedo (**article**, **aside**, **nav**, **section**), mesmo quando eles estão misturados.

Para comparar, se a Versão 2 B não tivesse **sections** – vamos chamá-la de Versão 3 C –, seu outline seria muito diferente.

Cada cabeçalho teria o mesmo nível de importância, **h1**, fazendo com que não houvesse *nenhum* subcabeçalho (ou sub-subcabeçalho):

1. Product User Guide
2. Setting it Up
3. Basic Features
4. Video Playback
5. Advanced Features

C Versão 3 do outline do documento (não é o mesmo das Versões 1 e 2)

```
...
<body>
    <h1>Product User Guide</h1>
    <h1>Setting it Up</h1>
    <h1>Basic Features</h1>
    <h1>Video Playback</h1>
    <h1>Advanced Features</h1>
</body>
</html>
```

ⓓ Amostra de outline com semântica explícita

```
...
<body>
    <article>
        <h1>Product User Guide</h1>
        <section>
            <h1>Setting it Up</h1>
        </section>

        <section>
            <h1>Basic Features</h1>
            <section>
                <h1>Video Playback</h1>
            </section>
        </section>

        <section>
            <h1>Advanced Features</h1>
        </section>
    </article>
</body>
</html>
```

Dos outlines de mesmo significado (ou seja, Versões 1 e 2), ambos são HTML5 válidos, mas o segundo é preferível porque os elementos **section** são mais semanticamente explícitos. Na prática, você poderia envolver um elemento **article** em torno de todo o conteúdo da Versão 2, uma vez que isso é ainda mais apropriado nesse contexto (embora o resultado do outline seja um pouco diferente). A Figura **ⓓ** mostra um exemplo.

Não se esqueça, também, de que cada cabeçalho seria seguido de seu texto, imagens e outros conteúdos relacionados, que você aprenderá conforme for progredindo. Mas, agora, eu deixei tudo isso de fora para que você se focasse no aprendizado dos cabeçalhos e outlines.

Fazendo o possível no ecossistema atual

Mas, espere! Há outro ajuste que você deve fazer ao código. Lembra-se quando eu disse "espere um pouco; logo explicarei por que você deve limitar seus **h1**s "? Enquanto que é verdade que cada elemento sectioning content (**article**, **aside**, **nav** e **section**) *pode* começar a hierarquia de cabeçalho com **h1**, isso não é obrigatório. Na verdade, num futuro próximo, você se dará melhor se começar com um **h2** ou mais baixo se for para representar um subcabeçalho de um **h1** já existente para uma porção relacionada do conteúdo.

Eis o porquê.

Há diversas coisas que se modificam no mundo sempre em evolução da web. Novas especificações como o HTML5 mudam diariamente até serem finalizadas. Novas versões de navegadores são lançadas. Novas versões de leitores de telas e outras tecnologias assistivas são desenvolvidas e lançadas. Nada disso acontece em uma sincronia perfeita.

Pelo contrário, cada navegador tende a adicionar capacidades aos poucos (na maior parte das vezes, uma coisa muito boa), e não necessariamente as mesmas de seus concorrentes (não tão bom), e certamente não ao mesmo tempo que seus competidores. O mesmo vale para leitores de telas. Então, embora os navegadores modernos suportem vários recursos do HTML5, nenhum deles, enquanto escrevia, expõe o outline do documento do HTML5 a leitores de telas, e os leitores não o expõem aos usuários.

Resumindo, isso significa que os leitores de telas e outras tecnologias assistivas ainda não distinguem entre um **h1** que está diretamente no corpo, e um **h1** que está dentro de um **article**, **aside**, **nav** ou **section**. Todos eles estão no nível superior do **h1** em suas perspectivas. Bruce Lawson, famoso defensor do Opera na web, foi a primeira pessoa que vi apontar esse problema (www.brucelawson.co.uk/2009/headings-in-html-5-and-accessibility/ – em inglês; saiba que algumas informações desta URL estão ultrapassadas porque as especificações mudaram desde então. Veja, também, seu mais recente livro *Introducing HTML5*, escrito em parceria com Remy Sharp).

No entanto, os usuários de leitores de telas não podem se dar ao luxo de esperar a web se atualizar para atender às suas necessidades. Eles continuarão a acessar os cabeçalhos tanto para terem uma noção geral do conteúdo da página, quanto para navegar por elas como sempre o fizeram. Uma hierarquia significativa de cabeçalho faz com que a navegação seja mais fácil e melhora a experiência dos visitantes em seu site.

E Versão 4 (a escolha recomendada para os cabeçalhos de todas as quatro versões).

```
...
<body>
<article>
    <h1>Product User Guide</h1>
    <section>
        <h2> Setting it Up</h2>
    </section>

    <section>
        <h2> Basic Features</h2>
        <section>
            <h3> Video Playback</h3>
        </section>
    </section>

    <section>
        <h2> Advanced Features</h2>
    </section>
</article>
</body>
</html>
```

Então, até que o ecossistema se atualize um pouco mais, você e seus usuários estarão numa situação melhor se forem usados cabeçalhos que indiquem explicitamente a hierarquia **h1–h6**, assim como você faria caso os elementos seccionados não existissem. Lawson e outros especialistas recomendam esta abordagem, eu também.

Vamos ver como fazer isso **E**.

O que era **h1** no primeiro nível dos elementos **section**, agora é **h2**, e o cabeçalho Video Playback, que está em uma **section** aninhada a outra **section**, agora é **h3**, e não **h1**. O outline do documento não mudou, apenas os níveis dos cabeçalhos.

Este exemplo demonstra apenas **h1–h3**, mas use também **h4–h6** caso seu conteúdo exija isso. Por exemplo, um subcabeçalho de Video Playback seria um **h4** (com ou sem elemento seccionado pai), e assim por diante.

E, lembre-se, essa recomendação é verdadeira para todos os elementos seccionados – **article**, **aside**, **nav** e **section** –, não apenas os mostrados no exemplo.

Estrutura Básica do HTML **55**

Resumindo

Eu recomendo a releitura dessa discussão sobre o outline dos documentos do HTML5 caso você não tenha entendido algo. Não é tão complicado quanto parece. Eu realmente recomendo que você crie diversas páginas--teste e compare os resultados no HTML5 Outliner para entender melhor como o algoritmo outline funciona. Utilize o Outliner também quando estiver trabalhando em seu projeto para ter certeza se a estrutura está da forma desejada. Primeiro, certifique-se de validar suas páginas HTML5 no http://validator.nu/ ou http://validator.w3.org/, e checar qualquer erro com o código (veja "Validando Seu Código", no Capítulo 20).

DICA **Por favor, não crie a impressão de que sempre precisará usar um `article`, ou que uma `section` deve sempre (e pode apenas) ser aninhada a um `article`. O exemplo que discutimos foi apenas uma forma de usar esses elementos e, na verdade, esse mesmo conteúdo poderia ser marcado de algumas formas diferentes e ainda ser válido. Eu falarei mais sobre `article` e `section` ao longo deste capítulo. Você verá que eles têm algumas aplicações, dependendo do seu conteúdo.**

Como o Algoritmo do Outline do HTML5 Ajuda com o Conteúdo Sindicado

Se você entendeu tudo até agora, viu que cada **article**, **aside**, **nav** e **section** possuem seus próprios outlines, que podem começar com **h1**, indo até **h6**.

Além de permitir muito mais flexibilidade com seus cabeçalhos, isso tem um outro benefício não tão óbvio: ele permite que seu conteúdo apareça em outras páginas, até mesmo em outros *sites*, sem causar dano ao outline do documento pai. E o outline *dele* também permanece intacto.

Atualmente, o conteúdo é compartilhado entre sites mais do que nunca. Existem sites agregadores de notícias, blogs com feeds RSS, feeds do Twitter, etc. Já que você aprenderá em "Criando um Article", o elemento **article** representa uma composição autocontida que *pode* ser sindicada (não necessariamente, a menos que fosse apropriado).

Imagine o seguinte **article** de um site exibido em outro:

```
...
<h2>News from around the Web</h2>

<article>
    <h1>Local  Teen  Prefers  Vinyl  over  Digital</h1>

    <p>A  local  teen  has  replaced  all  her  digital  tracks  with  vinyl.  "It's
    → groovy,"  she  said,  on  the  record.</p>

    <h2>Hooked    after  First  Album</h2>
    ...
</article>
...
```

Conferindo o código com o HTML5 Outliner, você vê isto:

1. News from around the Web
    1. Local Teen Prefers Vinyl over Digital
        1. Hooked after First Album

Então, embora o Local Teen esteja posicionado acima (**h1**) do que o **h2** que vem abaixo, ele é um subcabeçalho do **h2** por estar contido em um **article** abaixo desse cabeçalho. E o Hooked **h2** é um subsubcabeçalho do News **h2**, em posição diferente.

O cabeçalho News poderia ser um **h3**, **h4** ou *qualquer* outro nível, e o outline seria exatamente o mesmo. Assim como seria com Local Teen e Hooked, desde que o Local Teen tenha o cabeçalho em posição mais alta.

Agrupando Cabeçalhos

Às vezes, os cabeçalhos têm diversos níveis consecutivos, como um subtítulo de uma manchete, títulos alternativos ou linhas explicativas. Agrupando-os em um elemento **hgroup** indica que eles estão relacionados 🅐. Cada **hgroup** pode conter apenas dois ou mais cabeçalhos **h1-h6**; nenhum outro elemento é permitido.

Apenas o primeiro exemplo do cabeçalho mais alto em um **hgroup** aparece no outline do documento (veja "Entendendo o Outline do Documento do HTML5"). Assim, pode haver outro fator decisivo quando da escolha da utilização do **hgroup**. No entanto, para deixar bem claro, todos os cabeçalhos em um **hgroup** são exibidos no navegador 🅑.

🅐 Dois cabeçalhos relacionados são agrupados juntamente. Neste exemplo, o **h2** é um subcabeçalho do **h1**. Porque ele está marcado com o nível mais alto, apenas "Giraffe Escapes from Zoo" aparece no outline do documento, mas ambos são exibidos no navegador 🅑. De forma parecida, se um segundo **h1** aparecesse no **hgroup**, ele seria omitido do outline, assim como aconteceu com o **h2**. Além disso, como o **h2** não aparece no outline, o próximo cabeçalho do artigo poderia ser **h2** (em vez de **h3**), sendo considerado um subcabeçalho direto do **h1**, "Giraffe Escapes from Zoo".

```
...
<body>

<article>
    <hgroup>
        <h1>Giraffe Escapes from Zoo</h1>
        <h2>Animals Worldwide Rejoice</h2>
    </hgroup>

    <p>... [article content] ...</p>
</article>

</body>
</html>
```

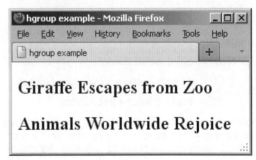

🅑 Ambos cabeçalhos são exibidos no navegador, assim como também seriam caso não estivessem contidos em um **hgroup**.

Para agrupar dois ou mais cabeçalhos:

1. Digite `<hgroup>`.

2. Digite `<hn>`, em que n é um número de 1 a 6, dependendo do nível de importância do cabeçalho que você quer criar.

3. Digite o conteúdo do cabeçalho

4. Digite `</hn>`, em que n é o mesmo número usado no passo 2.

5. Repita os passos de 2 a 4 para quantos cabeçalhos quiser que façam parte do **hgroup**. Normalmente, o nível do cabeçalho sobe um degrau para cada cabeçalho subsequente (por exemplo, de **h1** para **h2**, e assim por diante).

6. Digite `</hgroup>`.

DICA **Não use o hgroup em volta de apenas um cabeçalho. Ele é destinado para pelo menos dois.**

DICA **Como mencionado, apenas o primeiro exemplo do cabeçalho posicionado mais alto no hgroup aparece no outline do documento. A ordem dos cabeçalhos é irrelevante. Então, se seu hgroup tivesse um h3 seguido por um h2, este seria o outline. Porém, você geralmente organizará os cabeçalhos por nível de importância, então um posicionado mais abaixo (como h3) não antecederia um mais acima (h2). Mas você pode encontrar uma exceção.**

Construções de Páginas Comuns

Não há dúvidas que você já visitou vários sites organizados como o mostrado em Ⓐ. Deixando de lado o conteúdo, você pode ver que há quatro componentes principais: uma cabeça com a navegação, um artigo na área do conteúdo principal, uma barra lateral com informação complementar e um rodapé Ⓑ.

Agora, você não pode estilizar Ⓐ ou formatar (Ⓐ e Ⓑ) uma página dessa forma sem o CSS. Você começará a aprender CSS no Capítulo 7, ver como formatar o texto e adicionar cores no início do 10, e criar um layout de multicolunas no Capítulo 11.

Entretanto, a semântica aplicada às construções dessas páginas comuns é muito parecida, não importando o layout. Você vai explorá-la pela maior parte das páginas restantes deste capítulo. Trabalhando numa página de cima para baixo, você verá como usar os elementos **header**, **nav**, **article**, **section**, **aside** e **footer** para definir a estrutura de suas páginas. Depois, aprenderá a usar o **div** como um container genérico para dar um estilo adicional e outras funções. Exceto o **div**, nenhum desses elementos existia até o lançamento do HTML5. Você já viu alguns deles nos exemplos de código e discussões anteriores.

Conforme for aprendendo sobre esses elementos, não se prenda demais com relação a onde eles são exibidos nas amostras, mas se concentre em seus significados semânticos.

Nas páginas a seguir, você também verá outros elementos, como **ul** (lista desordenada) e **a** (para links). Eles serão propriamente explicados nos próximos capítulos.

Ⓐ Um layout comum, com a navegação principal junto ao topo, conteúdo mais importante à esquerda, uma barra lateral à direita, e um rodapé na parte de baixo. É preciso o CSS para dar esta aparência à pagina.

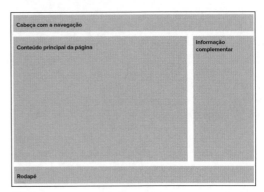

Ⓑ Os tipos de informação geralmente encontradas em uma página. Este é apenas um tipo de formatação, embora seja muito comum.

Ⓐ Este **header** representa o de toda a página. Ele contém uma lista de links em um elemento **nav** para indicar seu conjunto primário de navegação na página. Veja Ⓒ para um exemplo de como aplicar o **role="banner"** opcional a um cabeçalho em nível da página, para propósitos de acessibilidade. (Veja "Marcando a Navegação", para o valor **role**, específico ao elemento **nav**.)

```
...
<body>
<header>
    <nav>
        <ul>
            <li><a href="#gaudi">Barcelona's
            → Architect</a></li>
            <li lang="es"><a href="#sagrada-
            → familia">La Sagrada Família</a>
            → </li>
            <li><a href="#park-guell">Park
            → Guell</a></li>
        </ul>
    </nav>
</header>
</body>
</html>
```

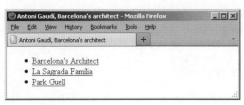

Ⓑ O cabeçalho em nível de página, contendo a navegação.

Trabalhando com a Tag Header

Se uma seção de sua página tiver um grupo de conteúdo introdutório ou de navegação, marque-a com o elemento **header**.

Uma página pode ter qualquer número de elementos **header**, e seus significados podem variar dependendo do contexto. Por exemplo, um header no topo, ou próximo dele em uma página pode representar o título de toda a página Ⓐ. De vez em quando, o título da página inclui o logo do site, a navegação principal Ⓑ, outros links globais e até mesmo um campo de busca. Sem dúvidas, esse é o uso mais comum do elemento **header**, mas não pense que seja o único.

Um **header** também seria apropriado para uma marcação mais profunda de um grupo de conteúdo introdutório ou de navegação dentro da página. Um exemplo é uma seção com a tabela de conteúdo Ⓒ (na próxima página).

O elemento **header** é um dos quatro elementos sectioning content que mencionei em "Entendendo o Outline do Documento do HTML5". Isso significa que qualquer cabeçalho **h1-h6** dentro de um **header** é considerado como parte do contexto do **header** – não a página em geral – até onde importa para o outline do documento. Então, um **header** geralmente inclui sua seção de cabeçalho (um **h1-h6** ou **hgroup**), mas isso não é obrigatório. Por exemplo, você vê cabeçalhos em Ⓒ, mas não em Ⓐ.

Para criar um cabeçalho com a tag header:

1. Coloque o cursor dentro do elemento no qual queira criar um cabeçalho.

2. Digite **`<header>`**.

3. Digite o conteúdo do header, que pode incluir diversos tipos de conteúdos marcados com seus respectivos elementos HTML (a maioria dos quais

Ⓒ Esta página tem dois **header**s: um servindo como título principal da página e outro como o título para Frequently Asked Questions do elemento **article** pai. Repare que o primeiro não tem nenhum cabeçalho **h1-h6**, mas o segundo, sim. Veja a última dica desta seção para informações sobre o atributo opcional **role**, mostrado no primeiro **header**.

```
...
<body>
<header role="banner">
    ... [site logo, navigation, etc.] ...
</header>

<article>
    <header>
        <h1>Frequently Asked Questions</h1>
        <nav>
          <ul>
              <li><a href="#answer1">What is your return policy?</a><li>
              <li><a href="#answer2">How do I find a location?</a><li>
              ...
          </ul>
        </nav>
    </header>

    <!-- the header links point to these -->
    <article id="answer1">
        <h2>What is your return policy?</h2>
        <p> ... [answer] ... </p>
    </article>

    <article id="answer2">
        <h2>How do I find a location?</h2>
        <p> ... [answer] ... </p>
    </article>
    ...
</article> <!-- end parent article -->

</body>
</html>
```

você aprenderá no resto do livro). Por exemplo, um **header** pode conter cabeçalhos **h1–h6**, um ou uma série de logos, navegação, campo de busca, etc.

4. Digite **</header>**.

DICA Não use header desnecessariamente. Se tudo o que tiver for um h1–h6 ou um hgroup, sem nenhum outro conteúdo que valha a pena agrupar, não há a necessidade de envolvê-lo em um header na maioria dos casos.

DICA Um header não pode ser substituído por um cabeçalho, como nos elementos h1–h6 (veja "Criando Cabeçalhos"). Cada um tem seu próprio propósito semântico.

DICA Você não deve aninhar um elemento footer ou outro header dentro de um título, nem aninhar um header dentro de um elemento footer ou address.

DICA Um header nem sempre precisa conter um elemento nav, como mostram os exemplos (A e C), mas, na maiorias dos casos, isso deve acontecer se o header tiver links de navegação. No caso C, o nav é adequado ao redor dos links da lista de Frequently Asked Questions, uma vez que é um grupo de navegação principal, como discutido em "Marcando a Navegação".

DICA Veja "Criando Containers Genéricos" para aprender como o header substituiu o papel de um dos elementos div, dos tempos pré-HTML5.

DICA Veja "Melhorando a Acessibilidade com ARIA" para aprender como você pode usar role="banner" com o header.

Marcando a Navegação

As versões anteriores do HTML não tinham um elemento que representasse explicitamente uma seção dos links de navegação principal, mas o HTML5 tem: o elemento **nav**. Links em um **nav** podem apontar para um conteúdo dentro da página Ⓐ, para outras páginas ou recursos, ou ambos. Qualquer que seja o caso, use **nav** apenas para os grupos de links mais importantes de seus documentos, não para todos.

Se observar atentamente o código da seção anterior, é possível ver o elemento **nav** em ação. Eu trouxe a amostra desse código para esta página, destacando o **nav** Ⓐ. Ele não impõe nenhuma formatação padrão em seu conteúdo Ⓑ.

Ⓐ Estes links (os elementos **a**) representam um importante conjunto de navegação, então eu os aninhei a um elemento **nav**. Normalmente, você marcará uma lista de links com o elemento **ul** (lista desordenada), a menos que eles sejam links breadcrumb. Nesse caso, use um **ol** (lista ordenada). Veja o Capítulo 15 para mais informações sobre listas. O atributo **role** não é necessário, mas pode melhorar a acessibilidade. Veja a última dica desta seção para informações sobre a aplicação do **role="navigation"** ao **nav**.

```
...
<body>
<header>
    <nav role="navigation">
        <ul>
            <li><a href="#gaudi">Barcelona's
            → Architect</a></li>
            <li lang="es"><a href="#sagrada-
            → familia">La Sagrada Família</a>
            → </li>
            <li><a href="#park-guell">Park
            → Guell</a></li>
        </ul>
    </nav>
</header>
</body>
</html>
```

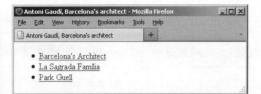

B Nossa navegação, por padrão, parece bastante simples. Os pontos não são frutos do elemento **nav**, que não tem nenhuma outra estilização a não ser começar em sua própria linha. Os pontos aparecem porque cada link é um elemento **li** (uma lista deles). Com o CSS, você pode desligar essa opção ou mostrar opções diferentes, assim como projetar os links horizontalmente, mudar as cores, fazê-los parecer botões, etc. Você começará a aprender CSS no Capítulo 7.

Para designar um grupo de links como navegação importante:

1. Digite **<nav>**.

2. Digite sua lista de links estruturadas como **ul** (lista desordenada), a menos que a ordem dos links seja importante (como a navegação breadcrumb), na qual você deve ordená-los com **ol** (lista ordenada). (Veja os Capítulos 6 e 15 para aprender mais sobre links e listas, respectivamente.)

3. Digite **</nav>**.

DICA Se você tiver alguma experiência com HTML ou XHTML, talvez esteja acostumado a estruturar seus links com os elementos ul ou ol. No HTML5, o nav não substitui essa melhor prática; continue a usar esses elementos e simplesmente os envolva com um nav **A**.

DICA Embora os leitores de telas em geral ainda estejam se atualizando com a nova semântica do HTML5, o elemento nav pode ajudá-los a identificar a navegação importante de sua página e permitir que os usuários a acessem através do teclado. Isso torna sua página mais acessível, melhorando a experiência do visitante.

DICA A especificação do HTML5 recomenda não envolver links no rodapé de páginas auxiliares como "Condições de Uso" e "Políticas de Privacidade" em um elemento nav. O que faz sentido. No entanto, às vezes o rodapé de sua página reitera as navegações principais ou inclui outros links importantes como "Localizador de Lojas" e "Carreiras". Na maioria dos casos, eu recomendo a colocação desses links de rodapé em um nav.

DICA O HTML5 não permite o aninhamento de um elemento nav dentro de um elemento address.

DICA Veja "Melhorando a Acessibilidade com ARIA" para aprender como usar role="navigation" com o nav **A**.

Um Olhar Mais Aprofundado do nav

Como eu disse antes, só porque você tem um grupo de links em sua página, não quer dizer que ele deva estar contido em um **nav**.

A página da amostra de notícia a seguir inclui quatro listas de links, dos quais apenas dois são considerados principais o suficiente para serem envolvidos em um **nav**. (Como verá, partes do código foram abreviadas.)

```
...
<body>
    <header>
        <!-- site logo could go here -->
        <!-- site global navigation -->


        <nav>
            <ul> ... </ul>
        </nav>
    </header>


    <div id="main">
        <h1>Arts &amp; Entertainment</h1>
        <article>
            <h1>Gallery Opening Features the Inspired, Inspiring</h1>
            <p>... [story content] ... </p>


            <aside>
                <h1>Other Stories</h1>


                <!-- not wrapped in nav -->
                <ul> ... [story links] ... </ul>
            </aside>
        </article>
    </div>
```

66 Capítulo 3

Um Olhar Mais Aprofundado do nav *(continuação)*

```
<aside id="sidebar">
    <nav><!-- secondary navigation -->
        <ul>
            <li><a href="/arts/movies/">Movies</a></li>
            <li><a href="/arts/music/">Music</a></li>
            ...
        </ul>
    </nav>
</aside>

<footer>
    <!-- Ancillary links not wrapped in nav. -->
    <ul> ... </ul>
</footer>
</body>
</html>
```

A navegação secundária no **aside** (veja "Especificando um Aside") permite que o usuário navegue para outras páginas no diretório Arts & Entertainment, então isso constitui uma seção de navegação principal da página. Entretanto, o **aside** com os links de Other Stories, não.

Então, como você decide se um grupo de links merece um **nav**? Em última análise, é uma decisão baseada na organização de seu conteúdo. No mínimo marque a navegação global de seu site (isto é, a que permite aos usuários pular para seções do site) com **nav**. Geralmente, mas não sempre, esse **nav** em particular aparece dentro de um elemento **header** em nível de página (veja "Criando um Header").

Criando um Artigo

Outro novo elemento criado pelo HTML5 é o **article** Ⓐ. Você já viu alguns exemplos dele. Agora vamos aprender mais sobre como ele funciona.

Baseado em seu nome, você acertou se imaginou que o **article** pode ser usado para receber conteúdos como um artigo de jornal. Porém, ele não se limita a apenas isso. No HTML5, "article" é mais parecido com "item".

Eis como o HTML5 o define:

> O elemento **article** representa uma composição autossuficiente em um documento, página, aplicativo ou site e, a princípio, é independentemente distribuível ou reutilizável, por exemplo, em sindicação. Isso pode ser uma mensagem em um fórum, um artigo de revista ou jornal, uma postagem em um blog, um comentário de um usuário, um widget interativo, ou qualquer outro item independente de conteúdo.

Outros exemplos do **article** podem incluir uma crítica de um filme ou música, um estudo de caso, uma descrição de um produto, etc. Você deve estar surpreso por descobrir que ele também pode ser um widget ou gadget interativo, mas esses dois também são itens de conteúdo independentes e redistribuíveis.

Ⓐ Eu abreviei os conteúdos do article e do código **nav** da seção anterior para simplificar. Você pode ver a versão completa do código no site do livro em www.bruceontheloose.com/htmlcss/examples/. Embora este exemplo inclua apenas parágrafos e imagens, um **article** pode receber diversos tipos de conteúdo, como vídeos, figuras, listas, e muito mais.

```
...
<body>
<header>
      <nav role="navigation">
          ... [ul with links] ...
      </nav>
</header>
<article>
      <h1 id="gaudi">Barcelona's Architect</h1>

      <p>Antoni Gaudí's incredible buildings
  → bring millions of tourists to
  → Barcelona each year.</p>

      <p>Gaudí's non-conformity, already
  → visible in his teenage years, coupled
  → with his quiet but firm devotion to
  → the church, made a unique foundation
  → for his thoughts and ideas. His
  → search for simplicity, based on his
  → careful observations of nature, are
  → quite apparent in his work, from the
  → <a href="#park-guell">Park Guell</a>
  → and its incredible sculptures and
  → mosaics, to the Church of the <a href=
  → "#sagrada-familia">Sacred Family</a>
  → and its organic, bulbous towers.</p>

      <h2 id="sagrada-familia" lang="es">La
  → Sagrada Família</h2>

      ... [image and paragraphs] ...

      <h2 id="park-guell">Park Guell</h2>

      ... [image and paragraphs] ...
</article>

</body>
</html>
```

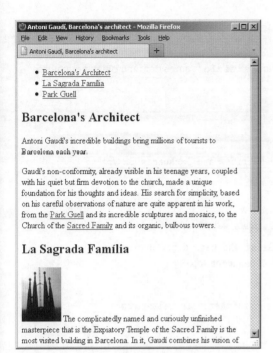

B Agora a página tem os elementos **header**, **nav** e **article**, assim como seus conteúdos. Os cabeçalhos **article** podem estar em tamanho diferente, por padrão, dependendo do navegador. Você pode padronizar o visual nos navegadores com o CSS (veja o Capítulo 10).

Para criar um artigo:

1. Digite **<article>**.

2. Digite o conteúdo, que pode incluir qualquer número de elementos, como parágrafos, listas, áudio, vídeo, imagens, figuras, etc.

3. Digite **</article>**.

🛈 **DICA** Como você aprendeu em "Entendendo o Outline do Documento do HTML5", o article é um dos quatro elementos de sectioning content, junto com header, section e aside.

🛈 **DICA** Você pode aninhar um article dentro de outro desde que o article interior esteja relacionado ao article como um todo. Mas você não pode aninhar um article dentro de um elemento address.

🛈 **DICA** Uma página pode conter diversos elementos article (ou mesmo nenhum). Por exemplo, a homepage de um blog geralmente inclui algumas das postagens mais recentes, cada uma poderia ser seu próprio article.

🛈 **DICA** Não é obrigatório que um article tenha um ou mais elementos section. É perfeitamente válido deixar os elementos h1-h6 por conta própria dentro de um article, embora esteja tornando a semântica do article mais explícita. E cada section pode ter sua própria hierarquia de níveis de cabeçalho, como discutido em "Entendendo o Outline do Documento do HTML5".

🛈 **DICA** Os elementos article e section são facilmente (e legitimamente) confundidos um com o outro, daí o porquê de minha paráfrase das definições do HTML5; eu não queria que você os aprendesse com um filtro. Eu discuto section e a escolha entre os dois em "Definindo uma Section".

🛈 **DICA** Veja "Melhorando a Acessibilidade com ARIA" para aprender como utilizar role="main" com o article sob dada circunstância. Seria apropriado incluí-lo no article em **A** porque ele é o container do conteúdo principal da página. Eu só o omiti para não dar a impressão de que role="main" é adequado para todos os elementos article.

Estrutura Básica do HTML **69**

Mais Exemplos `article`

O exemplo Ⓐ anterior é apenas uma forma de utilizar o **article**. Vamos dar uma olhada em outras possibilidades:

Exemplo 1 (artigo básico):

```
<article>

    <h1>The Diversity of Papua New Guinea</h1>

    <p>Papua New Guinea is home to more than 800 tribes and languages ...</p>

    ... [rest of story content] ...


    <footer> <!-- the article's footer, not the page's -->

        <p>Leandra Allen is a freelance journalist who earned her degree in
        → anthropology from the University of Copenhagen.</p>

        <address>

        You may reach her at <a href="mailto:leandra@therunningwriter.com">
        → leandra@therunningwriter.com</a>.

        </address>

    </footer>

</article>
```

Repare no uso dos elementos **footer** e **address** (veja as discussões sobre eles neste capítulo e no 4, respectivamente). Aqui, **address** aplica-se apenas a seu pai **article** (o mostrado, não à página ou quaisquer **articles** aninhados dentro desse **article**, como o leitor comenta no Exemplo 2.

O Exemplo 2 demonstra elementos **article** aninhados na forma de comentários enviados por usuários ao **article** pai, da mesma forma que você vê na seção de comentários de blogs ou sites de notícias. Ele também mostra um uso para os elementos **section** (veja "Definindo uma Section") e **time**, abordado no Capítulo 4.

Mais Exemplos article *(continuação)*

Exemplo 2 (artigos aninhados)

```html
<article>

    <h1>The Diversity of Papua New Guinea</h1>

    ... [parent article content] ...


    <footer>

        ... [parent article footer] ...

    </footer>


    <section>

        <h2>Reader Comments</h2>

        <article>

            <footer>travelgal    wrote  on  <time  datetime="2011-11-17"
            → pubdate>November    17,  2011</time>:</footer>

            <p>Great   article!   I've  always  been  curious   about   Papua   New
            → Guinea.</p>

        </article>

        <article>

            ...  [next  reader  comment]  ...

        </article>

    </section>

</article>
```

Essas são apenas duas das formas mais comuns de se utilizar o **article** e seus elementos companheiros.

Definindo uma Seção

O elemento **article** tem um primo semântico menos específico, **section** que é outro elemento exclusivo do HTML5.

Em parte, o HTML5 define **section** assim:

> O elemento section representa uma seção genérica de um documento ou aplicativo. Uma section, nesse contexto, é um grupo temático de conteúdo, normalmente com um cabeçalho Ⓐ.

> Exemplos de seções podem ser capítulos, as várias abas de páginas em um caixa de diálogo tabulada, ou as seções numeradas de uma tese. A homepage de um site pode ser dividida em seções para uma introdução, notícias e informação para contato.

Os elementos **article** e **section** são bem parecidos. Se não tiver certeza de como diferenciá-los, veja a barra lateral "Como Decidir entre **article** e **section**?"

Para definir uma seção:

1. Digite **<section>**.
2. Digite o conteúdo, que pode incluir qualquer número de elementos, como parágrafos, listas, áudio, vídeo, imagens, figuras, etc.
3. Digite **</section>**.

Ⓐ O código é o mesmo de antes, exceto que eu coloquei uma **section** em volta de cada uma das duas seções do **article**, após a introdução. Eu simplifiquei mais uma vez o código para ser mais breve.

```
...
<body>
<header>
    <nav role="navigation">
        ... [ul with links] ...
    </nav>
</header>

<article>
    <h1 id="gaudi">Barcelona's Architect</h1>

    <p>Antoni Gaudí's incredible buildings
    → bring millions of tourists to
    → Barcelona each year.</p>

    ... [another introductory paragraph] ...

    <section>
        <h2 id="sagrada-familia" lang="es">La
        → Sagrada Família</h2>

        <p><img src="img/towers.jpg"
        → width="75" height="100" alt=
        → "Sagrada Família Towers" /> The
        → complicatedly named and curiously
        → unfinished masterpiece that is
        → the Expiatory Temple of the
        → Sacred Family is the most visited
        → building in Barcelona. In it, Gaudí
        → combines his vision of nature and
        → architecture with his devotion
        → to his faith. The Sagrada Família
        → attracts even the non-religious to
        → its doors in large part due to its
        → tragic story and its still
        → unfinished state, of which the
        → everpresent scaffolding and cranes
        → are permanent reminders.</p>
    </section>

    <section>
        <h2 id="park-guell">Park Guell</h2>

        ... [another image and paragraphs] ...
    </section>
</article>
</body>
</html>
```

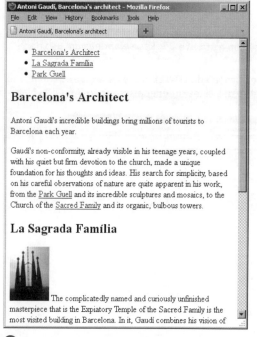

(B) Agora a página tem os elementos **header**, **nav**, **article** e **section**, assim como seus conteúdos. A renderização padrão é a mesma de antes de você adicionar os elementos **section**.

(DICA) Conforme você aprendeu em "Entendendo o Outline do Documento do HTML5", section é um dos quatro elementos sectioning content, junto com nav, article e aside.

(DICA) Por padrão, você pode não ver a diferença quando visualizar uma página com sections (ou articles), mas o que importa é que a semântica do seu documento fica mais organizada **(B)**. É claro que você pode estilizar esses elementos como quiser com o CSS.

(DICA) Lembre-se de que section não é um container genérico como div, uma vez que ele dá significado, enquanto o div não tem nenhum significado semântico (veja "Criando Containers Genéricos").

(DICA) Há diversos exemplos ao longo deste capítulo para ajudá-lo a entender a ideia de como usar tanto o article, quanto o section (de várias maneiras).

(DICA) Veja "Melhorando a Acessibilidade com ARIA" para aprender como você pode usar role="main" com o section, sob certas circunstâncias.

Como Decidir entre article e section?

Eu deliberadamente citei a definição do HTML5 para **section** e **article** (veja "Criando um Article") para ajudá-lo a compreender a diferença, pois ela às vezes é sutil. Pense nelas da seguinte forma: o seu conteúdo é uma parte independente, ou um widget que seria apropriado para a sindicação? Se sim, use o **article**. (Caso contrário, use o **section** na maioria das vezes, mas veja "Criando Containers Genéricos" para aprender sobre quando utilizar o **div**.) Isso não significa que você deve sindicar, ou, caso contrário, distribuir o conteúdo do **article**, só para que ele seja encaixado.

Se você ainda acha que, às vezes, o **article** e o **section** ainda são muito parecidos, não se preocupe, você não está sozinho. Até mesmo desenvolvedores experientes aplicam esses dois elementos de formas diferentes de vez em quando.

Como mencionado no Capítulo 1, nem sempre há uma escolha certa ou errada quando se trata da marcação de seu conteúdo. Há momentos em que as decisões são tomadas pela escolha pessoal sobre quais elementos do HTML você considera que melhor descrevem seu conteúdo.

Então, realmente pense com cuidado quando for decidir entre o **article** ou o **section**, mas não se preocupe demais pensando se os utilizou corretamente todas as vezes. Às vezes é meio subjetivo e, de qualquer forma, sua página continuará funcionando. Além disso, ninguém virá bater em sua porta no meio da noite.

Bem, *eu* posso, mas só porque está escuro e assustador lá fora.

Um Exemplo de section sem article

Até agora, você viu exemplos de **section** aninhados a um **article** Ⓐ. Esse é apenas um uso do elemento.

No próximo exemplo ligeiramente modificado da especificação do HTML5, você verá o **section** usado sem o **article**. (Você também terá um rápido vislumbre das listas ordenadas em ação. Aprenda mais sobre o **ol** e outros elementos de lista no Capítulo 15.)

...

```
<body>
    <h1>Graduation Program</h1>

    <section>
        <h2>Ceremony</h2>
        <ol>
            <li>Opening Procession</li>
            <li>Speech by Valedictorian</li>
            <li>Speech by Class President</li>
            <li>Presentation of Diplomas</li>
            <li>Closing Speech by Headmaster</li>
        </ol>
    </section>

    <section>
        <h2>Graduates (alphabetical)</h2>
        <ol>
            <li>Molly Carpenter</li>
            <li>Anastasia Luccio</li>
            <li>Ebenezar McCoy</li>
            <li>Karrin Murphy</li>
            <li>Thomas Raith</li>
            <li>Susan Rodriguez</li>
        </ol>
    </section>
</body>
</html>
```

Especificando um Aside

Às vezes você tem uma seção de conteúdo que é tangencialmente relacionada ao conteúdo principal de sua página, mas que poderia se sustentar por conta própria Ⓐ. Como você indicaria isso de forma semântica?

Ⓐ Este **aside**, trazendo informações sobre as maravilhas arquitetônicas de Barcelona, está tangencialmente relacionado ao conteúdo de Antoni Gaudi, que é o foco da página, mas ele também poderia se sustentar por conta própria. Eu poderia tê-lo aninhado dentro do **article**, uma vez que são relacionados, mas decidi colocá-lo após o **article** para tratá-lo visualmente mais tarde como uma barra lateral Ⓒ. O **role="complementary"** no **aside** é opcional, mas pode melhorar a acessibilidade. Veja a última dica para mais informações.

```
...
<body>

<header>
    <nav role="navigation">
        ... [ul with links] ...
    </nav>
</header>

<article>
    <h1 id="gaudi">Barcelona's Architect</h1>
    ... [introductory paragraphs] ...

    <section>
        <h2 id="sagrada-familia" lang="es">La Sagrada Família</h2>
        ... [image and paragraph] ...
    </section>

    <section>
        <h2 id="park-guell">Park Guell</h2>
        ... [another image and paragraphs] ...
    </section>
</article>

<aside role="complementary">
    <h1>Architectural Wonders of Barcelona</h1>

    <p>Barcelona is home to many architectural wonders in addition to Gaudí's work. Some of them
    → include:</p>
    <ul>
        <li lang="es">Arc de Triomf</li>
        <li>The cathedral <span lang="es">(La Seu)</span></li>
        <li lang="es">Gran Teatre del Liceu</li>
        <li lang="es">Pavilion Mies van der Rohe</li>
        <li lang="es">Santa Maria del Mar</li>
    </ul>

    <p>Credit: <a href="http://www.barcelona.de/en/barcelona-architecture-buildings.html"
    → rel="external"><cite>Barcelona.de</cite></a>.</p>
</aside>

</body>
</html>
```

Estrutura Básica do HTML **75**

Até a invenção do HTML5, não havia como fazer isso explicitamente. Agora, você tem o elemento **`aside`** B.

É comum pensar no **`aside`** como uma barra lateral C, mas é possível colocá-lo em diversos lugares de sua página, dependendo do contexto. Ele pode ser uma caixa (na teoria ou na prática) dentro do conteúdo principal em si, na mesma coluna, mas não aninhado ao conteúdo principal, ou em (ou como) uma coluna secundária, como a barra lateral. Exemplos do **`aside`** incluem uma citação em destaque, uma barra lateral, uma caixa de links de artigos relacionados em um site de notícias, propaganda, grupos de elementos **`nav`** (por exemplo, um blog roll), um feed do Twitter, e uma lista de produtos relacionados em um site de vendas.

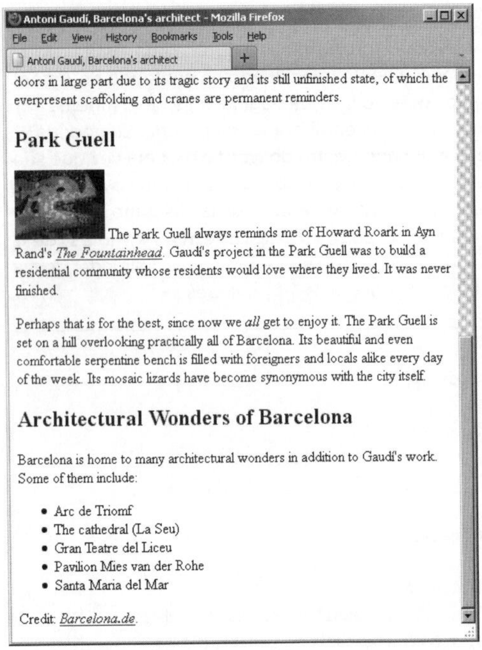

B O **`aside`** aparece abaixo do artigo porque ele vem em seguida na HTML em si A. Como você pode ver, os navegadores não adicionam, por padrão, nenhuma formatação especial a um **`aside`** (a menos que ele comece em uma linha própria). Entretanto, você tem total controle sobre sua aparência com o CSS C.

C Quando você aplica o CSS à página finalizada, você pode fazer o **aside** (que começa com "Architectural Wonders of Barcelona") aparecer juntamente com o conteúdo principal, em vez de abaixo dele. Então, neste caso, você tratou o **aside** como uma barra lateral. (Você aprenderá como criar um layout de duas colunas com o CSS no Capítulo 11.)

Para especificar um aside:

1. Digite `<aside>`.

2. Digite seu conteúdo, que pode incluir qualquer número de elementos, como parágrafos, listas, áudio, vídeo, imagens, figuras, etc.

3. Digite `</aside>`.

DICA Embora uma das formas de se utilizar o aside seja para marcar o conteúdo como uma barra lateral **C**, o elemento em si não afeta o layout da página **B**.

DICA Se você usar um ou mais `asides` dentro ou como uma barra lateral, coloque o conteúdo dela no HTML após o conteúdo principal de sua página **A**. É melhor para o SEO e questões de acessibilidade colocar primeiro o conteúdo mais importante. Você pode modificar com o CSS a ordem que eles são exibidos no navegador.

DICA Use o elemento figure (veja o Capítulo 4), e não o `aside`, para marcar figuras que sejam relacionadas ao conteúdo, como um mapa, um gráfico ou uma foto com legenda.

DICA O HTML5 não permite o aninhamento de um aside dentro de um elemento `address`.

DICA Veja "Melhorando a Acessibilidade com Aria" para aprender como você pode usar `role="complementary"` com o aside.

Outros Exemplos aside

Como mencionado, o **aside** pode aparecer na mesma coluna do conteúdo principal, aninhado junto a este ou a uma barra lateral.

O Exemplo 1 mostra um **aside** aninhado dentro de seu conteúdo relacionado.

Exemplo 1 (aninhado ao conteúdo principal):

```
...
<body>
<article>
     <h1>The Diversity of Papua New Guinea</h1>
     ... [article content] ...
     <aside>
          <h1>Papua  New  Guinea  Quick  Facts</h1>
          <ul>
               <li>The  country  has  38  of  the  43  known  birds  of  paradise</li>
               <li>Though  quite  tropical  in  some  regions,  others  occasionally
               → experience  snowfall.</li>
               ...
          </ul>
     </aside>
     ... [more article content] ...
</article>
</body>
</html>
```

Esse mesmo **article** pode incluir uma citação destacada do texto do artigo. Isso também estaria em um **aside**. Ou poderia haver um **aside** para "Related Stories", contendo uma lista de links para outros ensaios sobre o país ou regiões próximas (Indonésia, Austrália, etc). Como alternativa, esse **aside** poderia estar em uma coluna diferente da página, em vez de aninhado ao **article**.

Você já viu um exemplo de um **aside** em uma barra lateral (Ⓐ e Ⓒ). Agora, vamos pegar um exemplo de um portfólio de design ou um conjunto de estudos de caso, no qual cada página HTML foca-se em um único projeto e você fornece links (aninhados a um **nav**) às outras páginas do projeto em uma coluna adjacente (controlada pelo CSS, não simplesmente em virtude da formatação do código, como mostrado no Exemplo 2).

78 Capítulo 3

Outros Exemplos aside *(continuação)*

Exemplo 2 (aside não aninhado ao conteúdo principal, e contendo um **nav**):

```
...

<body>

<!-- main content on the page -->

<article>

    <h1>... [name of project] ...</h1>

    <figure>... [project photo] ...</figure>

    <p>... [project write-up] ...</p>

</article>


<!-- this aside is not nested in the article -->

<aside>

    <h1>Other  Projects</h1>

    <nav>

        <ul>

            <li><a  href="habitat-for-humanity.html">Habitat for Humanity
            → brochure</a></li>

            <li><a  href="royal-philharmonic.html">Royal Philharmonic Orchestra
            → site</a></li>

            ...

        </ul>

    </nav>

</aside>

</body>

</html>
```

Também é perfeitamente possível aninhar este **aside** em particular ao **article** do projeto, desde que eles estejam relacionados.

Criando um Rodapé

Quando se pensa em um rodapé, você provavelmente imagina o rodapé da página. O elemento **footer** do HTML5 serve para isso, mas como o **header**, você também pode usá-lo em outro lugar.

O elemento **footer** representa um rodapé do elemento `article`, `aside`, `blockquote`, `body`, `details`, `fieldset`, `figure`, `nav`, `section` ou `td` mais próximo ao qual estiver aninhado. Ele é o rodapé da página *toda* apenas quando seu ancestral mais próximo é o **body** (Ⓐ e Ⓑ). E se um **footer** englobar *todo* o conteúdo em sua seção (um `article`, por exemplo), ele representa os termos de um apêndice, índice, cólofon longo, ou um longo contrato de licença, dependendo de seu conteúdo.

Ⓐ Este **footer** representa o rodapé da página toda, uma vez que seu ancestral mais próximo é o elemento **body**. Nossa página agora tem os elementos **header**, **nav**, **article**, **section**, **aside** e **footer**. Nem todas as páginas exigem todos eles, mas eles realmente representam as construções primárias de uma página disponíveis no HTML.

```
...
<body>
<header>
    <nav role="navigation">
        ... [ul with links] ...
    </nav>
</header>

<article>
    <h1 id="gaudi">Barcelona's Architect</h1>
    ... [introductory paragraphs] ...

    <section>
        <h2 id="sagrada-familia" lang="es">La
        → Sagrada Família</h2>
        ... [image and paragraph] ...
    </section>

    <section>
        <h2 id="park-guell">Park Guell</h2>
        ... [another image and paragraphs] ...
    </section>
</article>

<aside role="complementary">
    <h1>Architectural Wonders of Barcelona
    → </h1>
    ... [rest of aside] ...
</aside>

<footer>
    <p><small>&copy; Copyright 2011</small>
    → </p>
</footer>

</body>
</html>
```

Para criar um rodapé:

1. Coloque o cursor dentro do elemento em que quiser criar um rodapé.
2. Digite `<footer>`.
3. Digite o conteúdo.
4. Digite `</footer>`.

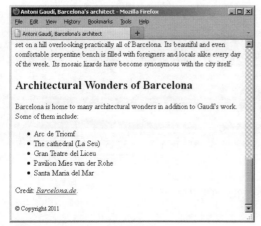

B O elemento `footer` em si, por padrão, não impõe nenhuma formatação ao texto. Aqui, o aviso de direitos autorais está menor do que o normal por estar aninhado a uma elemento `small`, para representar semanticamente uma impressão legal (veja o Capítulo 4). Como qualquer outra coisa, você pode mudar o tamanho da fonte com o CSS.

DICA Um rodapé geralmente inclui informações sobre sua seção, como links para documentos relacionados, direitos autorais, seu autor, e coisas parecidas. Veja os Exemplos 1 e 2 em "Outros Exemplos de `footer`", na barra lateral.

DICA O `footer` não precisa estar no fim do elemento que o contém, embora ele normalmente esteja.

DICA É válido aninhar um `header` ou outro `footer` dentro de um `footer`. Além disso, você não pode aninhar um `footer` em um elemento `header` ou `address`.

DICA Veja "Criando Containers Genéricos" para aprender como o `footer` substituiu um dos papéis do elemento `div` dos tempos em que não havia o HTML5.

DICA Veja "Melhorando a Acessibilidade com ARIA" para aprender como você pode usar `role="contentinfo"` com um `footer` em certas circunstâncias. Seria apropriado incluí-lo ao `footer` em **A** porque ele representa o rodapé da página toda, mas eu o omiti para não dar a impressão de que `role="contentinfo"` é adequado para todos os elementos `footer`. Veja "Outros Exemplos `footer`" para um exemplo que mostra tanto as diferenças quanto o uso adequado.

Estrutura Básica do HTML **81**

Outros Exemplos footer

Você viu um pequeno exemplo de um rodapé para uma página toda (A e B). Aqui está outro rodapé de página, mas com mais conteúdo.

Exemplo 1 (como rodapé de página):

```
...
<body>

... [page header and content] ...


<!-- this is a page footer because body is its nearest ancestor -->
<footer  role="contentinfo">

    <p><small>&copy; Copyright 2011 The Corporation, Inc.</small></p>


    <ul>

        <li><a  href="terms-of-use.html">Terms of Use</a></li>
        <li><a  href="privacy-policy.html">Privacy Policy</a></li>
    </ul>
</footer>
</body>
</html>
```

O próximo exemplo demonstra um **footer** no contexto de uma seção da página (neste caso, um **article**), e um segundo **footer** para toda a página. (Veja "Mais Exemplos **article**" para uma explicação sobre o escopo do elemento **address**.)

Exemplo 2 (como um rodapé para parte de, e toda uma página):

```
...
<body>
...
<article>
    <h1>... [article header] ...</h1>
    <p>... [article content] ...</p>
```

Outros Exemplos footer *(continuação)*

```
<!-- the article  footer -->
<footer>
    <p>Leandra  Allen  is a freelance  journalist  who earned  her degree
    →in anthropology  from the University  of Copenhagen.</p>
    <address>
    You  may  reach  her  at  <a href="mailto:    leandra@therunningwriter.
    → com">leandra@therunningwriter.com</a>.
    </address>
</footer>
</article>


<!-- the page footer -->
<footer id="footer-page"    role="contentinfo"  >
    ... [copyright, terms of use, privacy policy] ...
</footer>
</body>
</html>
```

O **id="footer-page"** (você pode especificar qualquer **id** válido) no rodapé da página é opcional e serve apenas para diferenciá-lo do outro **footer**, mantendo-se o controle da estilização. Repare que apenas o **footer** da página recebe o **role="contentinfo"** opcional. Veja "Melhorando a Acessibilidade com ARIA" para aprender mais sobre essa função.

Criando Containers Genéricos

Às vezes, é preciso envolver um container em volta de um segmento de conteúdo porque você quer aplicar uma estilização com o CSS ou talvez um efeito com JavaScript. Sua página não seria a mesma sem eles **A**. Mas, quando avalia o conteúdo, você determina que o uso de elementos como **article**, **section**, **aside** e **nav** não seriam semanticamente apropriados. O que você realmente precisa é de um container genérico, que não tenha nenhum significado semântico. Esse container é o elemento **div** (pense em uma "divisão") **B**. Com o **div** no lugar, você pode aplicar o estilo desejado **C** ou o efeito JavaScript. Certifique-se de ler a barra lateral para aprender mais sobre quando usar o **div** em suas páginas.

A Eu consegui esse design sem nenhum elemento **div** na página. Mas ao adicionar o **div** em torno de todo o conteúdo da página **B**, agora tenho um container genérico ao qual posso aplicar mais estilizações (veja os resultados em **C**).

B Agora, um **div** contorna todo o conteúdo. A semântica da página permanece a mesma, mas agora eu tenho um container genérico ao qual posso adicionar estilos com o CSS **C**.

```
...
<body>

<div>
    <header>
        <nav role="navigation">
            ... [ul with links] ...
        </nav>
    </header>

    <article>
        <h1 id="gaudi">Barcelona's Architect
         → </h1>
        ... [introductory paragraphs] ...

        <section>
            ... [heading, image and
             → paragraph] ...
        </section>

        <section>
            ... [heading, another image, and
             → paragraphs] ...
        </section>
    </article>

    <aside role="complementary">
        <h1>Architectural Wonders of
         → Barcelona</h1>
        ... [rest of aside] ...
    </aside>

    <footer>
        ... [copyright] ...
    </footer>
</div>

</body>
</html>
```

84 Capítulo 3

Para criar um container genérico:

1. Digite **<div>**.
2. Crie o conteúdo do container, que pode incluir qualquer número de elementos.
3. Ao final do container, digite **</div>**.

DICA Como header, footer, article, section, aside, nav, h1–h6, p e qualquer outro, o div é exibido automaticamente, por padrão, em uma nova linha.

DICA O div também é útil na implantação de certas interações ou efeitos com JavaScript. Por exemplo, exibir uma foto ou caixa de diálogo em uma sobreposição semitransparente que cubra a página (a sobreposição é geralmente um div).

DICA Após enfatizar que o HTML descreve o significado de seu conteúdo, o div não é o único elemento a não ter um valor semântico. O elemento span é a contraparte do div. Enquanto que o div é um container sem semântica, o span (escrito como <span> aqui vai o conteúdo </span>) é usado para frases, como dentro de um elemento p, para parágrafos. Veja mais sobre o span no Capítulo 4.

DICA Veja "Melhorando a Acessibilidade com ARIA" para aprender como você pode usar as funções do landmark com o div.

C Um elemento **div** não possui nenhuma estilização por padrão, exceto que ele começa em uma nova linha **D**. Porém, você pode aplicar estilos ao **div** para implementar o design. Aqui, eu adicionei um background azul claro e uma sobra à caixa do **div**. Isso permitiu que eu mudasse o background do elemento **body** para roxo, destacando o conteúdo. Eu também adicionei uma borda fina ao **aside**. Você pode ver aqui como consegui esses resultados na página (www.bruceontheloose.com/htmlcss/examples/).

D A mesma página sem a aplicação de CSS ao **div**, cabeçalhos, parágrafos ou qualquer outro elemento. Como pode ver, o **div** sozinho não faz com que nada se torne mais elaborado.

Um Pouco de História sobre o div e Quando Usá-lo no HTML5

Dos elementos estruturais apresentados neste capítulo, o **div** é o único além do **h1–h6** que é anterior ao HTML5. Até a criação do HTML5, o **div** era a escolha óbvia para englobar partes do conteúdo, como o título, rodapé e barras laterais de uma página, para que você pudesse estilizá-los com o CSS. Mas o **div** não tinha, e não tem até hoje, valor semântico.

Foi por isso que o HTML5 introduziu **header**, **footer**, **article**, **section**, **aside** e **nav**. Esses tipos de blocos de montagem eram tão predominantes nas páginas, que eles mereciam seus próprios elementos *com* significado. O **div** não desapareceu no HTML5, você só terá menos ocasiões para utilizá-lo.

Vamos ver alguns exemplos nos quais a escolha do **div** é apropriada.

Você já viu um: envolver toda uma página com um container para propósitos de estilização (B e C).

Como consegui o layout de duas colunas com o **div**? Eu apliquei um pouco de CSS ao elemento **article** e **aside** para que fossem exibidos como a coluna um e dois, respectivamente. (Veja o Capítulo 7 para começar a aprender sobre o CSS, e o 11 para layouts com o CSS.)

Na maior parte do tempo, no entanto, cada uma de suas colunas possui mais de uma seção de conteúdo. Por exemplo, talvez você queira outro **article** (ou **section**, ou **aside**, e assim por diante) na área do conteúdo principal abaixo do primeiro **article**. E talvez você queira mais um **aside** na segunda coluna, com, digamos, uma lista de links para outros sites sobre Gaudi. Ou, quem sabe, você queira outro tipo de elemento nessa coluna.

Você precisaria agrupar o conteúdo que quisesse que representasse cada coluna em um **div** E, e então estilizar este **div** de acordo. (Se estava pensando que **section** poderia ser uma opção, ele não foi feito para ser um container genérico para estilização.) Eu providenciei um diagrama F para ajudá-lo a visualizar a relação entre o código E e um potencial layout do CSS. Mantenha em mente que trata-se de apenas uma possibilidade de layout para este HTML; o CSS é bem poderoso.

Então é muito comum ter um **div** em volta de cada grupo de conteúdo que você queira estilizar como uma coluna (é claro que você pode fazer mais do que duas). Em termos do que vai *dentro* delas, isso pode variar muito, dependendo do tipo de conteúdo em suas páginas. Não se esqueça que, como seus containers primários da semântica para seções de conteúdo, **article**, **section**, **aside** e **nav** podem ser colocados em quase qualquer lugar. Assim como o **header** e o **footer**, conforme você aprendeu neste capítulo. Não se deixe levar pelo fato de que o exemplo (E e F) mostra apenas **article**s na área do conteúdo principal e os **aside**s na barra lateral.

Porém, o **div** deve ser seu último recurso como container por não ter valor semântico. Na maior parte das vezes, estará correto usar em seu lugar elementos como **header**, **footer**, **article**, **section**, **aside** e, possivelmente, **nav**. No entanto, se não for semanticamente apropriado, *não* use um deles apenas para evitar o **div**. Ele tem o seu lugar, você só quer limitar seu uso.

Isto posto, há uma situação válida em que é correto usar o **div** para todos os (ou a maioria dos, depende de você) containers em uma página, em vez dos novos elementos do HTML5. Veja "Estilizando Elementos do HTML5 em Navegadores Antigos", no Capítulo 11, para mais informações.

E Esta página possui o **div** que contém toda a página, além de dois novos. Um **div** com **id="content"** agrupa o conteúdo principal, de forma que ele possa ser estilizado como a coluna um. O outro **div** com **id="sidebar"** circunda o conteúdo que você quer exibir como coluna dois. Então, pode-se usar o **id** em seu CSS para direcionar cada **div** específico à estilização.

```
...
<body>

<!-- Start page container -->
<div id="container">
    <header>
        ...
    </header>

    <!-- Column One when CSS applied -->
    <div id="content">
        <article>
            ...
        </article>

        <article>
            ...
        </article>

        ... [more sections as desired] ...
    </div>
    <!-- end column one -->

    <!-- Column Two when CSS applied -->
    <div id="sidebar">
        <aside>
            ...
        </aside>

        <aside>
            ...
        </aside>

        ... [more sections as desired] ...
    </div>
    <!-- end column two -->

    <footer>
        ...
    </footer>
</div>
<!-- end page container -->

</body>
</html>
```

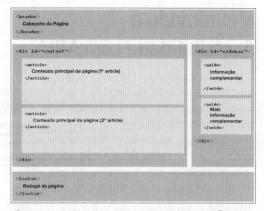

F Este diagrama ilustra como o código em **E** pode servir de mapa para o conceito do layout com o CSS. É uma formatação muito comum, mas apenas uma das diversas que o CSS permite que você utilize com o mesmo HTML. Certifique-se de conferir a próxima seção, "Melhorando a Acessibilidade com ARIA", para aprender como aprimorar, ainda mais, a semântica e a acessibilidade de suas páginas.

Melhorando a Acessibilidade com ARIA

Como você aprendeu na seção "Por que a Semântica Importa", no Capítulo 1, a acessibilidade melhora simplesmente ao se marcar o conteúdo com o HTML que melhor o descreve. Então, se já estiver fazendo isso, você está no caminho certo. Nesta seção, vou lhe dizer como a adição de alguns simples atributos a sua HTML pode ajudar seus visitantes ainda mais.

WAI-ARIA (Web Accessibility Initiative's Accessible Rich Internet Applications), ou ARIA, é uma especificação que se autodenomina "uma tecnologia de ponte". Isto é, ela preenche lacunas semânticas com atributos até que linguagens como o HTML forneçam seus próprios equivalentes semânticos.

Por exemplo, qual marcador HTML você usaria para permitir que um leitor de telas soubesse como pular para o conteúdo principal de sua página? Ou para um campo de busca? Conforme aprenderá, há alguma sobreposição entre o ARIA e o HTML5 (que também tentou preencher algumas lacunas), mas nem mesmo o HTML5 tem a solução para esses dois casos. As *funções landmark* do Aria, sim; elas identificam parcialmente um conjunto de regiões das páginas para esse propósito: **application**, **banner**, **complementary**, **contentinfo**, **form**, **main**, **navigation** e **search**.

Onde há uma sobreposição entre as funções landmark e elementos do HTML5, o leitor de tela dá prioridade ao ARIA. Então você pode continuar a criar suas páginas da mesma forma que antes, adicionando as funções ARIA para aprimorar a acessibilidade de suas páginas.

Em **Ⓐ**, eu adicionei funções landmark do ARIA e um elemento **nav** ao exemplo do "Criando Containers Genéricos". Embora tenha colocado uma função **complementary** em cada elemento **aside**, seria igualmente válido codificar como **<div id="sidebar" role="complementary">**, marcando

Ⓐ O Exemplo do "Criando Containers Genéricos" com a adição do elemento **nav** e cinco funções landmark diferentes.

```
...
<body>

<!-- Start page container -->
<div id="container">
    <header role="banner">
        ...
        <nav role="navigation">
            ... [ul with links] ...
        </nav>
    </header>

    <!-- Column One when CSS applied -->
    <div id="content" role="main">
        <article>
            ...
        </article>

        <article>
            ...
        </article>

        ... [more sections as desired] ...
    </div>
    <!-- end column one -->

    <!-- Column Two when CSS applied -->
    <div id="sidebar">
        <aside role="complementary">
            ...
        </aside>

        <aside role="complementary">
            ...
        </aside>

        ... [more sections as desired] ...
    </div>
    <!-- end column two -->

    <footer role="contentinfo">
        ...
    </footer>
</div>
<!-- end page container -->

</body>
</html>
```

88 Capítulo 3

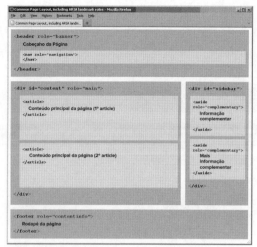

B Este é o layout do diagrama de "Criando Containers Genéricos", mas agora ele inclui as funções ARIA. Conforme mencionado, a barra lateral **div** poderia ter **role="complementary"** em vez dos elementos **aside**.

toda a barra lateral. Antes de fazer isso em suas páginas, certifique-se de que seu conteúdo **div** se qualifica como um conteúdo **complementary**.

Abaixo estão algumas definições da função landmark encontradas nas especificações do ARIA, seguidas por minhas recomendações de uso. Elas são demonstradas em A e no diagrama B, parecido como o do "Criando Containers Genéricos".

- **role="banner"**

  Uma região que contém a maior parte do conteúdo orientado do site, em vez de um específico.

  O conteúdo orientado do site geralmente inclui coisas como o logo ou a identificação do patrocinador do site, e uma ferramenta de busca específica ao site. Um banner geralmente aparece no topo da página.

  Uso: adicione-a no nível da página de rosto (normalmente um elemento **header**), e utilize-a apenas uma vez em cada página.

- **role="navigation"**

  Uma coleção de elementos de navegação (geralmente links) para acessar o documento ou documentos relacionados.

  Uso: trata-se de um espelho do elemento **nav** do HTML5, então adicione-a a cada elemento **nav**. Caso este elemento não esteja presente, adicione-a ao container em volta de seus links. Você pode usar este **role** mais do que uma vez em cada página.

- **role="main"**

  O conteúdo principal de uma página.

  Uso: adicione-a ao container de sua seção principal de conteúdo. Frequentemente ele será um elemento **div**, mas também pode ser um **article** ou **section**. Exceto sob raras ocasiões, sua página deve ter apenas uma área marcada com **main**.

- **role="complementary"**

  Uma seção de apoio do documento, projetada para ser complementar ao conteúdo principal... mas que continua significativa quando separada dele.

  Esta função indica que o conteúdo contido é relevante ao principal.

  Uso: trata-se de um espelho do elemento **aside** do HTML5, então adicione-a a um **aside** ou **div** que contenha todo o conteúdo complementar. Você pode incluir mais do que uma função **complementary** em cada página.

- **role="contentinfo"**

  Uma grande região perceptível que contém informação sobre o documento pai.

  Alguns exemplos de informação incluída nesta região da página são os direitos autorais e os links para políticas de privacidade.

  Uso: adicione-a uma vez em uma página no nível do rodapé (normalmente, um elemento **footer**.

Em resumo, é geralmente uma boa ideia adicionar funções ARIA ao seu HTML. Eu os incluí em alguns outros exemplos ao longo do livro, assim como no site. Para ser claro, suas páginas funcionarão sem eles, mas incluí-los pode melhorar a experiência de alguns usuários. Você pode achar úteis os resultados do teste de leitor de tela listados nas dicas para decidir se vai usá-las (há muito apoio a partir da versão 7.5 do leitor de tela Window-Eyes).

DICA A função `form` é semanticamente redundante com o elemento `form`; `search` marca uma `form` de busca (BBC, Yahoo! e Google a utilizam também como outras funções landmark em alguns casos), e `application` é para uso avançado.

DICA As funções landmark são apenas uma das diversas opções da especificação ARIA (www. w3.org/TR/wai-aria/). Talvez você também se interesse por este guia de implementação: www. w3.org/WAI/PF/aria-practices/ (sites em inglês).

DICA Os defensores da acessibilidade Steve Faulkner e Jason Kiss postaram testes separados de suporte para funções landmark a leitores de telas em www. html5accessibility.com/tests/landmarks.html e www.accessibleculture.org/research/html5-aria-2011/ (sites em inglês), respectivamente. Veja os debates relacionados de Faulkner em www.paciellogroup.com/blog/2011/11/ latest-aria-landmark-support-data/ e em www.paciellogroup.com/blog/2011/07/html5-accessibility-chops-aria-landmark-support/ (também em inglês).

DICA NVDA (para Windows, download gratuito em www.nvda-project.org/), VoiceOver (gratuito como parte do Mac OSX e iOS 4+) e JAWS (Windows, versão teste gratuita em www. freedomscientific.com/) estão entre os leitores de telas disponíveis mais avançados. Recomendo que você experimente pelo menos um deles, para entender melhor como suas escolhas semânticas do HTML influenciam na experiência dos usuários que utilizam leitores de telas.

DICA Você pode utilizar os atributos de função do ARIA em seus seletores do CSS. Na verdade, ao utilizar a função landmark apropriada, você pode omitir do código os atributos `id="content"` e `id="sidebar"` Ⓐ. Veja o Capítulo 11 para mais detalhes.

Nomeando Elementos com uma Class ou ID

Embora não seja necessário, você pode dar um identificador específico a seus elementos HTML, designá-los a uma classe (ou classes) particular, ou ambos. Após fazer isso, você pode estilizar todos os elementos com um nome de **id** ou **class**. Estes são seus usos mais populares, mas não os únicos (veja as dicas desta seção).

Para nomear um elemento com um id específico:

Dentro da tag de início do elemento, digite **id="nome"**, em que **nome** identifica especialmente o elemento Ⓐ. O **nome** pode ser quase qualquer coisa, desde que ele não comece com um número ou contenha espaços.

Para designar uma classe a um elemento:

Dentro da tag de início do elemento, digite **class="nome"**, em que **nome** é o nome de identificação da classe Ⓐ. Se quiser designar mais de uma classe, separe cada uma com um espaço, como em **class="nome outronome"**. (Você pode designar mais do que dois nomes de classe.)

(DICA) Cada **id** em um documento **HTML** precisa ser único. Em outras palavras, dois elementos de uma mesma página não podem ser nomeados com o mesmo **id**, e cada elemento pode ter apenas um **id**. O mesmo **id** pode aparecer em várias páginas e não precisa ser designado ao mesmo elemento em cada vez, embora seja habitual fazê-lo.

(DICA) Da mesma forma, o nome de uma **class** em particular pode ser designado a qualquer número de elementos em uma página, e um elemento pode ter mais de uma **class**.

continua na página 94

O Atributo class e Microformatos

Há uma interpretação errada comum de que o atributo **class** foi criado unicamente para aplicar o CSS aos grupos de elementos. Este não é o caso. Ele também foi projetado para enriquecer a semântica do HTML sem precisar adicionar mais elementos à linguagem de marcação.

Os microformatos fazem justamente isso. Eles utilizam nomes de **class** pré-acordados para identificar uma parte do HTML, como um evento ou data no calendário (o microformato **hCalendar**); para identificar pessoas, organizações e companhias (**hCard**); ou para descrever a relação entre pessoas (XFN). Estes são apenas alguns dos muitos microformatos existentes hoje, e outros estão sendo trabalhados.

Aplicativos, bots de busca e outros softwares podem ler e usar os microformatos em sua HTML. Por exemplo, o Operator, um add-on do Firefox, expõe os microformatos de qualquer página.

Você pode aprender mais sobre a implementação de microformatos em http://microformats.com (em inglês).

Ⓐ Adicione um atributo especial **id** a um elemento para mais tarde identificá-lo a uma formatação, links ou comportamento JavaScript. Adicione um atributo **class** a um ou mais elementos para conseguir formatá-los todos de uma vez. Por exemplo, as classes **architect** e **project** poderiam ser aplicadas ao conteúdo sobre outros arquitetos para uma formatação consistente. Os links no **nav** apontam para os **id**s no **h1** e **h2**s (veja o Capítulo 6 para mais informações sobre links). Os outros **id**s são para a formatação. Veja "Criando Containers Genéricos" para mais informação sobre **id**s, assim como outros exemplos que os utilizam. Os atributos **id** e **class** não afetam a aparência de um elemento, a menos que o CSS faça uma referência a eles.

```
...
<body>

<div id="container" >
    <header>
        <nav role="navigation">
            <ul id="toc" >
                <li><a href="#gaudi">Barcelona's Architect</a></li>
                <li><a href="#sagrada-familia" lang="es">La Sagrada Família</a></li>
                <li><a href="#park-guell">Park Guell</a></li>
            </ul>
        </nav>
    </header>

    <article class="architect"    role="main">
        <h1 id="gaudi" >Barcelona's Architect</h1>

        <p>Antoni Gaudí's incredible buildings bring millions of tourists to Barcelona each year.</p>
        ...

        <section class="project" >
            <h2 id="sagrada-familia" lang="es">La Sagrada Família</h2>
            ...
        </section>

        <section class="project" >
            <h2 id="park-guell">Park Guell</h2>
            ...
        </section>
    </article>
    ...
</div>
</body>
</html>
```

Estrutura Básica do HTML   **93**

DICA Os atributos `class` e `id` podem ser adicionados a qualquer elemento HTML. Um elemento pode ter um `id` e qualquer número de `class`.

DICA Para informações sobre como estilizar um elemento com um `id` ou `class` em particular, consulte "Selecionando Elementos por Class ou ID", no Capítulo 9.

DICA Escolha nomes significativos (ou seja, semânticos) para seus `id` e `class`, sem importar como queira usá-los. Por exemplo, se você usar uma `class` para estilizar, evite nomes que descrevam a apresentação, como `class="red"`. Trata-se de uma escolha ruim porque, talvez, na próxima semana, você decida mudar o esquema de cor de seu site para azul. Mudar a cor designada a uma `class` no CSS é muito simples, mas aí seu HTML teria uma `class` chamada de vermelha que resulta em uma cor diferente. Mudar todos os nomes das `class` em seu HTML geralmente não é trivial.

DICA Quando tiver que escolher entre aplicar uma `class` ou `id` a um elemento para fins de estilização, normalmente é preferível utilizar uma `class`, pois você pode reutilizar seus estilos associados a outros elementos com a mesma `class`. No entanto, certamente haverá ocasiões em que você vai querer direcionar seus estilos a um elemento (e possivelmente qualquer um de seus descendentes) através de seu `id`.

DICA O atributo `id` transforma automaticamente o elemento em uma âncora nomeada, à qual você pode direcionar um link. Para mais detalhes, veja "Criando Âncoras", no Capítulo 6.

DICA Você pode usar o atributo `class` para implementar microformatos (veja a barra lateral para mais detalhes).

DICA Você pode usar o JavaScript para acessar o atributo `id` e `class` para aplicar comportamento a elementos particulares.

Ⓐ Você pode adicionar títulos a qualquer elemento que quiser, embora seja mais comum utilizá-los em links.

```
...
<body>
    <header role="banner">
        <nav role="navigation">
            <ul id="toc" title="Table of
            Contents" >
                <li><a href="#gaudi" title=
                → "Learn about Antoni
                → Gaudí" >Barcelona's
                → Architect</a></li>
                <li><a href="#sagrada-familia"
                → lang="es">La Sagrada Família
                → </a></li>
                <li><a href="#park-guell">Park
                → Guell</a></li>
            </ul>
        </nav>
    </header>
    ...
</body>
</html>
```

Ⓑ Quando seus visitantes apontam para o elemento rotulado, o título aparecerá. Se você apontasse para o link de Barcelona's Architect, seria possível ver "Learn about Antoni Gaudi", uma vez que ele tem seu próprio atributo **title**.

Adicionando o Atributo Title aos Elementos

Você pode usar o atributo **title** – não confundir com o *elemento* **title** – para adicionar uma tooltip a praticamente qualquer parte de seu site (Ⓐ e Ⓑ). Porém, esse atributo não serve apenas para isso. Leitores de telas podem ler o texto do título para os usuários, melhorando a acessibilidade.

Para adicionar um title a elementos em uma página:

No elemento HTML do item que queira rotular com um título, adicione **title="*label*"**, em que *label* é um breve texto descritivo, que deve aparecer na tooltip quando um visitante apontar para o elemento ou que será lido em voz alta pelo leitor de telas.

DICA **Versões antigas do Internet Explorer (IE7 e anteriores) também criam tooltips a partir do atributo alt, usado em elementos img (veja o Capítulo 5). No entanto, se ambos os atributos title e alt forem apresentados em um elemento img, a tooltip é configurada aos conteúdos do atributo title, e não ao alt.**

Estrutura Básica do HTML **95**

Adicionando Comentários

Você pode adicionar comentários a seus documentos HTML para identificar onde seções começam ou terminam, para dizer a você (ou futuros editores) a razão de uma parte do código em particular, para evitar a exibição de determinado conteúdo, etc Ⓐ. Esses comentários aparecem apenas quando o documento é aberto com um editor de texto ou através da opção Visualizar Código do navegador. Caso contrário, eles são invisíveis, no navegador, aos usuários Ⓑ.

Ⓐ Esta amostra inclui quatro comentários. Dois se combinam para marcar o início e fim do artigo. O outro "comenta" o primeiro parágrafo, para que não seja exibido na página (caso queira que ele seja removido a longo prazo, é melhor deletá-lo do HTML). O último comentário é um lembrete para adicionar mais conteúdo antes de publicar a página no site. Certifique-se de remover qualquer comentário temporário, como "a fazer", antes de disponibilizar a página, caso os visitantes vejam seu código. "Criando Containers Genéricos" traz mais amostras de comentários.

```
...
<body>
    ...

    <!-- ==== START ARTICLE ==== -->
    <article class="architect">
        <h1 id="gaudi">Barcelona's Architect</h1>

    <!-- This paragraph doesn't display because it's commented out.
        <p>Antoni Gaudí's incredible buildings bring millions of tourists to Barcelona each
        → year.</p>
    -->

        <p>Gaudí's non-conformity, already visible in his teenage years, coupled with his quiet
        → but firm devotion to the church, made a unique foundation for his thoughts and ideas. His
        → search for simplicity ...</p>

        <section class="project">
            <h2 id="sagrada-familia" lang="es">La Sagrada Família</h2>
            ...
        </section>

        <section class="project">
            <h2 id="park-guell">Park Guell</h2>
            ...
        </section>
    </article>
    <!-- end article -->

    <!--
TO DO: Add another article here about other famous buildings before making page live.
    -->

    ...
</body>
</html>
```

96 Capítulo 3

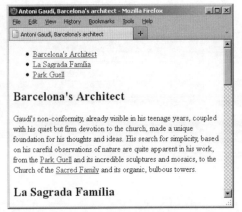

Ⓑ Os comentários são invisíveis (embora eles apareçam prontamente quando o código-fonte é exibido). De forma parecida, se você englobar um comentário em torno de algum conteúdo, ele não aparecerá Ⓐ. Aqui, o primeiro parágrafo no código não aparece.

Para adicionar um comentário a sua página HTML:

1. Em seu documento HTML, onde quiser inserir um comentário, digite **<!--**.

2. Digite os comentários

3. Digite **-->** para completar o texto comentado.

🅳🅸🅲🅰 Um bom uso dos comentários é para lembrar você mesmo (ou futuros editores) a incluir, remover ou atualizar certas seções Ⓐ.

🅳🅸🅲🅰 Outro uso para os comentários é indicar um número de revisão.

🅳🅸🅲🅰 É comum comentar o início e fim das seções principais de código, o que facilita para modificar depois (páginas podem ficar compridas). Eu gosto de usar um formato de comentário inicial diferente e proeminente, do que um que indique o fim de um bloco, pois assim meus olhos podem distinguir facilmente entre os dois pontos enquanto examino o código Ⓐ.

🅳🅸🅲🅰 Você deve ver sua página com comentários em um navegador antes de publicá-la. Isso ajudará a evitar que seus comentários (possivelmente) particulares sejam exibidos ao público porque você acidentalmente formatou um comentário de forma errada.

🅳🅸🅲🅰 Cuidado, no entanto, com os comentários que são muito particulares. Enquanto invisíveis quando se visita a página normalmente com um navegador, eles podem ser vistos através do recurso **Visualizar Fonte** ou se o usuário salvar a página como código HTML (fonte).

🅳🅸🅲🅰 Alguns comentários não podem ser aninhados dentro de outros.

🅳🅸🅲🅰 A sintaxe mostrada é apenas para comentários **HTML**. CSS e JavaScript têm uma sintaxe de comentários diferente. Ambos usam `/* Comentário entra aqui */` para um comentário de uma ou mais linhas, enquanto que o JavaScript também tem `// Comentário entra aqui`, para comentários de uma única linha.

Estrutura Básica do HTML **97**

4

Texto

A menos que um site tenha muitos vídeos ou galerias de fotos, a maior parte do conteúdo de uma página é texto. Este capítulo explica quais semânticas do HTML são apropriadas para diferentes tipos de texto, especialmente (mas não apenas) para aqueles contidos em uma frase ou oração.

Por exemplo, o elemento **em** foi feito especificamente para indicar ênfase no texto, e a função do elemento **cite** é citar obras de arte, filmes, livros, etc.

Os navegadores geralmente estilizam vários elementos de texto de forma diferente ao do texto normal. Por exemplo, ambos elementos **em** e **cite** estão em itálico. Outro elemento, **code**, feito especificamente para formatar linhas de código de um script ou programa, é exibido em uma fonte monoespaçada por padrão.

Como o conteúdo vai aparecer é irrelevante na hora de decidir como marcá-lo. Então, você não deve usar **em** ou **cite** só porque quer colocar o texto em itálico. Esse é um trabalho do CSS.

Ao contrário, concentre-se em escolher os elementos HTML que descrevam o conteúdo. Se, por padrão, um navegador estiliza o conteúdo da mesma forma que você o faria com o CSS, isso é apenas um bônus. Se não, apenas substitua a formatação padrão com seu próprio CSS.

Neste Capítulo

Iniciando um Novo Parágrafo	100
Adicionando Informação de Contato do Autor	102
Criando uma Figura	104
Especificando o Tempo	106
Enfatizando e Marcando um Texto Como Importante	110
Indicando uma Citação ou Referência	112
Citando um Texto	113
Destacando um Texto	116
Explicando Abreviações	118
Definindo um Termo	120
Criando Superscripts e Subscripts	121
Informando Edições e Textos Imprecisos	124
Marcando o Código	128
Utilizando Texto Pré-formatado	130
Especificando Fine Print	132
Criando uma Quebra de Linha	133
Criando Spans	134
Outros Elementos	136

Iniciando um Novo Parágrafo

O HTML não reconhece os retornos ou outro espaço em branco que você digita no editor de texto. Para começar um novo parágrafo em sua página, você usa o elemento **p** (Ⓐ e Ⓑ).

Para começar um novo parágrafo:

1. Digite **\<p\>**.
2. Digite o conteúdo do novo parágrafo.
3. Digite **\</p\>** para finalizá-lo.

Ⓐ Como não poderia deixar de ser, **p** é um dos elementos mais utilizados no HTML.

```
...
<body>

<article>
    <h1>Antoni Gaudí</h1>
    <p>Many tourists are drawn to
    → Barcelona to see Antoni Gaudí's
    → incredible architecture.</p>

    <p>Barcelona celebrated the 150th
    → anniversary of Gaudí's birth in
    → 2002.</p>

    <h2>La Casa Milà</h2>
    <p>Gaudí's work was essentially useful.
    → <span lang="es">La Casa Milà</span> is
    → an apartment building and real people
    → live there.</p>

    <h2>La Sagrada Famнlia</h2>
    <p>The complicatedly named and curiously
    → unfinished Expiatory Temple of the
    → Sacred Family is the most visited
    → building in Barcelona.</p>
</article>

</body>
</html>
```

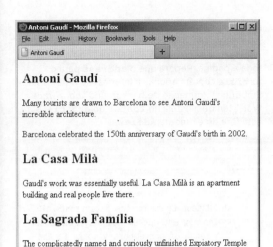

B Aqui você vê uma típica renderização padrão dos parágrafos. Assim como com todos os elementos do conteúdo, você tem controle total sobre a formatação com o CSS.

DICA Você pode utilizar estilos para formatar parágrafos com uma fonte, tamanho ou cores específicas (e muito mais). Para detalhes, consulte o Capítulo 10.

DICA Para controlar a quantidade de espaço entre as linhas, consulte "Definindo a Altura da Linha", no Capítulo 10. Para controlar a quantidade de espaço após um parágrafo, consulte "Definindo as Margens ao Redor de um Elemento" ou "Adicionando Padding ao Redor de um Elemento", ambos no Capítulo 11.

DICA Você pode justificar ou alinhar o parágrafo do texto à esquerda, direita ou centro com o CSS (veja "Alinhando o Texto", no Capítulo 10).

Adicionando Informação de Contato do Autor

Você pode pensar que o elemento **address** serve para marcar o endereço postal, mas não é (exceto por uma circunstância; veja as dicas). Na verdade, não existe um elemento HTML que sirva a esse propósito.

Ao contrário, o **address** define a informação de contato para o autor, pessoas ou organização relevantes a uma página HTML (normalmente aparecendo ao final da página) ou a parte dela, como no interior de um relatório ou artigo de notícia (Ⓐ e Ⓑ).

Para fornecer a informação de contato do autor:

1. Se quiser dar a informação de contato para um **article**, coloque o cursor dentro deste elemento. Outra forma seria colocar o cursor dentro do **body** (ou no nível de página do **footer**) se quiser fornecer a informação de maneira geral.

2. Digite **<address>**.

3. Digite o endereço de e-mail do autor, um link para uma página com informação para contato, e assim por diante.

4. Digite **</address>**.

Ⓐ Esta página tem dois elementos **address**: um para o **article** do autor, e o outro no nível de página do **footer**, para as pessoas que mantêm toda a página. Repare que o **address** para o **article** contém apenas a informação para contato. Embora a informação de background sobre Tracey Wong também esteja no **footer** do **article**, ela está fora do elemento **address**.

```
...
<body>

<article>
    <h1>Museum Opens on the Waterfront</h1>
    <p>The new art museum not only introduces
    → a range of contemporary works to the
    → city, it's part of larger development
    → effort on the waterfront.</p>
    ... [rest of story content] ...

    <!-- the article's footer with address
    → information for the article -->
    <footer>
        <p>Tracey Wong has written for <cite>
        → The Paper of Papers</cite> since
        → receiving her MFA in art history
        three years ago.</p>
        <address>
        Email her at <a href="mailto:
        → traceyw@thepaperofpapers.com">
        → traceyw@thepaperofpapers.com
        → </a>.
        </address>
    </footer>
</article>

<!-- the page's footer with address
→ information for the whole page -->
<footer>
    <p><small>&copy; 2011 The Paper of
    → Papers, Inc.</small></p>

    <address>
    Have a question or comment about the
    → site? <a href="site-feedback.html">
    → Contact our Web team</a>.
    </address>
</footer>

</body>
</html>
```

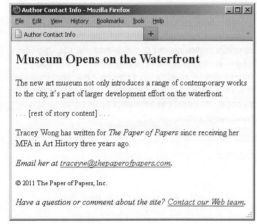

B O elemento `address` é, por padrão, renderizado em itálico.

DICA Na maior parte das vezes, a informação para contato inclui o endereço de e-mail do autor ou um link para uma página com mais informações para contato. Essa informação pode muito bem ser o endereço do autor, caso em que a marcação com o elemento `address` seria válida.

DICA O `address` pertence ao elemento ancestral `article` mais próximo, ou ao corpo da página caso o `address` não esteja aninhado dentro de um `article`. É habitual colocar o `address` em um elemento `footer` quando é indicada a informação de contato do autor para a página em geral **A**.

DICA Um `address` em um `article` fornece a informação para contato do autor daquele artigo **A**, não para outros `articles` aninhados àquele `article`, como comentários de usuários.

DICA O `address` pode conter apenas a informação de contato do autor e nada além disso, como a data da última modificação de um documento **A**. Além disso, o HTML5 proíbe aninhar qualquer um dos seguintes elementos dentro do address: `h1`-`h6`, `article`, `address`, `aside`, `footer`, `header`, `hgroup`, `nav` e `section`.

DICA Veja o Capítulo 3 para aprender mais sobre os elementos `article` e `footer`.

Criando uma Figura

Como você bem sabe, trata-se de uma convenção comum no mundo impresso associar figuras com texto. Uma figura pode ser um mapa, um gráfico, uma foto, uma ilustração, um pedaço de código, etc. Você já os viu em ação em jornais, revistas, relatórios, e muito mais. Daí a razão deste livro ter figuras na maioria de suas páginas.

Antes do HTML5, não havia um elemento projetado a esse propósito, então os desenvolvedores tiveram que encontrar soluções por conta própria, o que geralmente envolvia o menos que ideal elemento não-semântico **div**. O HTML5 muda esse cenário com a **figure** e o **figcaption**. Como definição, uma **figure** é uma parte de conteúdo autocontida (com uma legenda opcional), que é associada ao conteúdo principal de seu documento (Ⓐ e Ⓑ). O **figcaption**, opcional, é uma legenda da **figure**, e pode aparecer tanto no início quanto no fim do conteúdo de uma figura Ⓐ.

Para criar uma figura e sua legenda:

1. Digite **<figure>**.

2. Opcionalmente, digite **<figcaption>** para iniciar a legenda da figura.

3. Digite o texto da legenda.

4. Digite **</figcaption>** se você criou uma legenda nos passos 2 e 3.

5. Crie sua figura adicionando o código para imagens, vídeos, tabelas de dados, etc.

6. Se você não incluiu uma **figcaption** antes do conteúdo da **figure**, siga opcionalmente os passos de 2 a 4 para adicionar uma legenda após o conteúdo.

7. Digite **</figure>**.

Ⓐ Esta **figure** tem a imagem de um gráfico, embora mais de uma imagem ou outros tipos de conteúdo (como uma tabela de dados ou um vídeo) também sejam permitidos. O elemento **figcaption** não é necessário, mas precisa ser o primeiro ou último elemento em uma **figure**, caso seja incluído. Uma **figure** não tem nenhuma estilização, com a exceção de começar em sua própria linha em um navegador moderno Ⓑ.

```
...
<body>

<article>
    <h1>2011 Revenue by Industry</h1>
    ... [report content] ...

    <figure>
        <figcaption>Figure 3: 2011 Revenue
        → by Industry</figcaption>

        <img src="chart-revenue.png"
        → width="180" height="143" alt=
        → "Revenue chart: Clothing 42%,
        → Toys 36%, Food 22%" />
    </figure>

    <p>As Figure 3 illustrates, ... </p>

    ... [more report content] ...
</article>

</body>
</html>
```

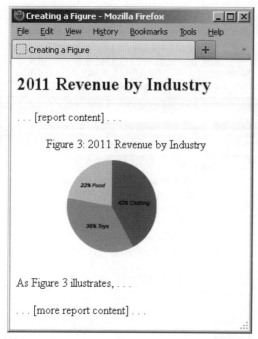

B A **figure** com o gráfico e a legenda aparecem dentro do texto do **article**. Seria simples de estilizar a **figure** com o CSS para que ela tivesse, por exemplo, uma borda, com o texto do artigo ao seu redor.

(DICA) Normalmente, figure é parte do conteúdo ao qual se refere (A), mas ela também poderia estar em qualquer lugar da página ou em outra, como em um apêndice.

(DICA) O elemento figure pode incluir várias partes de conteúdo. Por exemplo, (A) poderia incluir dois gráficos: um para as receitas e outro para os lucros. Porém, lembre-se que, não importa quanto conteúdo uma figure tenha, apenas um figcaption é permitido.

(DICA) Não use a figure simplesmente como meio de embutir todos os tipos de conteúdo autocontido dentro do texto. Em várias ocasiões, o elemento aside pode ser apropriado (veja "Especificando um Aside", no Capítulo 3).

(DICA) O elemento figure é conhecido como um seccionamento de raiz no HTML5, o que significa que ele pode ter cabeçalhos h1-h6 (e, assim, seu próprio outline), mas eles não contribuem para o outline do documento. Isso é muito diferente de sectioning *content*. Por favor, veja "Entendendo o Outline do Documento do HTML5", no Capítulo 3.

(DICA) Você não pode usar o elemento figcaption opcional a menos que ele esteja em uma figure com outro conteúdo.

(DICA) O texto do figcaption não precisa começar com "Figura 3" ou "Exibição B". Ele também poderia ser um breve descrição do conteúdo, como uma legenda de uma foto.

(DICA) Se você incluir um figcaption, ele precisa ser o primeiro ou último elemento da figure.

Especificando o Tempo

Você pode marcar uma hora exata ou dia do calendário com o elemento **time**. Ele é novo no HTML5. (Veja a barra lateral "Entendendo o Formato **datetime**" para mais detalhes sobre o sistema de calendário.)

Um de seus usos mais comuns é indicar a data da publicação de um elemento **article**. Para fazer isso, inclua o atributo **pubdate**. O elemento **time** com **pubdate** representa a data de publicação do ancestral do elemento **article** mais próximo Ⓐ. Você também pode especificar a data de comentários enviados ao artigo com **time**, **datetime** e **pubdate**, supondo que cada comentário esteja envolto de um elemento **article** aninhado ao **article** ao qual o comentário se refere (veja o Exemplo 2 da barra lateral em "Criando um Article", no Capítulo 3).

Você pode representar a hora de diversas maneiras com o elemento **time** (Ⓐ e Ⓒ). O conteúdo de texto opcional dentro de **time** (isto é, `<time>text</time>`) aparece na tela em uma versão legível para os humanos (Ⓑ e Ⓓ) do valor **datetime** opcional, lido por máquinas.

Ⓐ De forma apropriada, o atributo **datetime** e o elemento de texto **time** refletem a mesma data, embora um possa ser escrito de forma diferente do outro (veja Ⓒ para mais exemplos). Este elemento **time** representa a data que o artigo foi publicado, pois o atributo **pubdate** está incluído.

```
...
<body>

<article>
    <header>
        <h1>Cheetah and Gazelle Make Fast
        → Friends</h1>
        <p><time datetime="2011-10-15"
        → pubdate="pubdate">October 15,
        → 2011</time>  </p>
    </header>

    ... [article content] ...
</article>

</body>
</html>
```

Ⓑ A data de publicação do artigo aparece abaixo do título. A versão do conteúdo de texto do elemento **time** é exibida, não o valor **datetime**.

C O elemento **time** pode ser utilizado de várias maneiras. A forma mais simples (primeiro exemplo) não tem o atributo **datetime**. Mas ele realmente fornece a data e a hora no formato válido conforme exigido quando o **datetime** é omitido. Os três primeiros exemplos contêm a hora e/ou a data com texto dentro de **time**, que será exibido na tela **D**. Eu sugiro que você sempre inclua este formato de hora legível para humanos, uma que, atualmente, os navegadores não exibirão um valor **B**.

```
...
<body>

<p>The train arrives at <time>08:45</time>
→ and <time>16:20</time> on
→ <time>2012-04-10</time>   .</p>

<p>We began our descent from the peak of
→ Everest on <time datetime="1952-06-12T11:
→ 05:00">June 12, 1952 at 11:05 a.m.
→ </time> </p>

<p>They made their dinner reservation
→ for <time datetime="2011-09-20T18:
→ 30:00">tonight at 6:30</time>     .</p>

<p>The record release party is on <time
→ datetime="2011-12-09"></time>     .</p>

</body>
</html>
```

Para especificar uma hora exata, uma data do calendário, ou ambos:

1. Digite **<time** para iniciar um elemento **time**.

2. Se desejado, digite **datetime="time"**, em que *time* é representado no formato aprovado (veja a barra lateral "Entendendo o Formato **datetime**").

3. Se a hora representar a data da publicação de um artigo ou de toda a página, digite **pubdate="pubdate"** ou **pubdate**.

4. Digite **>** para completar a tag de início.

5. Caso queira que a hora seja exibida pelo navegador, digite um texto que reflita a hora, a data, ou ambos (veja a primeira dica sobre o formato de texto permitido).

6. Digite **</time>**.

DICA Se você omitir o atributo **datetime**, o conteúdo do texto precisa obedecer a uma data ou formato de tempo válidos. Ou seja, o primeiro exemplo em **C** não poderia ser codificado como <p>The train arrives at <time>8:45 a.m.</time> and <time>4:20 p.m.</time> on <time>October 4th, 2012</time>.</p>. Porém, quando você realmente inclui **datetime**, fica à sua escolha a representação da data ou hora no conteúdo de texto, como visto no segundo e terceiro exemplos de **C**.

DICA Não use **time** para marcar horas ou datas imprecisas, como "o meio dos anos 1990", "logo depois da meia-noite", "a parte final da Renascença" ou "mais cedo, na semana passada".

DICA Sempre inclua uma versão de texto da data e hora, dentro do elemento **time**, se quiser que elas sejam mostradas na página. Se estiverem faltando, os navegadores devem exibir o texto baseado no valor **datetime**, mas falta tal tipo de auxílio na maioria dos casos, no momento em que escrevia **D**.

continua na página 109

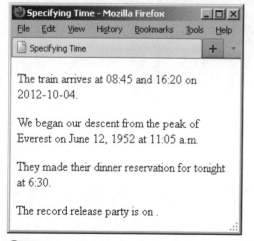

D Os primeiros três parágrafos mostram a hora. O último, não (veja a última dica).

Texto **107**

Entendendo o Formato `datetime`

O elemento de tempo `time` é baseado em um relógio de 24 horas, com uma mudança de fuso horário opcional do UTC (Tempo Universal Coordenado). O atributo `datetime` fornece a data e a hora em um formato legível para máquinas, que eu simplifiquei para este exemplo inicial:

`YYYY-MM-DDThh:mm:ss`

Por exemplo (hora local):

`2011-11-03T17:19:10`

Isso significa "3 de novembro de 2011, às 17h19 e 10 segundos, no horário local". O **T** separa a data (`YYYY-MM-DD`) e hora (`hh:mm:ss`), e se você incluir uma hora, os segundos são opcionais. (Você também pode fornecer a hora com os milésimos de segundos com o formato `hh:mm.sss`. Repare no ponto antes dos milésimos.)

Se quiser, você também pode representar seu horário em um contexto global. Adicione um **Z** ao final, e a formato será o UTC.

Por exemplo (horário global no UTC):

`2011-11-03T17:19:10Z`

Ou você pode especificar uma mudança de fuso horário opcional do UTC, omitindo o **Z** e adicionando – (menos) ou + (mais).

Por exemplo (tempo global com mudança do UTC):

`2011-11-03T17:19:10-03:30`

Isso significa "3 de novembro de 2011, às 17h19 e 10 segundos, no horário de Newfoundland (são três horas e meia a menos que no UTC)". Uma lista de fuso horários do UTC está disponível em http://en.wikipedia.org/wiki/List_of_time_zones_by_UTC_offset (em inglês).

Se você realmente incluir `datetime`, ele não exige toda a informação complementar que acabei de descrever, como mostram os exemplos em Ⓒ. Tecnicamente falando, as datas no elemento `time` são baseadas no calendário Gregoriano (como você deve saber, este é o sistema de calendário de uso comum atualmente). Como tal, o HTML5 recomenda que você não utilize-o para datas pré-Gregorianas (a verdade é que isso não deverá ser um problema para seu conteúdo, mas é só para que você saiba sobre isso). Existem diversas discussões sobre essa limitação, mas trata-se de um assunto complicado. Leia http://dev.w3.org/html5/spec-author-view/the-time-element.html (em inglês) para mais informações e exemplos, ou www.quirksmode.org/blog/archives/2009/04/marking_time_saf.html (também em inglês) para uma longa explicação sobre alguns dos problemas.

DICA Se você usar time com pubdate para indicar a data de publicação de um artigo, é comum, mas não obrigatório, colocá-lo em um elemento header ou footer do elemento article. De qualquer forma, certifique-se de que ele esteja aninhado em algum lugar dentro do artigo relevante.

DICA Se um elemento time com o atributo pubdate não possui um elemento article como ancestral, ele representa a data e hora da publicação de toda a página.

DICA Você pode especificar o pubdate como <time pubdate></time> ou <time pubdate="pubdate"></time>. Porém, se você o incluir, é necessário o datetime ou a versão do conteúdo de texto da hora Ⓐ.

DICA O atributo legível para máquinas datetime (veja "Entendendo o Formato datetime") permite a sincronização de datas e horas entre aplicativos web. No momento em que escrevia, nenhum navegador mostrava o valor datetime (Ⓑ e Ⓓ).

DICA Você não pode aninhar um elemento time dentro de outro.

Enfatizando e Marcando um Texto Como Importante

O elemento **strong** denota um texto importante, enquanto que **em** transmite ênfase. Você pode utilizá-los juntos ou separados, conforme a necessidade de seu conteúdo (Ⓐ e Ⓑ).

Para marcar um texto como importante:

1. Digite **<strong>**.
2. Digite o texto que queira marcar como importante.
3. Digite **</strong>**.

Para enfatizar um texto:

1. Digite **<em>**.
2. Digite o texto que queira enfatizar;
3. Digite **</em>**.

DICA Não utilize os elementos b e i como substitutos de strong e em, respectivamente. Embora eles possam parecer similares em um navegador, seus significados são muito diferentes (veja a barra lateral "Os Elementos b e i: Redefinidos no HTML5").

DICA Você pode aninhar um texto strong dentro de uma frase que já esteja marcada com strong. Se o fizer, a importância do texto strong aumenta a cada vez que for filho de outro strong. O mesmo vale para o nível de ênfase para o texto em aninhado a outro em. Por exemplo, "para 17 de novembro" é marcado como mais semanticamente importante do que o outro texto strong nesta sentença: <p><strong>Lembre-se que as entradas são <strong>para 17 de novembro</strong>.</stong></p>.

DICA Você pode estilizar qualquer texto com negrito ou itálico usando o CSS, assim como substituir no navegador a estilização padronizada de elementos como strong e em Ⓑ. Para mais detalhes, consulte "Criando Itálicos" e "Aplicando Formatação em Negrito", no Capítulo 10.

Ⓐ A primeira sentença tem **strong** e **em**, enquanto que, a segunda, apenas em. Se **<em>under any circumstances</em>** estivesse marcado, em vez de **<strong>under any circunstances</strong>**, ele teria mais importância do que o texto contido ao redor de **strong**.

```
...
<body>

<p><strong> Warning: Do not approach the
→ zombies <em> under any circunstances </em>.
→ </strong>   They may <em>look</em>
→ friendly, but that's just because they want
→ to eat your arm.</p>

</body>
</html>
```

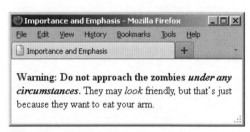

Ⓑ Os navegadores geralmente exibem o texto **strong** em negrito, e o **em**, em itálico. Se **em** for filho de um elemento **strong** (veja a primeira sentença em Ⓐ), seu texto ficará tanto em itálico quanto em negrito.

Os Elementos b e i: Redefinidos no HTML5

O HTML5 foca-se na semântica, não na apresentação de um elemento. Os elementos b e i são remanescentes dos primórdios do HTML, quando eram utilizados para deixar um texto em negrito ou itálico (o CSS ainda não existia). Eles rapidamente caíram em desuso no HTML4 e XHTML devido a sua natureza de apresentação. Os codificadores eram encorajados a usar **strong** em vez de b, e **em** em vez de i. Acontece que **em** e **strong** nem sempre são semanticamente apropriados. O HTML5 resolve isso ao redefinir b e i.

Algumas convenções tipográficas na edição tradicional caem por terra com a semântica HTML disponível. Entre elas está o uso do itálico em certos nomes científicos (por exemplo, "O *Ulmus americana* é a árvore do estado de Massachusetts."), e frases em línguas estrangeiras (ao inglês) (por exemplo, "The couple exhibited a *joie de vivre* that was infectious."). Esses termos não são colocados em itálico para dar ênfase, apenas estilizados por convenção.

Em vez de criar vários novos elementos semânticos direcionados a casos como esses, o HTML5 adota uma postura prática ao tentar fazer o possível com o que está disponível: **em** para todos os níveis de ênfase, **strong** para importância, e b e i para os casos que caíram por terra.

A noção é que, embora b e i não carreguem nenhum valor semântico explícito, o leitor reconhecerá que uma diferença foi colocada porque ela difere do texto a seu redor. E você ainda está livre para mudar sua aparência do negrito e itálico com o CSS. O HTML5 enfatiza que você use b e i apenas como último recurso quando outro elemento (como **strong**, **em**, **cite**, etc) não for capaz de causar o mesmo efeito.

Um Resumo do Elemento b

O HTML5 redefine o elemento b desta forma:

O elemento b representa uma expansão do texto ao qual está sendo chamada a atenção para propósitos úteis, sem transmitir qualquer importância a mais e sem implicação de uma voz ou humor alternativos, como palavras-chave em um resumo de documento, nomes de produtos em uma crítica, palavras que podem ser acionadas em um software baseado em texto interativo, ou a introdução de um artigo.

Por exemplo:

```
<p>O <b>XR-5</b>, também chamado de <b>Extreme Robot 5</b>, é o melhor
→ robô que já testamos.</p>
```

O elemento b se renderiza em negrito por padrão.

Um Resumo do Elemento i

O HTML5 redefine o elemento i desta forma:

O elemento i representa uma extensão do texto em uma voz ou humor alternativos, ou então fora da prosa normal, de certa forma indicando um tipo de texto diferente, como uma denominação taxonômica, um termo técnico, uma expressão idiomática de outra língua, um pensamento, ou um nome de um navio em textos ocidentais.

Aqui estão alguns exemplos:

```
<p>O <i lang="la">Ulmus americana</i> é a árvore do estado de Massachusetts.</p>
```

```
<p>O <i>Expresso do Oriente</i> começou a operar em 1883.</p>
```

```
<p>O casal exibiu uma <i lang="fr">joie de vivre</i> que era contagiante.</p>
```

O elemento i exibe em itálico por padrão.

Indicando uma Citação ou Referência

Use o elemento **cite** para uma citação ou referência a uma fonte. Os exemplos incluem o título de uma peça, roteiro ou livro; o nome de uma música, filme, foto ou escultura; um concerto ou turnê musical; uma especificação; um jornal ou papel ofício; etc (**A** e **B**).

Para citar uma referência:

1. Digite **<cite>**.
2. Digite o nome da referência.
3. Digite **</cite>**.

DICA Para situações em que estiver citando da fonte referida, use o elemento blockquote ou q, conforme o caso, para marcar o texto citado (veja "Citando um Texto"). Para ser claro, **cite** serve apenas para a fonte, não para o que você está citando dela.

A O elemento **cite** é apropriado para marcar os títulos de uma obra de arte, música, filmes e livros.

```
...

<p>He listened to <cite>Abbey Road</cite>
→ while watching <cite>A Hard Day's Night
→ </cite> and reading <cite>The Beatles
→ Anthology</cite>.

<p>When he went to The Louvre, he learned
→ that <cite>Mona Lisa</cite> is also known
→ as <cite lang="it">La Gioconda</cite>.</p>

...
```

B O elemento **cite** se renderiza em itálico por padrão.

O HTML5 e o Uso do Elemento cite Para Nomes

Em meio a uma grande discórdia por parte da comunidade desenvolvedora, o HTML5 declara explicitamente que o uso do **cite** para se referir ao nome de uma pessoa é inválido, embora versões anteriores do HTML permitissem isso e muitos desenvolvedores e designers o utilizassem assim.

A especificação do HTML4 dá o seguinte exemplo (eu passei os nomes dos elementos de letras maiúsculas para minúsculas):

```
As <cite>Harry S. Truman</cite> said,
<q lang="en-us">The buck stops here.</q>
```

Além de exemplos como esse, os sites geralmente usavam o **cite** para os nomes dos visitantes que deixassem comentários em postagens de blogs ou artigos (o tema padrão do WordPress também).

Muitos desenvolvedores deixaram claro que eles pretendem continuar a utilizar o **cite** em nomes associados a citações em suas páginas HTML5, já que o HTML5 não fornece uma alternativa que eles considerem aceitável (isto é, os elementos **span** e **b**). Jeremy Keith demonstrou sua frustração de forma contundente em http://24ways.org/2009/incite-a-riot/ (em inglês).

A Um **blockquote** pode ser tão curto ou tão longo seja necessário. Opcionalmente, inclua o atributo **cite** – não confundir com o elemento **cite** mostrado no primeiro parágrafo – para fornecer a localização do texto citado. Entretanto, os navegadores não exibem a informação do atributo **cite** **B**. (Veja a segunda dica para uma recomendação alternativa.)

```
...
<body>

<p>He enjoyed this selection from <cite>The
→ Adventures of Huckleberry Finn</cite> by
→ Mark Twain:</p>

<blockquote cite="http://www.marktwain
→ books.edu/the-adventures-of-huckleberry
→ -finn/">
    <p>We said there warn't no home like a
    → raft, after all. Other places do seem
    → so cramped up and smothery, but a
    → raft don't. You feel mighty free and
    → easy and comfortable on a raft.</p>
</blockquote>

<p>It reminded him of his own youth exploring
→ the county by river.</p>

</body>
</html>
```

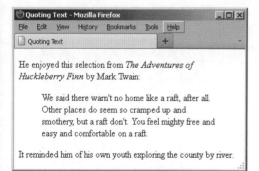

B Os navegadores geralmente recuam, por padrão o texto **blockquote**. Historicamente, eles não exibem o valor do atributo **cite** (veja a segunda dica para uma recomendação alternativa). O elemento **cite**, por outro lado, é suportado por todos os navegadores e geralmente é renderizado em itálico, como mostrado. Todas essas padronizações podem ser substituídas com o CSS.

Citando um Texto

Existem dois elementos especiais para marcar um texto citado de uma fonte. O elemento **blackquote** representa uma citação (geralmente uma mais longa, mas não necessariamente) que se sustenta por si só **A** e é renderizada, por padrão em um linha própria **B**. Enquanto que o elemento **q** é para citações curtas, como aquelas dentro de uma sentença **C** (na próxima página).

Os navegadores deveriam anexar automaticamente o elemento de texto **q** em uma linguagem de marcação de citação específica, mas o IE não fazia isso até o IE8. Alguns outros têm problemas com citações aninhadas, também. Certifique-se de ler as dicas para aprender alternativas ao uso do elemento **q**.

Para citar um bloco do texto:

1. Digite **<blockquote** para iniciar uma citação de bloco.
2. Se desejar, digite **cite="*url*"**, em que *url* é o endereço da fonte da citação.
3. Digite **>** para completar a tag de início.
4. Digite o texto que deseja citar, englobando-o com parágrafos e outros elementos conforme forem apropriados.
5. Digite **</blockquote>**.

Texto **113**

Para citar uma frase curta:

1. Digite **<q** para iniciar a citação de uma palavra ou frase.

2. Se desejar, digite **cite="url"**, em que **url** é o endereço da fonte da citação.

3. Se a língua da citação é diferente da que é da página (conforme especificada pelo atributo **lang** no elemento **html**), digite **lang="xx"**, em que **xx** é o código de duas letras da língua em que está a citação. Esse código *deve* determinar o tipo de sinal de citação que será usado ("" para o inglês, « » para diversas línguas europeias, etc), embora o suporte do navegador para essa renderização possa variar.

4. Digite **>** para completar a tag de início.

5. Digite o texto que será citado.

6. Digite **</q>**.

DICA Embora seja permitido, evite colocar texto diretamente entre as tags blockquote de início e fim. Ao contrário, anexe-o ao p ou a outros elementos semanticamente apropriados dentro do blockquote.

DICA Você pode utilizar o atributo opcional cite no blockquote e q para fornecer uma URL à fonte que estiver citando. Infelizmente, os navegadores não têm apresentado a URL do cite aos usuários **B**, então este não é um dos atributos mais úteis quando está sozinho. Consequentemente, se você realmente incluir o cite, lhe recomendo que repita a URL em um link (o elemento a) em seu conteúdo, permitindo aos usuários que o acessem. De forma menos eficaz, você poderia expor o valor do cite com o JavaScript.

C Adicione o atributo **lang** ao elemento **q** se o texto citado estiver numa língua diferente do que a do padrão da página (conforme especificado pelo atributo **lang** no elemento **html**).

```
...
<body>

<p>And then she said,  <q> Have you read
→ Barbara Kingsolver's <cite>High Tide in
→ Tucson</cite>? It's inspiring. </q> </p>

<p>She tried again, this time in French:
→ <q lang="fr"> Avez-vous lu le livre
→ <cite>High Tide in Tucson</cite> de
→ Kingsolver? C'est inspirational. </q> </p>

</body>
</html>
```

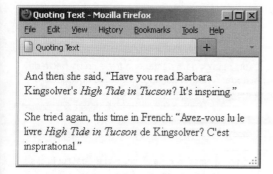

D Os navegadores devem adicionar aspas onduladas em volta dos elementos **q** (e aspas simples onduladas em volta dos elementos aninhados **q**) automaticamente. Como mostrado aqui, o Firefox o faz, mas nem todos os navegadores conseguem fazer isso (por exemplo, versões mais antigas do Internet Explorer).

DICA O elemento blockquote é conhecido como um seccionamento de raiz no **HTML5**, significando que ele pode ter cabeçalhos h1-h6 (e, assim, seu próprio outline), mas eles não contribuem para o outline do documento. Isso é muito diferente de sectioning *content*. Por favor, veja "Entendendo o Outline do Documento do HTML5", no Capítulo 3.

DICA O elemento q é inválido para uma citação que se estenda por mais de um parágrafo.

DICA Certifique-se de que não use o q simplesmente porque você quer adicionar aspas em torno de uma frase ou palavra. Por exemplo, <p>Toda vez que ouço a palavra <q>soja</q>, ela me enoja.</p> é inapropriado porque "soja" não é uma citação de uma fonte.

DICA Você pode aninhar um blockquote e elementos q. Por exemplo, <p>O conto começou, <q>Quando ela era uma criança, ela dizia, <q>Olá, estranho!</q> para todos que passavam.</q></p>. Elementos q aninhados deveriam vir automaticamente com as aspas, mas o suporte dos navegadores varia. Uma vez que as aspas são tratadas de formas diferentes em cada língua, adicione o atributo lang ao q conforme for necessário (**C** e **D**).

DICA Por causa dos problemas com o q nos navegadores **D**, muitos (provavelmente a maioria) dos codificadores decidem por simplesmente digitar as aspas apropriadas ou utilizar caracteres individuais no lugar do elemento q. Em seu artigo detalhado "Quoting and citing with <blockquote>, <q>, <cite>, and the cite attribute", no site HTML5 Doctor, Oli Studholme discute tudo isso e muito mais, como uma série de opções para estilizar as aspas com o elemento q e informações sobre o suporte de navegadores relacionados (http://html5doctor.com/blockquote-q-cite/ – em inglês).

Destacando um Texto

Todos nós já usamos uma caneta marca-texto em nossas vidas. Talvez enquanto estudava para uma prova ou lia um contrato. Seja qual for o caso, você usou o marca-texto para destacar as palavras-chave ou frases que eram relevantes à tarefa.

O HTML5 reproduz isso com o novo elemento **mark**. Pense no **mark** como a versão semântica da caneta marca-texto. Ou seja, o que é importante é que você está destacando certas palavras; a aparência delas é irrelevante. Estilize o texto como quiser com o CSS (ou não faça nenhuma modificação), mas use o **mark** apenas quando for necessário.

Não importa quando o **mark** é usado, ele serve para chamar a atenção do leitor a um segmento particular do texto. Aqui estão algumas ocasiões para utilizá-lo:

- Para destacar um termo quando ele aparece nos resultados de uma busca em uma página ou artigo. Quando se fala sobre o **mark**, este é o contexto mais comum. Suponha que você usou o recurso de busca de um site para procurar por "painéis solares". Os resultados da busca poderiam usar **<mark>painéis solares</mark>** para destacar o termo ao longo do texto.
- Para chamar a atenção a parte de uma citação que não tenha sido destacada, pelo autor, em seu formato original (Ⓐ e Ⓑ).
- Para chamar a atenção para uma parte do código (Ⓒ e Ⓓ).

Ⓐ Embora o uso do **mark** seja mais comum em resultados de busca, aqui está outro uso válido para ele. A frase "15 minutes" não estava destacada nas instruções de preparo. Assim, o autor desta HTML usou o **mark** para destacar a frase como parte da história. A renderização padrão dos navegadores varia Ⓑ.

```
...
<body>

<p>So, I went back and read the instructions
→ myself to see what I'd done wrong. They
→ said:</p>

<blockquote>
    <p>Remove the tray from the box. Pierce
    → the overwrap several times with a
    → fork and cook on High for  <mark>15
    → minutes</mark>  , rotating it half way
    → through.</p>
</blockquote>

<p>I thought he'd told me <em>fifty</em>. No
→ wonder it exploded in my microwave.</p>

</body>
</html>
```

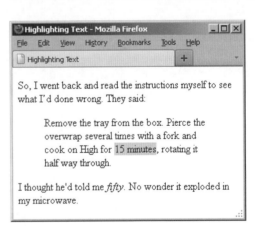

Ⓑ Navegadores com suporte nativo do elemento **mark** exibem um fundo amarelo, por padrão, ao fundo do texto. Navegadores mais antigos, não, mas você pode dizer a eles para fazê-lo a partir de uma regra simples em sua folha de estilo (veja as dicas).

🅒 Este exemplo usa o **mark** para chamar a atenção de uma parte do código.

```
...
<body>

<p>It's bad practice to use a class name that
→ describes how an element should look, such
→ as the highlighted portion of CSS below:
<pre>
    <code>
    <mark>.greenText</mark> {
        color: green;
    }
    </code>
</pre>

</body>
</html>
```

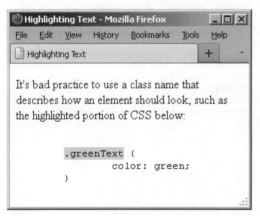

🅓 Esta parte do código está destacada com **mark**.

Para destacar um texto:

1. Digite **<mark>**.
2. Digite a palavra ou palavras que queira destacar.
3. Digite **</mark>**.

DICA O elemento mark não é o mesmo que em (que representa ênfase) ou strong (que representa importância). Ambos também são explicados neste capítulo.

DICA Uma vez que o mark é novo no HTML5, navegadores mais antigos não renderizam uma cor de fundo automaticamente 🅑 e 🅓. Você pode instruí-los a fazer isso adicionando mark { background-color:yellow; } à sua folha de estilo.

DICA Certifique-se de não usar o mark apenas para dar uma cor de fundo ou outro tratamento visual ao texto. Se tudo que estiver buscando for um meio para estilizar um texto e não houver um elemento semântico do HTML adequado, utilize o elemento span (explicado neste capítulo) e adicione estilo com o CSS.

Explicando Abreviações

As abreviações estão por toda a parte, seja em Jr., Dr., ou até mesmo com a boa e velha HTML. Você pode usar o elemento **abbr** para marcar abreviações e explicar o significado (Ⓐ até Ⓒ). Não é preciso envolver todas elas em **abbr**, apenas quando considerar que seja útil dar aos visitantes o significado completo.

Para explicar abreviações:

1. Digite **<abbr**.

2. Opcionalmente, em seguida, digite **title=*"expansion"***, em que *expansion* são as palavras que representam a abreviação.

3. Digite **>**.

4. Então digite a abreviação em si.

5. Finalmente, conclua com **</abbr>**.

6. Opcionalmente, digite um espaço e (*expansion*), em que *expansion* são as palavras que representam a abreviação.

Ⓐ Utilize o atributo opcional **title** para fornecer a versão estendida de uma abreviação. Como alternativa e, sem dúvidas, preferível, você pode colocar o significado entre parênteses após a abreviação. A maioria das pessoas estará familiarizada com palavras como *laser* e *scuba*, então marcá-las com **abbr** e dar os títulos não é realmente necessário, mas eu fiz isso aqui apenas a título de demonstração.

```
...
<body>

<p>The <abbr title="National Football
→ League">NFL</abbr> promised a <abbr
→ title="light amplification by
→ stimulated emission of radiation">
→ laser</abbr>  show at 9 p.m. after every
→ night game.</p>

<p>But, that's nothing compared to what
→ <abbr>MLB</abbr> (Major League
→ Baseball)  did. They gave out free
→ <abbr title="self-contained underwater
→ breathing apparatus">scuba</abbr> gear
→ during rain delays.</p>

</body>
</html>
```

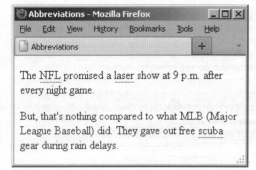

🅑 Quando as abreviações têm um atributo **title**, o Firefox e o Opera as destacam com uma linha pontilhada. (Você pode instruir outros navegadores a fazer o mesmo com o CSS; veja as dicas.) Em todos os navegadores, menos o IE6, quando seus visitantes passarem o cursor sobre um **abbr**, o conteúdo do elemento **title** é mostrado em uma tooltip.

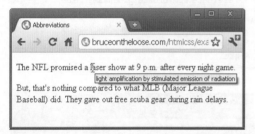

🅒 O Chrome e alguns outros navegadores exibem o título das abreviações como uma tooltip, mas eles não mostram de forma diferente a abreviação em si, a menos que você mesmo aplique um pouco de CSS.

DICA É uma prática comum adicionar o significado de uma abreviação (por meio de um **title** ou entre parênteses) apenas na primeira vez que ela aparece na página 🅐.

DICA Dar o significado de uma abreviação entre parênteses é a forma mais explícita de descrevê-la, tornando-a disponível a um público mais amplo 🅐. Por exemplo, usuários que tenham aparelhos touch screen, como smartphones e tablets, podem não conseguir ver uma tooltip. Então, se você for dar o significado, considere colocá-lo entre parênteses sempre que possível.

DICA Se você utilizar uma abreviação no plural, coloque o significado também no plural.

DICA Como uma sinalização para usuários com problemas de visão, navegadores como o Firefox e Opera mostram o abbr pontilhado se ele tiver um title 🅑. Caso queira reproduzir esse efeito em todos os navegadores (menos o IE6), adicione o seguinte a sua folha de estilo: abbr[title] { border-bottom: 1px dotted #000; }. Os navegadores exibem o atributo title como uma tooltip 🅒, não importando se o abbr está pontilhado.

DICA Se não vir o pontilhado sob seu abbr no Internet Explorer 7, tente ajustar a propriedade line-height do elemento pai do CSS (veja o Capítulo 10).

DICA O IE6 não suporta o abbr, então você não verá um sublinhado ou uma tooltip, apenas o texto. Se realmente quiser estilizar o abbr no IE6, você pode colocar, antes de seu CSS, o document.createElement('abbr'); em um arquivo JavaScript direcionado ao IE6. Eu sugiro que pule essa parte e deixe o IE6 ser um ponto fora da curva neste caso. (Veja o Capítulo 11 para aprender mais sobre document.createElement, já que ele pertence aos elementos de estilização que são novos no HTML5 no IE8 e mais antigos.)

DICA O HTML tinha um elemento acronym antes do HTML5, mas os desenvolvedores e designers sempre se confundiam com a diferença entre uma abreviação e um acrônimo. Assim, o HTML5 eliminou o elemento acronym em favor do abbr para todos os casos.

Definindo um Termo

O elemento **dfn** marca o local de seu documento em que você define um termo. Os usos seguintes desse termo não são marcados. Você engloba o **dfn** em volta apenas do termo que você está definindo, não em torno da definição Ⓐ.

É importante onde você coloca o **dfn** em relação a sua definição. O HTML5 diz, "O parágrafo, a descrição de uma lista de grupo, ou a seção que for a ancestral mais próxima do elemento **dfn** precisa conter a definição do termo dado com o elemento **dfn**." Isso significa que o **dfn** e sua definição devem estar próximos um do outro. Este é o caso tanto em Ⓐ quanto no exemplo dado na terceira dica; o **dfn** e sua definição estão no mesmo parágrafo.

Para marcar a definição do exemplo de um termo:

1. Digite **<dfn>**.
2. Digite o termo que queira definir.
3. Digite **</dfn>**.

DICA Você também pode usar o dfn em uma lista de definição (o elemento dl). Veja o Capítulo 15.

DICA Se quiser direcionar os usuários à definição do exemplo de um termo, você pode adicionar um id ao dfn e criar um link a partir de outras partes do site.

DICA O dfn pode também anexar outro phrasing element como abbr, quando apropriado. Por exemplo, <p>Um<dfn><abbr title="Júnior">Jr.</abbr></dfn> é um filho como o mesmo nome completo de seu pai.</p>

DICA O HTML5 diz que se você usar o atributo opcional title em um dfn, ele deve ter o mesmo valor do termo dfn. Como na dica anterior, se você aninhar um único abbr no dfn e o dfn não tiver um nódulo de texto próprio, o title opcional deve aparecer apenas no abbr.

Ⓐ Repare que, embora pleonasm apareça duas vezes no exemplo, o **dfn** marca apenas o segundo, pois foi quando defini o termo (isto é, a definição do exemplo). De forma parecida, se fosse usar pleonasm outras vezes no documento, eu não colocaria o **dfn** porque eu já o defini. Por padrão, os navegadores estilizam o texto **dfn** diferentemente do texto normal Ⓑ. Além disso, você não precisa usar o elemento **cite** a cada vez que usar o **dfn**, apenas quando for para identificar uma fonte.

```
...
<body>

<p>The contestant was asked to spell
→ "pleonasm." She requested the definition
→ and was told that <dfn>pleonasm</dfn>
→ means "a redundant word or expression"
→ (Ref: <cite><a href=" http://dictionary.
→ reference.com/browse/pleonasm" rel=
→ "external">dictionary.com</a></cite>).</p>

</body>
</html>
```

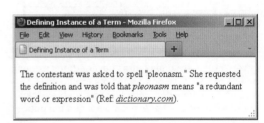

Ⓑ O elemento **dfn**, assim como o **cite**, é renderizado em itálico por padrão em alguns navegadores (Firefox, neste caso), mas não em navegadores baseados em Webkit, como o Safari e o Chrome. Você pode torná-los consistentes adicionando **dfn {font-style: italic; }** à sua folha de estilo (veja os Capítulos 8 e 10).

Criando Superscripts e Subscripts

Letras ou números que estejam ligeiramente maiores ou menores do que o corpo do texto principal são chamados de superscripts e subscripts, respectivamente Ⓐ. O HTML inclui elementos para definir ambos os tipos de texto. Os usos mais comuns dos superscripts incluem a marcação de símbolos de marcas registradas, expoentes e notas de rodapé Ⓑ. Os subscripts são comuns para identificar elementos químicos.

Ⓐ Um uso do elemento **sup** é para indicar notas de rodapé. Eu coloquei as notas de rodapé em um **footer** contido no **article**, e não na página em geral, porque eles estão associados. Eu também vinculei cada número de nota dentro do texto ao rodapé da página, assim os visitantes podem acessá-las mais facilmente. Repare, também, que o atributo **title** nos links fornece outra indicação.

```
...
<body>

<article>
    <h1>Famous Catalans</h1>
    <p>When I was in the sixth grade, I
    → played the cello. There was a
    → teacher at school who always used
    → to ask me if I knew who "Pablo
    → Casals" was. I didn't at the time
    → (although I had met Rostropovich once
    → at a concert). Actually, Pablo Casals'
    → real name was <i>Pau</i> Casals, Pau
    → being the Catalan equivalent of Pablo
    → <a href="#footnote-1" title="Read
    → footnote"><sup>1</sup></a>.</p>

    <p>In addition to being an amazing
    → cellist, Pau Casals is remembered in
    → this country for his empassioned
    → speech against nuclear proliferation
    → at the United Nations  <a href=
    → "#footnote-2" title="Read
    → footnote"><sup>2</sup></a> which
    → he began by saying "I am a Catalan.
    → Catalonia is an oppressed nation."</p>

    <footer>
        <p><sup>1</sup>  It means Paul in
        → English.</p>
        <p><sup>2</sup>  In 1963, I believe.</p>
    </footer>
</article>

</body>
</html>
```

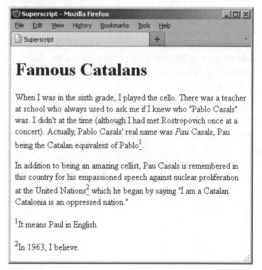

Ⓑ Infelizmente, os elementos **sub** e **sup** estragam o espaçamento das linhas. Repare que há mais espaço entre as linhas 4 e 5, do primeiro parágrafo, e as linhas 2 e 3, do segundo, do que entre as demais. No entanto, um pouco de CSS resolve o caso; veja a barra lateral "Consertando o Espaçamento entre Linhas quando Utilizar **sub** ou **sup**" para aprender como arrumar isso. Você também poderia modificar o tratamento de superscripts acoplados, fazendo com que um sublinhado não apareça tão distante do texto com o superscript.

Para criar superscripts e subscripts:

1. Digite **\<sub\>** para criar um subscript, ou **\<sup\>** para criar um superscript.

2. Digite os caracteres ou símbolos que representem o subscript ou superscript.

3. Digite **\</sub\>** ou **\</sup\>**, dependendo de qual você usou no primeiro passo, para completar o elemento.

(DICA) A maioria dos navegadores reduzem automaticamente o tamanho da fonte de um texto com sub ou superscripts.

(DICA) Os superscripts são a forma ideal para marcar certas abreviações de línguas estrangeiras, como Mlle para *Mademoiselle*, em francês, ou posições como 2° e 5°.

(DICA) Um uso apropriado para subscripts é escrever moléculas químicas como H_2O. Por exemplo, `<p>Estou morrendo de sede. Eu poderia tomar um copo de H<sub>2 </sub>O?</p>`.

(DICA) Caracteres em sub ou superscript estragam levemente o espaçamento entre linhas **(B)**. Veja a barra lateral para uma solução.

Consertando o Espaçamento entre Linhas quando Utilizar sub ou sup

Os elementos **sub** e **sup** tendem a desajustar a altura entre as linhas do texto B. Felizmente, você pode consertar isso com um pouco de CSS.

O código a seguir vem do excelente **normalize.css**, criado por Nicolas Gallagher e Jonathan Neal (http://necolas.github.com/normalize.css/ — em inglês). Eles não inventaram o método a seguir; eles o emprestaram do https://gist.github.com/413930 e removeram os comentários do código. O segundo link do GitHub inclui uma explicação completa (em inglês) sobre o que esse CSS faz, então eu o encorajo a dar uma olhada nela. Eu também recomendo que você confira o **normalize.css**, podendo utilizá-lo em seus próprios projetos. Ele o ajuda a atingir uma base consistente para a renderização entre os navegadores, e possui uma documentação minuciosa (veja "Redefinindo ou Normalizando Estilos Padrão", no Capítulo 11).

```
/*
* Prevents sub and sup affecting line-height in all browsers
* gist.github.com/413930
*/
sub,
sup {
    font-size: 75%;
    line-height: 0;
    position: relative;
    vertical-align: baseline;
}

sup {
    top: -0.5em;
}

sub {
    bottom: -0.25em;
}
```

Talvez você precise ajustar um pouco esse CSS para nivelar a altura das linhas, dependendo do tamanho da fonte de seu conteúdo. Porém, isso deve lhe dar ao menos um bom início. Você aprenderá como criar folhas de estilo e como adicionar esse CSS ao seu site no Capítulo 8.

Texto **123**

Informando Edições e Textos Imprecisos

Às vezes, você pode querer indicar edições de conteúdo que ocorreram desde a versão anterior de sua página, ou marcar um texto que não é mais preciso ou relevante. Existem dois elementos para indicar edições: o elemento **ins** representa um conteúdo que foi adicionado, enquanto que o **del** marca conteúdos que foram removidos (Ⓐ até Ⓓ). Você pode utilizá-los juntos ou individualmente.

Em contrapartida, o elemento **s** indica um conteúdo que não é mais preciso ou relevante (ele não serve para edições) (Ⓔ e Ⓕ).

Para marcar uma edição envolvendo um novo texto adicionado:

1. Digite **<ins>**.
2. Digite o novo conteúdo.
3. Digite **</ins>**.

Para marcar uma edição envolvendo um texto removido:

1. Coloque o cursor antes do texto ou elemento que queira marcar como removido.
2. Digite **<del>**.
3. Coloque o cursor após o texto ou elemento que queira marcar como removido.
4. Digite **</del>**.

Ⓐ Um item (the bicycle) foi adicionado a esta lista de presentes desde que ela foi publicada anteriormente, e itens já comprados foram removidos, como indicado pelos elementos **del**. Você não precisa utilizar o **del** a cada vez que usar o **ins**, ou vice-versa. Os navegadores, por padrão, diferenciam visualmente os conteúdos de cada elemento Ⓑ.

```
...
<body>

<h1>Charitable Gifts Wishlist</h1>

<p>Please consider donating one or more
→ of the following items to the village's
→ community center:</p>

<ul>
    <li><del>2 desks</del></li>
    <li>1 chalkboard</li>
    <li><del>4 <abbr>OLPC</abbr> (One
    → Laptop Per Child) XO laptops
    → </del> </li>
    <li><ins>1 bicycle</ins></li>
</ul>

</body>
</html>
```

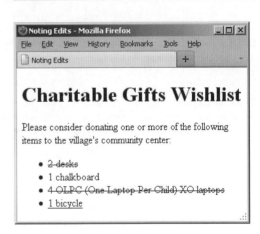

Ⓑ Os navegadores normalmente exibem uma linha sobre o texto removido e sublinham o que foi adicionado. Você pode alterar essas opções com o CSS.

C O **del** e **ins** são especiais, porque eles podem envolver tanto phrasing content ("inline" na linguagem pré-HTML5) quanto blocos de conteúdo, como mostrado aqui. No entanto, a renderização padrão dos navegadores varia **D**.

```
...
<body>

<h1>Charitable Gifts Wishlist</h1>

<del>
    <p>Please consider donating one or more of the following items to the village's community
    → center:</p>
</del>

<ins>
    <p>Please note that all gifts have been purchased.</p>
    <p>Thank you <em>so much</em> for your generous donations!</p>
</ins>

<del>
    <ul>
        <li><del>2 desks</del></li>
        <li>1 chalkboard</li>
        <li><del>4 <abbr>OLPC</abbr> (One Laptop Per Child) XO laptops</del></li>
        <li><ins>1 bicycle</ins></li>
    </ul>
</del>

</body>
</html>
```

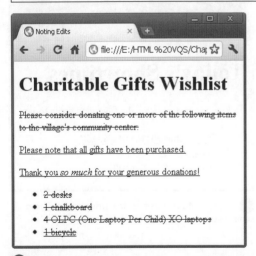
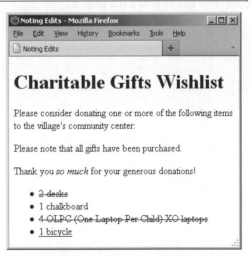

D A maioria dos navegadores, como o Chrome (à esquerda), exibem por padrão o **del** e o **ins** em torno de blocos de conteúdo, como esperado. Isto é, eles refletem que todas aquelas partes do conteúdo foram removidas ou adicionadas. Enquanto escrevia este livro, o Firefox não fazia isso; ele apenas renderiza as linhas para frases de texto do **del** e **ins** dentro de outros elementos. Veja "Fazendo **del** e **ins** Serem Exibidos Consistentemente" para aprender como retificar isso.

Texto **125**

Para marcar um texto que não é mais preciso ou relevante:

1. Coloque o cursor antes do texto que queira marcar como não mais preciso ou relevante.
2. Digite **<s>**.
3. Coloque o cursor após o texto que queira marcar.
4. Digite **</s>**.

DICA Tanto o del quanto o ins suportam dois atributos: cite e datetime. O atributo cite (não é o mesmo que o elemento cite) serve para fornecer uma URL a uma fonte que explique por que uma edição foi feita. Por exemplo, <ins cite="http://www.movienews.com/ticket-demand-high.html">2 p.m. (this show just added!)</ins>. Use o atributo datetime para indicar a hora da edição. (Veja "Especificando o Tempo" para aprender sobre os formatos aceitáveis do datetime.) Os navegadores não exibem os valores que você designa a nenhum desses atributos, então seu uso não é difundido, mas sinta-se à vontade para incluí-los para adicionar contexto ao seu conteúdo. Os valores podem ser extraídos com o JavaScript ou com um programa que analise a sua página.

E Este exemplo mostra uma lista ordenada (o elemento **ol**) de horários de shows. Os horários para os quais a disponibilidade de ingressos não é mais relevante foram marcados com o elemento **s**. Você pode usar o **s** em torno de qualquer frase, não apenas em textos dentro de uma lista (elementos **li**), mas não em torno de um parágrafo inteiro ou outro elemento "bloco de nível", como pode ser feito com o **del** e o **ins**.

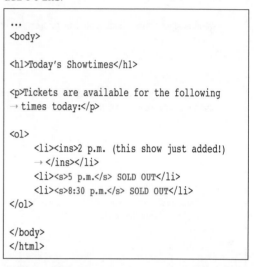

F O elemento **s** se renderiza, por padrão, como uma rasura nos navegadores.

Fazendo `del` e `ins` Serem Exibidos Consistentemente

Os navegadores renderizam inconsistentemente os conteúdos **del** e **ins** em um nível de bloco. A maioria exibe uma rasura para o **del** e uma linha sublinhada para o **ins** a todo o conteúdo aninhado, mas pelo menos o Firefox, não D.

Você pode retificar esse problema com as seguintes regras explícitas do CSS (o * significa que cada elemento dentro de **del** e **ins** recebem o tratamento):

```
del * {
    text-decoration:
      line-through;
}

ins * {
    text-decoration: underline;
```

Por favor, consulte o Capítulo 8 caso não tenha certeza de como adicionar este CSS a uma folha de estilo.

DICA Use o `del` e o `ins` sempre que quiser informar seus visitantes sobre a evolução de seu conteúdo. Por exemplo, você geralmente vai vê-los serem usados em um desenvolvimento web ou em um tutorial de design para indicar que a informação foi aprendida desde quando foi inicialmente postada, enquanto que a manutenção da cópia, como era originalmente, ainda deve ser completada.

DICA O texto marcado com o elemento `ins` é geralmente sublinhado B. Como os links também são normalmente sublinhados, isso pode confundir os visitantes. Você pode utilizar estilos para alterar como conteúdos adicionados (ou links) são exibidos (veja o Capítulo 10).

DICA O texto marcado com o elemento `del` é geralmente riscado B. Então por que não simplesmente apagá-lo de uma vez? Isso depende do contexto de seu conteúdo. Riscar o texto facilita, para usuários com problemas de visão, saber o que foi modificado. (Além disso, leitores de telas podem anunciar o conteúdo como removido, mas esse tipo de recurso tem faltado historicamente.)

DICA Apenas use `del`, `ins` e `s` para seus valores semânticos. Caso queira sublinhar ou riscar um texto por razões puramente estéticas, você pode fazer isso com o CSS (veja "Decorando o Texto", no Capítulo 10).

DICA O HTML5 diz que "O elemento `s` não é apropriado para indicar edições de documento; para marcar que uma porção de um texto foi removida de um documento, use o elemento `del`." Talvez você ache a diferença um pouco sutil de vez em quando. Depende de você decidir qual é a escolha semântica apropriada ao seu conteúdo.

Marcando o Código

Se seu conteúdo contém amostras de códigos, nomes de arquivos ou de programas, o elemento **code** é para você (Ⓐ e Ⓑ). Para mostrar um bloco de código (fora de uma sentença), envolva o elemento **code** com um elemento **pre**, para manter sua formatação (veja "Usando Texto Pré-formatado" para um exemplo).

Para marcar um código ou nome de arquivo:

1. Digite **<code>**.
2. Digite o código ou nome do arquivo.
3. Digite **</code>**.

DICA Você pode mudar a fonte mono espaçada padrão para código Ⓑ com o CSS (veja o Capítulo 10).

Ⓐ O elemento **code** indica que o texto é um código ou nome de arquivo. Ele também é renderizado como uma fonte monoespaçada por padrão Ⓑ. Se seu código precisar exibir sinais como < ou >, use as entidades de caracteres **<** e **>**, respectivamente. Aqui, o segundo exemplo do **code** mostra isso. Se você realmente usasse < e >, o navegador trataria seu código como um elemento HTML, e não texto.

```
...
<body>

<p>The <code>showPhoto()</code> function
→ displays the full-size photo of the
→ thumbnail in our <code>&lt;ul id=
→ "thumbnail"&gt;</code> carousel list.</p>

<p>This CSS shorthand example applies a
→ margin to all sides of paragraphs:
→ <code>p { margin: 20px; }</code>. Take
→ a look at <code>base.css</code> to see
→ more examples.</p>

</body>
</html>
```

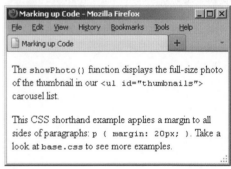

Ⓑ O texto do elemento **code** até mesmo se parece com um código por causa da fonte mono espaçada padrão.

Outro Computador e Elementos Relacionados: **kdb**, `samp` e `var`

Os elementos **kdb**, `samp` e `var` têm uso pouco frequente, mas talvez haja alguma ocasião em que você possa levar vantagem utilizando-os em seu conteúdo. Explicarei cada um brevemente.

O Elemento `kbd`

Use o **kbd** para marcar instruções para a entrada do usuário.

```
<p>To log into the demo:</p>
<ol>
    <li>Type <kbd>tryDemo</kbd>   in the User Name field</li>
    <li><kbd>TAB</kbd> to the Password field and type <kbd>demoPass</kbd></li>
    <li>Hit <kbd>RETURN</kbd> or <kbd>ENTER</kbd></li>
</ol>
```

Como **code**, o **kdb** é renderizado como uma fonte mono espaçada por padrão.

O Elemento `samp`

O elemento `samp` indica uma amostra de um retorno de um programa ou sistema.

```
<p>Uma vez que o pagamento foi aceito, o site enviou a seguinte
mensagem,
→ <samp>Obrigado por fazer um pedido!</samp></p>
```

O `samp` também é renderizado como uma fonte monoespaçada por padrão.

O Elemento `var`

O elemento `var` representa uma variável ou um valor placeholder.

```
<p>Einstein é mais conhecido por <var>E</var>=<var>m</var><var>c</var>
→ <sup>2</sup>.</p>
```

O **var** também pode ser um conteúdo com valor placeholder, como uma folha do Mad Libs na qual você colocaria `<var>adjetivo</var>`, `<var>verbo</var>`, e assim por diante.

O elemento **var** é renderizado em itálico por padrão.

Repare que você pode usar o **math** e outros elementos **MathML** para marcações avançadas relacionadas à matemática em suas páginas do HTML5. Veja http://dev.w3.org/html5/spec-author-view/mathml.html para mais informações.

Utilizando Texto Pré-formatado

Geralmente, os navegadores excluem todos os retornos e espaços a mais e automaticamente quebram as linhas de acordo com o tamanho da janela. O texto pré-formatado permite que você mantenha e exiba as quebras de linha originais e o espaçamento que você inseriu no texto. Ele é ideal para exemplos de códigos de computadores **A**, embora você também possa utilizá-lo para texto (olá, arte em ASCII!).

Para utilizar um texto pré-formatado:

1. Digite **<pre>**.
2. Digite ou copie o texto que desejar exibir no formato que ele tiver, com todos os espaços, retornos e quebras de linha necessários. A não ser que seja um código, não marque o texto com nenhum HTML, como os elementos **p**.
3. Digite **</pre>**.

A O elemento **pre** é ideal para um texto que contenha espaços importantes e quebras de linha, como este pedaço de código mostrado aqui. Repare, também, no uso do elemento **code** para marcar partes do código ou texto relacionado ao código fora do **pre** (veja "Marcando o Código" para mais detalhes).

```
...
<body>

<p>Add this to your style sheet if you want
→ to display a dotted border underneath the
→ <code>abbr</code>  element whenever it has
→ a <code>title</code>  attribute.</p>

<pre>
    <code>
    abbr[title] {
        border-bottom: 1px dotted #000;
    }
    </code>
</pre>

</body>
</html>
```

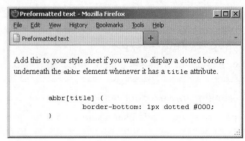

B Repare que a indentação e quebras de linha são mantidas no conteúdo do **pre**.

Considerações de Apresentação com o `pre`

Esteja ciente de que os navegadores geralmente desativam a quebra automática de linhas para o conteúdo dentro de um **pre**. Assim, se a linha estiver muito longa, ela poderá afetar seu layout ou forçar a criação de uma barra de rolagem na horizontal. A regra do CSS a seguir permite a quebra dentro do **pre** em muitos navegadores, mas não na versão do Internet Explorer 7 ou mais baixas.

```
pre {

    white-space: pre-wrap;

}
```

Em uma nota relacionada, na maioria dos casos eu não recomendo o uso da declaração do CSS **white-space: pre;** em um elemento como **div** para substituir o **pre**, já que o espaço em branco pode ser crucial para a semântica do conteúdo anexo, especialmente o código, e apenas o **pre** sempre preserva isso. (Além disso, se o usuário desativou o CSS de seu navegador, a formatação será perdida.)

Por favor, veja a cobertura sobre o CSS, começando no Capítulo 7. A formatação do texto, em particular, é discutida no Capítulo 10.

(DICA) O texto pré-formatado é normalmente exibido com uma fonte monoespaçada, como Courier ou Courier New **B**. Se quiser, você pode usar o CSS para modificar a fonte (veja o Capítulo 10).

(DICA) Se o que quiser exibir – como uma amostra de código em um tutorial – contém elementos HTML, você terá que substituir cada < e >, em volta do nome do elemento, por um caractere especial apropriado, < e > respectivamente (veja "Marcando o Código" para ter um exemplo). Caso contrário, o navegador pode tentar mostrar esses elementos. Certifique-se de validar suas páginas para ver se você não aninhou os elementos do HTML dentro do pre quando eles não deveriam ter sido (veja "Validando Seu Código", no Capítulo 20).

(DICA) O elemento `pre` não é um atalho para evitar a marcação de seu conteúdo com a semântica apropriada ou estilizar sua apresentação com o CSS. Por exemplo, se quiser postar um artigo que você escreveu em um processador de texto, não o copie e cole dentro de um `pre`, pois você quer o espaçamento da forma como está. Ao contrário, envolva o conteúdo no p (e outros elementos de texto relevantes) e escreva o CSS para controlar o layout conforme desejar.

(DICA) O `pre`, assim como um parágrafo, sempre é exibido, por padrão, em uma nova linha **B**.

Especificando Fine Print

De acordo com o HTML5, o **small** representa comentários laterais, como o fine print, que "geralmente apresenta retratações, ressalvas, restrições legais ou direitos autorais. O small print às vezes também é usado para atribuição ou para satisfazer requisitos de licenças." O **small** é direcionado para porções breves do texto, e não para um texto que se estenda por vários parágrafos ou outros elementos (Ⓐ e Ⓑ).

Para especificar um fine print:

1. Digite **<small>**.
2. Digite o texto que represente um aviso legal, nota, atribuição, etc.
3. Digite **</small>**.

DICA Certifique-se de usar o **small** apenas por ele se encaixar em seu conteúdo, não porque você quer reduzir o tamanho do texto, como acontece em alguns navegadores Ⓑ. Você pode sempre ajustar o tamanho com o CSS (até mesmo deixá-lo maior, se quiser). Veja "Definindo o Tamanho da Fonte", no Capítulo 10, para mais informações.

DICA O **small** é uma escolha comum para marcar o aviso de direitos autorais de uma página (Ⓐ e Ⓑ). Ele foi feito para frases pequenas, então não o coloque em torno de avisos legais muito longos, como em páginas com o Termo de Uso e Política de Privacidade. Estes devem ser marcados com parágrafos e outros valores semânticos, conforme a necessidade.

Ⓐ O elemento **small** denota avisos legais curtos em ambas as sentenças mostradas. A segunda é um aviso de direitos autorais contido no **footer** em nível de página, uma prática comum.

```
...
<body>

<p>Order now to receive free shipping.
  <small>(Some restrictions may apply.)
  </small> </p>

...

<footer>
    <p><small>&copy; 2011 The Super
    Store. All Rights Reserved.
    </small> </p>
</footer>

</body>
</html>
```

Ⓑ Em alguns navegadores, o elemento **small** pode ser renderizado em um tamanho menor do que o texto normal, mas isso não deve ser considerado quando é preciso utilizá-lo para marcar um conteúdo.

Ⓐ O mesmo endereço aparece duas vezes, mas eu os codifiquei um pouco diferente para efeitos de demonstração. Lembre-se de que os retornos em seu código são sempre ignorados, então ambos os parágrafos são exibidos da mesma forma **Ⓑ**. Além disso, é possível codificar o **br** tanto como **
**, quanto como **
** no HTML5.

```
...
<body>

<p>53 North Railway Street <br />
Okotoks, Alberta <br />
Canada T1Q 4H5</p>

<p>53 North Railway Street  <br /> Okotoks,
 Alberta  <br /> Canada T1Q 4H5</p>

</body>
</html>
```

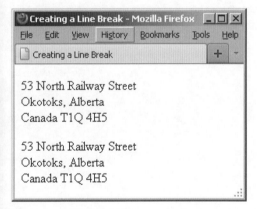

Ⓑ Cada elemento **br** força o conteúdo seguinte a ir para outra linha.

Criando uma Quebra de Linha

Os navegadores automaticamente quebram o texto de acordo com a largura do bloco ou janela que apresente o conteúdo. Na maioria dos casos, é melhor deixar que o conteúdo flua dessa forma, mas às vezes você vai querer forçar uma quebra de linha manualmente. Isso é alcançado com o elemento **br**.

Para dizer a verdade, o **br** é usado como último recurso, pois ele mistura a apresentação com o CSS, em vez de deixar todo o controle de exibição para este. Por exemplo, nunca use o **br** para simular o espaçamento entre parágrafos. Ao contrário, marque os dois parágrafos com elementos **p** e defina o espaçamento entre eles com a propriedade **margin**, do CSS.

Então, quando o uso do **br** é adequado? Bem, o elemento **br** é apropriado para a criação de quebra de linhas em poemas, nomes de ruas (**Ⓐ** e **Ⓑ**) e, ocasionalmente, em linhas curtas de texto que deveriam aparecer uma após a outra.

Para inserir uma quebra de linha:

Digite **
** (ou **
) onde a quebra de linha deve ocorrer. Não há uma tag de fim do **br porque ele é o que chamamos de *elemento vazio*; ele não tem conteúdo.

DICA Digitar o br como <br /> ou
 é perfeitamente válido no HTML5.

DICA A estilização pode ajudá-lo a controlar o espaçamento entre linhas em um parágrafo (veja "Definindo a Altura da Linha", no Capítulo 10) e entre os parágrafos em si (veja "Definindo as Margens ao Redor de um Elemento", no Capítulo 11).

DICA O microformato hCard (http://microformats.org/wiki/hcard – em inglês) é "para representar pessoas, companhias, organizações e lugares" em uma forma semântica que seja legível para humanos e máquinas. Você pode utilizá-lo para representar um endereço, em vez dos exemplos citados acima **Ⓐ**.

Texto   133

Criando Spans

O elemento **span**, assim como o **div**, não tem nenhum valor semântico. A diferença é que o **span** é apropriado apenas ao redor de uma palavra ou frase, enquanto que o **div** serve para blocos de conteúdo (veja "Criando Containers Genéricos", no Capítulo 3).

O **span** é útil para quando se quer aplicar qualquer uma das seguintes práticas a um trecho de conteúdo ao qual o HTML não fornece um elemento semântico apropriado:

- Atributos, como **class**, **dir**, **id**, **lang**, **title**, etc (Ⓐ e Ⓑ).
- Estilização com CSS
- Comportamento com JavaScript

Por ele não ter valor semântico, utilize-o como último recurso quando nenhum outro elemento for capaz de realizar a função.

Ⓐ Neste caso, eu quero especificar a língua de uma porção do texto, mas não há um elemento HTML cuja semântica se encaixe a "La Casa Milà", no contexto da sentença. O **h1** que contém "La Casa Milà" antes do parágrafo é semanticamente apropriado, pois o texto é o título do conteúdo que virá a seguir. Então, para o título, simplesmente adicionei o atributo **lang** ao **h1**, em vez de colocar desnecessariamente um **span** ao redor do texto do título para esse propósito.

```
...
<body>

<h1 lang="es">La Casa Milà</h1>

<p>Gaudí's work was essentially useful.
→ <span lang="es">La Casa Milà</span>      is
→ an apartment building and <em>real people
→ </em> live there.</p>

</body>
</html>
```

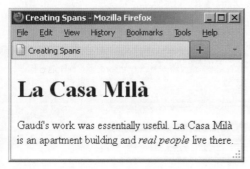

B O elemento **span** não tem estilização padrão.

Para adicionar spans:

1. Digite **<span**.
2. Se desejar, digite **id="name"**, em que **name** identifica unicamente o conteúdo do **span**.
3. Se desejar, digite **class="name"**, em que **name** é o nome da classe à qual o conteúdo do **span** pertence.
4. Se desejar, digite outros atributos (como **dir**, **lang** ou **tittle**) e seus valores.
5. Digite **>** para completar a tag de início do **span**.
6. Crie o conteúdo que queira que faça parte no **span**.
7. Digite **</span>**.

🔹 **DICA** Um **span** não tem formatação padrão **B**, mas assim como com outros elementos HTML, você pode aplicar o seu próprio estilo com o CSS (veja os Capítulos 10 e 11).

🔹 **DICA** Você pode aplicar ambos atributos **class** e **id** ao mesmo elemento **span**, embora seja mais comum aplicar apenas um deles, quando muito. A principal diferença é que o **class** serve para um grupo de elementos, enquanto o **id** é para identificar elementos únicos, individuais, em uma página.

🔹 **DICA** Os microformatos geralmente usam o **span** para anexar nomes de classes semânticas ao conteúdo como forma de preencher as lacunas deixadas pela falta de um elemento HTML apropriado. Você pode aprender mais sobre eles em http://microformats.org (em inglês).

Outros Elementos

Esta seção aborda outros elementos que você pode incluir dentro de seu texto, mas que normalmente possuem menos ocasiões para serem usados ou tenham um suporte limitado por parte dos navegadores (ou ambos).

O elemento u

Assim como **b**, **i**, **s** e **small**, o elemento **u** foi redefinido no HTML5 para desassociá-lo de seu passado como um elemento de apresentação não-semântico. Naquela época, o elemento **u** servia para sublinhar o texto. Agora, ele serve para anotações desarticuladas. O HTML5 o define assim:

> O elemento **u** representa uma extensão de texto com uma anotação não-textual desarticulada, embora explicitamente renderizada, como rotular o texto como sendo um nome próprio em chinês (um nome próprio de uma marca chinesa), ou rotular o texto como digitado incorretamente.

Eis aqui um exemplo de como utilizar o **u** para indicar palavras com erros de digitação:

```
<p>Quando <u class="spelling">
→ receberam</u> o pacote, eles o
→ colocaram junto <u class="
→ spelling">com</u> os demais, com a
intenção de abri-los todos mais tarde
→ </p>
```

A **class** é inteiramente opcional, e seu valor (que pode ser o que você quiser) não é renderizado com o conteúdo para não mostrar explicitamente um erro de digitação. Mas você poderia utilizá-lo para estilizar de forma diferente as palavras com erros (embora o **u** ainda seja renderizado como texto sublinhado por padrão). Ou você poderia adicionar um atributo **title** com uma nota como "[sic]", uma convenção em algumas línguas para indicar um erro.

136 Capítulo 4

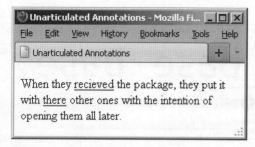

A Como os links, os elementos **u** são sublinhados por padrão, o que pode causar confusão, a menos que você mude um ou ambos com o CSS.

Use o **u** apenas caso um elemento como **cite**, **em** ou **mark** não se encaixe em sua semântica desejada. Além disso, é melhor modificar seu estilo se o texto do **u** puder ser confundido com um link, que também é exibido sublinhado A.

O elemento **wbr**

O HTML5 apresenta um primo do **br** chamado **wbr**. Ele representa "uma oportunidade de quebra de linha". Use-o entre palavras ou letras em uma frase longa e direta (ou, digamos, uma URL) para indicar onde pode haver a quebra caso haja a necessidade de ajustar o texto. Então, ao contrário do **br**, o **wbr** não força uma quebra, ele apenas informa ao navegador onde ele *pode* forçar uma quebra, se necessária.

Aqui estão dois exemplos:

```
<p>They liked to say,
"FriendlyFleasandFireFlies<wbr />
→FriendlyFleasandFireFlies<wbr />
→FriendlyFleasandFireFlies<wbr />
→" as fast as they could over and
→over.</p>

<p>His favorite site is this<wbr
/>is<wbr />a<wbr />really<wbr
/>really <wbr />longurl.com.</p>
```

Você pode digitar o **wbr** como **<wbr />** ou apenas **<wbr>**. Como deve ter adivinhado, você não terá muitas oportunidades de usar esse elemento. Além disso, o suporte dos navegadores era inconsistente no momento em que escrevia. Embora o **wbr** funcione em versões atuais do Chrome e Firefox, o Internet Explorer e o Opera simplesmente o ignoram.

Os elementos `ruby`, `rp` e `rt`

Uma *anotação ruby* é uma convenção em línguas do leste asiático, como chinês e japonês, geralmente usada para indicar a pronúncia de caracteres menos conhecidos. Esses pequenos caracteres aparecem acima ou à direita dos caracteres a que se referem. Eles são quase sempre chamados simplesmente de *ruby* ou *rubi*, e os caracteres ruby em japonês são conhecidos como *furigana*.

O elemento `ruby`, assim como seus filhos `rp` e `rt`, é o mecanismo do HTML5 para adicioná-lo ao seu conteúdo. O `rt` especifica os caracteres ruby que indicam os caracteres base. O elemento opcional `rp` lhe permite exibir parênteses ao redor do texto ruby em navegadores que não suportam o `ruby`.

O exemplo a seguir demonstra essa estrutura com uma cópia do placeholder, em inglês, para ajudá-lo a entender a disposição da informação, tanto em um código quanto em um navegador ⓑ. A área para o texto em ruby está destacada:

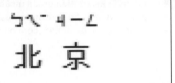

ⓑ Um navegador que seja compatível exibirá o texto em ruby acima da base (ou, possivelmente, ao lado), sem parênteses.

ⓒ Aqui, a marcação em ruby para "Pequim" vista em um navegador compatível.

```
<ruby>
    base <rp>(</rp>  <rt>ruby  chars
    → </rt> <rp>)</rp>
    base <rp>(</rp>  <rt>ruby  chars
    → </rt> <rp>)</rp>
</ruby>
```

Agora, um exemplo do mundo real, com os dois caracteres base do Chinês para "Pequim", e seus caracteres ruby acompanhantes ⓒ:

```
<ruby>
    北 <rp>(</rp><rt>ㄅㄟˇ</rt><rp>)
    → </rp>
    京 <rp>(</rp><rt>ㄐ—ㄥ</rt><rp>)
    → </rp>
</ruby>
```

北(ㄅㄟˇ)京(ㄐ一ㄥ)

D Um navegador que suporte o ruby ignora os parênteses do **rp** e apresenta apenas o conteúdo do **rt** **B** e **C**. Porém, um navegador que não suporte o ruby exibe o elemento **rt** em parênteses, como visto aqui.

Você pode ver como os parênteses são importantes para os navegadores que não suportam o **ruby** **D**. Sem eles, a base e o texto ruby estariam juntos, deixando a mensagem confusa.

DICA Enquanto escrevia, apenas o Safari 5+, Chrome 11+ e todas as versões do Internet Explorer possuíam suporte básico ao **ruby** (mais uma boa razão para usar o **rp** em sua marcação). O add-on HTML Ruby Firefox (http://addons. mozilla.org/en-US/firefox/addon/6812) dá, por enquanto, o suporte ao Firefox.

DICA Você pode aprender mais sobre os caracteres **ruby** em http://en.wikipedia.org/ wiki/Ruby_character (em inglês).

Os elementos `bdi` e `bdo`

Se suas páginas HTML já misturaram caracteres da esquerda para a direita (como os caracteres latinos na maioria das línguas) e da direita para esquerda (como caracteres em árabe ou hebreu), os elementos **bdi** e **bdo** podem ser de seu interesse.

Mas, antes, uma pequena história para ilustrar. A direção da base de seu conteúdo vai da esquerda para a direita, por padrão, a menos que você mude o atributo **dir** para **rtl** no elemento **html**. Por exemplo, **<html dir="rtl" lang="he">** especifica a direção da base do conteúdo como sendo da direita para a esquerda, em hebreu.

Assim como fiz com o **lang** em diversos exemplos ao longo do livro, você também pode definir o **dir** em elementos dentro da página quando o conteúdo for diferente ao da configuração base da página. Então, se a base foi definida para o inglês (**<html lang="en">**) e você quer incluir um parágrafo em hebreu, ele seria marcado como **<p dir="rtl" lang="he">...</p>**.

Texto **139**

Com essas configurações no lugar, o conteúdo será exibido na direção desejada na maioria das vezes; o algoritmo bidirecional do Unicode ("bidi") toma conta disso tudo.

O elemento **bdo** ("sobreposição bidirecional") é para aquelas ocasiões em que o algoritmo *não* exibe o conteúdo da forma esperada e você precisa sobrescrevê-lo. Geralmente, este é o caso quando o conteúdo no código HTML está na ordem visual, em vez da ordem lógica.

A *ordem visual* é exatamente o que parece – o conteúdo do código-fonte do HTML está na mesma ordem que você quer que ele seja exibido. A *ordem lógica* é oposta para uma língua da direita para a esquerda, como o Hebreu; o primeiro caractere que vai da direita para a esquerda é digitado primeiro, depois o segundo (ou seja, o que estiver à esquerda), e assim por diante.

Alinhado às melhores práticas, o Unicode espera um texto bidirecional na ordem lógica. Então, se ele estiver na visual, o algoritmo ainda assim reverterá os caracteres, exibindo-os da forma oposta que era desejada. Se você não conseguir alterar o texto para a ordem lógica no código HTML (por exemplo, talvez ele venha de um banco de dados ou um feed), seu único recurso será envolvê-lo em um **bdo**.

Para usar o **bdo**, você precisa incluir o atributo **dir** e configurá-lo para **ltr** (esquerda para a direita – left to right) ou **rtl** (direita para a esquerda – right to left) para especificar a direção que quiser. Continuando com o nosso exemplo sobre um parágrafo em hebreu dentro de uma, até então, página em inglês, você digitaria, `<p lang="he"><bdo dir="rtl">...</bdo></p>`. O **bdo** é apropriado a frases ou sentenças dentro de um parágrafo. Você não o envolveria a vários parágrafos.

140 Capítulo 4

O elemento **bdi**, novo no HTML5, é para casos em que a direção do conteúdo é desconhecida. Você não precisa incluir o atributo **dir** porque ele está configurado como automático por padrão. O HTML5 fornece o seguinte exemplo, que modifiquei ligeiramente:

Este elemento é especialmente útil quando for incorporar um conteúdo gerado por um usuário, com uma direção desconhecida.

Neste exemplo, os nomes de usuário são mostrados junto com o número de comentários que o usuário enviou. Se o elemento **bdi** não fosse usado, o nome de usuário em árabe acabaria confundindo o texto (o algoritmo bidirecional colocaria a vírgula e o número "3" ao lado da palavra "User", em vez de ao lado da palavra "posts").

```
<ul>

    <li>User  <bdi>jcranmer</bdi>:
    → 12 posts.</li>

    <li>User  <bdi>hober</bdi>:
    → 5 posts.</li>

    <li>User  <bdi> نايا</bdi>:
    → 3 posts.</li>

</ul>
```

DICA Se quiser aprender mais sobre o tema de incorporar línguas da direita para a esquerda, recomendo que leia o artigo da W3C "Creating HTML Pages in Arabic, Hebrewm and Other Right-to-Left Scripts" (www.w3.org/international/tutorials/bidi-xhtml/ – conteúdo em inglês).

O elemento `meter`

O elemento **meter** é outro que é novo graças ao HTML5. Você pode usá-lo para indicar um valor fracionado ou uma medida dentro de uma escala conhecida. Ou, para ser mais direto, é o tipo de medição que você usa em casos como os resultados de uma votação (por exemplo, "30% West, 37%Wayne, 33% Kent), o número de ingressos vendidos (por exemplo, "811 de 850"), notas numéricas para provas, e o uso de disco.

O HTML5 sugere que os navegadores renderizem um **meter** como um termômetro deitado – uma barra horizontal com o valor medido com uma cor diferente à do máximo (a menos que eles sejam os mesmos, é claro). O Chrome, um dos poucos navegadores que suportam o **meter** por enquanto, faz exatamente isso **E**. Para navegadores não-compatíveis, você pode estilizar o **meter** com o CSS ou aprimorá-lo com o JavaScript.

Embora não seja exigido, é melhor incluir um texto dentro do **meter** que reflita a medição atual para que os navegadores não-compatíveis possam exibi-la **F**.

Aqui estão alguns exemplos do **meter** (como vistos em **E** e **F**):

```
<p>Project completion status: <meter
→ value="0.80">80% completed</meter>
→ </p>

<p>Car brake pad wear: <meter low=
→ "0.25" high="0.75" optimum="0"
→ value="0.21">21% worn</meter> </p>

<p>Miles walked during half-marathon:
→ <meter min="0" max="13.1" value="4.5"
→ title="Miles">4.5</meter> </p>
```

O **meter** não tem uma unidade de medida definida, mas você pode utilizar o atributo **title** para especificar o texto a sua escolha, como no último exemplo. O Chrome o mostra como uma tooltip **E**.

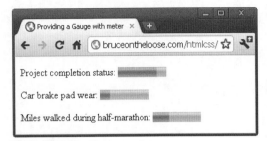

E Um navegador como o Chrome, que suporta o **meter**, exibe a medição automaticamente, colorindo-a baseado nos valores do atributo. Ele não mostra o texto entre **<meter>** e **</meter>**.

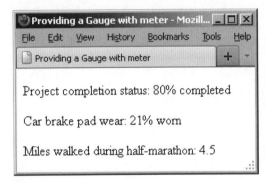

F Na época da elaboração deste livro, a maioria dos navegadores, como o Firefox, não suportavam o **meter**, então em vez de uma barra colorida, eles mostravam o conteúdo de texto dentro do elemento **meter**. Você podia mudar a aparência com o CSS.

DICA O meter suporta vários atributos. O atributo `value` é o único que é exigido. `min` e `max` representam de 0 a 1.0, respectivamente, se omitidos. Os atributos `low`, `high` e `optimum` trabalham juntos para dividir os intervalos entre os segmentos baixo, médio e alto. `optimum` representa a melhor posição possível, como "0 brake pad wear" em um dos exemplos. Coloque o `optimum` no meio se nem o valor baixo, nem o alto, forem excelentes.

DICA Enquanto este livro era escrito, o `meter` era suportado apenas pelo Chrome 11+ e o Opera 11+ e não pelo Firefox. Isso explica parcialmente por que ele não era tão popular. A maioria dos navegadores vão renderizar o texto do `meter`, em vez de a medição visual **F**.

DICA O estilo da medição que cada navegador compatível exibe pode variar.

DICA Algumas pessoas visualizaram a estilização do `meter` com o CSS, tanto nos navegadores que o suportavam quanto nos que não. Procure na internet por "style HTML5 meter with CSS" para ver alguns dos resultados (repare que alguns usam JavaScript).

DICA O `meter` não serve para marcar medidas gerais, como altura, largura, distância ou circunferência, que não tenham um intervalo conhecido. Por exemplo, você não pode fazer isto: `<p>Eu andei <meter value="4.5">4.5</meter>milhas ontem.</p>`.

DICA Certifique-se de não misturar o uso dos elementos `meter` e `progress`.

O elemento progress

O **progress** é mais um dos novos elementos do HTML5. Você o utiliza para uma barra de progresso, como aquela que pode ser vista em um aplicativo web para indicar o progresso enquanto uma grande quantidade de dados está sendo salva ou carregada.

Assim como com o **meter**, os navegadores compatíveis exibem automaticamente uma barra de progresso baseada nos valores dos atributos ⓖ. E, de novo como o **meter**, é melhor incluir um texto (por exemplo, "0% saved", como mostrado no exemplo) dentro do **progress** para refletir o progresso atual para que os navegadores mais antigos o exibam ⓗ, embora não seja exigido.

Aqui está um exemplo:

```
<p>Please wait while we save your
→ data. Current progress: <progress
→ max="100" value="0">0% saved
→ </progress></p>
```

Uma discussão completa do **progress** vai além do escopo deste livro, uma vez que você, normalmente, atualizaria dinamicamente tanto o atributo **value** quanto seu texto interior com o JavaScript, conforme a tarefa progride (por exemplo, para indicar que está 37% completo). Os resultados visuais são os mesmos se você utilizar o JavaScript ou fazer o código bruto no HTML, ou seja, **<progress max="100" value="37">37%saved</progress>** ⓘ. E, obviamente, os navegadores não-compatíveis exibiriam similarmente a ⓗ.

ⓖ Um navegador como o Chrome, que suporta o **progress**, exibe a barra de progresso automaticamente, colorindo-a baseado no valor. Ele não mostra o texto entre **<progress>** e **</progress>**. O atributo **value** está marcando 0 neste exemplo, então a barra inteira tem a mesma cor.

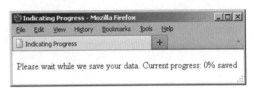

ⓗ Um navegador que não suporta o **progress** (como o Firefox na época da elaboração deste livro), em vez de uma barra colorida, mostra o conteúdo de texto dentro do elemento. Você pode alterar o visual com o CSS.

ⓘ A barra de progresso no Chrome, quando o atributo **value** está marcando **37%**, com JavaScript (ou diretamente no HTML), presumindo **max="100"**.

DICA O elemento `progress` é compatível a três atributos, os quais são todos opcionais: `max`, `value` e `form`. O atributo `max` especifica a quantia total de trabalho para a tarefa e precisa ser maior do que 0. O `value` é a quantia completada relativa à tarefa. Designe o atributo `form` ao `id` de um elemento `form` na página se quiser associar o elemento `progress` a um `form` que não estiver aninhado.

DICA Aqui está uma amostra de como modificar um elemento `progress` com JavaScript. Vamos presumir que a barra foi codificada com um `id` de sua escolha, como este:

```
<progress max="100" value="0"
→ id="progressBar">0% saved</
progress>
```

O JavaScript lhe daria acesso ao elemento:

```
var bar = document.getElementById
→ ('progressBar');
```

Então você poderia pegar ou configurar o valor através do bar.value, conforme fosse necessário. Por exemplo, `bar.value=37;` o configuraria o valor.

DICA O elemento `progress` já tem um suporte bastante sólido entre os navegadores modernos: Chrome 11+, Firefox 6+, Internet Explorer 10 (disponível apenas como um preview de plataforma no momento em que escrevia), e Opera 11+. O Safari não o suporta.

DICA O estilo da barra de progresso que cada navegador exibe pode variar, embora você mesmo possa estilizá-la até certo ponto com o CSS.

5

Imagens

Criar imagens para a web é um pouco diferente do que criar imagens para serem exibidas no papel. Embora as características básicas das imagens da web e as das que são impressas sejam as mesmas, seis fatores principais as diferenciam: formato, cor, tamanho/resolução, velocidade, transparência e animação. Este capítulo discutirá os aspectos importantes desses seis fatores e explicará como usar esse conhecimento para criar as imagens mais eficazes para seu site.

Uma vez criadas as imagens, vamos inseri-las à sua página.

Neste Capítulo

Sobre as Imagens para a Web	148
Conseguindo Imagens	152
Escolhendo um Editor de Imagens	153
Salvando Suas Imagens	154
Inserindo Imagens em uma Página	156
Oferecendo um Texto Alternativo	157
Especificando o Tamanho da Imagem	158
Dimensionando Imagens com o Navegador	160
Dimensionando Imagens com um Editor de Imagens	161
Adicionando Ícones ao Seu Site	162

Sobre as Imagens para a Web

Vamos ver os seis fatores que você deve considerar ao criar imagens para a web.

Formato

As pessoas que imprimem imagens no papel não precisam se preocupar sobre o que seus leitores usarão para ver as imagens. Você, sim. A web é acessada todos os dias por milhões de Macs, computadores Windows, telefones, tablets e outros tipos de aparelhos. Os gráficos que você usa em sua página na web devem estar em um formato em que cada um desses sistemas operacionais reconheça. Atualmente, os três formatos mais utilizados na web são o GIF, PNG e JPEG. Os navegadores atuais conseguem visualizar todos esses três formatos de imagem.

Você quer escolher um formato que lhe dê a melhor qualidade com o menor tamanho de arquivo.

O formato JPEG é bom para fotos coloridas, pois ele manipula grandes quantidades de cores e ele comprime bem, então o tamanho do seu arquivo será pequeno (A). Trata-se de um formato com perdas, então você perde algumas das informações originais da imagem quando a salva como JPEG. Porém, geralmente vale a pena, porque suas páginas carregam rapidamente. Falaremos mais sobre isso na seção "Velocidade".

Os formatos PNG e GIF são normalmente usados quando você está salvando arquivos como logos com grande quantidade de cores sólidas e padrões, ou quando é preciso transparência. Os formatos PNG e GIF comprimem áreas de cores contínuas ou padrões repetitivos melhor do que o JPEG. O PNG é geralmente a melhor escolha, pois tem um algoritmo de compressão melhor para arquivos menores e tem um suporte para transparência superior (B).

(A) Fotos totalmente em cores devem ser salvas no formato JPEG ou PNG-24.

(B) Logotipos e outras imagens geradas por computador ou imagens com menos cores são comprimidas de forma eficiente com o ZIP e, assim, são normalmente salvas no formato PNG-8.

C Esta imagem tem 2048 pixels de largura. No Photoshop, ela tem uma resolução de exibição de 256 ppi e mede apenas 15x20 centímetros. Aqui no Firefox, sua resolução é determinada pelo monitor do visitante – por volta de 72 ppi – o que significa que a foto tem mais de 71 centímetros de largura!

At a Tibetan Buddhist monastery in northern India, monks beautifully created a walkway of stones.

D Esta imagem tem 500 pixels de largura, que é aproximadamente metade da largura de uma janela do navegador com 1024 pixels.

Cor

A maioria dos monitores conseguem exibir milhões de cores, mas este nem sempre foi o caso. Alguns formatos de imagens têm uma paleta de cor limitada. Imagens GIF e PNG-24 têm apenas 256 cores, o que geralmente é suficiente para logos e ícones.

Fotografias e ilustrações complexas devem ser salvas no formato JPEG ou PNG-24, porque eles acomodam mais cores em uma única imagem.

Tamanho e Resolução

Imagens digitais são medidas em pixels. Uma câmera digital de 3 megapixels pode tirar fotos que tenham 2048 pixels de largura e 1536 de altura. Qual o tamanho disso? Depende. Se você imprimir a imagem em uma impressora com 256 ppi (pixels por polegadas), ela medirá 20x15 cm. Mas se você estiver usando aquela da página na web, o tamanho da imagem dependerá da resolução do monitor do visitante, que provavelmente será em torno de 86 ppi (e pode ter no mínimo 72 e máximo de 100). Assim, a imagem poderia ser exibida no máximo em 75x54 cm, o que é grande demais **C**.

Talvez, uma melhor forma de se pensar sobre o tamanho da imagem seja respeitando a média das páginas na web. Uma vez que monitores com a resolução de 1024x768 pixels têm sido o padrão há tanto tempo, os web designers se acostumaram a manter suas imagens por volta dos 960 pixels de largura. Assim, os usuários podem ver todo o conteúdo da página sem uma barra de rolagem na horizontal.

Embora seja verdade que cada vez mais pessoas têm monitores maiores (atualmente, mais de 85% são superiores a 1024x768), isso não significa necessariamente que elas usarão toda a extensão da tela para exibir uma única janela com o navegador. Além de elas terem outros programas para consultar (ou até mesmo outras janelas de navegadores), é incômodo ler um texto em um navegador muito largo. Ainda assim, os designers têm tendido a alargar seus projetos e a utilizar designs com largura flexível, que expandem e contraem com a janela do navegador do visitante.

Além disso, o uso de smartphones e tablets tem crescido rapidamente, então você deve sempre pensar no tamanho da tela e velocidade limitada de download.

Repare que a resolução pode ser um de dois conceitos diferentes: o número real de pixels em um monitor ou imagem (digamos, 640x480) e o número de pixels em uma polegada desse monitor ou imagem (digamos, 72 ou 86 ppi). De qualquer forma, quanto maior for a resolução, maior o número de pixels. No papel, os pixels podem adicionar detalhes *ou* tamanho. Na tela, mais pixels *sempre* resultam em uma imagem maior.

Velocidade

Outra diferença entre imagens da web e impressas é que seus visitantes precisam esperar que as imagens da web sejam carregadas. (Imagine esperar as figuras aparecerem no seu jornal!)

Como você pode minimizar o tempo de carregamento? A forma mais fácil é utilizar imagens pequenas. Quanto maior o tamanho de uma imagem, mais tempo ela leva para aparecer na tela.

Outra forma de acelerar o processo é comprimindo a imagem. O JPEG é ótimo para reduzir drasticamente o tamanho do arquivo, mas ele tem duas desvantagens principais. Primeira, sua informação de compressão ocupa muito espaço e simplesmente não vale a pena para imagens muito pequenas. Segunda, é uma compressão com perdas — eliminando detalhes de forma permanente para economizar espaço. Descompactar a imagem não vai restaurar os dados perdidos. Se você planeja editar a imagem no futuro, salve uma cópia no formato descompactado (por exemplo, PSD ou TIFF) e salve-a apenas como JPEG após ter feito as edições finais.

Os formatos PNG e GIF são livres de perdas, então eles comprimem suas imagens sem perder qualidade. Imagens que tenham grandes áreas de uma única cor, como logos, textos renderizados e ilustrações, ficam melhores nesses formatos. O PNG comprime melhor do que o GIF.

Transparência

A transparência é importante por dois motivos. Primeiro, você pode usá-la para criar layouts complexos, fazendo uma imagem se mover atrás de outra. Segundo, você pode aproveitar a transparência para dar à imagem um contorno não-retangular, adicionando um atrativo visual a suas páginas. Ambos PNG e GIF permitem a transparência; o JPEG, não.

No formato GIF, um pixel pode ou não ser transparente. O PNG suporta a transparência alfa, um método de disponibilizar uma transparência total ou parcial. Isso significa que imagens com um background transparente complexo geralmente têm uma aparência melhor como PNG do que como GIF, porque as arestas parecem mais suaves, em vez de serrilhadas.

Animação

Uma coisa que você não verá no papel, num futuro próximo, são imagens em movimento. Na web, elas estão por toda a parte. Imagens animadas podem ser salvas como GIFs, mas não como JPEGs ou PNGs.

Animação dentro de uma imagem está se tornando cada vez mais rara. A animação é geralmente criada com Flash, CSS Animation e JavaScript. Nos últimos anos, o uso do Flash para animações na web caiu por causa da falta de compatibilidade com o iOS e devido ao aumento da capacidade do JavaScript e do CSS.

Conseguindo Imagens

Então como você consegue uma imagem para usar em sua página? Há várias formas. Você pode comprar ou baixar imagens prontas, digitalizar desenhos feitos a mão ou fotografias com um scanner, usar uma câmera digital ou fazer desenhos em um programa de edição de imagens, como o Adobe Photoshop. Uma vez que as tenha em seu computador, você pode adaptá-las para o uso na web.

Para conseguir imagens:

- Você pode usar o Google para conseguir imagens na web clicando no link Imagens acima do campo de busca e digitando o conteúdo. Veja a barra lateral "Licenças Creative Commons" para mais informações sobre os direitos autorais dessas imagens.

- Geralmente, até mesmo imagens encontradas gratuitamente na web estão restritas de uma forma ou outra (veja a barra lateral "Licenças Creative Commons"). As imagens que você compra podem ser normalmente utilizadas para qualquer propósito (exceto revendê-las). Leia cuidadosamente quaisquer avisos ou licenças.

- Muitas empresas vendem fotografias e imagens em estoque a preços razoáveis. Elas geralmente possuem diversas versões de cada imagem para diferentes propósitos e intenções.

- Os scanners e câmeras digitais são formas populares e eficazes para criar suas próprias imagens.

Licenças Creative Commons

O Creative Commons (www.creativecommons.org – página em inglês) é uma organização sem fins lucrativos que desenvolveu um sistema de templates de direitos autorais que permitem aos artistas compartilhar seus trabalhos de formas específicas sem abrir mão dos direitos sobre suas obras. Web designers, músicos e fotógrafos são alguns dos vários artistas que usam as licenças do Creative Commons para exibir seus trabalhos ao mercado sem o medo de que sejam usados de uma forma que eles não concordem.

O Flickr, o aplicativo popular de compartilhamento de fotos na web (www.flickr.com), pede a seus usuários para que designem uma licença do Creative Commons a cada foto que seja publicada. Então, o Flickr deixa que os visitantes busquem por fotos de acordo com as licenças designadas a elas. Este pode ser um ótimo lugar para encontrar fotos para seu site.

Você também pode usar o Google para restringir as buscas baseadas nos direitos de uso. (Clique em Pesquisa Avançada e escolha a opção desejada no menu dos Direitos de Uso.)

Escolhendo um Editor de Imagens

Existem muitos programas que você pode usar para criar e salvar imagens para a web. A maioria dos editores modernos tem ferramentas especiais para a criação de imagens web, que levam em conta os fatores discutidos anteriormente neste capítulo.

O padrão da indústria é, sem dúvida, o Photoshop, ao lado de seu primo, o Adobe Fireworks (www.adobe.com). O Fireworks é um programa muito poderoso por méritos próprios. Ambos estão disponíveis para Windows e Macintosh. Eu utilizei esses dois programas para ilustrar algumas técnicas neste capítulo.

Entretanto, deixe-me ressaltar que as estratégias básicas para otimizar imagens para a web são as mesmas, não importando o software que você escolha. Os nomes dos comandos podem ser um pouco diferentes, e podem haver mais ou menos passos, mas os conceitos permanecem os mesmos.

Há muitas alternativas ao Photoshop, incluindo o Paint.NET (para Windows, www.getpaint.net) e o Acorn ou o Pixelmator (para Mac, www.pixelmator.com). Além disso, editores online como o Photoshop.com e Aviary.com estão ficando cada vez mais poderosos. Sinta-se à vontade para usar o programa em que se sinta mais confortável.

Salvando Suas Imagens

Agora que você já criou suas imagens, é hora de salvá-las. Este processo é um ato de balanceamento entre a qualidade visual da imagem e o tamanho do arquivo.

Você pode utilizar as versões de teste do Photoshop ou Fireworks se não tiver o software instalado no computador.

Adobe Photoshop

O Photoshop oferece o comando Salvar para a Web & Dispositivos no menu de Arquivos. Ele permite a comparação visual da imagem original com até três versões que você pode otimizar, mantendo em vista qualquer resultado que diminua o tamanho do arquivo e o tempo de carregamento.

Para usar o comando Salvar para a Web & Dispositivos:

1. Abra o Photoshop e crie sua imagem. Ou abra uma imagem existente e prepare-a para a publicação, através de cortes, dimensionamento e edições.

2. Escolha Arquivo > Salvar para a Web & Dispositivos. A caixa dediálogo para Salvar para a Web & Dispositivos aparece.

3. Clique na aba 2 ou Mais para ver uma versão otimizada, ou clique na 4 ou Mais para ver três.

4. Clique em uma versão otimizada, se necessário.

5. Escolha o formato desejado.

Em geral, as imagens que foram criadas no computador, incluindo logos, banners, texto e qualquer gráfico com grandes áreas de uma única cor e detalhes nítidos devem ser salvas no formato PNG-8 ou GIF **A**.

Imagens com tons contínuos, como fotografias, devem ser salvas no formato JPEG ou PNG-24 **B**.

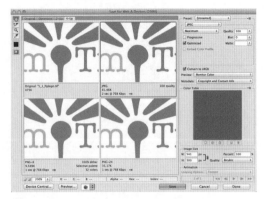

A A caixa de diálogo Salvar para a Web & Dispositivos, que mostra a imagem original (canto superior esquerdo) e três versões comprimidas possíveis. Esta imagem tem muitas cores planas, assim como o texto, que deve ser mantido nítido. Repare que o formato PNG-8 (canto inferior esquerdo) comprime melhor a imagem, para menos de 10K. O PNG-24, com mais cores disponíveis, tem 35K. O JPEG em alta qualidade é enorme. Se você ajustar o JPEG para qualidade média (não mostrado), ainda assim será grande e feio.

B O JPEG (canto inferior esquerdo) oferece boa qualidade de imagem com o menor tamanho de arquivo (63K). A compressão em PNG-8 deixa marcas na fotografia (canto inferior direito), e o tamanho do arquivo (114K) é quase duas vezes o do JPEG. O PNG-24 (superior direito) oferece uma imagem de alta qualidade, mas com um tamanho de arquivo muito maior (322K).

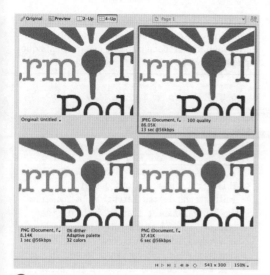

C Repare que a imagem PNG-8 (inferior esquerdo) tem um tamanho de arquivo um pouco menor do que a sua contraparte do Photoshop. Os outros dois formatos, JPEG (superior direito) e PNG-24 (inferior direito), são maiores.

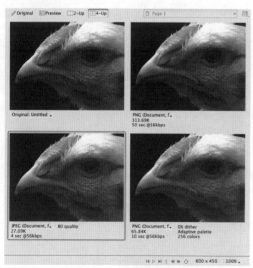

D O Fireworks otimiza esta imagem significativamente melhor, com arquivos menores para o JPEG (inferior esquerdo), PNG-8 (inferior direito) e PNG-24 (superior esquerdo). Os arquivos JPEG e PNG-8 têm a metade do tamanho dos do Photoshop!

6. Ajuste as configurações adicionais que aparecem até conseguir o menor arquivo possível com uma qualidade aceitável.

7. Clique em Salvar. Escolha um diretório e nomeie o novo arquivo. Ele automaticamente levará a extensão do formato selecionado (e, assim, normalmente não substituirá a imagem original).

Adobe Fireworks

O Photoshop foi feito para diversas tarefas, enquanto que o Fireworks foi projetado para criar imagens para a web (**C** e **D**). Ele otimizava PNGs com arquivos menores do que o Photoshop, mas a lacuna se fechou. O Fireworks oferece uma opção a mais para PNGs de maior qualidade: o formato PNG-32.

DICA Lembre-se de que seu objetivo principal é conseguir o menor tamanho de arquivo possível, mantendo uma qualidade aceitável da imagem.

DICA As imagens devem ser criadas em RGB, não em CMYK (que é para impressão).

DICA Se não tiver certeza sobre qual formato escolher, compare duas otimizações e veja qual está melhor comprimido.

DICA O PNG-24 é um formato poderoso e livre de perdas que pode ser usado em imagens com cores geradas por computador ou com as cores "originais".

DICA Se tiver uma imagem com dois tipos de conteúdo, você pode cortá-la em duas partes, comprimindo-as separadamente, e remontá-las com o CSS; ou use apenas um formato e deixe que ele faça o melhor.

DICA O comando Salvar para a Web & Dispositivos cria uma nova imagem e deixa a original intacta – a menos que você salve a nova imagem com o mesmo nome e extensão, na mesma pasta que a antiga.

DICA Apenas as camadas visíveis da imagem são salvas na versão otimizada.

Inserindo Imagens em uma Página

Você pode colocar qualquer tipo de imagens em sua página na web, desde logos a fotografias. As imagens colocadas da forma aqui descrita aparecem automaticamente quando o visitante entra em sua página, desde que o navegador esteja configurado para exibi-las.

Para inserir uma imagem em uma página:

1. Coloque o cursor no código HTML em que queira que a imagem apareça.
2. Digite **<img src="***image.url***"**, em que *image.url* indica a localização do arquivo de imagem no servidor.
3. Digite um espaço e, então, adicione o **/>**.

DICA Para que os visitantes consigam ver as imagens, antes é preciso fazer o upload delas no servidor.

DICA Não espere que seus visitantes aguardem muito tempo até que a página e as imagens carreguem. Teste-a (lembrando-se que você pode ter uma conexão mais rápida que os demais usuários). Se você não puder esperar, eles também não vão. Uma alternativa é criar miniaturas das imagens maiores e deixar que os visitantes as visualizem através de um link.

DICA Há um polêmico atributo border (**border="***n***"**, em que *n* é a largura em pixels) que adiciona ou elimina uma moldura à imagem, especialmente a moldura automática que aparece em imagens usadas em links. Em vez disso, você pode utilizar estilos para controlar isso e todos os demais aspectos das imagens.

A A URL desta imagem, desde que ela contenha apenas o nome do arquivo, sem o caminho, indica que a imagem está localizada na mesma pasta que a página na web.

```
...
<body>

<h2>Barcelona's Market</h2>

<img src="cornermarket.jpg" />

<p>This first picture shows one of the
→ fruit stands in the Mercat de la Boquería,
→ the central market that is just off the
→ Rambles. It's an incredible place, full
→ of every kind of fruit, meat, fish, or
→ whatever you might happen to need. It
→ took me a long time to get up the nerve
→ to actually take a picture there. You
→ might say I'm kind of a chicken, but
→ since I lived there, it was just sort
→ of strange. Do you take pictures of your
→ supermarket?</p>

</body>
</html>
```

B As imagens são alinhadas ao lado esquerdo da página para combinar com o alinhamento do texto. Você pode alterar o alinhamento ou colocar texto em volta de uma imagem utilizando as propriedades do CSS, como **float** (veja "Fazendo os Elementos Flutuarem", no Capítulo 11).

Ⓐ Enquanto o texto alternativo pode ter o tamanho que você quiser, a maioria dos navegadores não quebram automaticamente linhas muito longas. Portanto, é uma boa ideia mantê-lo abaixo dos 50 caracteres.

```
...
<body>

<h2>Barcelona's Market</h2>

<img src="cornermarket.jpg"  alt="Fruit Stand
→ in Market"  />

<p>This first picture shows one of the
→ fruit stands in the Mercat de la Boquería,
→ the central market that is just off the
→ Rambles. It's an incredible place, full
→ of every kind of fruit, meat, fish, or
→ whatever you might happen to need. It
→ took me a long time to get up the nerve
→ to actually take a picture there. You
→ might say I'm kind of a chicken, but
→ since I lived there, it was just sort
→ of strange. Do you take pictures of your
→ supermarket?</p>

</body>
</html>
```

Ⓑ No Internet Explorer, o texto alternativo aparece ao lado do x vermelho. Em outros navegadores, o texto aparece sozinho.

Oferecendo um Texto Alternativo

Enquanto que as imagens são ótimas com uma conexão rápida e em uma tela grande, elas podem ser menos úteis – e completamente problemáticas – em aparelhos de mão, em telefones com conexão lenta, ou para os cegos. Você pode adicionar um texto descritivo que aparecerá caso a imagem não apareça, seja qual for a razão. Esse mesmo texto também será lido por um leitor de telas.

Para oferecer um texto alternativo quando as imagens não aparecem:

1. Dentro da tag **img**, após o atributo **src** e seu valor, digite **alt="**.
2. Digite o texto que deve aparecer se, por algum motivo, a imagem não for exibida (Ⓐ e Ⓑ).
3. Digite **"**.

DICA O atributo **alt** é necessário para todos os elementos **img** no HTML5.

DICA Leitores de telas como o JAWS podem ler em voz alta o texto alternativo, assim visitantes cegos ou com algum problema de visão podem ter uma ideia sobre o que se trata a imagem.

DICA Se a imagem for irrelevante a usuários que não enxergam, o W3C sugere que você use **alt=""**. Imagens com uma legenda ou um texto ao redor que as descrevam de forma precisa podem ter um **alt** em branco.

Especificando o Tamanho da Imagem

Às vezes, quando você carrega uma página, o texto é visto primeiro e, depois que as imagens são carregadas, ele pula ao redor delas para acomodá-las. Isso acontece porque o tamanho das imagens não é especificado no HTML.

Quando um navegador acessa o código HTML para uma imagem, ele precisa carregá-la para ver qual o seu tamanho e quanto espaço deve ser reservado para ela. Se você especificar as dimensões da imagem, o navegador reservará o espaço e poderá preencher o texto em volta dela enquanto ela carrega. Dessa forma, seu layout permanecerá estável enquanto a página é carregada.

Você pode usar tanto o navegador quanto o programa de edição de imagens para ter as dimensões exatas de sua imagem.

Os navegadores também vão esticar ou encolher uma imagem para que ela se encaixe ao tamanho que você especificou em seu HTML (ou CSS). Você pode usar isso a seu favor caso queira utilizar o mesmo arquivo de imagem em diferentes contextos, mas tome o cuidado de atualizar seu código caso edite o arquivo de imagem e modifique suas dimensões.

Para encontrar o tamanho de sua imagem com seu navegador:

1. Clique com o botão direito na imagem. Um menu aparecerá **A**.
2. Escolha Propriedades ou Ver Informações da Imagem (dependendo de seu navegador) **A**. Uma caixa que mostra as dimensões de sua imagem em pixels aparece **B**.

A Clique com o botão direito na imagem para que o menu apareça. O navegador oferecerá uma forma de inspecionar a imagem, mostrar suas propriedades ou conseguir as dimensões.

Type:	JPEG Image
Size:	Unknown (not cached)
Dimensions:	300px × 399px
Associated Text:	Fruit Stand in Market

B Uma caixa (sua aparência varia dependendo do navegador que estiver usando) que mostra o tamanho da imagem em pixels aparece.

C No Photoshop, clique na barra de informação do documento, localizada na parte inferior da janela, para ver as propriedades da imagem. (Se a barra não aparecer, deixe a janela um pouco mais larga.)

D Se você especificar a altura e largura exatas em pixels, o navegador não terá que perder tempo para fazer esse cálculo, exibindo a imagem mais rápido.

```
...
<body>

<h2>Barcelona's Market</h2>

<img src="cornermarket2.jpg" alt="Fruit Stamd
→ in Market" width="300" height="399"    />

<p>This first picture shows one of the
→ fruit stands in the Mercat de la Boquería,
→ the central market that is just off the
→ Rambles. It's an incredible place, full
→ of every kind of fruit, meat, fish, or
→ whatever you might happen to need. It
→ took me a long time to get up the nerve
→ to actually take a picture there. You
→ might say I'm kind of a chicken, but
→ since I lived there, it was just sort
→ of strange. Do you take pictures of your
→ supermarket?</p>

</body>
</html>
```

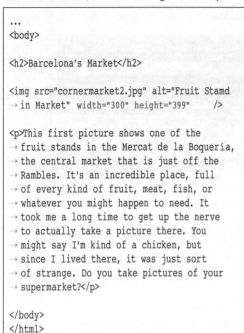

E Se você abrir uma imagem diretamente em um navegador (este é o Firefox para Mac), suas dimensões são exibidas na barra de título.

Para encontrar o tamanho de sua imagem com o Photoshop:

1. Abra a imagem no Photoshop

2. Deixe a janela larga o suficiente para que a barra de informação do documento fique visível, no canto inferior esquerdo da tela.

3. Clique na barra de informação do documento. Uma caixa pequena com informações sobre a imagem aparece, incluindo seu tamanho **C**.

Para especificar o tamanho de sua imagem no HTML:

1. Determine o tamanho de sua imagem usando uma das técnicas descritas em "Para encontrar o tamanho de sua imagem com seu navegador" ou "Para encontrar o tamanho de sua imagem com o Photoshop".

2. Dentro da tag **img**, após o atributo **src**, digite **width="x" height="y"**, utilizando os valores que encontrou no passo 1 para especificar os valores para *x* e *y* (a largura e a altura de sua imagem) em pixels.

DICA Os atributos **width** e **height** não precisam, necessariamente, refletir o tamanho real da imagem.

DICA Se tiver várias imagens do mesmo tamanho, você pode definir suas alturas e larguras ao mesmo tempo com estilos.

DICA Você também pode encontrar o tamanho de uma imagem em um navegador abrindo-a em sua própria janela. O tamanho é exibido na barra do título **E**.

DICA No Photoshop ou Fireworks, você pode selecionar a imagem toda e, então, ver o painel de informação com suas dimensões.

Imagens **159**

Dimensionando Imagens com o Navegador

Você pode modificar o tamanho de exibição de uma imagem especificando uma nova altura e largura em pixels (Ⓐ até Ⓒ). No entanto, o melhor é exibi-las em seus tamanhos originais.

Os métodos que os navegadores utilizam para dimensionar as imagens não são tão avançados quanto os do Photoshop ou outros editores, então teste os resultados.

Para reduzir o tempo de carregamento, você pode dimensionar a imagem ajustando a altura e a largura no HTML ou CSS. Mas tenha cuidado, se aumentar demais uma imagem, ela pode ficar feia e granulada.

Para dimensionar uma imagem com o navegador:

1. Digite **<img src=**"*image.url*"**, em que *image.url* é a localização da imagem no servidor.

2. Digite **width=**"*x*" **height=**"*y*", em que *x* e *y* são, respectivamente, a largura e a altura desejadas em pixels da sua imagem.

3. Adicione qualquer atributo de imagem conforme desejado, e depois digite **/>**.

> **DICA** Você também pode usar um valor de porcentagem no passo 2, em relação à janela do navegador (não ao tamanho original da imagem).

> **DICA** Usar os atributos width e height é uma forma rápida e suja de modificar como a imagem é exibida em uma página. Entretanto, uma vez que o arquivo em si não é alterado, o visitante é sempre enganado. As imagens reduzidas levam mais tempo para aparecer do que aquelas que são realmente daquele tamanho; imagens ampliadas aparecem granuladas. A melhor solução é utilizar seu editor de imagem para modificar o tamanho dela.

> **DICA** Você pode configurar apenas a altura ou a largura, e deixar que o navegador ajuste os outros valores proporcionalmente.

Ⓐ Em seu tamanho original de 440x341 px, a imagem fica grande demais na página.

Ⓑ Ajuste os atributos **height** e **width**, e certifique-se de manter a mesma relação de tamanho. Neste caso, dividimos tanto o **height** quanto o **width** por dois.

```
...
<h1>Stupas</h1>
<img src="stupa.jpg" alt="Two Stupas"
→ width="220" height="170" />
<p>These stupas in Yunnan, China, are
→ Buddhist monuments used as a place for
→ worship.</p>
...
```

Ⓒ A imagem aparece com a metade do tamanho original. Porém, é importante ressaltar que ela leva o mesmo tempo que antes para carregar. Afinal de contas, a imagem é a mesma.

Dimensionando Imagens com um Editor de Imagens

A A fotografia original, tirada com a configuração padrão de minha câmera digital, medindo 2048x1536 px, que (além de ter o tamanho de quatro navegadores) teve o tamanho descomunal de 211,3K quando comprimida como uma JPEG de alta qualidade.

B Digite a nova largura, 400 pixels, no campo L, e clique em Aplicar. A imagem reduzida vai caber adequadamente na página e levará apenas um segundo para ser carregada a 768Kbps (ou menos, com uma conexão mais rápida).

A maioria das imagens são grandes demais para uma página na web. Enquanto uma imagem feita para ser impressa pode medir 1800 pixels (para ser impressa a 300 dpi e ter 15 centímetros de largura), as imagens para uma página na web raramente devem ser mais largas do que 600 pixels, tendo geralmente 200.

Quando você precisa que as imagens sejam maiores, encontre uma que seja originalmente maior e reduza-a com um editor de imagens. Quando esta não for uma opção, aumentar uma imagem com um editor dá um melhor resultado do que fazê-lo com um navegador. Mas isso aumentará o tamanho do arquivo e o tempo para carregar a página.

Para dimensionar uma imagem com o Photoshop:

1. Na porção inferior à direita da janela Salvar para a Web & Dispositivos, clique na caixa L (largura) ou A (altura) na seção Tamanho da Imagem **A**.
2. Digite uma nova altura ou largura em pixels, ou uma porcentagem, e pressione a tecla Tab para que a imagem se redimensione **B**.
3. Você pode continuar a ajustar o tamanho até que esteja satisfeito. A imagem não é redefinida até que seja salva.

> **DICA** Você também pode modificar o tamanho de uma imagem, antes de clicar em Salvar para a Web & Dispositivos, usando o comando Tamanho da Imagem abaixo do item do menu de imagem. Lembre-se de que a caixa da Resolução é irrelevante (ela refere-se à resolução do output, que é determinada na web, e não por você ou pelo Photoshop, mas sim pelo monitor do visitante). Ao contrário, baseie o valor pelo número de pixels na imagem. Você terá que selecionar a caixa Redimensionar a Imagem para alterar o seu tamanho (em oposição à sua resolução de output).

> **DICA** Outra forma de reduzir o tamanho de uma imagem é eliminando áreas indesejadas.

Adicionando Ícones ao Seu Site

O pequeno ícone (associado a um site) que você vê nas barras de endereço, abas e favoritos é conhecido como um *favicon*, que é a abreviação de favorites icon (ícones de favoritos).

A Apple pede por ícones maiores para as telas home de seus aparelhos (iPhone, iPod touch e iPad); eles recomendam que o tamanho seja 114 pixels x 114 pixels. Não se preocupe em adicionar cantos arredondados, sombra e brilho; o sistema operacional do aparelho fará isso por você. O sistema operacional do Android também aceita esses ícones.

Para adicionar um ícone ao seu site:

1. Crie uma imagem de 16x16 pixels e salve-a no formato ICO **Ⓐ**. Você também pode salvá-la nos formatos PNG e GIF.

2. Crie uma imagem de 114x114 pixels para aparelhos com touch screen, e salve-a no formato PNG.

3. Na seção **head** de seu documento HTML5, digite **<link rel="shortcut icon" href="favicon.ico" />**, em que *favicon.ico* é o nome e localização de seu ícone no servidor. Se sua imagem for PNG, digite **<link rel="icon" type="image/png" href="favicon.png" />**. Se sua imagem for GIF, digite **<link rel="icon" type="image/gif" href="favicon.gif" />**.

4. Na seção **head** de seu documento HTML5, digite **<link rel="apple-touch-icon" href="/apple-touch-icon.png" />**, em que *apple-touch-icon.png* é o nome e localização de seu ícone no servidor.

Ⓐ Favicons, na vida real, são pequenos. Eles medem ínfimos 16x16 pixels.

Ⓑ A maioria dos navegadores exibirão seu favicon sem este elemento **link** se você nomear os arquivos como **favicon.ico** ou **apple-touch-icon.png** e colocá-los na raiz de seu site.

```
...
<head>
    <meta charset="utf-8" />
    <title>Farm Training Podcasts</title>
    <link rel="shortcut icon"
    → href="/favicon.ico" />
    <link rel="apple-touch-icon"
    → href="/apple-touch-icon.png" />
    ...
</head>
...
```

DICA Os favicons devem geralmente ser salvos no formato ICO (**B** e **C**). Há um plugin bastante útil do Photoshop para criar ícones no formato ICO, feito pela Telegraphics (www.telegraphics.com.au/sw/).

DICA Você também pode criar favicons nos formatos PNG e GIF. Certifique-se de utilizar o tipo MIME adequado para o elemento type.

DICA O Internet Explorer exigia, originalmente, que o arquivo `favicon.ico` fosse colocado no diretório raiz de seu site. Este não é mais o caso, embora os navegadores ainda vão procurar lá se o elemento `link` não estiver presente.

C O favicon é geralmente usado na barra de endereço, nos Favoritos e nas abas. Porque o navegador normalmente exibe seu ícone sobre cores como a cinza, talvez você queira que o background de seu ícone seja transparente.

D O `apple-touch-icon` é usado quando você adiciona seu site à tela home de aparelhos iOS a partir do Safari.

Imagens 163

6

Links

Os links dão vida à web. Sem eles, cada página existiria apenas de forma isolada, completamente desconectada de todas as outras.

Neste Capítulo

A Anatomia de um Link	166
Criando um Link para Outra Página na Web	167
Criando Âncoras	172
Direcionando a uma Âncora Específica	174
Criando Outros Tipos de Links	175

A Anatomia de um Link

Um link tem duas partes principais: um destino e um rótulo. A primeira parte, o *destino*, é, sem dúvidas, a mais importante. Você o utiliza para especificar o que vai acontecer quando o visitante acionar o link. Você pode criar links que vão para outras páginas, que pulem para dentro de uma página, mostrem uma imagem, baixem um arquivo, mandem um e-mail, etc. Porém, os links mais comuns conectam a outras páginas na web (A), e às vezes para uma localização específica das páginas, chamadas de *âncoras*. Os destinos são definidos pela adição da URL (veja o Capítulo 1) e são normalmente visíveis apenas na barra de status do navegador (em navegadores de desktop).

A segunda parte do link é o *rótulo*, aquela que o visitante vê no navegador ou ouve em um leitor de telas, e, então, é ativado para alcançar o destino. Ele pode ser um texto, uma imagem ou ambos. Os navegadores normalmente exibem o texto do rótulo sublinhado e em azul, por padrão. É fácil modificar isso com o CSS.

Repare que é comum as pessoas dizerem que um usuário *clica* em um link, um resultado da onipresença do mouse como forma de navegar por páginas na web. No entanto, sempre que possível, evito este termo em favor de palavras como *acionar* e *ativar*, para reconhecer as diversas formas que os usuários interagem com os links. Por exemplo, aqueles com aparelhos touch screen (como a maioria dos smartphones e tablets) tocam os links, enquanto que outros usuários móveis podem ativar os links através de um trackball. Em contrapartida, alguns usuários navegam com o teclado, por preferência ou necessidade; eles podem ter um problema físico que torna difícil ou impossível o uso de um mouse, caneta digital ou algum aparelho parecido. Eles geralmente usam o tab para os links (usando a tecla Tab para avançar e a Shift-Tab para retornar) e, então, acioná-los com a tecla Enter.

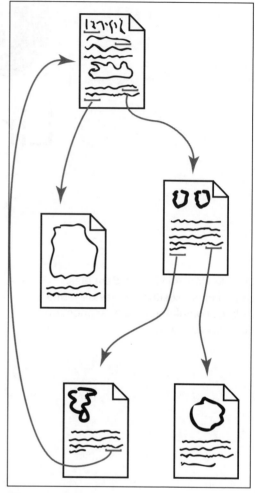

(A) Algumas de suas páginas podem ter links para várias outras. Em outros casos, pode ter apenas um link. Ou, ainda, não ter link algum.

(A) Uma vez que existe apenas o nome do arquivo (sem o caminho) informado no atributo **href**, o arquivo **pioneer-valley.html** precisa estar no mesmo diretório da página que contém o link. Caso contrário, o navegador não conseguirá encontrar **pioneer-valley.html** quando o usuário ativar o link.

```
...
<body>

<article>
    <h1>Cookie and Woody</h1>

    <img src="img/cookiefora.jpg" width="143"
    → height="131" alt="Cookie" />

    <img src="img/woodygran.jpg" width="202"
    → height="131" alt="Woody" />

    <p>Generally considered the sweetest
    → and yet most independent cats in the
    → <a href="pioneer-valley.html">
    → Pioneer Valley</a>, Cookie and Woody
    → are consistently underestimated by
    → their humble humans.</p>
</article>

</body>
</html>
```

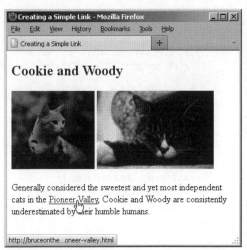

(B) Quando um usuário aponta para um link (exibido na maioria dos navegadores em um texto em azul e sublinhado, por padrão), a URL de destino é mostrada na barra de status. Você pode modificar a estilização padrão com o CSS. Se um usuário ativa um link...

Criando um Link para Outra Página na Web

Se você tem mais do que uma página na web, é provável que queira criar links de uma página para a outra (**(A)** até **(D)**). Você também pode fazer links para páginas em outros sites, sejam eles seus ou uma criação de outra pessoa (**(F)** até **(H)**).

Para criar um link para outra página:

1. Digite **<a href="page.html">**, em que **page.html** é a URL da página de destino.

2. Digite o texto do rótulo, ou seja, o texto que é destacado por padrão **(B)** e que, quando ativado, levará o usuário à página especificada no primeiro passo. Como alternativa (ou adicionado ao texto do rótulo), adicione um elemento **img** como o rótulo. (Veja **(A)** em "Criando Outros Tipos de Links" e "Direcionando a Imagens Thumbnail".)

3. Digite **</a>** para completar a definição do link.

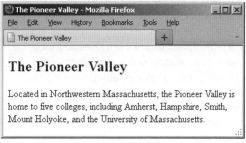

(C) ...a página associada àquela URL de destino é exibida no navegador.

Links **167**

Links em nível de bloco do HTML5

O HTML5 permite colocar um link em torno de praticamente todos os tipos de elementos ou grupo de elementos Ⓓ. Os exemplos incluem parágrafos, listas, artigos completos ou parte deles – praticamente tudo, exceto conteúdo interativo, como outros links, elementos **form**, **video** e **audio**, **iframes** etc. O teste de suas páginas em um validador de HTML (veja "Validando Seu Código", no Capítulo 20) revelará quando você colocou um link em volta de um elemento que não é permitido.

Esses *links em nível de bloco*, conforme são chamados de forma não-oficial, são uma grande evolução em relação às outras versões do HTML, que permitiam links apenas nos textos, imagens e nos elementos conhecidos como *inline*. Ou seja, aqueles que marcam frases de texto, como **em**, **strong**, **cite** e similares (eles são caracterizados como *phrasing content* no HTML5).

O engraçado é que, embora os links em nível de bloco não fossem permitidos nas especificações anteriores do HTML, os navegadores eram compatíveis a eles mesmo assim. Isso significa que você pode usá-los agora, e eles funcionarão tanto nos navegadores antigos quanto nos novos. Porém, use-os com cuidado (Ⓓ e Ⓔ).

Existem algumas preocupações quanto à acessibilidade a serem consideradas, especialmente sobre como diferentes leitores de telas tratam os links em nível de bloco. Estes dois artigos, dos especialistas em acessibilidade Derek Featherstone e Steve Faulkner, respectivamente, discutem os problemas com mais profundidade: http://simplyaccessible.com/article/html5-block-links e www.paciellogroup.com/blog/2011/06/html5-accessibility-chops-block-links/ (ambos em inglês). Eles aconselham colocar o conteúdo mais pertinente no começo de um link, além de não colocar muito conteúdo em um link. Como Featherstone ressalta, os problemas de acessibilidade são provavelmente temporários, conforme os leitores de telas e navegadores vão oficialmente se atualizando com o suporte aos links em bloco de nível.

Ⓓ Este tipo de link é inválido em versões anteriores do HTML, mas é permitido no HTML5.

```
...
<body>

<a href="giraffe-escapes.html">
    <hgroup>
        <h1>Giraffe Escapes from Zoo</h1>
        <h2>Animals worldwide rejoice</h2>
    </hgroup>
</a>

...
</body>
</html>
```

Ⓔ Evite fazer o que é mostrado aqui, que é colocar um link em torno de uma grande porção de conteúdo. Embora o link funcione e seja válido no HTML5, um leitor de telas pode ler todo o conteúdo mais de uma vez, sendo que todo aquele conteúdo lido *uma vez* é mais informação do que a pessoa quer ouvir. É melhor estreitar o foco de seu link ao conteúdo mais relevante.

```
...
<body>

<a href="pioneer-valley.html">
    <article>
        <h1>Cookie and Woody</h1>

        <img src="img/cookiefora.jpg" width=
        → "143" height="131" alt="Cookie" />

        <img src="img/woodygran.jpg" width=
        → "202" height="131" alt="Woody" />

        <p>Generally considered the sweetest
        → and yet most independent cats
        → in the Pioneer Valley, Cookie
        → and Woody are consistently
        → underestimated by their humble
        → humans.</p>
    </article>
</a>

...
</body>
</html>
```

F Se estiver criando links para uma página de outra pessoa, você terá que usar uma URL absoluta, com o `http://`, servidor, caminho completo e nome do arquivo. Os atributos `rel` e `title` são opcionais, mas eu recomendo o uso do `rel="external"` para indicar que um link aponta para um site diferente. (Veja o Capítulo 4 para aprender sobre o elemento `cite`.)

```
...
<body>

<article>
    <h1>The Glory of Cats</h1>

    <p><a href="http://en.wikipedia.org/
    → wiki/Cat" rel="external" title="Cat
    → entry on Wikipedia"> Cats</a> are
    → wonderful companions. Whether it's a
    → bottle cap, long string, or your legs,
    → they always find something to chase
    → around.</p>

    <p>In fact, cats are so great they even
    → have <a href="http://www.catsthe
    → musical.com/"   rel="external"
    → title="Official site of Andrew
    → Lloyd  Webber's musical"> their own
    → musical</a>. It was inspired by T.S.
    → Eliot's <cite>Old Possum's Book of
    → Practical Cats</cite>.</p>
</article>

</body>
</html>
```

De modo geral, você vai querer ficar com o estilo mais simples e tradicional de um link, mostrado no primeiro exemplo **A**, mas saiba que links em nível de bloco, produzidos de forma inteligente, também estão disponíveis.

DICA O `href` significa hypertext reference.

DICA Você pode mudar o estilo padrão de um texto de rótulo (veja o Capítulo 10) ou até mesmo usar uma imagem como rótulo (veja "Criando Outros Tipos de Links", neste capítulo).

DICA Como uma regra geral, use URLs relativas para links de páginas dentro de seu site, e absolutas para páginas em outros sites. Para mais detalhes consulte "URLs" no capítulo 1.

DICA Um link para uma página de outro site pode parecer assim: `<a href="http://www.site.com/directory/page.html" rel="external">Label text</a>` (**F** até **H**). O atributo `rel` é opcional, já que o link funciona sem ele. Ele descreve a relação entre a página que contém o link com a qual você a está direcionando. É, ainda, outra forma de você melhorar a semântica do seu HTML. Os sites de busca também podem levar em conta essa informação. Uma lista sempre atualizada sobre os valores rel é mantida em http://microformats.org/wiki/existing-rel-values (em inglês).

G Assim como com um link para uma página dentro de seu site, quando um visitante aponta para um link (exibido em azul e sublinhado) para outro site, a URL de destino é mostrada na barra de status, e o texto do `title`, se especificado, aparece próximo ao link. Se o visitante ativá-lo...

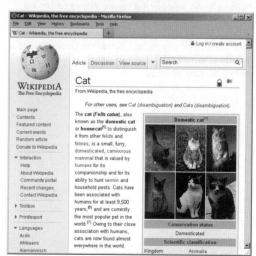

H ... a página associada àquela URL de destino é exibida no navegador.

DICA Especifique o caminho, mas omita o nome do arquivo, para criar um link para o arquivo padrão de um diretório, que geralmente é index.html: `www.site.com/diretory/`. Omita o caminho também para criar um link para a página padrão: `www.site.com`.

DICA Use apenas letras minúsculas para suas URLs, a menos que esteja apontando para uma página ou diretório que tenha letras maiúsculas. (Para seus próprios sites, nomeie todas as pastas e arquivos em minúsculas, e combine o link das URLs de acordo.)

DICA Não deixe o rótulo de um link muito longo. Se o rótulo for parte de uma sentença, mantenha apenas as palavras-chave dentro da definição do link, com o resto da frase antes e depois dos sinais menor que/maior que do elemento a.

DICA Seja o que fizer, evite usar o "Clique Aqui" como rótulo. Esse tipo de texto para links é muito comum na web, o que o torna ruim para o uso, para o acesso e para você, como dono do site. Quando os usuários veem rapidamente os links em uma página, "clique aqui" é muito vago ("Clique aqui? Por quê?"). Há pouco incentivo para ativar o link, fazendo com que o visitante precise ler o texto ao redor do link, na esperança de que o propósito desse link seja explicado. Compreensivelmente, é provável que o visitante pule esse link. Além disso, como mencionado no início deste capítulo, a palavra "clique" não se aplica à forma como todos os usuários acionam um link. Por isso, identifique o link com as palavras-chave já existentes em seu texto. Por exemplo, "<u>Aprenda sobre nossas vendas</u>" em vez de "<u>Clique aqui</u> para aprender sobre nossas vendas".

DICA Certifique-se de que cada página de seu site contenha a navegação para cada seção importante dele, incluindo a página inicial. Isso permite que seus visitantes naveguem por seu site livremente, tenham eles chegado ao seu site de forma direta ou por um link. Você nunca sabe onde os visitantes entrarão em seu site. Pode ser através de um link relacionado a uma página bem interior do site, então você vai querer permitir que eles acessem dali o resto do site.

DICA Para criar um link para um lugar específico de uma página, use uma âncora (veja "Criando Âncoras", neste capítulo).

DICA Conforme mencionado na introdução deste capítulo, você pode navegar por uma página com o teclado. Cada vez que a tecla Tab é pressionada, o foco muda para o próximo link, imagem ou formulário conforme eles aparecem *no código do HTML*, o que não é necessariamente a mesma ordem em que eles aparecem na tela, já que o layout do CSS da página pode ser diferente. O atributo do HTML tabindex permite que você mude a sequência do Tab, mas não recomendo que o utilize, pois é uma prática desnecessária e ultrapassada na maioria dos casos. (Há certos casos em que ele é útil, mas isso está geralmente relacionado ao aprimoramento da interatividade com o JavaScript, um tópico um pouco mais avançado.) Então, preocupe-se em marcar seu conteúdo de forma que a sequência do Tab seja lógica. Faça o teste usando o Tab ao longo de suas próprias páginas, para ver como um usuário se sente, e ajuste o HTML de acordo.

O Atributo target

É possível fazer um link abrir em uma nova janela ou aba (dependendo do navegador), mas isso é considerado uma prática ruim, por isso recomendo que não o faça. Há alguns argumentos contra isso.

Primeiro, deve ser de escolha do usuário abrir um link em uma janela ou aba diferente, não sua ou minha, como desenvolvedores HTML. Caso contrário, estaremos ditando o comportamento do navegador em nome de nossos usuários.

Também há preocupações quanto à acessibilidade e ao uso. Usuários menos experientes podem ficar confusos quando ativam um link e não veem os resultados serem exibidos na janela atual. Usar um navegador não é algo simples para todos; eu já mostrei abas de navegadores a pessoas de várias idades que não tinham a menor ideia de que podiam ter mais do que uma página aberta de uma vez. De forma semelhante, usuários de aparelhos assistivos, como leitores de telas, terão que encontrar uma forma de navegar para aquela janela ou aba, presumindo que seja até mesmo claro qual delas carregou o novo conteúdo.

Se tudo isso ainda não o convenceu a evitar de carregar links em outras janelas e abas, ou seu chefe ou clientes não ouvirão seus argumentos contra esta prática, eis aqui como fazê-la: digite `target="`*`window`*`"` na definição de seu link, em que *`window`* é o nome da janela (de sua escolha) em que a página correspondente será exibida.

Por exemplo, `<a href="alguma-coisa.html" target="coisa">Alguma coisa</a>` abre `alguma-coisa.html` em uma nova janela ou aba chamada coisa.

Se você direcionar vários links à mesma janela (isto é, usando o mesmo nome), todos eles abrirão nela. Ou, se sempre quiser que o link abra em uma aba ou janela diferente (mesmo que o mesmo link seja ativado mais de uma vez), use o nome pré-definido do HTML, `_blank`, como em `target="_blank"`.

Mas, lembre-se, você não leu nada disso aqui.

Há um outro uso para o `target`, que é abrir um link em um `iframe`. Você codifica o `target` da mesma forma, exceto que seu valor deve combinar com o `id` do `iframe`. Você raramente vai utilizá-lo, especialmente porque o uso de `iframe`s é desencorajado (embora às vezes eles tenham o seu lugar). Aprenda mais sobre o elemento `iframe` em https://developer.mozilla.org/en/HTML/Element/iframe (em inglês).

Embora os mapas de imagem não sejam explicados aqui, você deve saber que eles permitem que links sejam inseridos a uma ou mais regiões de uma única imagem. Você define o formato de uma área, como um retângulo, círculo ou polígono, de cada link. Os codificadores menos experientes geralmente fazem um uso indevido desses mapas para criar uma navegação baseada em imagem, em vez de utilizar técnicas apropriadas, como o texto HTML estilizado pelo CSS (ou com uma técnica de substituição de imagem, quando só o CSS não é suficiente). O apogeu dos mapas de imagem aconteceu muitos anos antes de haver essas técnicas. Você raramente os vê sendo utilizados hoje em dia, mas há casos em que seu uso é legítimo – por exemplo, a imagem de um país, à qual você quer colocar links para várias regiões, províncias ou estados. Você pode aprender mais sobre mapas de imagem procurando na internet por "mapas de imagem HTML".

Criando Âncoras

Geralmente, a ativação de um link leva o
usuário ao *topo* da página correspondente.
Se quiser que ele pule para uma seção
específica da página, crie uma *âncora* e faça
uma referência dela no link **Ⓐ**.

Ⓐ Cada link de um valor **href** que começa com **#** âncoras ao elemento com o **id** correspondente (sem
o **#**). Por exemplo, **<a href="#rising-action">Rising Action</a>** ancora o **<h2 id="rising-**
action">Rising Action</h2>. Você pode aplicar um **id** a qualquer elemento desde que o **id** dado exista
na página apenas uma vez (veja "Nomeando Elementos com uma class ou id", no Capítulo 3). Este exemplo
também lhe dá uma prévia da lista desordenada(**ul**), de longe o tipo de lista mais usado na web. (As listas são
explicadas detalhadamente no Capítulo 15.)

```
...
<body>

<h1>Frankie and Johnny</h1>

<header>
    <h2>Table of Contents</h2>
    <nav>
        <ul>
            <li><a href="#intro">Introduction</a></li>
            <li><a href="#main-characters">Description of the Main Characters</a></li>
            <li><a href="#rising-action">Rising Action</a></li>
        </ul>
    </nav>
</header>

<article>
    <h2 id="intro">Introduction</h2>
    <p>This is the intro. If I could think of enough things to write about, it could span a few
    → pages, giving all the introductory information that an introduction should introduce.</p>

    <h2 id="main-characters">Description of the Main Characters</h2>
    <p>Frankie and Johnny are the main characters. She's jealous, and seems to have a reason to be.
    → He's a sleaze, and will pay the price.</p>

    <h2 id="rising-action">Rising Action</h2>
    <p>This is where everything starts happening. Johnny goes out, without Frankie, without even
    → tellin' her where he's going. She's not crazy about it, but she lets him go. A while later,
    → she gets thirsty and decides to go down to the corner bar for some beer. Chatting with the
    → bartender, she learns that Johnny has been there with no other than Nellie Bly. Furious, she
    → catches the crosstown bus to find him.</p>
</article>

</body>
</html>
```

172 Capítulo 6

B O primeiro exemplo **A** teve o design simplificado para demonstrar a ancoragem básica. No entanto, você pode ir um passo além com a semântica, envolvendo cada resposta em um elemento **section**, colocando **id**s nelas, em vez de cabeçalhos. Isso as denota como seções do **article** pai. Outra forma (não mostrada) de marcar este conteúdo seria tratar cada resposta como seu próprio **article**, removendo o **article** pai e substituindo cada seção com um **article**. Depende apenas da forma que quiser descrever o significado de seu conteúdo (você considera as respostas como um conteúdo do artigo ou como artigos individuais?).

```
...
<header>
    <h2>Table of Contents</h2>
    <nav>
        <ul>
            <li><a href="#intro">
            → Introduction</a></li>
            ...
        </ul>
    </nav>
</header>

<article>
    <section  id="intro">
        <h2>Introduction</h2>
        <p>This is the intro...</p>
    </section>

    <section id="main-characters">
        <h2>Description of the Main
        → Characters</h2>
        ...
    </section>

    <section id="rising-action">
        <h2>Rising Action</h2>
        ...
    </section>
</article>

</body>
</html>
```

Para criar uma âncora:

1. Coloque o cursor na tag de início do elemento para o qual você quer que o usuário pule.

2. Digite `id="anchor-name"`, no qual `anchor-name` é o texto que será utilizado internamente para identificar aquela seção da página. Certifique-se de que haja um espaço entre o nome do elemento e o `id`, por exemplo, `<h2 id="rising">`.

DICA Dê nomes com significado aos `ids` de suas âncoras para aumentar a riqueza semântica de seu documento HTML. Ou seja, evite `ids` genéricos como `anchor11` e `item5`.

DICA Os espaços não são permitidos nos `ids`. Separe os valores do `id` com um traço.

DICA Em alguns casos, você pode querer incluir um link abaixo de cada seção de conteúdo para ser ancorado de volta ao índice (você deve estar acostumado a ver isso como links "Voltar ao topo"). Porém, se sua página tiver várias seções longas, talvez você deva considerar a possibilidade de dividi-la em várias páginas.

Links **173**

Direcionando a uma Âncora Específica

Uma vez criada uma âncora através de um `id`, você pode definir um link para que, quando um usuário acioná-lo, a página pule diretamente à seção do documento que contenha a âncora (Ⓐ e Ⓑ), em vez de ir para o topo.

Para criar um link para uma âncora:

1. Digite `<a href="#anchor-name">`, no qual *anchor-name* é o valor do destino do atributo `id` (veja o segundo passo de "Para criar uma âncora").

2. Digite o texto do rótulo, ou seja, o texto que é destacado (geralmente em azul e sublinhado) e que, quando ativado, levará o usuário à seção especificada no primeiro passo.

3. Digite `</a>` para completar a definição do link.

   DICA Se a âncora estiver em um documento separado, use `<a href="pagina.html#nome-da-ancora">` para se referir à seção. (Não deve haver espaços entre a URL e o #.) Se a âncora estiver em uma página de um servidor diferente, você terá que digitar `<a href="http://www.site.com/path/page.html#anchor-name">` (sem espaços).

   DICA Embora, obviamente, você não possa adicionar âncoras às páginas de outras pessoas, é possível aproveitar aquelas que elas já tenham criado. Veja o código-fonte dos documentos para ver quais âncoras correspondem a quais seções. (Para ajuda de como ver o código-fonte, consulte "A Inspiração dos Outros", no Capítulo 2.)

   DICA Se a âncora estiver no fim da página, ela pode não ser exibida no topo da página, mas em direção ao meio.

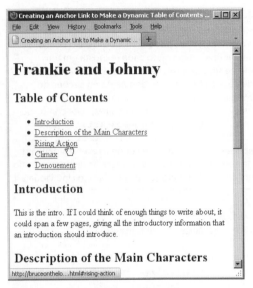

Ⓐ Quando um visitante aponta para um link que se refere a uma âncora, o nome da URL e da âncora aparecem na barra de status (no canto inferior esquerdo da janela) dos navegadores de desktop.

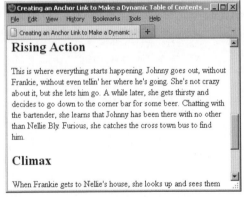

Ⓑ Uma vez que o visitante ativa o link, a seção em particular a que a âncora se refere é exibida no topo da janela do navegador.

Criando Outros Tipos de Links

Você não está limitado a criar links para outras páginas. É possível criar um link para qualquer URL – feeds RSS, arquivos que queira que os visitantes baixem, endereços de e-mail, etc Ⓐ.

Ⓐ Você pode criar links a todos os diferentes tipos de URL. Esta página inclui cinco links, mas os dois em volta das imagens podem não ser óbvios em todos os navegadores Ⓑ. (Este exemplo também usa, frequentemente, o elemento **abbr** para marcar abreviações, assim como o elemento **code**, que indica o conteúdo do código. Ambos são explicados no Capítulo 4.)

```
...
<body>

<h1>Other Types of Links</h1>

<p>There are lots of different kinds of links that you can create on a Web page. More precisely,
→ there are a lot of different files you can link to on your Web page.</p>

<p>You can create links directly to  <a href="img/blueflax.jpg">aphoto</a> or even make links out
→ of photos.</p>

<p>For example, here are Cookie and Woody again, except this time they are linked to other pages.
→ <a href="cookie.html" title="All about Cookie"><img src="img/cookiefora.jpg" width="143"
→ height="131" alt="Cookie" /></a> <a href="woody.html" title="All about Woody"><img src="img/
→ woodygran.jpg" width="202" height="131" alt="Woody" /></a>  </p>

<p>You can link directly to  <a href="http://www.sarahsnotecards.com/catalunyalive/segadors.mov"
→ rel="external">a video</a>  file, too, though it's usually better to link to a page with the
→ video embedded in it, such as with the <abbr title="Hypertext Markup Language revision 5">HTML5
→ </abbr>  <code>video</code> element.</p>

<p>Although you can make a link to  <a href="mailto:someone@somedomain.com">someone's email
→ addresss</a>  with the <code>mailto:</code> protocol, I don't recommend it, since spambots pick
→ those up and then bombard them with spam. It's too bad, because they are so convenient. If you
→ activate the link, it opens your email program. It's probably better to offer your email address
→ in a descriptive way, like &quot;someone at somedomain,&quot; although that isn't always foolproof
→ either.</p>

<body>
</html>
```

Links **175**

Para criar outros tipos de links:

1. Digite **<a href="**.
2. Digite a URL.
3. Para um link para qualquer arquivo na web, incluindo imagens, arquivos ZIP, programas, PDFs, planilhas do Excel etc, digite **http://www.site.com/path/file.ext**, no qual **www.site.com** é o nome do servidor, e **path/file.ext** é o caminho para o arquivo desejado, incluindo sua extensão.
4. Digite **">**.
5. Digite o rótulo do link, isto é, o texto que será sublinhado e destacado, e que, quando ativado, levará o visitante a URL especificada no segundo passo. Uma alternativa (ou para ser usada junto com o texto do rótulo) é adicionar um elemento **img** como o rótulo. (Veja A e "Direcionando a Imagens Thumbnail".)
6. Digite **</a>**.

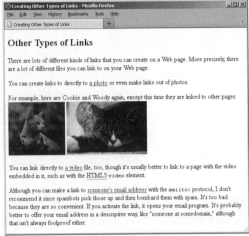

B Não importa onde o link esteja, seu visual será sempre muito parecido nos navegadores, a menos que você o coloque em torno de uma foto (alguns navegadores mostram uma moldura ao redor da imagem, outros não). Repare que eu tentei criar rótulos que se associassem com o corpo do texto, em vez de usar o "clique aqui".

Direcionando à Imagens Thumbnail

Não há dúvidas que você já tenha visitado uma página com uma galeria de fotos que mostrasse vários thumbnails (versões das imagens em miniatura), direcionando para versões maiores. Isso permite que você veja várias fotos de uma vez, antes de escolher quais ver no tamanho real.

A implementação de uma versão básica disso seria parecida ao código do exemplo que direciona as imagens de Cookie e Woody a outras páginas Ⓐ. Cada uma dessas páginas poderia conter uma foto com o tamanho total. (Abordagens avançadas, que vão além das capacidades do HTML por si só, permitiriam uma única página dinâmica.)

Cuidado para não adicionar loucamente vários thumbnails em uma página. Eles podem ser pequenos, mas cada um deles é um pedido separado ao servidor web e, somados, deixam sua página mais lenta. Não há uma regra definida sobre quantos deles são apropriados. Depende parcialmente do número e tamanho de outros assets que sua página carrega, assim como do público que você espera para seu site. Por exemplo, aparelhos portáteis geralmente carregam os assets de forma mais lenta.

Então, se você tiver muitos thumbnails, pense em separá-los em mais de uma página. Geralmente, entre 20 e 30 deles por página está de bom tamanho, de novo, levando em consideração os fatores que mencionei. Você pode querer testar suas páginas para determinar o que funciona melhor.

Por fim, recomendo que marque seus thumbnails com uma lista desordenada (`ul`), explicada no Capítulo 15.

DICA Se você criar um link para um arquivo que o navegador não saiba manipular (um arquivo do Excel, por exemplo), o navegador tentará abrir um programa de ajuda para ver o arquivo, ou tentará instalá-lo no disco do visitante.

DICA Embora você possa criar um link para PDFs e outros documentos não-HTML (Word, Excel, etc), tente evitá-lo sempre que possível. Ao contrário, crie um link para uma página HTML que contenha a informação. PDFs podem demorar muito para carregar, e alguns navegadores e sistemas (principalmente os mais antigos) podem ficar lentos ao tentar exibi-los. Para aqueles casos em que o PDF é sua única opção, deixe claro para seus visitantes de que o link direciona a este tipo de arquivo, e não a uma página HTML. Assim, eles não ficarão surpresos (os usuários não gostam de ser enganados com downloads que demandam tempo). Este conselho também vale para outros documentos não HTML. Você pode deixar isso claro simplesmente colocando o tipo de arquivo e tamanho entre parênteses; a exibição de um ícone também ajuda. Aqui está um exemplo (sem ícone): `<a href="q2-sales-report. pdf">Q2 Sales Report (PDF, 725kb)</a>`. Você também pode querer incluir um atributo `title` (como `title="Opens a PDF"`) no link, especialmente se colocar a nota entre parênteses fora do link.

DICA É uma boa ideia comprimir arquivos grandes ou grupos de arquivos que você quer que seus visitantes baixem. Por exemplo, um conjunto de templates do Photoshop salvo como arquivos PSD. Busque na internet por "ZIP e RAR" para encontrar ferramentas que criem e abram arquivos usando esses populares formatos de compressão.

DICA Se você quiser "criar links para conteúdo no iTunes Store, App Store, iBookstore e Mac App Store" (pela URL a seguir), você pode utilizar o Link Maker da Apple (http://itunes.apple.com/linkmaker) para gerar a URL a ser incluída em seu HTML. Se você for afiliado (www.apple.com/itunes/affiliates/ – ambos os sites em inglês), a Apple lhe paga uma comissão pelos itens comprados através de seus links.

Blocos de Montagem do CSS

Enquanto o HTML define o significado de seu conteúdo e dá a estrutura básica de suas páginas na web, o CSS (Cascading Style Sheets, ou Folhas de Estilo de Cascata) define a aparência.

Uma folha de estilo é simplesmente um arquivo de texto que contém uma ou mais regras que determinam – através de propriedades e valores – como certos elementos de sua página devem ser exibidos. Existem propriedades do CSS para controlar a formatação básica, como o tamanho da fonte e cor, propriedades de layout, como posicionamento e flutuação, e controles de impressão, como decidir onde devem aparecer as quebras de página quando os visitantes imprimem uma página. O CSS também tem inúmeras propriedades dinâmicas que permitem que itens apareçam e desapareçam, úteis para criar listas drop-down e outros componentes interativos.

Neste Capítulo

Construindo uma Regra de Estilo	181
Adicionando Comentários a Regras de Estilo	182
A Cascata: Quando as Regras Colidem	184
Um Valor de uma Propriedade	188

O CSS2 é a versão que tem o maior suporte por parte dos navegadores, sejam eles novos ou antigos, então este livro vai explicá-la extensivamente. O CSS3, que ainda está evoluindo como especificação, é construído baseado no CSS2 para fornecer novos recursos que designers e desenvolvedores vinham pedindo há muito tempo. A boa notícia é que os navegadores modernos já implementaram diversos componentes do CSS3, então você pode começar a usá-lo hoje. Você aprenderá alguns dos recursos mais úteis com a melhor compatibilidade.

Uma coisa maravilhosa sobre o CSS é que ele pode ser criado fora de uma página na web para, então, ser aplicado a todas as páginas de seu site de uma única vez. Ele é flexível, poderoso, eficiente e pode fazer com que você economize tempo e banda de conexão.

Para conseguir todos os benefícios do CSS, suas páginas na web devem estar bem marcadas e consistentemente de acordo com as recomendações nos capítulos do HTML.

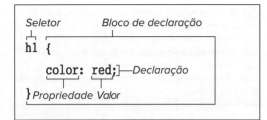

A Uma regra de estilo é feita de um seletor (que indica quais elementos serão formatados) e um bloco de declaração (que descreve a formatação que deve ser executada). Cada declaração dentro do bloco é um par de propriedade/valor separado por dois pontos e terminando com um ponto e vírgula. Um colchete começa um bloco de declaração, e outro fecha este bloco.

```
h1 {
    background: yellow;
    color: red;
}
```
Duas declarações, cada uma com uma propriedade e um valor

B A ordem das declarações não importa, a menos que a mesma propriedade seja definida duas vezes. Neste exemplo, `color: red` poderia estar antes de `background yellow` e ter o mesmo efeito. Repare no espaço extra e a indentação (opcional, mas recomendada) para manter tudo bem legível.

Construindo uma Regra de Estilo

Cada regra de estilo em uma folha de estilo tem duas partes principais: o *seletor*, que determina quais elementos são afetados, e o *bloco de declaração*, feito de um ou mais pares de propriedade/valor (cada um constitui uma *declaração*), que especifica o que deve ser feito (**A** e **B**).

Para construir uma regra de estilo:

1. Digite `selector`, em que `selector` identifica o elemento ou elementos que você queira formatar. Você aprenderá a criar todos os tipos de seletores no Capítulo 9.

2. Digite `{` (um colchete de abertura) para começar o bloco de declaração.

3. Digite `property: value;`, em que `property` é o nome da propriedade do CSS que descreve o tipo de formatação que você gostaria de aplicar, e `value` é uma de uma lista de opções permitidas para aquela propriedade. As descrições das propriedades e valores do CSS começam no Capítulo 8.

4. Repita o terceiro passo quantas vezes forem necessárias. Normalmente, você colocará cada `property: value` (uma declaração) em sua própria linha.

5. Digite `}` para completar o bloco de declaração e a regra de estilo.

DICA Você pode adicionar espaços, tabs ou retornos extras em uma regra de estilo para manter a folha de estilo legível **B**. O formato no exemplo é, talvez, o mais comum entre os codificadores.

DICA Embora cada par propriedade/valor deva ser separado do seguinte por um ponto e vírgula, você pode omitir o ponto e vírgula que segue o último par na lista. Mas eu recomendo que você sempre o inclua, pois trata-se de uma melhor prática.

DICA Esquecer (ou duplicar) um ponto e vírgula pode fazer com que o navegador ignore a regra de estilo.

Adicionando Comentários a Regras de Estilo

É uma boa ideia adicionar comentários ao seu CSS para indicar as primeiras seções de suas folhas de estilo ou para simplesmente explicar algo sobre uma regra ou declaração em particular. Os comentários não ajudam só você, mas também aqueles que estão vendo seu código. Para seu próprio bem, você ficará feliz por ter feito comentários se você revisitar o código alguns meses após ter trabalhado nele.

Para adicionar comentários a regras de estilo:

1. Em sua folha de estilo, digite **/*** para começar seu comentário.

2. Digite o comentário.

3. Digite ***/** para indicar o fim do comentário.

DICA Os comentários podem incluir retornos, e, assim envolver várias linhas Ⓐ.

DICA Você não deve colocar um comentário dentro de outro. Ou seja, comentários não devem incluir */.

DICA Você pode começar um comentário em uma nova linha Ⓐ, dentro de um bloco de declaração Ⓑ, ou após uma regra Ⓑ.

Ⓐ Os comentários podem ser longos ou curtos, embora eles tendam a ser curtos. Use-os conforme eles se encaixem na descrição do propósito de uma regra de estilo ou de um grupo de regras relacionadas. Os comentários cumprem um importante papel para facilitar a manutenção de sua folha de estilo.

```
/* This is a CSS comment.  It can be one
→ line long or span several lines.  This
→ one is longer than most. Regardless, a
→ CSS comment never displays in the
→ browser with your site's HTML content.
→ The next one is more in line with a
→ comment's  typical  use. */

/* Set default  rendering  of certain  HTML5
→ elements  for older  browsers.   */

article, aside, details, figcaption, figure,
→ footer, header, hgroup, menu, nav, section {
    display: block;
}
```

Ⓑ Você também pode incluir comentários dentro de um bloco de declaração ou após uma regra.

```
/* Add rounded corners in supporting browsers */
.box {
    -webkit-border-radius: 12px; /* Safari  3-4 */
    -moz-border-radius: 12px; /* Firefox  3.6 and below */
    border-radius: 12px; /* modern  browsers  */
} /* One more  comment  for good measure!  */
```

C Os comentários deixam sua vida mais fácil na hora de gerenciar as folhas de estilo. Simplesmente comente as primeiras seções de regras dentro de suas folhas de estilo para mantê-las organizadas. Eu acho que a utilização deste formato mostrado aqui (em letras maiúsculas e sublinhadas) deixa mais claro onde cada grupo principal começa. Este tratamento os distingue claramente de outros comentários, como aqueles em **A** e **B**.

```
/* GLOBAL  NAVIGATION
------------------------------------   */
... rules for global nav ...


/* MAIN  CONTENT
------------------------------------   */
... rules for main content ...


/* SIGN-UP  FORM
------------------------------------   */
... rules for sign-up form ...


/* PAGE  FOOTER
------------------------------------   */
... rules for page footer ...
```

D Você pode "comentar" uma declaração que não queira que afete a página. Aqui, todas as imagens receberão uma moldura vermelha com quatro pixels, mas não um tratamento de margem à direita, porque `margin-right:  12px;` está dentro de um comentário. Um comentário também pode ir em volta de uma regra inteira, desde que não haja comentários dentro dele.

```
img {
    border: 4px solid red;
    /* margin-right:  12px;   */
}
```

DICA Os comentários são extremamente úteis como forma de uma ferramenta organizacional. As folhas de estilo podem ficar longas rapidamente, então, organizá-las é importantíssimo para tornar seu CSS fácil de evoluir e manter. É uma prática comum agrupar regras relacionadas e anteceder cada uma com um comentário descritivo **C**.

DICA Não importa como você formate seus comentários **C**, eu lhe recomendo adotar uma convenção e utilizá-la consistentemente, especialmente se estiver trabalhando em equipe.

DICA Você pode pôr comentários em volta ou dentro de regras de estilo para escondê-los do navegador **D**. Esta é uma boa forma de testar uma folha de estilo sem remover permanentemente a seção comentada até que você esteja (e se estiver) pronto para fazê-lo. Esta é uma útil ferramenta de depuração; faça um comentário sobre algo que possa estar causando algum problema, atualize a página no navegador e veja se o problema foi solucionado.

DICA Embora esses exemplos tenham vários comentários para efeito de demonstração, não se sinta obrigado a comentar tudo. Você provavelmente achará suas folhas de estilo mais difíceis de ler se elas tiverem muitos comentários. É provável que descubra que uma boa mistura envolve comentários organizacionais aliados aos descritivos, conforme a necessidade. Encontre o equilíbrio que funciona para você e aos demais de sua equipe.

Blocos de Montagem do CSS **183**

A Cascata: Quando as Regras Colidem

Os estilos vêm de diversas fontes. Conforme aprendeu no Capítulo 1, cada navegador tem seus próprios estilos padrões. Mas você pode aplicar seus próprios estilos para substituir ou completar aqueles de três maneiras: carregar um ou mais de um arquivo externo (o método recomendado) **A**, inseri-los no topo de um documento HTML, ou aplicá-los a um elemento HTML específico diretamente no código (embora este deva ser evitado sempre que possível). Veja o próximo capítulo para mais detalhes sobre cada método.

Além disso, alguns navegadores permitem que seus visitantes criem e apliquem suas próprias folhas de estilo a qualquer página que visitem – incluindo as suas. Por fim, alguns estilos são passados de elementos pais a filhos.

A Esta é a folha de estilo para o documento HTML em **B**. Não se preocupe muito com esses detalhes agora, mas repare que há uma regra para os elementos **p**, mas não para os elementos **h1**, **em** ou **small**.

```
p {
    color: #36c;
    font-family: "Trebuchet MS",
    → "Helvetica", sans-serif;
    font-weight: bold;
}

img {
    float: left;
    margin-right: 10px;
}
```

B Os elementos **em** e **small** estão contidos no elemento **p** e, assim, são filhos de **p**. No entanto, o **h1** não está, então ele não é azul como o outro texto **C**.

```
...
<body>

<h1>The Ephemeral Blue Flax</h1>

<img src="img/blueflax.jpg" width="300"
→ height="175" alt="Blue Flax (Linum
→ lewisii)" />

<p> I am continually <em>amazed</em>    at the
→ beautiful, delicate Blue Flax that somehow
→ took hold in my garden. They are awash in
→ color every morning, yet not a single
→ flower remains by the afternoon. They are
→ the very definition of ephemeral. </p>

<p><small>&copy; by Blue Flax Society.
→ </small></p>

</body>
</html>
```

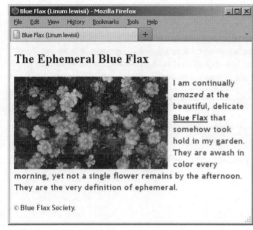

O que acontece, você pode perguntar, quando há mais de uma regra de estilo aplicada a um dado elemento? O CSS usa o princípio da cascata para levar em conta características tão importantes quanto a *herança*, *especificidade* e *localização* para determinar qual deles deve ter prioridade em um grupo de regras conflitantes.

Vamos começar com a herança. Muitas propriedades do CSS não apenas afetam os elementos definidos pelo seletor, mas também são *herdadas* pelos descendentes desses elementos (Ⓐ até Ⓒ). Por exemplo, suponha que você deixe todos os elementos **h1** em azul com uma borda vermelha. Isso acontece de forma que a propriedade **color** é herdada, mas a propriedade **border**, não. Assim, quaisquer elementos contidos dentro dos elementos **h1** também serão azuis, mas eles não terão suas próprias bordas vermelhas. Você aprenderá quais propriedades são herdadas na seção individual que descreve cada propriedade (e no Apêndice B, no site do livro). Você também pode usar um valor de **inherit** na maioria das propriedades para forçar a herança (veja a próxima seção, "Um Valor de uma Propriedade").

Ⓒ Na falta de uma regra especificada explicitamente para os elementos **em** e **small** em Ⓐ, eles herdam a fonte, tamanho e cor de seu pai, o elemento **p**. O itálico é da estilização padrão do **em** por parte navegador. O tamanho do aviso legal marcado com **small** (isto é, "fine print" legal) é reduzido pela mesma razão. O **h1** não tem seu próprio estilo e não é filho de **p**, então ele é exibido completamente de acordo ao padrão do navegador.

Blocos de Montagem do CSS **185**

Enquanto que a herança determina o que acontece se nenhuma regra de estilo é aplicada a um elemento, a *especificidade* é a chave quando mais de uma regra é aplicada (**D** até **F**). A lei da especificidade diz que quanto mais específico for o seletor, mais forte será a regra. Faz sentido, não? Então, se uma regra diz que todos os elementos **h1** devem ser azuis, mas uma segunda diz que todos os elementos **h1** com uma **class** de **spanish** sejam vermelhos, a segunda regra vai substituir a primeira para todos aqueles elementos **h1** cuja **class** é **spanish**, porque **h1.spanish** é um seletor mais específico do que simplesmente **h1**.

Repare que os atributos **id** são considerados os mais específicos (uma vez que eles devem ser únicos em um documento), enquanto que a presença de um atributo **class** torna o seletor mais específico do que um simples seletor que não tenha nenhum. De fato, um seletor com mais de uma **class** é mais específico do que aquele com apenas um. Os seletores com apenas nomes de elementos vêm na sequência da escala de especificidade; regras herdadas são consideradas as mais gerais de todas e são sobrepostas por qualquer outra regra.

Para as regras exatas do cálculo de especificidade, veja a seção 6.4.3 das especificações do CSS (www.w3.org/TR/CSS21/cascade.html#specificity – em inglês).

D Neste exemplo, há quatro regras de especificidades variadas. A primeira afeta qualquer elemento **p**, a segunda afeta apenas os elementos **p** com uma **class** igual à do **group**, e a terceira e quarta regras afetam somente o único elemento **p** com um **id** igual ao **last**.

```css
p {
    color: red;
}

p.group {
    color: blue;
}

p#last {
    color: green;
}

p#last {
    color: magenta;
}
```

E Três parágrafos: um genérico, um com apenas uma **class**, e um com uma **class** e **id**.

```html
...
<body>

<p> Here's a generic <code>p</code> element.
→ It will be red.</p>

<p class="group">  Here's a <code>p</code>
→ element with a <code>class</code> of
→ <code>group</code>. There are two rules
→ that apply, but since the <code>p.group
→ </code> rule is more specific, this
→ paragraph will be blue. </p>

<p id="last"  class="group">  Here's a <code>
→ p</code> element with an <code>id</code>
→ of <code>intro</code>. There are four rules
→ that could apply to this paragraph. The
→ first two are overruled by the more
→ specific last two. The position breaks
→ the tie between the last two: the one
→ that appears later wins, and thus this
→ paragraph will be magenta. </p>

</body>
</html>
```

186 Capítulo 7

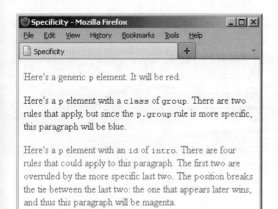

F Uma vez que a terceira e quarta regras têm a mesma especificidade, suas posições se tornam um fator – e, assim, a quarta regra vence, já que aparece por último.

Às vezes, a especificidade não é suficiente para determinar um vencedor entre as regras que estão competindo. Neste caso, a *localização* da regra faz o desempate: regras que aparecem depois têm mais peso (**D** até **F**). Por exemplo, regras que são aplicadas diretamente na linha do elemento HTML (mais uma vez, não recomendado) são consideradas como aparecendo depois (e, assim, tendo mais peso) das regras igualmente específicas aplicadas a uma folha de estilo externa ou a uma incorporada no topo do elemento HTML. Para mais detalhes, consulte "A Importância da Localização", no Capítulo 8.

Como se isso não fosse suficiente, você pode sobrepor todo o sistema declarando que uma regra em particular deva ser mais importante do que as outras adicionando `!important` ao fim da regra. (Isso também não é recomendável, exceto em casos incomuns.)

Resumindo, na falta de uma regra, muitos estilos são passados de elementos pais para filhos. Com duas regras competindo, quanto mais específica ela for, mais importância ou peso ela terá – não importando sua localização. Com duas regras de igual especificidade, vence a que aparecer por último na folha de estilo.

Se qualquer coisa aqui parece confusa, não se preocupe agora. Uma vez que comece a brincar com o CSS e seus seletores, você vai achar que as cascatas operam exatamente como o esperado na maioria dos casos.

Um Valor de uma Propriedade

Cada propriedade do CSS possui diferentes regras sobre quais valores ela pode aceitar. Algumas delas aceitam apenas um, de uma lista pré-definida de valores. Outras aceitam números, valores relativos, porcentagens, URLs ou cores. Algumas aceitam mais do que um tipo de valor. Os valores aceitáveis para cada propriedade estão listados na seção que descreve a propriedade (a maioria nos Capítulos 10 e 11), mas você aprenderá os sistemas básicos aqui.

Inherit

Você pode usar o valor **inherit** para qualquer propriedade quando quiser especificar explicitamente que o valor para aquela propriedade seja o mesmo que o do pai do elemento.

Valores pré-definidos

A maioria das propriedades do CSS possuem alguns valores pré-definidos que podem ser utilizados. Por exemplo, a propriedade **float** pode ser configurada para **left**, **right** ou **none**. Comparando com o HTML, você não precisa – e, de fato, *não deve* – colocar valores pré-definidos entre aspas Ⓐ.

Comprimentos e porcentagens

Muitas das propriedades do CSS levam um comprimento em seus valores. Todos os valores de comprimento precisam conter uma quantidade e uma unidade, sem espaços entre elas. Por exemplo, **3em** ou **10px** Ⓑ. A única exceção é o **0**, que pode ser usado com ou sem unidades.

Um valor pré-definido

```
border: none;
```

Ⓐ Muitas propriedades do CSS não aceitarão valores de uma lista pré-definida. Digite-os exatamente e não adicione aspas.

Um comprimento

```
font-size: 24px;
```

Ⓑ Os comprimentos devem sempre dizer explicitamente a unidade. Não deve haver espaço entre a unidade e a medida.

```
                    Uma porcentagem
                        ┌┴┐
font-size: 80%;
```

C As porcentagens estão geralmente relacionadas ao elemento pai. Então, neste exemplo, a fonte seria configurada a 80% do tamanho da fonte pai.

```
                       Um número
                         ┌┴┐
line-height: 1.5;
```

D Não confunda números e decimais com comprimento. Números ou decimais não têm a unidade (como **px**). Neste caso, o valor mostrado aqui é um fator que será multiplicado pelo tamanho da fonte para conseguir a altura da linha.

Há tipos de comprimentos que são relacionados a outros valores. Um **em** aproximadamente igual ao tamanho da fonte do elemento, então **2em** significaria "duas vezes o tamanho da fonte". (Quando o **em** é usado para definir a propriedade **font-size** do próprio elemento, seu valor é derivado do tamanho da fonte do elemento pai.) O **ex** deve ser igual à altura x da fonte, isto é, a altura de uma letra x na fonte, mas sua compatibilidade varia, então não é provável que você o utilize.

Pixels (**px**) não são relacionados a outras regras de estilos. Por exemplo, os valores em **px** não são afetados pela configuração **font-size**, como os **em**s são. Um pixel em um tipo de aparelho não tem necessariamente o mesmo tamanho que em outro. (Veja a descrição detalhada de Peter-Paul Koch em www.quirksmode.org/blog/archives/2010/04/a_pixel_is_not.html – em inglês.)

Há, ainda, as autoexplicativas unidades absolutas, como pontos (**pt**), que são uma unidade que deve ser reservada para imprimir folhas de estilo. (Existem outras, mas não faz muito sentido apontá-las aqui porque elas não são usadas na prática.) Em geral, você deve usar apenas comprimentos absolutos quando o tamanho do output é conhecido (como com o **pt** e a página impressa).

Valores porcentuais – **65%**, por exemplo – funcionam quase como **em**s, em que eles estão relacionados a algum outro valor **C**.

De todos esses, você usará mais os ems, pixels e porcentagens.

Números sozinhos

Poucas propriedades do CSS aceitam um valor em formato de número sem uma unidade, como **3**. O mais comuns são o **line-height** **D** e o **z-index** (veja "Definindo a Altura da Linha", no Capítulo 10, e "Posicionando Elementos em 3D", no Capítulo 11, respectivamente). (As outras são praticamente para impressão e folhas de estilo aurais, que ainda não têm muito suporte.)

Blocos de Montagem do CSS **189**

URLs

Algumas propriedades do CSS lhe permitem especificar a URL de outro arquivo, especialmente imagens. Nesse caso, use **url(*file.ext*)**, em que **file.ext** é o caminho e o nome do arquivo do asset desejado ❷. Repare que as especificações dizem que URLs relacionadas devem ser relativas *à folha de estilo*, e não ao documento HTML.

Embora você possa usar aspas entre o nome do arquivo, elas não são necessárias. Por outro lado, não deve haver espaço entre a palavra **url** e o parêntese de abertura. Um espaço em branco entre os parênteses e o endereço é permitido, mas não necessário (ou habitual).

Para mais informações sobre como escrever as URLs em si, consulte "URLs", no Capítulo 1.

Cores do CSS

Você pode especificar cores para as propriedades do CSS de diversas maneiras. A primeira, e mais fácil, o valor pode ser uma das cores pré-definidas. O CSS3 especifica uma lista básica com 16 nomes ❷ e adiciona outros 131 para se alinharem com os nomes de cores do 147 SVG 1.0. A lista completa está disponível em www.w3.org/TR/css3-color/#svg-color (em inglês).

É claro que ninguém se lembra dos nomes dessas cores, exceto aqueles mais óbvios. Além disso, você geralmente pega as cores de ferramentas como o Adobe Photoshop, e elas não usam o nome da cor do CSS. Então, na prática, é mais comum definir suas cores do CSS com o formato hexadecimal (de longe, o mais comum) ou RGB. Conforme aprenderá, você também pode especificar uma cor com o formato HSL, e o nível de transparência com o RGBA e HSLA, todos eles novos no CSS3.

```
                  Uma URL
background: url(bg_flax.jpg);
```

❷ As URLs nas propriedades do CSS não precisam ser colocadas entre aspas.

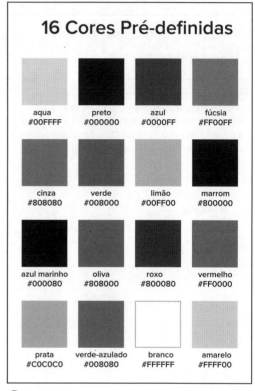

❸ A forma mais comum de definir uma cor no CSS é especificando, com números hexadecimais, as quantias de vermelho, verde e azul que ela contém.

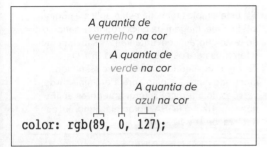

G Outra forma de expressar a cor no CSS é com valores numéricos RGB de 0 a 255. Primeiro defina o vermelho, seguido por verde e, depois, azul.

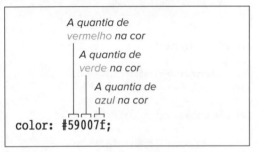

H A forma mais comum no CSS de definir uma cor é especificando, com números hexadecimais, a quantia de vermelho, verde e azul que ela contém.

RGB

Você pode formar sua própria cor especificando sua quantia de vermelho, verde e azul (daí o nome *RGB* – red, green, blue, em inglês). Você pode dar os valores de cada uma dessas cores na forma de um número entre 0 e 255, uma porcentagem ou uma representação hexadecimal do número. Por exemplo, se quisesse criar um roxo escuro, você poderia usar um vermelho 89, nenhum verde e um azul 127. Essa cor pode ser escrita como `rgb(89, 0, 127)`, como mostrado em **G**.

Outra alternativa seria representar cada valor como um porcentagem, embora tal prática seja menos comum, provavelmente porque os editores de imagem tendem a fornecer valores numéricos do RGB. Mas caso realmente queira usar porcentagens, você poderia escrever a mesma cor como `rgb(35%, 0%, 50%)`, uma vez que 89 é 35% de 255 e 127 é 50% de 255.

Hexadecimal

Eu deixei o método mais comum para o final **H**. Converta esses valores numéricos para hexadecimais, junte todos eles e adicione o prefixo #, como em `#59007F`. (59 é o hexadecimal equivalente a 89, 00 é hexadecimal equivalente a 0, e 7F é o equivalente a 127.) Você também pode escrever `7F` como `7f` (como eu prefiro, mas muitos desenvolvedores e designers preferem a primeira forma).

Quando uma cor hexadecimal é composta por três pares de dígitos repetidos, como em `#ff3344`, você pode abreviá-la para `#f34`. Na verdade, é uma melhor prática fazer isso, uma vez que não há motivo para deixar seu código mais longo do que ele deve ser.

Se você estiver coçando a cabeça por causa dos hexadecimais, não se preocupe. Da mesma forma que o Photoshop e seus semelhantes incluem ferramentas para a escolha das cores e a exibição de seus valores RGB, o mesmo acontece com os hexadecimais.

Mais opções de cores no CSS3: RGBA, HSLA e HSL

O CSS3 apresenta outra forma de especificar cores – HSL – e a habilidade de definir uma transparência alpha através do RGBA e HSLA. (Você não pode indicar a transparência alpha com valores hexadecimais.)

RGBA

RGBA é o mesmo que RGB, exceto que o *A* significa *transparência alpha*. Você pode definir a quantidade de transparência com um decimal entre 0 e 10, após os valores de vermelho, verde e azul. Então, a sintaxe é a seguinte:

propriedade: `rgba(vermelho, verde,`
→ `azul,transparência alpha);`

Quanto mais próximo de zero for o valor, mais transparente a cor fica. Se *for* 0, ela fica completamente transparente, como se você não tivesse definido nenhuma cor. De forma parecida, 1 é completamente opaco, significando que não é nada transparente. Aqui estão alguns exemplos de declarações para ilustrar o que disse:

```
/* sem transparência, o mesmo que
→ rgb(89,  0, 127); */

background: rgba(89,0,127,1);
```

```
/* completamente transparente */

background: rgba(89,0,127,0);
```

```
/* 25% transparente */

background: rgba(89,0,127,0.75);
```

```
/* 60% transparente */

background: rgba(89,0,127,0.4);
```

ⓘ Esta simples folha de estilo aplica à página inteira uma imagem de background repetida e cor de texto padrão, com tratamentos suavemente diferentes para os cabeçalhos **h1–h3**. Os navegadores modernos exibem o resultado mostrado em **ⓙ**. Como aprenderá mais tarde, versões do Internet Explorer anteriores ao IE9 não suportam o RGBA, então elas ignoram as declarações no **h1** e **h2**.

```
/* Set repeating page background image and
→ default text color */
body {
    background: url(../img/blueflax.jpg);
    color: #ff0;
}

/* 25% transparent */
h1 {
    background:    rgba(89,0,127,0.75);
}

/* 60% transparent */
h2 {
    background:    rgba(89,0,127,0.4);
}

/* Solid background (not transparent) */
h3 {
    background: rgb(89,0,127);
}
```

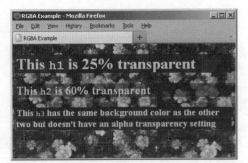

J Neste espalhafatoso, mas eficiente exemplo, você pode ver a imagem de background aparecendo por trás dos dois primeiros cabeçalhos, mas não do último. A cor do background é a mesma para os três, mas são exibidos três tons de roxo diferentes por causa de suas configurações de transparência alpha. (O texto está em amarelo porque a propriedade **color**, definida no elemento **body**, é passada para todo o texto de uma página, a menos que ela seja sobreposta por uma regra de estilo para outro elemento.)

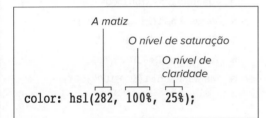

K O desmembramento da formatação HSL.

É claro que, para fazer com que eles funcionem, você precisará incluí-los em uma ou mais regras **I**. Como mostrado, é comum colocar uma transparência alpha na cor de background de um elemento, pois ela permite que qualquer coisa que estiver por trás do elemento — uma imagem, outras cores, texto, etc — apareça e se misture **J**. Porém, para deixar bem claro, você também pode definir uma transparência alpha em outra propriedades baseadas em cores, como **color**, **border**, **border-color**, **box-shadow** e **text-shadow**, com nível de suporte variável entre os navegadores (você está tranquilo com os mais modernos).

Como você pode ver, os *valores* de cores do RGB são os mesmos no código, mas as cores em si aparecem diferentes nos navegadores por causa de seus diferentes níveis de transparência **J**.

HSL e HSLA

O HSL e o HSLA são as outras novidades no CSS3. A última é uma alternativa ao RGBA para definir a transparência alpha de uma cor. Você especifica o alpha da mesma forma que com o RGBA. Você verá isso em um segundo, mas veja primeiro como o HSL funciona.

HSL significa *matiz*, *saturação* e *claridade* (hue, saturation e lightness, em inglês), em que a matiz é um número entre 0 e 360, e saturação e claridade são porcentagens entre 0 e 100 **K**. No CSS, a sintaxe é:

propriedade: **hsl(matriz,**
→ **saturação, claridade);**

E, como você adivinhou, o formato HSLA é este:

propriedade: `hsla(matriz, saturação,`
→`claridade, transparência alpha);`

Por exemplo, aqui está o mesmo roxo do exemplo RGBA e RGB ⬤ mostrado como HSLA e HSL:

```
/* 25% transparente */

h1 {

    background: hsla(282,100%,
    → 25%,0.75);

}
```

```
/* 60% transparente */

h2 {

    background: hsla(282,100%,
    → 25%,0.4);

}
```

```
/* Blackground sólido (não
→ transparente) */

h3 {

    background: hsl(282,100%,25%);

}
```

O resultado em navegadores modernos é o mesmo de antes ⬤.

Pense no valor de matiz como os graus em uma circunferência, com 0 e 360 se encontrando no topo. Isso significa que 0 e 360 são as mesmas cores – vermelha. (Não confunda HSL com HSB ou HSV. Eles são parecidos, mas não a mesma coisa.)

Nem todos os editores de imagens especificam o HSL claramente (você pode pegar um Plug-in para o Photoshop). Entretanto, o *HSL Color Picker*, de Brandon Mathis, é uma excelente ferramenta gratuita que lhe permite escolher uma cor e conseguir seus valores HSL, hexadecimais e RGB, ou você pode digitar os valores de

Como Pensar em HSL

Aprender a lógica do HSL leva tempo, mas, uma vez que você passe a ter uma noção melhor dela, é provável que ache mais fácil trabalhar com ela do que com outros formatos. Na seção "Why?" de seu site HSL Color Picker (http://hslpicker. com – em inglês), Brandon Mathis dá uma ótima explicação sobre HSL. Ele escreve:

> "Escolha uma matiz entre 0 e 360, com saturação a 100 e luminosidade a 50 e você terá a forma mais pura desta cor. Reduza a saturação e você irá em direção ao cinza. O aumento da luminosidade move você em direção ao branco, e a diminuição, ao preto."

Por exemplo, aqui estão algumas cores conforme você se move pelo círculo:

- Vermelho é **`hsl(0,100%,50%);`**
- Amarelo é **`hsl(60,100%,50%);`**
- Verde é **`hsl(120,100%,50%);`**
- Ciano é **`hsl(180,100%,50%);`**
- Azul é **`hsl(240,100%,50%);`**
- Magenta é **`hsl(300,100%,50%);`**

L Navegadores modernos renderizam a declaração RGBA porque ela vem após a definição hexadecimal do background (que eles também entendem, por isso a ordem é importante). Enquanto isso, versões do IE anteriores ao IE9 ignoram a definição RGBA porque eles não a entendem, então o background hexadecimal permanece. Você pode usar o RGB (mas não o RGBA) em vez do hexadecimal na primeira linha, mas, como informado, o hexadecimal é a forma mais comum de denotar cores não-transparentes.

```
/* The order of the background declarations
→ is important. Older versions of IE use the
→ first line, and modern browsers understand
→ both lines but apply the second because
→ it's last. */

h1 {
    background:   #59007f;
    background: rgba(89,0,127,0.75);
}
```

M Olhe pro lado antes que seus olhos queimem! Esta mistura de código engloba declarações para versões pré-IE9 (destacadas) ao redor da anotação RGBA padrão (não destacada). Como de costume, as versões mais antigas do IE ignoram o que elas não entendem. De forma parecida, os navegadores modernos ignoram os valores **-ms-filter**, **filter** e **zoom**, já que eles não os entendem. A ordem das declarações é essencial para fazer esta técnica funcionar.

```
/* If you're like me, you've already begun to
→ cry. Every declaration except the second
→ one is for older versions of IE to mimic
→ alpha transparency. */

h1 {
    background:  transparent;
    background: rgba(89,0,127,0.75);

    /* IE8 */
    -ms-filter: "progid:DXImageTransform.
    → Microsoft.gradient(startColorstr=
    → #BF59007F,endColorstr=#BF59007F)";

    /* IE6 & 7 */
    filter: progid:DXImageTransform.
    → Microsoft.gradient(startColorstr=
    → #BF59007F,endColorstr=#BF59007F);

    zoom:  1;
}
```

qualquer formato para ver a cor mudar. Outra ferramenta parecida pode ser encontrada em www.workwithcolor.com/hsl-color-picker-01.htm (em inglês). Ela mostra as cores em um círculo, que pode ajudá-lo a ter uma noção melhor do HSL. Por outro lado, o *HSL Color Picker* mostram-nas em uma linha.) Você pode encontrar outras ferramentas de cores procurando na internet.

RGBA, HSL e HSLA no Internet Explorer

Infelizmente, como é geralmente o caso com as últimas inovações no mundo das padronizações, nenhuma versão do Internet Explorer antes do IE9 suporta esses recursos. Pelo contrário, elas ignoram qualquer declaração que não entendam.

Há uma alternativa para as versões pré-IE9 no que diz respeito ao RGBA e HSLA. Mas, em termos de HSL, você vai querer ficar com os hexadecimais (ou RGB) para especificar suas cores.

Para RGBA e HSLA em versões pré-IE9, você fica com três opções (mas com apenas uma de cada vez):

- Não fazer nada e deixar que sua página fique bem diferente nessas versões.

- Fornecer uma declaração de cor de fallback para elas, o que significa que essas versões exibirão uma cor sólida, e não transparente **L**.

- Imitar a transparência alpha, incluindo declarações especificamente para elas, a maioria das quais são próprias do IE CSS; no entanto, os navegadores modernos continuarão usando o CSS padrão **M**.

Esta última opção usa o filtro de Gradiente do Internet Explorer em conjunto com códigos apropriados que nenhum outro navegador entende. Isso significa que os navegadores modernos vão ignorá-los e vão usar a anotação padrão, que neste caso é **background:rgba(89,0,127,0.75);** (ela sobrepõe o valor **background** anterior).

Blocos de Montagem do CSS **195**

Esteja ciente de que as declarações precisam estar na ordem mostrada para que o efeito de transparência seja devidamente aplicado entre os navegadores novos e antigos (M).

Não vou me preocupar em explicar como a sintaxe do filtro de Gradiente do Internet Explorer funciona, uma vez que ela é tão complicada que você jamais a escreveria à mão. Em vez disso, outra ferramenta on-line gratuita vai salvar você.

Esta vem no formato *RGBa & HSLa CSS Generator for Internet Explorer*, criado por Michael Bester (http://kimili.com/journal/rgba-hsla-css-generator-for-internet-explorer – em inglês). Como ele explica, você digita uma declaração RGBA ou HSLA e a ferramenta cria o CSS equivalente para as versões pré-IE9. Daí você copia e cola em sua folha de estilo. Uma nota importante: o código que a ferramenta gera *não* inclui a declaração RGBA ou HSLA padrão para navegadores modernos. Então, você mesmo terá que incluí-la *diretamente depois* de `background:transparent`, como mostrado no exemplo (M). Como alternativa (e geralmente preferível), conforme Michael menciona, você pode colocar o CSS pré-IE9 em uma folha de estilo própria e carregá-lo dentro do que é conhecido como *comentários condicionais*. (Veja:http://reference.sitepoint.com/css/conditionalcomments para mais informações.)

DICA **Os filtros do Internet Explorer, como o filtro Gradiente (M), podem afetar a performance do navegador porque eles precisam de mais poder de processamento. Provavelmente você não terá nenhum problema perceptível se um filtro for aplicado a um número razoável de elementos em uma página, mas um atraso pode ser notado caso haja muitos. Isso pode depender, também, do restante do conteúdo de sua página. Então lembre-se disso quando estiver construindo uma página e, caso repare alguma lentidão no IE, desative o filtro para ver se este é o problema. Às vezes, os filtros do IE podem ter outros efeitos colaterais inesperados, como afetar a qualidade da renderização de texto. Para deixar claro, isso não afetará os outros navegadores, uma vez que eles não entendem os filtros.**

8

Trabalhando com Folhas de Estilo

Antes de começar a definir suas folhas de estilo, é importante saber como criar e usar os arquivos que vão contê-las. Neste capítulo, você aprenderá como criar um arquivo de folha de estilo e, depois, como aplicar o CSS a várias páginas (incluindo todo um site), a uma única página ou a um elemento HTML individual. Você consegue isso através de três métodos: folhas de estilo externas (a escolha preferível), folhas de estilo incorporadas e estilos inline (o menos desejável).

Você aprenderá como criar o conteúdo de suas folhas de estilo nos próximos capítulos.

Neste Capítulo

Criando uma Folha de Estilo Externa	198
Vinculando a Folhas de Estilo Externas	200
Criando uma Folha de Estilo Incorporada	202
Aplicando Estilos Inline	204
A Importância da Localização	206
Usando Folhas de Estilo para Mídias Específicas	208
Oferecendo Folhas de Estilo Alternativas	210
A Inspiração dos Outros: CSS	212

Criando uma Folha de Estilo Externa

Folhas de estilo externas são ideais para dar um visual consistente à maioria das páginas de seu site. Você pode definir todos os estilos em uma folha de estilo externa e, então, dizer para cada página de seu site carregar aquela folha, assegurando que cada uma terá as mesmas configurações. Embora você aprenderá mais tarde sobre estilos incorporados e inline, adicionar o CSS a sua página a partir de uma folha de estilo externa é a melhor prática, então eu definitivamente recomendo o uso deste método (exceto em casos muito específicos).

Para criar uma folha de estilo externa:

1. Crie um novo documento de texto em seu editor de texto preferido 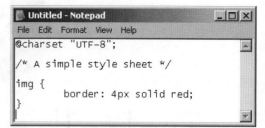.

2. Defina as regras de estilo para suas páginas, conforme as descrições que começaram no Capítulo 7. Inclua, também, comentários sobre o CSS onde achar necessário Ⓐ.

3. Salve o documento em formato de texto no diretório desejado. Qualquer nome serve, mas dê ao documento a extensão **.css** para designá-lo como uma Folha de Estilo em Cascata Ⓑ.

Ⓐ Use o editor de texto que quiser para criar uma folha de estilo. Este é o bloco de notas (uma versão mais antiga). A maioria das pessoas usa o mesmo editor para criar os documentos HTML e CSS. O texto entre /* */ é um comentário sobre o CSS, que não afeta a exibição e não aparece em sua página.

Ⓑ Certifique-se de salvar o arquivo CSS com a extensão .css e em formato de texto.

DICA Você pode nomear suas folhas de estilo como quiser. `base.css` e `global.css` são dois nomes populares para a folha que contém as regras de exibição pretendidas para a maior parte das páginas do site. Os autores dos sites também criam arquivos CSS adicionais de seções específicas para complementar os estilos da base. Por exemplo, se você estiver construindo um site de vendas, `products.css` pode conter as regras para suas páginas relacionadas aos produtos. Seja qual for o nome de arquivo que escolha, certifique-se de que ele não contenha nenhum espaço.

DICA Folhas de estilo externas podem ser vinculadas (como demonstrado em "Vinculando a Folhas de Estilo Externas") ou importadas (via `@import`), mas eu não recomendo esta última. O `@import` afeta negativamente a velocidade de carregamento e renderização da página, especialmente no Internet Explorer, como discutido por Steve Souders em www.stevesouders.com/blog/2009/04/09/dont-use-import/ – em inglês).

DICA A declaração `@charset`, que começa a folha de estilo, nem sempre é necessária, mas não há problema algum em sempre incluí-la Ⓐ. No entanto, ela é necessária se sua folha de estilo contiver caracteres não-ASCII, que pode ser o caso se estiver utilizando conteúdo gerado pelo CSS (um tópico um pouco avançado) ou uma fonte web com um caractere especial no nome. Por esta razão, você pode escolher por sempre incluir `@charset`, assim não haverá a necessidade de incluí-la mais tarde caso sua folha de estilo precise. Apenas certifique-se de que ela esteja exatamente na primeira linha de sua folha. Porém, *nunca* inclua `@charset` em estilos incorporados ou inline (explicados mais tarde neste capítulo).

Vinculando a Folhas de Estilo Externas

Agora que você criou uma folha de estilo Ⓐ, é preciso carregá-la em suas páginas HTML para que as regras de estilo sejam aplicadas ao conteúdo. A melhor forma de fazer isso é vincular à folha de estilo Ⓑ.

Para vincular uma folha de estilo externa:

1. Digite `<link rel="stylesheet"` na seção **head** de cada página HTML em que queira usar a folha de estilo.

2. Digite um espaço e, então, **href="url. css"**, em que **url.css** é o nome de sua folha de estilo CSS (veja a seção anterior).

3. Digite um espaço e **/>**. (Ou, se preferir, não digite nenhum espaço e adicione apenas **>**; o HTML5 permite ambas abordagens, e elas funcionam da mesma forma.)

DICA Quando você modifica uma folha de estilo externa, todas as páginas relacionadas a ela também são automaticamente atualizadas (Ⓒ e Ⓓ). Este é o poder espetacular de uma folha de estilo externa!

DICA Outro benefício de uma folha de estilo externa é que uma vez que o navegador a tenha carregado para uma página, a folha não precisa ser recuperada no servidor web para as páginas subsequentes. O navegador memoriza o arquivo, ou seja, salva-o no computador do usuário e usa essa versão, o que acelera o tempo de carregamento de suas páginas. Mas não se preocupe; se mais tarde você fizer mudanças à sua folha de estilo e fizer o upload no servidor web, os navegadores vão baixar seu arquivo atualizado, e não utilizar aquele memorizado (tecnicamente, há exceções, mas você não vai se deparar com elas com frequência).

Ⓐ Aqui está a folha de estilo externa **base.css**, criada anteriormente neste capítulo (menos o comentário "A simple style sheet", que não afeta a exibição do HTML). Não se preocupe com as propriedades e valores (eles só querem dizer "crie uma moldura sólida e vermelha em volta de todos os elementos **img**").

```
@charset "UTF-8";

img {
    border:  4px solid  red;
}
```

Ⓑ O elemento **link** fica dentro da seção **head** do seu documento HTML. Sua página pode conter mais de um elemento **link**, mas é melhor manter o mínimo possível, assim sua página carrega mais rápido.

```
<!DOCTYPE html>
<html lang="en">
<head>
    <meta charset="UTF-8" />
    <title>El Palau de la Música</title>
    <link  rel="stylesheet"
    → href="base.css"    />
</head>
<body>
<article>
    <h1>El Palau de la Música</h1>

    <img src="img/palau250.jpg" width="250"
    → height="163" alt="El Palau de la
    → Música" />
    <img src="img/tickets.jpg" width="87"
    → height="163" alt="The Ticket Window" />

    <p>I love the <span lang="es">Palau de la
    → Música</span>. It is ornate and gaudy
    → and everything that was wonderful
    → about modernism. It's also the home
    → of the <span lang="es">Orfeó Català
    → </span>, where I learned the benefits
    → of Moscatell.</p>
</article>
</body>
</html>
```

200 Capítulo 8

C A regra de estilo (uma moldura sólida e vermelha, que tem quatro pixels de espessura) é aplicada a cada elemento `img`.

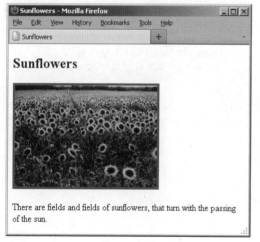

D Outros documentos podem ser vinculados à mesma folha de estilo externa para terem os mesmos estilos aplicados.

DICA Para simplificar, o exemplo do elemento link mostrado aqui presume que a página HTML está no mesmo diretório que base.css B. Porém, na prática, é melhor organizar suas folhas de estilo em uma subpasta, em vez de misturá-las com suas páginas HTML. Nomes populares para pastas de folhas de estilo incluem css e styles, mas você pode nomeá-la como quiser, desde que se refira a elas propriamente no valor `href` do elemento link. Por exemplo, se base.css está em uma pasta chamada css e seu HTML está na pasta acima, o elemento link será `<link rel="stylesheet" href="css/base.css" />`.

DICA As URLs *dentro* de uma folha de estilo externa são relacionadas à localização do arquivo da folha de estilo no servidor, não à localização da página HTML. Você verá isso em ação quando aprender sobre imagens de background do CSS, no Capítulo 10 ("Definindo o Texto do Background").

DICA As regras de uma folha de estilo externa podem ser sobrepostas por estilos dentro de um documento HTML. As influências de estilos aplicados de diferentes maneiras estão resumidas em "A Importância da Localização", ainda por vir neste capítulo.

DICA Você pode vincular várias folhas de estilo de uma só vez. Caso apareça alguma competição entre as regras de exibição em mais de um arquivo, aquela que estiver no último arquivo será predominante sobre as outras.

DICA Você pode oferecer versões alternativas de folhas de estilos vinculadas e deixar que seus visitantes as escolham. Veja "Oferecendo Folhas de Estilo Alternativas", mais tarde neste capítulo.

DICA Você pode limitar as folhas de estilo a um tipo de output específico, definindo o atributo media. Para mais detalhes, veja "Usando Folhas de Estilo para Mídias Específicas", mais tarde neste capítulo.

DICA As versões anteriores do HTML pediam que você incluísse `type="text/css"` nas definições dos elementos link, mas o HTML5 não exige isso, podendo ser omitido do código, como fiz nos exemplos deste capítulo.

Criando uma Folha de Estilo Incorporada

A folha de estilo incorporada é a segunda forma de se aplicar o CSS a uma página. Ela lhe permite definir os estilos diretamente no arquivo HTML que quiser afetar (normalmente, ela vai na seção **head**) Ⓐ. Porque os estilos estão apenas naquele arquivo HTML, o CSS não será aplicado às outras páginas, como aconteceria com as folhas de estilo externas vinculadas, e você também não se beneficiará dos efeitos de memorização. Como dito antes, uma folha de estilo externa é a abordagem recomendada para a maioria dos casos, mas é importante entender suas opções para as ocasiões em que tiver que utilizar outro método.

Ⓐ Quando incorporar uma folha de estilo, o elemento **style** e suas regras de estilo anexadas geralmente aparecem na seção **head** de seu documento. O navegador renderiza a página da mesma forma, como se os estilos fossem carregados de uma folha de estilo externa Ⓑ. Repare que as folhas de estilo incorporadas não devem ter, jamais, a declaração **@charset** no começo (ou em qualquer outro lugar).

```
...
<head>
      <meta charset="UTF-8" />
      <title>El Palau de la Música</title>
      <style>
      img {
          border:   4px solid red;
      }
      </style>
</head>
<body>
...
      <img src="img/palau250.jpg" width="250"
      → height="163" alt="El Palau de la
      → Música" />
      <img src="img/tickets.jpg" width="87"
      → height="163" alt="The Ticket Window" />
...
</body>
</html>
```

B O resultado é exatamente o mesmo ao do uso de folhas de estilo externas vinculadas. A diferença é que nenhuma outra página vai se beneficiar dos estilos usados aqui.

Para criar uma folha de estilo incorporada:

1. Digite `<style>` na seção **head** de seu documento HTML.

2. Defina quantas regras de estilos desejar (veja "Construindo uma Regra de Estilo", no Capítulo 7).

3. Digite `</style>` para completar a folha de estilo incorporada A.

DICA Estilos conflitantes aplicados em uma folha de estilo incorporada sobrepõem-se àquelas em folhas de estilo externas se – e apenas se – o elemento `style` vier após o elemento `link`. Para mais detalhes, veja "A Importância da Localização", mais tarde neste capítulo.

DICA As folhas de estilo incorporadas são a segunda melhor maneira de adicionar CSS à sua página. (Há raras exceções, como sites com altíssimo tráfego sob certas condições.) A abordagem recomendada é carregar folhas de estilo externas. Para mais informações, veja "Criando uma Folha de Estilo Externa", anteriormente neste capítulo.

DICA Embora eu *definitivamente* não encoraje, você também pode aplicar estilos diretamente a elementos individuais do HTML. Para mais detalhes, veja "Aplicando Estilos Inline", mais tarde neste capítulo.

DICA *Tecnicamente*, também é possível incorporar uma folha de estilo na seção body de uma página, mas evite isso sempre que possível. A mistura do HTML e CSS quebra uma melhor prática fundamental, que é separar o conteúdo (HTML) da apresentação (CSS) e do comportamento (JavaScript). De um ponto de vista prático, é mais fácil manter seu CSS se ele estiver numa folha de estilo externa do que se estiver incorporado ao HTML (especialmente o corpo).

Aplicando Estilos Inline

Os estilos inline são a terceira forma de aplicar o CSS no HTML. Entretanto, eles são, de longe, a opção menos desejável porque eles entrelaçam seu conteúdo (HTML) e sua apresentação (CSS), um cruel tapa na cara das melhores práticas **Ⓐ**. Um estilo inline afeta apenas um elemento **Ⓑ**, então você perde um dos principais benefícios que uma folha de estilo pode dar: escrever uma vez e ver por toda a parte. Imagine ter que peneirar uma grande quantidade de páginas HTML para fazer uma simples mudança na cor da fonte. Daí você já consegue entender por que estilos inline não são destinados ao uso regular.

Porém, um estilo inline pode ser útil caso queira testá-lo rapidamente antes de removê-lo de seu HTML e adicioná-lo à sua folha de estilo externa (presumindo que você tenha ficado satisfeito com o resultado do teste.), onde será mais fácil de manter a evolução.

Ⓐ As regras aplicadas de forma inline afetam apenas um único elemento; neste caso, o primeiro `img`.

```
...
<head>
    <meta charset="UTF-8" />
    <title>El Palau de la Música</title>
</head>
<body>
...
    <img src="palau250.jpg" width="250"
    → height="163" alt="El Palau de la
    → Música" style="border: 4px solid
    → red" />
    <img src="tickets.jpg" width="87"
    → height="163" alt="The Ticket Window" />
...
</body>
</html>
```

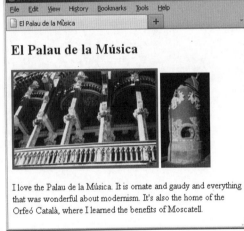

Ⓑ Apenas a primeira imagem tem a moldura. Para repetir o efeito mostrado no resto deste capítulo, você teria que adicionar `style="border: 4px solid red"` a cada elemento `img` individualmente. Como pode ver, os estilos inline não são eficientes e seriam uma dor de cabeça aplicá-los e atualizá-los em todo um site.

Para aplicar estilos inline:

1. Digite `style="` dentro do elemento HTML que quiser formatar. (Adicione-o à tag de início de elementos que não sejam vazios.)

2. Crie uma regra de estilo sem colchetes ou seletores. O seletor não é necessário, uma vez que você a está colocando diretamente no elemento desejado.

3. Para criar definições de estilo adicionais, digite `;` (um ponto e vírgula) e repita o segundo passo.

4. Digite `"`.

DICA Cuidado para não confundir o sinal de igual com o de dois pontos. Uma vez que ambos designam valores, é fácil de trocá-los sem nem perceber.

DICA Não se esqueça de separar várias definições de propriedades com um ponto e vírgula.

DICA Não se esqueça de colocar suas definições de estilo entre aspas.

DICA Estilos aplicados inline têm a preferência sobre todos os outros estilos a menos que algum estilo conflitante esteja marcado com `!important` (veja "A Importância da Localização", neste capítulo).

DICA Se você especificar a família da fonte em uma declaração de estilo inline, será necessário anexar vários nomes de fontes com aspas simples para que se evite o conflito com as aspas do elemento `style`. Você não pode usar o mesmo tipo de aspas em ambos os lugares.

DICA Provavelmente, o uso mais comum dos estilos inline é para aplicá-los a elementos com funções JavaScript como forma de tornar dinâmicas seções de uma página. Você pode reparar nesses estilos inline quando vir o código de uma página no, digamos, Firebug ou nas Ferramentas do Desenvolvedor do Chrome. Na maioria dos casos, o JavaScript que aplica os estilos está separado do HTML, então isso ainda mantém a separação desejada entre conteúdo (HTML), apresentação (CSS) e comportamento (JavaScript).

A Importância da Localização

Não é incomum que mais de uma regra de estilo se aplique ao mesmo elemento, especialmente em sites maiores, que exigem mais esforço para gerenciar o CSS. Como mencionado em "A Cascata: Quando as Regras Colidem", no Capítulo 7, a localização de um estilo pode servir como desempate na disputa entre herança e especificidade. A regra básica é que, havendo igualdade em todos os demais, quanto mais ao fim um estilo aparecer, maior preferência ou importância ele terá (**A** até **D**).

Então, estilos inline têm a maior preferência e vão substituir qualquer estilo conflitante aplicado em qualquer lugar.

Em um elemento **style** incorporado, qualquer regra **@import** perderá para qualquer regra de estilo individual que também apareça no elemento **style** (uma vez que esta deve seguir as regras **@import**, por definição).

A relação entre o elemento **style** incorporado e qualquer folha de estilo externa vinculada depende de suas posições relativas. Se o elemento **link** vier depois no código HTML, ele se sobrepõe ao elemento **style**. Se ele vier antes, o elemento **style** (e qualquer folha de estilo importada que ele contenha) sobrepõe as regras da folha de estilo vinculada.

A Neste exemplo, o elemento **style** vem por último. Portanto, suas regras terão preferência sobre as regras da folha de estilo **base.css** (desde que as regras conflitantes tenham a mesma herança e fatores de especificidade).

```
...
<head>
    <title>El Palau de la Música</title>
    <link rel="stylesheet"
    → href="base.css" />
    <style>
    img {
        border-style: dashed;
    }
    </style>
</head>
...
```

B A moldura tracejada do elemento **style** vence a moldura sólida da **base.css**.

C Aqui, a folha de estilo vinculada vem por último e tem preferência sobre as regras do elemento **style** (com todos os demais sendo iguais).

```
...
<head>
    <title>El Palau de la Música</title>
    <style>
    img {
        border-style: dashed;
    }
    </style>
    <link rel="stylesheet" href="base.css" />
</head>
...
```

D A moldura sólida da folha de estilo **base.css** vence a moldura tracejada do elemento interno **style**.

As folhas de estilo externas também podem conter regras `@import` (embora, como dito antes, eu não recomendo seu uso por questões de performance). Neste caso, as regras importadas são sobrepostas por quaisquer outras regras contidas na folha de estilo externa (desde que, por definição, elas devem seguir a regra `@import`). Suas relações com as demais folhas de estilo do documento são determinadas pela posição do vínculo com a folha de estilo externa, como sempre.

Não há exceção sobre como a ordem dos estilos conflitantes afeta aquele que será o estilo vencedor. Um estilo marcado com **!important** sempre vence, esteja em primeiro na ordem, último ou qualquer lugar. Aqui está um exemplo: `p { margin-top: 1em !important; }`. Porém, evite usá-lo. Ele torna suas declarações fortes demais, e seu CSS ficará atolado de regras longas caso ele tenha tenha que ser sobreposto.

A única coisa que vence uma declaração **!important** é uma folha de estilo do *usuário*. Sim, você e eu, como visitantes dos sites, podemos criar nossas próprias regras de estilo para o navegador, e elas têm a preferência. Por exemplo, nós podemos preferir ver sempre um certo tamanho de fonte ou um nível de contraste entre as cores do texto e do background. No entanto, a maioria dos usuários sequer sabem que podem fazer isso, então essa prática é muito incomum.

Usando Folhas de Estilo para Mídias Específicas

Você pode designar uma folha de estilo para ser usada apenas em um output específico, talvez somente para impressão ou para ser visto unicamente na tela do navegador. Por exemplo, você pode criar uma folha de estilo geral, tanto para a versão impressa quanto para a da tela, e depois criar folhas de estilos com propriedades a serem usadas apenas para impressão ou tela, respectivamente.

Para designar folhas de estilo para mídias específicas:

1. Adicione **media=***"output"* para as tags de início **link** ou **style**, em que *output* é um ou mais destes: **print**, **screen** ou **all** (esses são os tipos mais comuns, embora outros também existam) Ⓐ. Separe vários valores entre vírgulas.

2. Como alternativa, use a regra **@media** em sua folha de estilo Ⓑ. Este método não exige a especificação do tipo de mídia no elemento **link**.

Ⓐ Limite a folha de estilo a um output particular adicionando o atributo **media** ao elemento **link**. Neste exemplo, **base.css** afeta a página quando visualizada no navegador (por causa do **media="screen"**), enquanto que **print.css** afeta como a página é impressa (por causa do **media="print"**).

```
...
<head>
    <meta charset="UTF-8" />
    <title>El Palau de la Música</title>
    <link rel="stylesheet" href="base.css"
    → media="screen" />
    <link rel="stylesheet" href="print.css"
    → media="print" />
</head>
<body>
...
    <img src="img/palau250.jpg" width="250"
    → height="163" alt="El Palau de la
    → Música" />
    <img src="img/tickets.jpg" width="87"
    → height="163" alt="The Ticket Window" />
...
</body>
</html>
```

B A regra @**media** em uma folha de estilo é outra forma de atingir outros tipos de mídia (veja o Capítulo 12). Este exemplo mostra estilos afetando todos os tipos de mídia (incluindo a impressa) no topo, e estilos específicos para impressão na parte de baixo. A opção Visualizar Impressão de uma página com esta folha de estilo não mostraria nenhuma imagem (**display:none** desliga essa opção) e nenhum texto paragrafado em itálico e preto. A declaração **font-style: italic** também se aplica ao modo de impressão, uma vez que a folha de estilo de impressão não especifica um **font-style** diferente.

```
@charset "UTF-8";

/* Styles for all media */
img {
    border: 4px solid red;
}

p {
    color: green;
    font-style: italic;
}

/* Print Style Sheet */
@media print {
    img {
        display: none;
    }

    p {
        color: black;
    }
}
```

(DICA) O valor padrão para o atributo media é o **all**, então declarar media="all" é redundante. Ou seja, você pode deixar de fora o atributo media, a menos que precise que ele seja específico. Alguns codificadores preferem ser explícitos, sempre colocando media="all".

(DICA) Há nove tipos de output possíveis: **all**, **aural**, **braille**, **handheld**, **print**, **projection**, **screen**, **tty** e **tv**, com diferentes níveis de suporte (a maioria deles tem poucos). Na prática, os que você provavelmente vai usar são **screen** e **print** (e talvez **all**); eles têm um suporte muito amplo. Por outro lado, **handheld** nunca teve muito suporte dos aparelhos, então normalmente você vai usar o **screen** em seu lugar quando estiver desenvolvendo para portáteis (veja o Capítulo 12). O modo de projeção do Opera, Opera Show, suporta o tipo **projection**, voltado para projetores e exibições similares.

(DICA) Veja o artigo de Christian Krammer em www.smashingmagazine.com/2011/11/24/how-to-set-up-print-style-sheet/ (em inglês) para aprender mais sobre como criar uma folha de estilo para impressão.

Oferecendo Folhas de Estilo Alternativas

Você pode vincular mais de uma folha de estilo **A** e deixar que os visitantes escolham os estilos que mais gostam. As especificações permitem um conjunto base de estilos *persistentes* **B**, que são aplicados sem levar em conta a preferência do visitante; um conjunto *preferido* de estilos adicionais **C**, que são aplicados caso ele não faça nenhuma escolha; e uma ou mais folhas de estilo *alternativas* **D** que ele pode escolher **E**, ponto em que o conjunto preferido (mas não o persistente) é desativado e ignorado. As folhas de estilo alternativas permitem que você dê diferentes temas ao seu site.

Para oferecer folhas de estilo alternativas:

1. Para designar a folha de estilo que deve ser usada como base, desconsiderando as preferências do visitante, use a sintaxe simples descrita em "Vinculando a Folhas de Estilo Externas", sem **title**.

2. Para designar a folha de estilo que deve ser oferecida como primeira escolha, mas que pode ser desativada por uma outra escolha, adicione **title="***label***"** ao elemento **link**, em que **label** identifica a folha de estilo preferida.

3. Para designar uma folha de estilo que deve ser oferecida como uma escolha alternativa, use **rel="alternate style sheet" title="label"** no elemento **link**, em que **label** identifica a folha de estilo alternativa.

A Na ordem, defini a folha de estilo base ou persistente, a preferida ou automática, e uma alternativa. Cada folha de estilo precisa de seu próprio elemento **link**.

```
...
<head>
    <meta charset="UTF-8" />
    <title>Palau de la Música</title>
    <link rel="stylesheet"
    → href="base.css" />
    <link rel="stylesheet" href=
    → "preferred.css" title="Dashed" />
    <link rel="alternate stylesheet"
    → href="alternate.css"
    → title="Dotted" />
</head>
...
```

B Como exemplo, este arquivo CSS (**base.css**) será a folha de estilo persistente e será aplicada, não importa o que o visitante faça.

```
img {
    border:   4px solid red;
}
```

C Esta folha de estilo (**preferred.css**) será a carregada, por padrão, aliada com **base.css** quando o visitante entrar na página.

```
img {
    border-style:   dashed;
}
```

D O visitante poderá carregar esta folha de estilo alternativa se quiser. Seu nome de arquivo é **alternate.css**, embora você possa nomeá-la como quiser, assim como as demais.

```
img {
    border-style:   dotted;
}
```

🄴 Quando a página é carregada, ela tem uma moldura tracejada (o valor preferido se sobrepõe ao valor base, que era sólido, mas a cor base é mantida). Se o visitante escolhesse pontilhado, a folha de estilo alternativa seria então usada.

🄳🄸🄲🄰 Você não precisa oferecer uma folha de estilo preferida para poder dar uma alternativa. O exemplo mostrado poderia ter os elementos link apenas para base.css e alternate.css. De forma parecida, ele poderia se vincular a preferred.css e alternate.css sem especificar uma folha de estilo persistente. Você também pode ter mais do que uma folha alternativa.

🄳🄸🄲🄰 O Firefox 🄴 e Opera oferecem uma forma fácil de mudar de uma folha de estilo para outra. Entretanto, há soluções em JavaScript para os outros navegadores. Procure na internet por "style sheets switcher" para encontrar um código que possa usar.

🄳🄸🄲🄰 As folhas de estilo alternativas eram mais comuns há muitos anos como forma de permitir aos visitantes escolherem um entre diversos tamanhos de fonte. Hoje, os navegadores tendem a deixar isso mais fácil, sem precisar da ajuda de uma folha de estilo alternativa, e muitos usuários estão mais cientes desses recursos (sendo o zoom na página o principal).

🄳🄸🄲🄰 Você também pode carregar folhas de estilo apenas para imprimir sua página. Para detalhes, veja "Usando Folhas de Estilo para Mídias Específicas", neste capítulo.

A Inspiração dos Outros: CSS

No Capítulo 2, você aprendeu a ver o código-fonte de uma página na web. Ver o CSS de alguém não é tão mais difícil.

Para ver o código CSS de outro designer:

1. Primeiro, veja o código HTML da página **A**. Para mais detalhes sobre como visualizar o código-fonte do HTML, veja "A Inspiração dos Outros", no Capítulo 2.

   Se o código CSS estiver em uma folha de estilo incorporada, você já conseguirá vê-lo.

2. Se o CSS estiver numa folha de estilo externa, encontre a referência a ela no HTML e clique no nome do arquivo **A**. A folha de estilo será exibida na janela do navegador **B**. Você pode copiá-la dali e a colar no editor de texto se quiser.

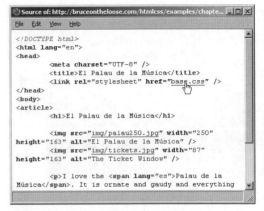

A Veja o código-fonte da página HTML que contenha a folha de estilo que quiser visualizar e clique em seu nome de arquivo.

B A folha de estilo é exibida na janela do navegador.

DICA Assim como com o HTML, use o código de outros designers para inspiração e, então, escreva suas próprias folhas de estilo. Porém, veja os códigos com olhos críticos. Só porque eles estão na web não significa que eles sejam sempre um exemplo da melhor forma de se codificar um efeito específico, independente das melhores intenções do autor.

DICA Navegadores modernos permitem que você clique no nome da folha de estilo no código HTML, como mostrado nas figuras. Para ver uma em um navegador mais antigo, talvez seja preciso copiar a URL exibida no elemento link, colar na barra de endereço (substituindo o nome do arquivo HTML) e apertar enter. Se a folha de estilo tiver uma URL relativa (veja "URLs", no Capítulo 1), você pode precisar reconstruí-la combinando a URL da página na web com a URL relativa da folha de estilo.

DICA As ferramentas do desenvolvedor, oferecidas nos navegadores modernos, também permitem um rápido acesso para visualizar o CSS de uma página. Eles vêm instalados com a maioria dos navegadores, e há uma extensão chamada Firebug para o Firefox (veja o Capítulo 20).

9

Definindo Seletores

Conforme visto em "Construindo uma Regra de Estilo", no Capítulo 7, há duas partes principais em uma regra de estilo do CSS. O *seletor* determina em quais elementos a formatação será aplicada, enquanto que as *declarações* definem apenas qual formato será aplicado. Neste capítulo, você aprenderá como definir os seletores do CSS.

Enquanto que os mais simples permitem que você formate todos os elementos de um certo tipo – digamos, todos os cabeçalhos `h1` –, seletores mais complexos lhe permitem aplicar regras de formatação a elementos baseados em sua classe ou id, contexto, estado e muito mais.

Uma vez definidos os seletores, você pode seguir em frente e criar as declarações (com propriedades e valores de verdade) nos Capítulos 10-14. Algumas propriedades de estilo mais especializadas serão discutidas no restante do livro. Enquanto não chega lá, você vai usar o simples e relativamente óbvio `{color: red;}` nos exemplos.

Neste Capítulo

Construindo Seletores	214
Selecionando Elementos por Nome	216
Selecionando Elementos por Class ou ID	218
Selecionando Elementos por Contexto	221
Selecionando Parte de um Elemento	227
Selecionando Links Baseados em Seus Estados	230
Selecionando Elementos Baseados nos Atributos	232
Especificando Grupos de Elementos	236
Combinando Seletores	238
Recapitulação dos Seletores	240

Construindo Seletores

O seletor determina em quais elementos uma regra de estilo é aplicada. Por exemplo, se quisesse formatar todos os elementos **p** com a fonte Times, de 12 pixels de altura, você precisaria criar um seletor que identificasse apenas os elementos **p**, deixando de fora os outros elementos de seu código. Se quisesse formatar o primeiro **p** de cada seção com uma indentação especial, você teria que criar um seletor um pouco mais complicado que identificasse apenas aqueles elementos **p** que fossem os primeiros em suas seções da página.

Um seletor pode definir até cinco critérios diferentes para a escolha dos elementos que devem ser formatados:

- O tipo ou nome do elemento **A**.
- O contexto no qual o elemento é encontrado **B**.
- A **class** ou **id** de um elemento (**C** e **D**).
- A pseudo-classe de um elemento ou pseudo-elemento **E** (explicarei os dois, prometo).
- Se um elemento tem ou não certos atributos e valores **F**.

```
Nome do elemento desejado
 ⌐
h1 {

    color: red;

}
```

A O tipo mais simples de seletor é meramente o nome do tipo de elemento que deve ser formatado – neste caso, o elemento **h1**.

```
Contexto
 ⌐
     Nome do elemento desejado
      ⌐
h1  em {

    color: red;

}
```

B Este seletor usa o contexto. O estilo será aplicado apenas aos elementos **em** dentro dos elementos **h1**. Os demais **em** encontrados em outros lugares não são afetados.

```
Classe
 ⌐
.very {

    color: red;

}

     ID
      ⌐
#gaudi {

    color: red;

}
```

C O primeiro seletor escolhe todos os elementos que pertencem à classe **very**. Ou seja, qualquer elemento com **class="very"** em sua tag de início do HTML. O segundo seletor escolhe o elemento com o **id** de **gaudi**, como especificado por **id="gaudi"** em sua tag de início do HTML. Você vai se lembrar de que um **id** pode aparecer uma vez em uma página, enquanto que uma **class** pode aparecer qualquer número de vezes.

```
Nome do elemento desejado
  |  Classe
  |    |
em.very {

    color: red;

}
```

```
    Nome do elemento desejado
      |           ID
      |            |
article#gaudi {

    color: red;

}
```

Os seletores podem incluir qualquer uma dessas combinações para apontar os elementos desejados. Na maior parte das vezes, você usa um ou dois de cada vez. Além disso, você pode aplicar, de uma única vez, as mesmas declarações a vários seletores, se precisar que diferentes grupos de elementos tenham as mesmas regras de estilo (veja "Especificando Grupos de Elementos", mais tarde neste capítulo).

O resto deste capítulo explica exatamente como definir os seletores.

D Para ser mais específico, você pode colocar no prefixo do seletor de **class** ou **id** o nome do elemento a ser atingido. Neste caso, o primeiro seletor escolhe apenas os elementos **em** com a classe **very**, em vez de todos os elementos com esta classe. De forma semelhante, o segundo seletor escolhe o elemento **article** com um **id** de **gaudi**. Em geral, não use esta abordagem a menos que for preciso; o seletor menos específico do exemplo anterior **C** é preferível.

```
Nome
  |  Pseudo-classe
  |    |
a:link {

    color: red;

}
```

E Neste exemplo, o seletor escolhe elementos **a** que pertencem à pseudo-classe **link** (isto é, os elementos **a** que ainda não foram visitados).

```
Nome
  |  Atributo
  |    |
a[name] {

    color: red;

}
```

F Você pode usar os colchetes para adicionar ao seletor a informação desejada sobre os atributos dos elementos, valores ou ambos.

Definindo Seletores **215**

Selecionando Elementos por Nome

Talvez, o critério mais comum para a escolha de quais elementos formatar seja seu nome ou tipo. Por exemplo, você pode querer que todos os elementos **h1** sejam grandes e em negrito, e todos os elementos **p** tenham a fonte sans-serif.

Ⓐ Este código HTML tem dois elementos **h2**. (Caso esteja se perguntando, o atributo **lang** indica que o conteúdo está em uma língua diferente do que a padrão da página, que está especificada no elemento **html**, logo após o DOCTYPE, no começo de cada página. Neste caso, **lang="es"** em cada **h2** indica que o conteúdo está em espanhol.)

```
<!DOCTYPE html>
<html lang="en">
<head>
...
</head>
<body>
...
<article class="about">
    <h1>Antoni Gaudí</h1>

    <p>Many tourists are drawn to Barcelona to see Antoni Gaudí's incredible architecture.</p>
    <p>Barcelona <a href="http://www.gaudi2002.bcn.es/english/" rel="external">celebrated the 150th
    → anniversary</a> of Gaudí's birth in 2002.</p>

    <section class="project">
        <h2 lang="es">La Casa Milà</h2>
        <p>Gaudí's work was essentially useful. <span lang="es">La Casa Milà</span> is an apartment
        → building and <em>real people</em> live there.</p>
    </section>

    <section class="project">
        <h2 lang="es">La  Sagrada  Família</h2>
        <p>The complicatedly named and curiously unfinished Expiatory Temple of the Sacred Family is
        → the <em>most visited</em> building in Barcelona.</p>
    </section>
</article>
...
```

B Este seletor vai escolher todos os elementos **h2** do documento e torná-los vermelhos **C**.

```
h2 {
    color: red;
}
```

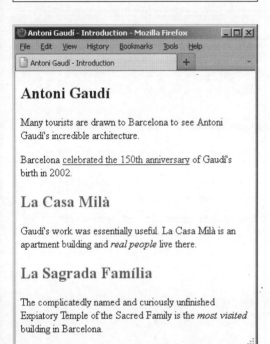

C Todos os elementos **h2** estão em vermelho.

Para selecionar e formatar elementos baseados em seus tipos:

Digite *selector*, em que *selector* é o nome do tipo de elemento desejado, sem nenhum atributo **B**.

DICA A menos que você especifique o contrário (usando as técnicas mostradas no resto do capítulo), todos os elementos do tipo especificado serão formatados, não importando onde eles apareçam no documento.

DICA Nem todos os seletores precisam especificar um nome de elemento. Se quiser aplicar uma formatação a uma classe inteira de elementos, sem levar em conta quais tipos elementos foram identificados nesta classe, você deixaria o nome fora do seletor. A próxima seção explica como fazer isso.

DICA O wildcard, * (asterisco), adiciona estilo a qualquer nome de elemento em seu código. Por exemplo, *{ border: 2px solid green; } dá a todos os elementos uma moldura de dois pixels, verde e sólida!

DICA Você pode escolher um grupo de nomes de elementos para um seletor usando a vírgula para separá-los. Para mais detalhes, consulte "Especificando Grupos de Elementos", mais tarde neste capítulo.

Definindo Seletores **217**

Selecionando Elementos por Class ou ID

Se você rotulou elementos com uma **class** Ⓐ ou **id** (veja o Capítulo 3), é possível usar esse critério em um seletor para aplicar formatação apenas àqueles elementos que receberam este rótulo Ⓑ.

Ⓐ Existem dois elementos **article** com uma **class** chamada **about**. Há um pequeno parágrafo sem a **class** entre eles.

```
...
<article  id="gaudi" class="about">
    <h1>Antoni Gaudí</h1>

    <p>Many tourists are drawn to Barcelona to see Antoni Gaudí's incredible architecture.</p>
    <p>Barcelona <a href="http://www.gaudi2002.bcn.es/english/" rel="external">celebrated the 150th
    → anniversary</a> of Gaudí's birth in 2002.</p>

    <section class="project">
        <h2 lang="es">La Casa Milà</h2>
        <p>Gaudí's work was essentially useful. <span lang="es">La Casa Milà</span> is an apartment
        → building and <em>real people</em> live there.</p>
    </section>

    ...
</article>

<p>This paragraph  doesn't  have  <code>class="about"</code>,  so it isn't  red  when  the  CSS  is
→ applied.</p>

<article  class="about">
    <h1>Lluís Domènech i Montaner</h1>

    <p>Lluís Domènech i Montaner was a contemporary of Gaudí.</p>
    ...
</article>
...
```

B Este seletor escolherá os elementos com uma **class** igual a **about**. Neste caso, eles são ambos elementos **article**, mas você pode aplicar as classes a qualquer elemento. Se quisesse aplicar um estilo *apenas* quando um elemento **article** tiver esta classe, você escreveria o seletor como **article.about**. Mas isso é mais específico do que é geralmente necessário.

```
.about {
    color: red;
}
```

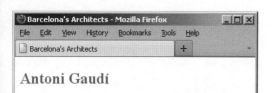

Antoni Gaudí

Many tourists are drawn to Barcelona to see Antoni Gaudí's incredible architecture.

Barcelona celebrated the 150th anniversary of Gaudí's birth in 2002.

La Casa Milà

Gaudí's work was essentially useful. La Casa Milà is an apartment building and *real people* live there.

La Sagrada Família

The complicatedly named and curiously unfinished Expiatory Temple of the Sacred Family is the *most visited* building in Barcelona.

This paragraph doesn't have class="about", so it isn't red when the CSS is applied.

Lluís Domènech i Montaner

Lluís Domènech i Montaner was a contemporary of Gaudí.

C O **article** com a classe **about** é exibido em vermelho, mas o elemento **p**, no fim da página, não. (Caso esteja se perguntando, o link está em azul por causa da estilização padrão do navegador, mas você pode escrever sua própria regra e alterar isso.)

Para selecionar e formatar elementos baseados em suas classes:

1. Digite **.** (um ponto final).
2. Sem nenhum espaço, digite imediatamente **classname**, em que **classname** identifica a classe a qual você quer aplicar os estilos.

Para selecionar e formatar elementos baseados em seus ids:

3. Digite **#** (cerquilha).
4. Sem nenhum espaço digite imediatamente **id**, em que **id** identifica o elemento no qual você gostaria de aplicar os estilos.

DICA Você pode utilizar seletores de **class** e **id**, juntos ou separados, com outro critério de seleção. Por exemplo, .news { color: red; } afetaria todos os elementos com a classe **news**, enquanto que h1.news { color: red; } afetaria apenas os elementos h1 com a classe **news**. É melhor omitir o nome de um elemento de um seletor **class** ou **id**, a menos que você precise direcioná-lo especificamente.

continua na próxima página

DICA Repare que, em Ⓐ e Ⓑ, eu usei um nome para a class que se identifica com o conteúdo ao qual será aplicada, em vez de chamá-la de vermelha. É melhor evitar criar nomes de classes que descrevam a aparência de algo, pois você pode modificar os estilos mais tarde, como deixar o texto verde neste caso. E as classes adicionam valor semântico ao seu HTML, assim como os elementos.

DICA Se o exemplo em Ⓑ fosse escrito como #gaudi { color: red; }, apenas o texto no primeiro article seria vermelho, pois é o único com id="gaudi". Cada id precisa ser único, então você não pode reutilizar este id em outro article sobre Lluís Domènech i Montaner.

DICA Para mais informações sobre a designação de classes a elementos no código HTML, consulte "Nomeando Elementos com uma Class ou ID", no Capítulo 3.

Seletores de Classe vs. Seletores de ID

Quando tiver que decidir entre seletores **class** e **id**, sugiro que use os **class** sempre que possível, em grande parte porque você pode reutilizá-los. Alguns defendem que os **id** não sejam usados jamais, o que até entendo, embora a decisão final caiba a você conforme desenvolve seus sites. Trata-se de um assunto que pode gerar fortes opiniões de ambos os lados. De qualquer forma, aqui estão dois dos problemas que os seletores **id** causam:

- Seus estilos associados não podem ser reutilizados em outros elementos (lembre-se, um **id** pode aparecer em apenas um elemento em uma página). Isso pode levar a estilos repetitivos em outros elementos, em vez de dividi-los com uma **class**.

- Eles são muito mais específicos do que os seletores **class**. Isso significa que toda vez que precisar substituir um estilo que foi definido com um seletor **id**, você terá que escrever uma regra do CSS que seja ainda mais específica. Alguns deles podem não ser difíceis de administrar, mas, uma vez trabalhando em um site um pouco maior, seu CSS pode ficar maior e mais complicado do que o necessário.

Esses dois pontos ficarão provavelmente mais claros para você conforme trabalhe mais com o CSS. (Por outro lado, uma razão pela qual as pessoas gostam de usar o **id** é que só de bater o olho elas já sabem se um elemento é único.)

Então, eu recomendo que você procure por oportunidades de combinar estilos compartilhados em uma ou mais classes, pois assim poderá reutilizá-las, e que use o mínimo de seletores **id** possível, se utilizá-los (veja a página de amostra, no Capítulo 11, para um exemplo de como fazer isso). Você pode achar suas folhas de estilo menores e mais fáceis de administrar.

Ⓐ Encurtei o texto para tornar mais fácil de se ver as relações entre os elementos. Cada indentação representa uma geração. Repare que neste fragmento há dois elementos **p** de segunda geração diretamente dentro do **article** com a classe **about**, e um elemento **p** de terceira geração dentro das **section project** (dentro do **article**). Há um outro **p** de terceira geração no código completo, não mostrado. Os exemplos de **h2** também são de terceira geração.

```
...
<article class="about">
    <h1>Antoni Gaudí</h1>

    <p>Many  tourists  ... </p>
    <p>Barcelona   ... </p>

    <section class="project">
        <h2 lang="es">La Casa Milà</h2>
        <p>Gaudí's work ... </p>
    </section>

    <section class="project">
        <h2 lang="es">La Sagrada Família</h2>
        ...
    </section>
</article>
...
```

Ⓑ O espaço entre **article.about** e **p** significa que este seletor encontrará qualquer elemento **p** que seja descendente dos **articles** com a classe **about**, não importando sua geração. Entretanto, prefixar a **class** (ou especialmente um **id**) com o nome do elemento é geralmente mais específico do que o necessário na prática. Veja o próximo exemplo com seletores menos específicos **Ⓒ**.

```
article.about   p {
    color: red;
}
```

Selecionando Elementos por Contexto

No CSS, você pode apontar elementos dependendo de seus ancestrais, pais ou irmãos (veja "Pais e Filhos", no Capítulo 1) (**Ⓐ** até **Ⓓ**).

Um *ancestor* (ancestral) é qualquer elemento que contenha o elemento desejado (o *descendente*), não importando o número de gerações que os separam.

Ⓒ Geralmente há mais de uma forma de criar seus seletores para conseguir o efeito desejado. Depende de quão específico você precisa ser. O seletor deste primeiro exemplo (**article p {}**) é menos específico do que aquele que o segue e o mostrado em **Ⓑ**. O segundo exemplo combina um seletor **class** com um descendente; você pode combinar com seletores **id**, também. Você vai utilizar muito mais estes aqui do que aquele modelo mais detalhado e específico em **Ⓑ**.

```
/* Other ways to get the same effect
-------------------------------------- */

/* Any p that is a descendant of any article.
→ The least specific approach. */
article  p {
    color: red;
}

/* Any p that is a descendant of any element
→ with the about class. The second most
→ specific of the three. */
.about  p {
    color: red;
}
```

Definindo Seletores   **221**

Para selecionar e formatar um elemento baseado em seu ancestral:

1. Digite *ancestor*, em que *ancestor* é o seletor para o elemento que contém o elemento que quiser formatar.
2. Digite um espaço.
3. Se necessário, repita os passos 1 e 2 para cada geração sucessora de ancestrais.
4. Digite *descendant*, em que *descendant* é o seletor para o elemento que quiser formatar.

DICA Um seletor baseado em um ancestor do elemento era conhecido como *seletor descendente*, mas o CSS3 o renomeou para *combinador descendente*. (Algumas pessoas ainda dizem "seletor").

DICA Não se assuste com a porção article.about do exemplo B. Lembre-se que isso significa apenas "o article cuja class é igual a about". Então, article.about p significa "qualquer elemento p que está contido no elemento article cuja classe é igual a about". Em comparação, o .about p menos específico significa "qualquer elemento p que está contido em *qualquer* elemento cuja classe é igual a about" C. Isso porque os seletores id, neste contexto, são mais específicos do que o elemento e os seletores class.

D Todos os elementos **p** que estão contidos no elemento com a classe **about** são vermelhos, mesmo que eles estejam dentro de outros elementos dentro do elemento com a classe **about**. Cada uma dessas regras de estilo em B e C trazem o resultado mostrado aqui.

E Este seletor escolherá apenas aqueles elementos **p** que sejam filhos (não netos, bisnetos, etc) dos elementos **article** com a classe **about**. Para serem qualificados, eles não devem ser contidos a outro elemento.

```
article.about > p {
    color: red;
}
```

F Apenas os dois primeiros elementos **p** são filhos do **article** da classe **about**. Os outros dois elementos **p** são filhos dos elementos **section** dentro do **article**. Para ter o código HTML usado neste exemplo, veja **A**.

Os exemplos anteriores mostraram combinadores descendentes. O CSS também tem *combinadores filhos*, que lhe permitem definir uma regra para um descendente imediato (ou seja, um filho) de um elemento pai. Talvez você os conheça como *seletores filhos*, a terminologia pré-CSS3. Um *pai* é um elemento que contém diretamente outro elemento (um filho), o que significa que eles estão há uma geração de distância.

Para selecionar e formatar um elemento baseado em seu pai:

1. Digite *parent*, em que *parent* é o seletor para o elemento que contenha diretamente o elemento que quiser formatar.
2. Digite **>** (o sinal maior que) **E**.
3. Se necessário, repita os passos 1 e 2 para cada geração sucessora de pais.
4. Digite *child*, em que *child* é o seletor para o elemento que quiser formatar.

DICA Assim como você viu com o combinador descendente, é possível omitir o nome do elemento antes da **class**. Na verdade, eu recomendo isso (a menos que precise da especificação extra para conseguir o estilo desejado. Por exemplo, `.about > p { color: red; }` causa o mesmo efeito neste caso. Ou, para ser ainda menos específico, deixe a class completamente de fora, como em `article > p { color: red; }`. Use essas formas mais simples sempre que possível, antes de apelar para aquelas mais específicas. Alguns dos exemplos que aparecem no restante do capítulo poderiam ser simplificados de maneira semelhante. Agora que você já tem uma noção de como é feito, eu não chamarei a atenção para essas alternativas, mas tenha na cabeça que geralmente é melhor ser *menos* específico para manter seus estilos mais fáceis de serem reutilizados.

DICA Você também pode usar seletores id em combinadores filho, embora eu recomende o uso de seletores menos específicos, como o elemento type ou **class**, sempre que possível.

DICA O Internet Explorer 6 não suporta o seletor filho.

Às vezes pode ser útil conseguir selecionar apenas o *primeiro* filho de um elemento, em vez de todos os filhos dele. Use a pseudo-classe `:first-child` para fazer isso (G até J).

Para selecionar e formatar um elemento que é o primeiro filho de seu pai:

1. Opcionalmente, digite **parent**, em que **parent** é o seletor para o pai do elemento desejado.
2. Se você incluiu um **parent** no passo 1, digite um espaço seguido de **>**, seguido por outro espaço.
3. Opcionalmente, digite o seletor que represente o primeiro filho que quiser estilizar (por exemplo, **p** ou **.news**).
4. Digite `:first-child` (assim mesmo) J. (Repare que você não precisa especificar um pai no primeiro passo. Por exemplo, `p:first-child { font-weight: bold; }` deixaria em negrito todo parágrafo que fosse filho de qualquer elemento.)

G O pseudo-seletor `:first-child` escolhe apenas o primeiro filho de um elemento, *não* o primeiro exemplo de um elemento que seja um filho. Então, embora você possa estar tentado a pensar que a regra mostrada deixará vermelho o parágrafo da amostra da página, ela não não vai H. Isso porque o **h1** é o primeiro filho do **article** que tem a classe **about** designada a ele. Para ter o código HTML usado neste exemplo, veja A.

```
/* You might think this will make the first
→ paragraph red, but it won't! */

.about > p:first-child   {
    color: red;
}
```

H A regra não tem efeito na página porque não existe um elemento **p** que seja o primeiro filho de um elemento com a classe **about**.

🅘 Este seletor escolhe apenas o elemento **h1** que é o primeiro filho dos elementos com **class="about"** designado no HTML. Esta regra *não* afeta a exibição de nossa página 🅙.

```
/* h1 is the first child, so this works. */

.about > h1:first-child  {
    color: red;
}
```

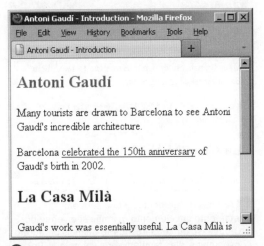

🅙 O elemento **h1** contido no **article** é vermelho por ser o primeiro filho de um elemento com a classe **about**. Se houvesse outros elementos **h1** dentro do **article**, eles não seriam vermelhos.

Continuando com o tema sobre família, os elementos *irmãos* são elementos de qualquer tipo que sejam filhos do mesmo pai. *Irmãos adjacentes* são elementos que estão diretamente um do lado do outro, sem nenhum outro irmão entre eles. No próximo exemplo sem conteúdo, **h1** e **p** são irmãos adjacentes, assim como **h2** e **p**, mas não **h1** e **h2**. Entretanto, eles são todos irmãos (e filhos do elemento **body**):

...
<body>
    <h1>...</h1>
    <p>...</p>
    <h2>...</h2>
</body>
</html>

Definindo Seletores **225**

O combinador de irmãos adjacentes do CSS lhe permite ter como alvo um elemento irmão que é imediatamente precedido por um irmão que você especifica. (Veja a última dica sobre *combinador de irmão geral*, novo no CSS3.)

Para selecionar e formatar um elemento baseado em um irmão adjacente:

1. Digite *sibling*, em que *sibling* é o seletor para o elemento que diretamente antecede o elemento desejado dentro do mesmo elemento pai. (Eles não precisam ser do mesmo tipo, contanto que estejam imediatamente um ao lado do outro, como explicado anteriormente.)

2. Digite + (sinal de mais).

3. Se necessário, repita os passos 1 e 2 para cada irmão sucessor.

4. Digite *element*, em que *element* é o seletor para o elemento que quiser formatar ⓚ.

> **DICA** Veja também "Pais e Filhos", no Capítulo 1.

> **DICA** A parte :first-child do seletor é chamada de pseudo-classe porque ela identifica um grupo de elementos sem que você (o designer ou desenvolvedor) tenha que marcá-lo no código HTML.

> **DICA** Nem :first-child, nem os seletores de irmãos adjacentes são suportados pelo IE 6.

> **DICA** O CSS3 apresenta o *combinador de irmão geral*, que lhe permite selecionar um irmão que não seja imediatamente precedido por outro irmão. A única diferença na sintaxe de um combinador de irmão geral é que você utiliza um ~ (til) em vez de um + para separar os irmãos. Por exemplo, h1~h2 { color: red; } deixaria vermelho qualquer elemento h2, desde que fosse precedido por um irmão h1 em algum lugar dentro do pai (poderia ser imediatamente adjacente, mas não precisa ser).

ⓚ Este combinador de irmão adjacente escolhe apenas aqueles elementos p que seguem diretamente um elemento p irmão.

```
.about p+p {
    color: red;
}
```

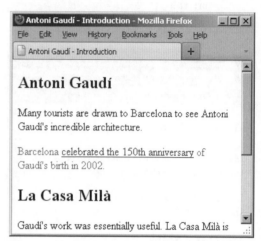

ⓛ Apenas os elementos p que seguem diretamente um elemento p irmão são vermelhos. Se houvesse um terceiro, quarto ou mais parágrafos consecutivos, eles também seria vermelhos. Por exemplo, um combinador de irmão adjacente seria útil para fazer a indentação de todos os parágrafos, menos o primeiro.

Ⓐ Não há como saber quais palavras serão afetadas por `first-line` até que você visualize a página no navegador e veja como o conteúdo flui. Isso não é determinado pela linha em que as palavras estão no HTML em si.

```
<article class="about">
    <h1>Antoni Gaudí</h1>

    <p>Many tourists are drawn to Barcelona
    → to see Antoni Gaudí's incredible
    → architecture.</p>
    <p>Barcelona <a href="http://
    → www.gaudi2002.bcn.es/english/"
    → rel="external">celebrated the 150th
    → anniversary</a> of Gaudí's birth in
    → 2002.</p>

    <section class="project">
        <h2 lang="es">La Casa Milà</h2>
        <p>Gaudí's work was essentially
        → useful. <span lang="es">La Casa
        → Mila</span> is an apartment
        → building and <em>real people</em>
        → live there.</p>
    </section>

    <section class="project">
        <h2 lang="es">La Sagrada Família</h2>
        <p>The complicatedly named and
        → curiously unfinished Expiatory
        → Temple of the Sacred Family is the
        → <em>most visited</em> building in
        → Barcelona.</p>
    </section>
</article>
```

Ⓑ Aqui o seletor escolherá a primeira linha de cada elemento **p**.

```
p:first-line   {
    color: red;
}
```

Selecionando Parte de um Elemento

Você também pode selecionar apenas a primeira letra ou linha de um elemento e, então, aplicar a formatação a elas.

Para selecionar a primeira linha de um elemento:

1. Digite **element**, em que **element** é o seletor para o elemento cuja primeira linha você gostaria de formatar.

2. Digite **:first-line** para selecionar toda a primeira linha do elemento especificado no passo 1.

Ⓒ O ajuste da largura da tela muda o conteúdo das primeiras linhas (e, assim, o que é formatado).

Definindo Seletores **227**

Para selecionar a primeira letra de um elemento:

1. Digite *element*, em que *element* é o seletor para o elemento cuja primeira linha você gostaria de formatar.

2. Digite `:first-letter` para selecionar a primeira letra do elemento especificado no passo 1.

(DICA) **De acordo com as especificações do CSS, a pontuação que antecede a primeira letra deve ser incluída no seletor. Os navegadores modernos suportam isso, mas versões mais antigas do IE, não. Elas consideram a pontuação em si como a primeira letra.**

(DICA) **Apenas certas propriedades do CSS podem ser aplicadas aos pseudo-elementos `:first-letter` `font`, `color`, `background`, `text-decoration`, `vertical-align` (desde que o `:first-letter` não esteja flutuando), `text-transform`, `line-height`, `margin`, `padding`, `border`, `float` e `clear`. Você aprenderá sobre todos eles nos Capítulos 10 e 11.**

(DICA) **Você pode combinar os pseudo-elementos `:first-letter` ou `:first-line` com seletores mais complicados do que os usados neste exemplo. Por exemplo, se você quisesse selecionar apenas a primeira letra de cada parágrafo contida nos elementos com a classe project, seu seletor seria `.project p:first-letter`.**

D Aqui, o seletor escolherá apenas a primeira letra de cada elemento **p**. Para o código HTML correspondente, veja A.

```
p:first-letter   {
      color: red;
}
```

Antoni (

Many tourists are
Antoni Gaudí's ind

Barcelona celebra
Gaudí's birth in 20

E O seletor **first-letter** pode ser usado para criar drop caps (uma vez que tenha aprendido mais propriedades além de **color**).

Pseudo-Elementos, Pseudo-Classes e as Sintaxes
`::first-line` e `::first-letter` do CSS3

No CSS3, a sintaxe de `:first-line` é `::first-line` e `:first-letter` é `::first-letter`. Repare nas duplas de dois pontos.

A intenção dessa mudança é para distinguir os quatro pseudo-elementos — `::first-line`, `::first-letter`, `::before`, `::after` — das pseudo-classes como `:first-child`, `:link`, `:hover`, etc.

Um *pseudo-elemento* é aquele que não existe como elemento no HTML. Por exemplo, você não marca sua primeira letra ou linha de texto com um HTML que assim os define. Ao contrário, eles são um conteúdo que é parte de outro elemento, como os elementos **p** do exemplo.

Uma *pseudo-classe*, por outro lado, *realmente* se aplica a um elemento HTML. Você viu isso com `:first-child`, selecionando o elemento especificado como primeiro filho de seu elemento pai.

A sintaxe com a dupla de dois pontos de `::first-line` e `::first-letter` é uma evolução preferível e os navegadores modernos são compatíveis a ela. A sintaxe original, com apenas dois pontos, está ultrapassada, mas os navegadores continuam a aceitá-la por compatibilidade reversa. Entretanto, nenhuma versão do Internet Explorer antes do IE9 suporta as duplas, então talvez você decida a continuar usando apenas a sintaxe dos dois pontos, a menos que crie diferentes CSS para as versões do IE8 ou mais antigas.

Selecionando Links Baseados em Seus Estados

O CSS permite que você aplique uma formatação em links baseada em seus estados atuais; isto é, se o visitante está passando o cursor sobre um, se um link já foi visitado, ou seja lá o que for. Você consegue esses resultados com uma série de pseudo-classes.

Para selecionar e formatar links baseados em seus estados:

1. Digite **a** (já que **a** é o nome do elemento para os links).

2. Digite : (dois pontos).

3. Digite **link** para modificar a aparência dos links que ainda não foram ou não estão sendo ativados ou apontados.

   Ou digite **visited** para alterar os links que o visitante já tenha ativado.

   Ou digite **focus** se o link for selecionado através do teclado e estiver pronto para ser ativado.

   Ou digite **hover** para mudar a aparência dos links quando forem apontados.

   Ou digite **active** para modificar a aparência dos links quando forem ativados.

Ⓐ Você não pode especificar no código qual estado um link terá; isso é controlado por seus visitantes. As pseudo-classes lhe permitem acessar o estado e modificar a exibição da forma que quiser.

```
...
        <p>Many tourists are drawn to Barcelona
    → to see Antoni Gaudí's incredible
    → architecture.</p>
        <p>Barcelona <http://www.gaudi2002.
    → bcn.es/ english/">celebrated</a> the
    → 150th anniversary of Gaudí's birth
    → in 2002.</p>
...
```

Ⓑ Os estilos dos links devem sempre ser definidos nesta ordem, para evitar que propriedades se sobreponham quando um link tiver mais de um estado (digamos, visitado e apontado).

```
a:link {
        color: red;
}

a:visited {
        color: orange;
}

a:focus {
        color: purple;
}

a:hover {
        color: green;
}

a:active {
        color: blue;
}
```

C Os links serão vermelhos quando novos e não visitados.

D Uma vez que tenha sido visitado, o link fica laranja.

E Se o link receber o foco (como com a tecla tab), ele fica roxo.

F Quando o visitante passa com o cursor sobre o link, ele fica verde.

G Quando o visitante ativa o link, ele fica azul.

DICA Você também pode adicionar as pseudo-classes :active e :hover a outros elementos. Por exemplo, p:hover { color:red; } modificaria a cor de cada parágrafo para vermelho quando você passasse o mouse sobre ele. (Caso esteja contando, isso funciona no Internet Explorer 7, mas não no IE 6. Nenhum desses dois suportam :active em outros elementos que não sejam o a. Todos os outros navegadores suportam ambos recursos.)

DICA Uma vez que um link pode ter mais de um estado de uma só vez (digamos, ativo e apontado ao mesmo tempo) e as regras que aparecem no fim se sobrepõem às do começo, é importante defini-las na seguinte ordem: link, visited, focus, hover, active (LVFHA). Há quem defenda a ordem da regra como LVHFA; que também funciona.

Definindo Seletores **231**

Selecionando Elementos Baseados nos Atributos

Você também pode aplicar formatação àqueles elementos que têm um certo atributo ou valor de atributo.

Para selecionar e formatar elementos baseados em seus atributos:

1. Digite *element*, em que *element* é o seletor para o elemento cujos atributos estejam em questão.

2. Digite *[attribute*, em que *attribute* é o nome do atributo que um elemento precisa ter para ser selecionado.

3. Digite *="value"* se quiser especificar o *value* que o valor do atributo precisa ter para que seu elemento seja selecionado.

   Ou digite *~="value"* para especificar um *value* exato que o valor do atributo precisa conter (junto com outro valor

(A) Para efeito de demonstração, modifiquei o valor da **class** de **project** para **work**, no segundo elemento **section**.

```
<article class="about">
    <h1>Antoni Gaudí</h1>

    <p>Many tourists are drawn to Barcelona to see Antoni Gaudí's incredible architecture.</p>
    <p>Barcelona <a href="http://www.gaudi2002.bcn.es/english/" rel="external">celebrated the 150th
    → anniversary</a> of Gaudí's birth in 2002.</p>

    <section class="project">
        <h2 lang="es">La Casa Milà</h2>
        <p>Gaudí's work was essentially useful. <span lang="es">La Casa Milà</span> is an apartment
        → building and <em>real people</em> live there.</p>
    </section>

    <section class="work">
        <h2 lang="es">La Sagrada Família</h2>
        <p>The complicatedly named and curiously unfinished Expiatory Temple of the Sacred Family is
        → the <em>most visited</em> building in Barcelona.</p>
    </section>
</article>
```

B Os colchetes destacados anexam o atributo e qualquer valor desejado. Neste caso, o valor foi omitido para que fosse selecionada qualquer seção com qualquer atributo **class**.

```
section[class] {
    color: red;
}
```

C Todo elemento **section** que tenha um atributo **class**, não importando o valor da **class**, fica vermelho.

com conteúdo separado por espaço) para que seu elemento seja selecionado.

Ou digite **|="value"** (uma barra não-inclinada, não "1" ou a letra "l") para especificar que o valor do atributo precisa ser igual ao valor ou começar com o valor (ou seja, o que você digitou seguido por um hífen) para que seu elemento seja selecionado. (Isso é mais comum quando estiver procurando por elementos que contenham o atributo **lang**.)

Ou digite **^="value"** para especificar que o valor do atributo precisa começar com o valor escrito por extenso ou como uma substring de seu elemento para ser selecionado (novo no CSS3; veja a dica desta seção).

Ou digite **$="value"** para especificar que o valor do atributo precisa terminar com o valor escrito por extenso ou como uma substring de seu elemento para ser selecionado (novo no CSS3; veja a dica desta seção).

Ou digite ***="value"** para especificar que o valor do atributo precisa conter pelo menos um exemplo da substring do valor para que seu elemento seja selecionado. Ou seja, o valor não precisa ser uma palavra completa no valor do atributo (novo no CSS3; veja a dica desta seção).

4. Digite **]**.

> **DICA** A seleção de elementos baseados em seus atributos (e valores) é suportado por todos os principais navegadores atuais (incluindo desde a versão 7 do IE). O IE7 e IE8 têm alguns problemas relacionados aos três seletores de atributo indicados como novos no CSS3. Veja http://reference.sitepoint.com/css/css3attributeselectors (em inglês) para mais informações.

Mais exemplos de Seletores de Atributo

Os seletores de atributo são bem poderosos. Aqui estão mais alguns exemplos para demonstrar algumas das diversas formas em que você pode usá-los.

- Isto seleciona qualquer elemento **a** com um atributo **rel** igual a **external** (tem que ser uma combinação exata).

```
a[rel="external"] {
    color: red;
}
```

- Imagine que você tenha um elemento **section** com duas classes, como **<section class="project barcelona">**, e outro que tenha uma, **<section classe="barcelona">**. A sintaxe ~= testa uma combinação parcial para uma palavra completa dentro de uma lista de palavras separadas por um espaço em branco, o que torna ambos elementos vermelhos neste caso.

```
section[class~="barcelona"] {
    color: red;
}

/* This would also match because this selector matches partial
→ strings (complete words not required). */
section[class*="barc"] {
    color: red;
}

/* This would NOT match because barc is not a full word in the
→ whitespace-separated list. */
section[class~="barc"] {
    color: red;
}
```

- Isto seleciona qualquer **h2** com o atributo **lang** que comece com **es**. Há dois exemplos disso no código HTML (A).

```
h2[lang|="es"] {
    color: red;
}
```

Mais exemplos de Seletores de Atributo *(continuação)*

■ Ao usar o seletor universal, este exemplo seleciona *qualquer* elemento com um atributo `lang` que comece com **es**. Há três exemplos deles no código HTML Ⓐ.

```
*[lang|="es"] {
    color: red;
}
```

■ Ao combinar uma dupla dos métodos, este aqui seleciona qualquer elemento **a** com qualquer atributo `href` e `title` contendo a palavra **howdy**.

```
a[href][title~="howdy"] {
    color: red;
}
```

■ Como uma variação menos precisa do que o anterior, este seleciona qualquer elemento **a** com qualquer atributo `href` e `title` contendo **how** como uma palavra completa ou uma substring (o resultado bate se o valor do título for **how**, **howdy**, **show**, etc, não importando onde o valor **how** apareça).

```
a[href][title*="how"] {
    color: red;
}
```

■ Este aqui encontra qualquer elemento **a** com o valor de atributo `href` que comece com **http://**.

```
a[href^="http://"] {
    color: orange;
}
```

■ Este exemplo encontra qualquer elemento **img** com um valor de atributo **src** exatamente igual a **logo.png**.

```
img[src="logo.png"] {
    border: 1px solid green;
}
```

■ Este é menos específico que o anterior, encontrando qualquer elemento **img** com um valor de atributo **src** que termine com **.png**.

```
img[src$=".png"] {
    border: 1px solid green;
}
```

Isso aqui está longe de ser tudo do que pode ser feito, mas espero que sirva de inspiração para que você explore esses recursos mais profundamente.

Especificando Grupos de Elementos

Geralmente é necessário aplicar as mesmas regras de estilo a mais de um elemento. Você pode tanto reiterar cada regra para cada elemento, quanto combinar os seletores e aplicar as regras de uma tacada só. É claro que esta última abordagem é mais eficiente e normalmente tornam suas folhas de estilo mais fáceis de se manter.

Para aplicar estilos a grupos de elementos:

1. Digite **selector1**, em que **selector1** é o nome do primeiro elemento que deve ser afetado pela regra de estilo.

2. Digite , (uma vírgula).

3. Digite **selector2**, em que **selector2** é a próxima tag que deve ser afetada pela regra de estilo.

4. Repita os passos 2 e 3 para cada elemento adicional.

Ⓐ O código contém um elemento **h1** e dois **h2**.

```
...
<article id="gaudi" class="about">
    <h1>Antoni Gaudí</h1>

    <p>Many tourists are drawn ...</p>
    <p>Barcelona ...</p>

    <section class="project">
        <h2 lang="es">La Casa Milà</h2>
        <p>Gaudн's work was ...</p>
    </section>

    <section class="project">
        <h2 lang="es">La Sagrada Família
        → </h2>
        <p>The complicatedly named ...</p>
    </section>
</article>
...
```

Ⓑ Você pode listar qualquer número de seletores individuais (independentemente deles incluírem nomes de elementos, **id**s ou **class**es), desde que você separe cada um com uma vírgula. Cada seletor não precisa estar em sua própria linha, como mostrado aqui, mas muitos desenvolvedores usam esta convenção para facilitar a leitura. O benefício fica mais evidente quando os seletores são muito longos.

```
h1,
h2 {
    color: red;
}
```

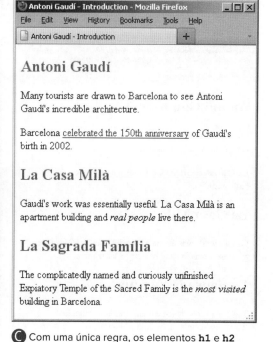

Ⓒ Com uma única regra, os elementos **h1** e **h2** foram coloridos em vermelho.

DICA **Estilizar os elementos como um grupo nada mais é do que um prático atalho. A regra h1, h2 { color: red; } é exatamente a mesma que estas duas regras**

h1 { color: red; } e h2 { color: red; }.

DICA **Você pode agrupar qualquer tipo de seletor, do mais simples (mostrado em Ⓑ) ao mais complexo. Por exemplo, você poderia usar h1, .project p:first-letter para escolher os cabeçalhos de primeiro nível e a primeira letra dos elementos p em elementos cuja class seja igual a project.**

DICA **Às vezes é útil criar uma única regra de estilo com os estilos mais comuns que se aplicam a vários seletores e, depois, criar regras individuais com os estilos que elas não compartilham. Lembre-se de que as regras especificadas depois se sobrepõem às especificadas antes na folha de estilo (veja "A Cascata: Quando as Regras Colidem", no Capítulo 7).**

Combinando Seletores

Os exemplos ao longo do capítulo foram simples para ajudá-lo a pegar o jeito dos variados tipos de seletores. No entanto, o poder verdadeiro se baseia no fato de que você pode combinar qualquer uma das técnicas para apontar precisamente os elementos que estiver interessado em formatar.

Uma parte de um exemplo extremo é mostrado em **A** para que se tenha uma ideia do que é possível. Aqui estão algumas maneiras que você poderia utilizar para alcançar os mesmos resultados, indo da menos para a mais específica:

```
em {
    color: red;
}


.project em {
    color: red;
}


.about .project em {
    color: red;
}


#gaudi em {
    color: red;
}
```

A Aqui está algo assustador para você. Indo da direita para a esquerda, isto quer dizer "escolha apenas os elementos **em** que são encontrados dentro dos elementos **p** que são imediatamente irmãos adjacentes dos elementos **h2** que têm um atributo **lang** cujo valor começa com **es** dentro de qualquer elemento com uma **class** igual a **project**." Entendeu? Raramente haverá uma ocasião em que você tenha que escrever algo tão complicado, mas pelo menos você sabe que consegue, se for necessário. Ou se quiser assustar alguém que esteja lendo seu código.

```
.project h2[lang|="es"] + p em {
    color: red;
}
```

B Todo aquele código **A** apenas para deixar vermelho os elementos **em**? Se estiver pensando que seria muito melhor (e mais fácil) escrever simplesmente algo como `.about em { color: red; }`, você está absolutamente correto. A não ser que precise ser *muito* específico, quando poderá usar o exemplo assustador.

Mais seletores no CSS3

O CSS3 adiciona vários seletores novos à sua caixa de ferramentas. Você viu alguns deles neste capítulo. A maioria dos demais são pseudo-classes, algumas das quais são bem complexas, mas que dão um resultado poderoso. Você pode encontrar uma tabela com todos os seletores do CSS3 e descrições completas em www.w3.org/wiki/CSS/Selectors, e uma com a compatibilidade dos navegadores em http://findmebyip.com/litmus (ambos em inglês). Como verá, o suporte dos navegadores é bem sólido, exceto pelo Internet Explorer, que não aceitava a maioria dos novos seletores do CSS3 (especialmente as pseudo-classes e os pseudo-elementos) até o IE9.

Cada um deles é o tipo de seletor caraterístico que você vai escrever todos os dias (embora, como dito antes, seja uma boa ideia minimizar o uso de seletores **id**). Não são precisos muitos seletores malucos para implementar a maioria dos designs, não importando quão complicados eles pareçam.

Então, combine seletores quando fizer sentido, mas eu recomendo que faça suas regras de estilo tão específicas quanto necessário. Por exemplo, se você quiser apenas atingir os elementos **em** dentro dos elementos com **class="project"**, fique com `.project em { color: red; }`. Embora os elementos **em** estejam aninhados dentro dos elementos **p** no HTML, não há razão para escrever `.project p em { color: red; }` a menos que haja elementos **em**, *fora dos* parágrafos, que você queira deixar como estão. Resumindo, comece de forma simples e torne-se mais específico quando necessário.

Recapitulação dos Seletores

Para recapitular nos concentramos nestes seletores, qualquer um deles podendo ser combinados para:

- Selecionar elementos por contexto
- Selecionar elementos por nome
- Selecionar elementos por **class** ou **id**
- Selecionar com uma pseudo-classe ou pseudo-elemento
- Selecionar elementos baseados em atributos

10

Formatando o Texto com Estilos

Com o CSS é possível modificar a fonte, o tamanho, a inclinação, a altura da linha, as cores de primeiro e segundo plano, espaçamento e alinhamento de texto. Você pode decidir se ele será sublinhado ou riscado, se terá apenas letras maiúsculas ou minúsculas. Todas essas alterações podem ser aplicadas a um documento ou site com algumas linhas de código. Neste capítulo, você aprenderá como.

Neste Capítulo

Escolhendo uma Família de Fontes	243
Especificando Fontes Alternativas	244
Criando Itálicos	246
Aplicando Formatação em Negrito	248
Definindo o Tamanho da Fonte	250
Definindo a Altura da Linha	255
Definindo Todos os Valores de Fonte de Uma só Vez	256
Definindo a Cor	258
Modificando o Background do Texto	260
Controlando o Espaçamento	264
Adicionando Indentação	265
Definindo as Propriedades de Espaço em Branco	266
Alinhando o Texto	268
Alterando a Caixa do Texto	270
Usando Caixa Baixa	271
Decorando o Texto	272

Enquanto que muitas das propriedades discutidas neste capítulo se aplicam, em sua maioria, ao texto, isso não significa que elas funcionem apenas com ele. A maioria delas trabalham muito bem com outros tipos de conteúdo.

Continuaremos com o layout do CSS no Capítulo 11.

Ⓐ Aqui está a página sem nenhuma folha de estilo. (Os tamanhos padrão dos cabeçalhos podem ser diferentes entre os navegadores.) Você pode encontrar o código-fonte do HTML (e todos os demais exemplos do CSS) na seção de Exemplos no site do livro: www.bruceontheloose.com/htmlcss/examples/ (em inglês).

Ⓐ Porque especifiquei Palatino Linotype no elemento **body**, ela é passada aos elementos abaixo. Eu sobrepus essa configuração para os elementos **h1** e **h2** definindo suas fontes para Arial Black. Entretanto, como você verá, definir uma única fonte de cada vez não é suficiente, pois nem todos os sistemas operacionais podem ser compatíveis. No caso da Palatino Linotype, ela é comum no Windows, mas pode não estar disponível nos sistemas Mac OS ou Linux.

```
body {
    font-family: "Palatino Linotype";
}

h1, h2 {
    font-family: "Arial Black";
}
```

Ⓑ Neste computador Windows, a Palatino Linotype foi instalada e, assim, é exibida apropriadamente. Como pode ver, a configuração **body font-family** foi passada aos elementos **a** e **p**. Os elementos **h1** e **h2** também a exibiriam, se não tivéssemos especificado o Arial Black a eles.

Ⓒ A Palatino Linotype não vem instalada em alguns computadores Mac. Caso escolha uma fonte que não esteja instalada no sistema de seus visitantes, seus navegadores utilizarão a fonte padrão (neste caso, Times), como mostrado aqui.

Escolhendo uma Família de Fontes

Uma das escolhas mais importantes que fará para seu site é a fonte utilizada para os títulos e o corpo do texto. Como aprenderá, nem todos os sistemas aceitam as mesmas fontes por padrão, então você deve definir fontes alternativas como fallbacks. Mas primeiro vejamos como definir uma única família de fonte (Ⓐ e Ⓑ) e as consequências ao não disponibilizar alternativas Ⓒ.

Para definir a família da fonte:

Após o seletor desejado em sua folha de estilo, digite **font-family:** *name*, em que *name* é a sua primeira escolha da fonte.

DICA Coloque suas fontes com mais de uma palavra entre aspas (simples ou duplas).

DICA Se os nomes de suas fontes contêm caracteres não-ASCII, é preciso declarar a codificação para sua folha de estilo. Faça isso adicionando @charset "UTF-8"; na *primeira linha* de sua folha de estilo. Na verdade, não há problema algum em incluí-lo a todas as suas folhas, mesmo que não seja preciso imediatamente. Adotar essa prática pode evitar problemas futuros.

DICA Enquanto você pode especificar a fonte que quiser, o visitante verá apenas aquelas que já tiver instalado em seu computador. Veja a próxima seção para mais detalhes.

DICA Você pode definir, de uma só vez, a família da fonte, tamanho e altura da linha usando a propriedade geral font. Veja "Definindo de Uma Vez Todos os Valores de Fonte", mais tarde neste capítulo.

DICA A propriedade **font-family** é herdada.

Especificando Fontes Alternativas

Embora você possa especificar qualquer tipo de fonte que quiser, seus visitantes só vão vê-la se a tiverem instalada em seus computadores. Então, é melhor usar fontes que você possa esperar que seus visitantes tenham. Há uma pequena lista de fontes que tanto o Windows quanto o Mac OS têm como padrão (veja a próxima barra lateral para mais detalhes).

Depois, há outras situações a serem consideradas. Se a fonte tiver nomes diferentes em cada sistema, você pode especificar ambos, e cada sistema operacional utilizará aquela que tiver instalada. De forma semelhante, se a fonte desejada existir apenas em um sistema, você pode escolher uma alternativa para o outro. Talvez a combinação não seja perfeita, mas a ideia é especificar uma fonte que seja a mais parecida possível com a outra. Por fim, é melhor especificar uma fonte padrão genérica, caso os sistemas não suportem as outras que você listou **A**.

A A propriedade **font-family** permite a inclusão de fontes que o navegador deve usar se o sistema não tiver a primeira instalada. Neste caso, você pode dizer ao navegador para procurar por Palatino nos sistemas que não tiverem a Palatino Linotype instalada **C**, e depois recorrer a uma fonte padrão **serif** se nenhuma das duas estiver instalada. Uma lista de fontes é conhecida como *font stack*. Eu também ofereci alternativas para os cabeçalhos.

```
body {
    font-family: "Palatino Linotype",
    → Palatino, serif;
}

h1,
h2 {
    font-family: "Arial Black", Arial,
    → sans-serif;
}
```

Fontes Padrões Compartilhadas pelo Mac OS e Windows

Há uma lista de fontes bastante limitada que o Mac OS e o Windows têm como padrão: Arial, Arial Black, Comic Sans MS, Courier New, Georgia, Impact, Trebuchet MS, Times New Roman e Verdana. Consequentemente, a grande maioria dos sites usam essas fontes (Arial é provavelmente a mais comum). Elas podem não ser renderizadas da mesma forma nos navegadores do Mac OS e Windows, mas você pode ter certeza de que elas serão exibidas.

Você também tem outras opções. Tanto o Mac OS quanto o Windows incluem mais (mas diferentes) fontes de sistema que podem ser usadas em seu estoque de fontes. Procure na internet por "font stacks" para ver uma gama de declarações com famílias de fonte que você pode copiar e colar em suas folhas de estilo, o que dará a cada visitante uma fonte parecida.

Também é possível carregar uma fonte que os sistemas não têm por padrão, abordagem que está se tornando muito comum. Aprenda como no Capítulo 13.

B Os sistemas que têm Palatino Linotype instalada vão continuar a usá-la.

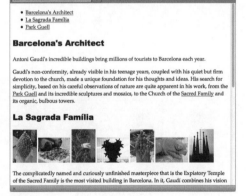

C Os sistemas que não têm Palatino Linotype usarão Palatino, desde que a tenham (como a maioria dos sistemas Mac). Se eles também não tiverem Palatino, o navegador usará a terceira opção. Praticamente todos os sistemas incluem as fontes genéricas serif e sans-serif. Repare que a altura de linha padrão ainda está diferente. Você ajustará isso em breve.

Para especificar fontes alternativas:

1. Digite **font-family:** *name*, em que *name* é a primeira escolha de fonte.

1. Digite **,** *nome2*, em que *nome2* é sua segunda escolha de fonte. Separe cada escolha com uma vírgula e um espaço.

2. Repita o passo 2 quantas vezes desejar, e conclua sua lista com um nome de fonte genérico (**serif**, **sans-serif**, **cursive**, **fantasy** ou **monospace**; qualquer uma que seja a mais parecida com sua fonte favorita).

DICA Você pode especificar fontes para alfabetos distintos na mesma regra **font-family** (como japonês e inglês) para formatar um pedaço do texto que contenha línguas e sistema de escrita diferentes.

DICA Os sistemas geralmente possuem uma fonte que se pareça com os seguintes nomes de fontes genéricas: serif, sans-serif, cursive, fantasy e monospace – por isso, é uma prática comum especificar uma delas ao final de sua lista, caso todas as outras falhem. Destas, você utiliza mais serif e sans-serif, já que elas correspondem às fontes mais usadas.

Formatando o Texto com Estilos **245**

Criando Itálicos

Nas publicações tradicionais, o itálico é geralmente usado para indicar citações, ênfase, palavras estrangeiras, nomes científicos (como *Homo Sapiens*), nomes de filmes, etc.

Os navegadores normalmente colocam em itálico alguns elementos HTML (como **cite**, **em** e **i**) por padrão, então não é preciso especificar isso em seu CSS. Como você aprendeu em "A Semântica do HTML: Marcação com Significado", no Capítulo 1, o HTML é usado para descrever o significado do conteúdo, não para fazê-lo aparecer na tela de certa forma. Às vezes você vai querer deixar algo em itálico, mas não é apropriado marcar o conteúdo com um dos elementos que também renderizam o texto em itálico. A propriedade do CSS **font-style** permite que isso seja feito em qualquer elemento.

Só como exemplo, vamos ver como fazer isso aos parágrafos Ⓐ. (Nós não os deixaremos assim porque ficariam muito difíceis de ler, então omitiremos a regra nos próximos exemplos.)

A versão em itálico é geralmente criada do zero por um designer de fonte, especialmente as fontes serif. Não se trata apenas de uma versão inclinada do texto normal, mas sim um estilo que inclui diferenças apropriadas ao formato. Por exemplo, Palatino Linotype tem um estilo de fonte em itálico Ⓑ. A letra "a", em particular, não foi feita apenas para imitar o itálico. Mas uma fonte pode não ter uma versão em itálico. Se você definir o texto naquela fonte para **font-style: italic**, o navegador pode exibir um itálico falso, simulado por computador, que *realmente* apenas inclina as letras para imitar o estilo. No entanto, a qualidade não é a mesma.

Ⓐ Neste exemplo, fiz os parágrafos serem exibidos em itálico.

```
body {
    font-family: "Palatino Linotype",
    ⟶ Palatino, serif;
}

h1,
h2 {
    font-family: "Arial Black", Arial,
    ⟶ sans-serif;
}

p {
    font-style: italic;
}
```

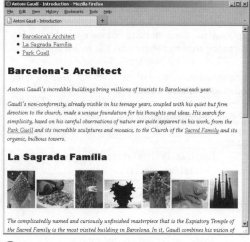

Ⓑ Os parágrafos estão em itálico, mas não os itens da lista no topo ou os cabeçalhos.

Além disso, um designer de fonte pode criar uma versão oblíqua da fonte, que geralmente são as letras normais inclinadas, talvez com algum ajuste no espaçamento ou algo do tipo, mas com as mesmas letras. Você pode definir **font-style: oblique;**, embora seja incomum. Um falso itálico pode aparecer na falta de uma versão oblíqua ou em itálico da fonte.

Para criar um itálico:

1. Digite **font-style:**.

2. Após os dois pontos (:), digite **italic** para um texto em itálico, ou **oblique** para oblíquo. (Você provavelmente utilizará **italic** em 99% das vezes. Você pode não notar uma diferença com **oblique** em todos os exemplos).

Para remover um itálico:

Digite **font-style: normal**.

🛈 **Uma razão de se remover um itálico é enfatizar algum texto em um parágrafo que tenha uma formatação em itálico herdada de um elemento pai. Para mais detalhes sobre herança, consulte "A Cascata: Quando as Regras Colidem", no Capítulo 7.**

🛈 **A propriedade font-style é herdada.**

Formatando o Texto com Estilos **247**

Aplicando Formatação em Negrito

A formatação em negrito é provavelmente a forma mais comum e eficiente de se destacar um texto. Por exemplo, os navegadores geralmente estilizam os cabeçalhos **h1–h6** em negrito por padrão. Assim como com o itálico, é possível estilizar qualquer texto com o negrito ou removê-lo. As folhas de estilo lhe dão muita flexibilidade com o texto em negrito, fornecendo valores relativos. Entretanto, as fontes em si nem sempre incluem pesos diferentes que correspondam aos valores relativos, fazendo-as parecer as mesmas (se estiver em dúvida, defina o peso como **bold**) (Ⓐ e Ⓑ).

Para aplicar a formatação em negrito:

1. Digite **font-weight:**.
2. Digite **bold** para dar um peso em negrito ao texto. Você provavelmente usará este valor na maioria das vezes.

   Ou digite **bolder** ou **lighter** para usar um valor relativo ao peso atual.

   Ou digite um múltiplo de **100**, entre **100** e **900**, em que **400** representa o peso normal e **700**, negrito. Esta abordagem é útil quando se está trabalhando com fontes com vários pesos disponíveis.

Para remover uma formatação em negrito:

Digite **font-weight: normal**.

Ⓐ Os navegadores adicionam o negrito aos cabeçalhos (como **h1** e **h2**) automaticamente. Eu apliquei um peso de fonte normal para removê-lo de todos os meus elementos **h2**, assim você pode notar a diferença na página. Também adicionei negrito ao texto **em** e novos links Ⓑ. (Repare que eu mudei a **font-family** dos cabeçalhos de Arial Black para Arial, apenas para os exemplos desta seção. Veja da segunda até a última dica.)

```
body {
    font-family: "Palatino Linotype",
    → Palatino, serif;
}

h1,
h2 {
    font-family: Arial, Helvetica,
    → sans-serif;}

h2 {
    font-weight:   normal;
}

em,
a:link,
a:hover {
    font-weight: bold;
}
```

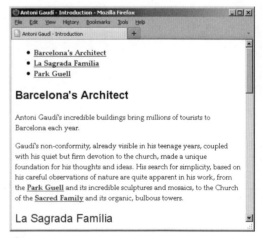

Ⓑ O cabeçalho **h1** está em negrito, enquanto que o **h2** tem um peso normal. Os novos links se destacam, os já visitados são mais discretos.

C Na parte de baixo da página, você vê um link ("The Fountainhead") e a palavra "all". Ambos não estão apenas em negrito, mas também em itálico, por causa da renderização padrão do navegador. Eles estão marcados com **cite** e **em**, respectivamente, para refletir seus significados. (Você também vai reparar que o **h2** "Park Guell" tem um peso normal, sem negrito.)

DICA Uma vez que a forma que a font-weight é definida varia para cada fonte, os valores pré-definidos podem não ser os mesmos de fonte para fonte. Eles são projetados para serem relativos a uma certa família de fonte.

DICA Se a família da fonte tiver menos de nove pesos, ou se ela estiver concentrada em um lado da escala, alguns valores numéricos corresponderão ao mesmo peso da fonte.

DICA Pelas razões apontadas nas duas dicas anteriores, é comum designar o negrito simplesmente com `fonte-weight: bold`, que vai sempre funcionar.

DICA Do que você pode remover a formatação em negrito? De qualquer elemento que ele tenha sido aplicado automaticamente (`strong`, `h1-h6` e `b` são alguns deles) ou onde ele tenha sido herdado de um elemento pai (veja "A Cascata: Quando as Regras Colidem", no Capítulo 7).

DICA O resto dos exemplos neste capítulo usa o Arial Black como `font-family` para os cabeçalhos h1 e h2, em vez da configuração com Arial, mostrada de **A** até **C**. No entanto, nestes exemplos restantes, eu defini `font-height: normal;` para ambos h1 e h2, porque o Arial Black já é uma fonte em negrito por natureza. Quando você aplica `font-weight: bold;` ao Arial Black, o navegador pode exibir um falso negrito numa tentativa de deixá-lo ainda mais em negrito. Ao definir `font-weight: normal;` a estes cabeçalhos Arial Black, eu os deixei no estado natural e pesado da fonte. Veja uma discussão relacionada ao falso itálico em "Criando Itálicos".

DICA A propriedade `font-weight` é herdada.

Definindo o Tamanho da Fonte

Há duas formas básicas de definir o tamanho da fonte para o texto de sua página. Você pode mandar que um tamanho específico seja usado **Ⓐ**, ou que ele seja relativo ao tamanho da fonte do elemento pai **Ⓒ**.

Leva um pouco de tempo para você se acostumar a definir um tamanho relativo ao do pai; você precisa entender como o navegador trata essas unidades em relação a seus pais, e eu vou explicar isso em um minuto.

Mas, primeiro, quando você usa este método é melhor estabelecer uma base ao elemento **body**, nomeado com a declaração **body { font-size: 100%; }** **Ⓒ**. Na maioria das vezes, isso define um tamanho equivalente a 16px, que é o tamanho de fonte padrão na maior parte dos sistemas. Como sempre, esse valor é passado aos elementos abaixo (lembre-se, **font-size** é uma propriedade herdada), a menos que eles recebam seus próprios **font-size**.

Ⓐ Aqui eu uso valores em pixel para ter controle sobre o tamanho inicial do texto (que foi diminuído, se comparado ao padrão da maioria dos navegadores). Os parágrafos herdam o **font-size** definido no **body**. Você pode ver os resultados em **Ⓑ**.

```
body {
    font-family: "Palatino Linotype",
Palatino, serif;
    font-size: 14px;
}

h1,
h2 {
    font-family: "Arial Black", Arial,
    → sans-serif;
    font-weight: normal; /* removes faux
    → bold from the already heavy Arial
    → Black */
}

h1 {
    font-size: 22px;
}

h2 {
    font-size: 15px;
}

em,
a:link,
a:hover {
    font-weight: bold;
}

/* Table of Contents navigation */
.toc a {
    font-size: 12px;
}
```

Ⓑ Os tamanhos que especifiquei são exibidos no navegador. Os links no índice (topo da página), cabeçalhos e parágrafos refletem as adições do **font-size** na folha de estilo.

C A declaração **font-size: 100%** no **body** define uma base pela qual os tamanhos de fonte **em** se orientam. Esse **100%** resulta em um texto de tamanho de 16 pixels na maioria dos navegadores. Assim, o resultado desta folha de estilo será o mesmo que o mostrado em **A**. O comentário após cada valor **font-size** explica como ele foi calculado, mostrando os equivalentes em pixel.

```
body {
    font-family: "Palatino Linotype",
    → Palatino, serif;
    font-size: 100%;   /* 16px */
}

h1,
h2 {
    font-family: "Arial Black", Arial,
    → sans-serif;
    font-weight: normal;
}

h1 {
    font-size: 1.375em;   /* 22px / 16px */
}

h2 {
    font-size: .9375em;   /* 15px / 16px */
}

p {
    font-size: .875em;   /* 14px / 16px */
}

em,
a:link,
a:hover {
    font-weight: bold;
}

/* Table of Contents navigation */
.toc a {
    font-size: .75em;   /* 12px / 16px */
}
```

Então, como você descobre quais valores em especificar? Bem, 1em é igual ao tamanho padrão, neste caso, 16px. Daí você pode determinar os valores em (ou porcentagem) com uma pequena conta de divisão.

tamanho desejado / tamanho do pai = valor

Por exemplo, você quer que o **h1** tenha 22px, e já se sabe que o tamanho do pai é 16px. Então:

22 / 16 = 1,375

Então, ao definir **h1 { font-size: 1.375em; }**, estará tudo pronto **C**. O que isso diz é, "Faça o texto **h1** 1,375 vezes maior do que o tamanho do texto pai." Outra maneira de escrever a regra seria **h1 { font-size: 137.5%; }**. No entanto, é mais comum especificar o tamanho com ems do que com porcentagem.

Aqui tem mais um. Você quer que os parágrafos tenham 14px, então:

14 / 16 = 0,875

Assim, você define **p { font-size: .875em; } C**. (Outra forma seria **87.5%**.)

Formatando o Texto com Estilos **251**

Vamos discutir mais um exemplo, já que aqui podem ocorrer tropeços. O primeiro parágrafo contém dois links (**D** e **E**). Suponha que queira os links com 16px, deixando o parágrafo do texto com 14px. Você pode estar inclinado a definir o **font-size** do link com **1em**, pensando que 1em = 16px.

Mas, lembre-se, esses valores são relativos a seus pais, e o pai, neste caso, é o **p**, não o **body**. E o tamanho do parágrafo é 14px. Então, para que os links tenham 16px, você precisa usar um valor em maior do que 1em.

16 / 14 = 1,1428457

Então, a relativamente longa **a { font-size: 1.1428457em; }** nos dá o resultado desejado.

Uma consideração final: lembre-se que o **font-size** de um **body** a **100%** remete-se ao valor padrão de 16px na maior parte das vezes. Um caso em que isso pode não ser verdade é se o usuário sobrepuser o padrão nas configurações de seu navegador; por exemplo, passando-o para 20px, se ele tiver algum problema de visão. Com o **body** definido a **100%**, sua página respeita isso e redimensiona o resto do texto apropriadamente. Esta é a beleza de dimensionar seu texto com ems e porcentagem.

D Na maioria dos sistemas com a configuração padrão, o tamanho da fonte baseado em combina com a versão baseada em pixels **B**.

E Parte do HTML, que tem dois elementos **a** aninhados ao seu pai **p**.

```
...
<p>Gaudí's non-conformity, already visible in his teenage years, coupled with his quiet but firm
→ devotion to the church, made a unique foundation for his thoughts and ideas. His search for
→ simplicity, based on his careful observations of nature are quite apparent in his work, from the
→ <a href="#park-guell">Park Guell</a> and its incredible sculptures and mosaics, to the Church
→ of the <a href="#sagrada-familia">Sacred Family</a > and its organic, bulbous towers. </p>
...
```

Para ordenar um tamanho de fonte específico:

1. Digite `font-size:`.

2. Digite um tamanho específico após os dois pontos (:), como `13px`.

   Ou use uma palavra-chave para especificar o tamanho:

   `xx-small`, `x-small`, `small`, `medium`, `large`, `x-large` ou `xx-large`.

DICA Veja "Um Valor de uma Propriedade", no Capítulo 7 para mais detalhes sobre unidades.

DICA Não deve haver nenhum espaço entre o número e a unidade.

DICA Se definir o tamanho da fonte em pixels, os visitantes que usarem o Internet Explorer não poderão aumentar ou diminuir o texto com a opção de tamanho de texto do navegador. Esta é uma razão para dimensionar suas fontes com ems ou porcentagem. A partir do IE7, os visitantes podem aumentar ou diminuir o zoom na página inteira, o que é uma melhoria sobre o IE6, embora não seja o mesmo que modificar apenas o tamanho do texto. Se estiver se perguntando sobre o alcance do IE6 (já que ele não tem zoom de página), ele tem sofrido uma drástica queda de uso ao redor do mundo nos últimos anos, então alguns desenvolvedores e designers o ignoram por completo (também é notavelmente cheio de bugs). Porém, ele ainda tem uma grande base de usuários em alguns países, especialmente China e Coreia do Sul. Você pode ver os números aproximados do mundo todo em www.ie6countdown.com/ (em inglês).

DICA Navegadores diferentes podem interpretar as palavras-chave de maneiras diferentes.

DICA Use pontos (`pt`) como unidade de medida apenas em folhas de estilo para impressão, não para a tela.

DICA Por causa da grande variação dos tamanhos de tela, evite definir o `font-size` em cm, mm. Elas são raramente usadas na prática.

DICA A propriedade `font-size` é herdada.

Para definir um tamanho que dependa do tamanho do elemento pai:

1. Digite `font-size:`.

2. Digite o valor relativo após os dois pontos (:), como `1.5em` ou `150%`.

   Ou use uma palavra-chave relacionada: `larger` ou `smaller`. (Elas são menos comuns que a porcentagem, que também são menos comuns do que ems.)

DICA Uma unidade em (não confundir com o elemento em, do HTML) é igual ao tamanho da fonte. Então um em é igual a 100%.

DICA O tamanho do elemento pai pode ser definido pelo usuário ou por você (o designer), pode ser herdado, ou pode vir do padrão do navegador. Como mencionado, na maioria dos navegadores atuais, o tamanho padrão para o elemento body é de 16 pixels.

DICA O filho de um elemento com um tamanho relativo herda o tamanho, não o fator. Então, os elementos a no p ⓔ herdam um tamanho de 14 pixels ⓒ, não o valor relativo de .875em. O link será exibido com 14px a menos que você sobreponha esta regra.

DICA Você pode definir o tamanho da fonte junto com outros valores. Veja "Definindo Todos os Valores de Fonte de Uma só Vez", mais tarde neste capítulo.

DICA O CSS3 apresenta algumas novas unidades. Uma das mais interessantes é a rem, abreviação de root em. Ela funciona como o em, mas ela dimensiona tudo com relação à raiz, então você não precisa fazer a conta de divisão para o tamanho do elemento pai que descrevi para o ems. Sua compatibilidade é alta nos navegadores modernos. O Internet Explorer não a suportava até a versão 9 (http:caniuse.com/#search=rem — em inglês), então você teria que dar um valor padrão para as versões anteriores do IE. Jonathan Snook descreve como usar a rem e uma possível estratégia para o IE8 e seus antecessores: http://snook.ca/archives/html_and_css/font-size-with-rem (em inglês). (Eu recomendo definir o body a 100%, em vez de 62,5%, como ele mostra, e criar os tamanhos rem a partir daí.)

DICA Há também uma unidade ex, que se refere ao x-height do elemento pai, mas ela não tem um grande suporte.

A Presumindo um elemento **body** padrão de 16 pixels, o tamanho da fonte do elemento **p** será de .875em, ou em torno de 14 pixels. A altura da linha será 1,6 vezes maior que esses 14 pixels, ou por volta de 22,4 pixels.

```
body {
    font-family: "Palatino Linotype",
    → Palatino, serif;
    font-size: 100%;
}

h1,
h2 {
    font-family: "Arial Black", Arial,
    → sans-serif;
    font-weight: normal;
}

h1 {
    font-size: 1.375em;
}

h2 {
    font-size: .9375em;
}

p {
    font-size: .875em; /* 16px / 14px */
    line-height: 1.6;
}

...
```

Definindo a Altura da Linha

A altura da linha refere-se à quantidade de espaço entre cada linha em um parágrafo. Usar uma altura de linha grande às vezes pode facilitar a leitura de seu texto. Uma altura de linha pequena para os cabeçalhos com mais de uma linha faz com que eles pareçam ter mais estilo.

Para definir a altura da linha:

1. Digite **line-height:**.

2. Digite **n**, em que **n** é um número que será multiplicado pelo tamanho da fonte do elemento para se obter a altura da linha desejada. (Esta é a abordagem mais comum, apenas um número, sem unidade.)

   Ou digite **a**, em que **a** é um valor em ems, pixels ou pontos (use pontos apenas para impressão).

   Ou digite **p%**, em que **p%** é uma porcentagem do tamanho da fonte.

DICA Você pode especificar a altura da linha junto com a família da fonte, tamanho, peso, estilo e variação, conforme explicado na próxima seção.

DICA Se utilizar um número para determinar a altura da linha, este fator é herdado por todos os itens filhos. Então, se o tamanho da fonte de um elemento pai for de 16 pixels (ou o equivalente em **em**s) e a altura da linha for 1.5, a altura da linha do elemento pai será 24 (16 x 1,5). Se o tamanho da fonte do filho for 10, a altura de sua linha será 15 (10 x 1,5).

DICA Se utilizar uma porcentagem ou um valor em, apenas o tamanho resultante (ou "valor computado") é herdado. Então, um pai de 16 pixels com uma altura de linha de 150% continuará tendo uma altura de 24 pixels. Porém, todos os elementos filhos também herdarão esta altura de 24 pixels, não importando o tamanho de suas fontes.

B Espaçar as linhas com **line-height** pode torná-las mais atrativas e fáceis de ler.

Definindo Todos os Valores de Fonte de Uma só Vez

Você pode definir o estilo, peso, variação, tamanho, altura da linha e família da fonte de uma só vez Ⓐ. Este é o caminho a ser seguido sempre que possível, pois você pode manter suas folhas de estilo mais sucintas.

Para definir todos os valores de fonte de uma vez:

1. Digite **font:**.

2. Opcionalmente, digite **normal**, **italic** ou **oblique** para definir o estilo da fonte (veja "Criando Itálicos").

3. Opcionalmente, digite **normal**, **bold**, **bolder**, **lighter** ou um múltiplo de **100** (até **900**) para definir o peso da fonte (veja "Aplicando Formatação em Negrito").

4. Opcionalmente, digite **normal** ou **small-caps** para remover ou definir letras minúsculas (veja "Usando Caixa Baixa").

5. Digite o tamanho da fonte desejado (veja "Definindo o Tamanho da Fonte").

6. Se desejar, digite **/altura-da-linha**, em que **altura-da-linha** é a quantia de espaço que deve haver entre as linhas (veja "Definindo a Altura da Linha").

7. Digite um espaço seguido pela família ou famílias de fonte desejadas em ordem de preferência, separadas por vírgulas, como explicado em "Escolhendo uma Família de Fonte".

Ⓐ Esta folha de estilo é equivalente à mostrada em Ⓐ em "Definindo a Altura da Linha", sendo o resultado mostrado em Ⓑ. Eu simplesmente consolidei as propriedades **font** para as regras do **body**, **h1** e **h2**. Repare que não precisei especificar que **font-weight** fosse **normal** para **h1** e **h2**, uma vez que **normal** é o padrão para a propriedade **font**. Além disso, eu não pude consolidar as declarações do elemento **p** porque a abreviação da **font** exige um mínimo de propriedades de família e tamanho. Veja exemplos na primeira dica, que incluem **font-style**, **font-variant**, **font-weight** e **line-height** na abreviação da **font**.

```
body {
    font: 100% "Palatino Linotype", Palatino,
    → serif;
}

h1,
h2 {
    font: 1.375em "Arial Black", Arial,
    → sans-serif;
}

h2 {
    font-size: .9375em;
}

p {
    /* Can't  combine  these  into
       font  shorthand  unless  declaring
       → the  font  family  with  them  at  the
       → same  time. */
    font-size: .875em;
    line-height: 1.6;
}

em,
a:link,
a:hover {
    font-weight: bold;
}

/* Table of Contents navigation */
.toc a {
    font-size: .75em;
}
```

B Esta página é idêntica à mostrada em **B**, em "Definindo a Altura da Linha".

DICA Um exemplo de combinação entre declarações `font-size`, `line-height` e `font-family` na abreviação **font** é `font:.875em/1.6 "Palatino Linotype", Palatino, serif;`. A altura da linha vem após o tamanho e a barra. Você também pode incluir `font-style`, `font-variant` e `font-weight`. A seguir, temos um exemplo com todas as propriedades possíveis em uma declaração de fonte: `font: italic small-caps bold .875em/1.6 "Palatino Linotype", Palatino, serif;`. A ordem das propriedades é importante. Você pode usar qualquer combinação das propriedades, desde que o tamanho e a família sejam declarados.

DICA Você também pode definir cada propriedade separadamente, mas deve combinar as propriedades com a abreviação da fonte sempre que possível.

DICA As primeiras três propriedades podem ser especificadas em qualquer ordem ou omitidas. Se você omiti-las, elas serão definidas como `normal` — o que pode não ser o que você esperava **A**.

DICA As propriedades de tamanho e família precisam ser sempre especificadas explicitamente: primeiro o tamanho, depois a família.

DICA A altura da linha, que é opcional, precisa vir logo após o tamanho e a barra.

DICA A propriedade `font` é herdada.

Definindo a Cor

Você também pode mudar a cor dos elementos de sua página Ⓐ.

Para definir a cor:

1. Digite `color:`.

2. Digite *nomedacor*, em que *nomedacor* é uma das cores pré-definidas (veja "Cores do CSS", no Capítulo 7).

   Ou digite *#rrggbb*, em que *rrggbb* é a representação hexadecimal da cor. Esta é a forma mais comum de especificar cores.

   Ou digite `rgb(`*r, g, b*`)`, em que *r*, *g* e *b* são números inteiros de 0 a 255 que especificam a quantia de vermelho, verde e azul, respectivamente, da cor desejada.

   Ou digite `rgb(`*r%, g%, b%*`)`, em que *r*, *g* e *b* dão a porcentagem de vermelho, verde e azul da cor desejada.

   Ou digite `hsl(`*h, s, l*`)`, em que *h* é um número inteiro de 0 a 360 que especifica a matiz, e *s* e *l* são as porcentagens entre 0 e 100 que especificam a quantia de saturação e claridade, respectivamente, da cor desejada. (Geralmente, é melhor utilizar os hexadecimais ou RGB para cores não-transparentes.)

Ⓐ Você pode usar nomes de cores, hexadecimais, ou valores RGB, HSL, RGBA ou HSLA para definir suas cores. Repare que as cores de **a:visited** e **a:hover** (**#909** e **#c3f**, respectivamente) usam a abreviação discutida na segunda dica.

```
body {
    color: #909;
    font: 100% "Palatino Linotype", Palatino,
    → serif;
}

h1,
h2 {
    color: navy;
    font: 1.375em "Arial Black", Arial,
    → sans-serif;
}

h2 {
    font-size: .9375em;
}

p {
    font-size: .875em;
    line-height: 1.6;
}

em {
    font-weight: bold;
}

/* Links */
a:link {
    color: #74269d;
    font-weight: bold;
}

a:visited {
    color: #909;
}

a:hover {
    color:  #c3f;
    font-weight: bold;
}

/* Table of Contents navigation */
.toc a {
    font-size: .75em;
}
```

B Os cabeçalhos são azul-marinho e o texto, roxo claro. Os links estão em roxo escuro, mas ficam mais claros após serem visitados, ou ficam com um tom de rosa quando apontados, para que se destaquem.

Ou digite **rgba(*r, g, b, a*)**, em que *r*, *g* e *b* são números inteiros de 0 a 255 que especificam a quantia de vermelho, verde e azul, e *a* é um decimal entre 0 e 1 que especifica a quantia de transparência alpha da cor desejada.

Ou digite **hsla(*h, s, l, a*)**, em que *h* é um número inteiro de 0 a 360 que especifica a quantia de saturação e claridade, *s* e *l* são porcentagens entre 0 e 100 que especificam a quantia de saturação e claridade, e *a* é um decimal entre 0 e 1 que especifica a quantia de transparência alpha da cor desejada.

DICA Se você digitar um valor maior do que 255 para r, g ou b, 255 será usado. Da mesma forma, uma porcentagem acima de 100 será substituída por 100.

DICA Você também pode usar #rgb para definir a cor em que os valores hexadecimais são dígitos repetidos. Na verdade, eu recomendo isso. Então, você pode (e deve) escrever #FF0099 como #F09 ou #f09.

DICA O número hexadecimal não deve ser colocado entre aspas.

DICA Lembre-se de que o Internet Explorer não suportava HSL, RGBA e HSLA até o IE9, então caso use qualquer um destes em suas declarações de cores, você terá que definir cores de fallback para as versões mais antigas do IE. Veja "Cores do CSS", no Capítulo 7 para mais detalhes.

DICA A propriedade color é herdada.

Formatando o Texto com Estilos **259**

Modificando o Background do Texto

Você pode definir o background para elementos individuais, para toda a página ou qualquer combinação dos dois **A**. Ao fazê-lo, é possível alterar o background de apenas alguns parágrafos ou palavras, links com diferentes estados, seções de conteúdo, etc.

Para modificar o background do texto:

1. Digite `background:`.

2. Digite **transparent** ou *color*, em que *color* é o valor do nome da cor, do hexadecimal, rgb, hsl rgba ou hsla (veja "Definindo a Cor"). As cores hexadecimais são as mais comuns.

3. Se desejar, digite **url(*image.gif*)** para usar uma imagem de background, em que *image.gif* é o caminho e o nome do arquivo da imagem relativos à localização da folha de estilo.

   Se desejar, digite **repeat** para repetir a imagem tanto na horizontal quanto na vertical, ou **repeat-x** para repeti-la apenas na horizontal, ou **repeat-y** para repeti-la apenas na vertical, ou **no-repeat** para não repetir a imagem.

   Se desejar, digite **fixed** ou **scroll** para determinar se o background deve descer junto com a tela. (Se não especificar, **scroll** é definido como padrão, na maioria dos casos.)

   Se desejar, digite *x y* para definir a posição da imagem de background, em que *x* e *y* podem ser expressos em uma distância absoluta ou em uma porcentagem do canto superior esquerdo. Ou use os valores **left**, **center** ou **right** para x e **top**, **center** ou **bottom** para y.

A Definir a cor de background do elemento **body** colore o background da página toda. O background definido no elemento com a classe **toc** distingue o índice das outras partes da página **B**.

```
body {
    background:    #eef;
    color: #909;
    font: 100% "Palatino Linotype", Palatino,
    → serif;
}

... [other CSS is here] ...


/* Table of Contents navigation */
.toc {
    background: #ebc6f9;
}

.toc a {
    font-size: .75em;
}
```

260 Capítulo 10

B O background do elemento **body** é azul claro, e o do índice é roxo claro.

Múltiplos backgrounds e Mais com o CSS3

O CSS3 apresenta diversas novas capacidades relacionadas ao background, incluindo os há muito esperados múltiplos backgrounds, redimensionamento de background, e muito mais. Você pode aprender sobre alguns deles no Capítulo 14. Veja www.w3.org/TR/css3-background/ (em inglês) se quiser se aprofundar nesses novos recursos.

DICA Você pode especificar tanto uma cor quanto uma URL de uma imagem para o background. A cor será usada até que a imagem seja carregada – ou se não puder ser carregada por algum motivo – e será vista através de qualquer parte transparente da imagem. Se você definir uma imagem de background para um elemento, é geralmente uma boa prática definir uma cor de background que proporcione um contraste suficiente entre a cor do texto e o background. Isso vai garantir que seu texto permaneça legível se seu visitante desativar as imagens do navegador ou se a imagem não carregar por alguma razão. Se você não definir explicitamente uma cor de background, ele terá a cor que herdar de seu pai, como o branco padrão do elemento body. Isso vai `lhe` causar problemas caso esteja planejando exibir um texto claro em uma imagem de background escura. Veja a barra lateral "Mais sobre Backgrounds" para mais detalhes.

DICA Crie contraste suficiente entre o background e o primeiro plano para que seus visitantes consigam ler o texto. Isso não apenas ajuda o usuário médio, mas como também é importante para a acessibilidade. O contraste é muito importante para os daltônicos.

DICA A propriedade `background` não é herdada.

Mais sobre Backgrounds

A propriedade **background** é poderosa e você encontrará diversas ocasiões para usá-la. Compreensivelmente, você pode ter ficado com um pouco de dúvida sobre como aproveitar o passo 3 de "Para Modificar o background do texto". Aqui está um exemplo:

```
body {
  background: #f0c url(bg-page.png) repeat-x scroll 0 0;
}
```

Isso é, na verdade, uma notação abreviada, assim como você usa a propriedade **font** para combinar com **font-family**, **font-size**, **font-height**, etc em uma declaração.

Indo da esquerda para a direita, aquela notação abreviada do **background** poderia ser reescrita assim:

```
body {
    background-color: #f0c;
    background-image: url(bg-page.png);
    background-repeat: repeat-x;
    background-attachment: scroll;
    background-position: 0 0;
}
```

Trata-se de muito código, então você pode ver por que a abreviação é o caminho a ser seguido, a menos que haja um motivo para fazer uma divisão. Na verdade, é possível deixar nosso exemplo ainda menor removendo os valores padrões **scroll** e **0 0**:

```
body {
    background: #foc url(bg-page.png) repeat-x;
}
```

Na prática, sua URL será algo como **../img/bg-page.png**, porque você não quer que suas imagens fiquem na mesma pasta que as folhas de estilo.

Então, o que isso faz? Imagine que a imagem de background, **bg-page.png**, é um modelo repetitivo de 15 pixels de largura com 600 de altura. A regra resumida do exemplo acima diz: "Repita a imagem infinitamente na horizontal e mostre a cor **#f0c** infinitamente onde a imagem não estiver." Então você veria a imagem em todos os primeiros 600 pixels de altura. Onde quer que o conteúdo seja maior do que 600 pixels, você verá **#f0c** (rosa choque, perfeito para seu site de tributo a Hello Kitty).

262   Capítulo 10

Mais sobre Backgrounds *(continuação)*

Pode-se presumir que a imagem foi feita para se misturar suavemente com a cor, para que seus visitantes não vejam uma clara linha de separação indicando onde a imagem termina e a cor começa. E porque o **background** foi definido para o **body**, todo o conteúdo da página fica em cima da imagem e da cor do background. Se procurar sobre o CSS em quase todos os sites, é bem provável que você encontre alguma variação do **background** definida no **body**.

Aqui estão mais alguns exemplos para lhe dar uma ideia das possibilidades:

Cor de background preta combinada com uma imagem que se repete infinitamente na vertical.

```
body {
    background: #000 url(../../image/bg-page.png) repeat-y;
}
```

Imagem de background que se repete infinitamente em todas as direções. A cor amarela aparece se a imagem não aparecer ou enquanto ela carrega.

```
body {
    background: yellow url(../img/bg-smiley-faces.png);
}
```

Background verde escuro com uma imagem de background que não se repete e que está posicionada a 200 pixels da borda esquerda da página e a 125 pixels do topo. Valores negativos também são permitidos. Use **center** para centralizá-la na página.

```
body {
    background: #3f8916 url(../../img/bg-gumby.png) no-repeat 200px 125px;
}
```

Eu foquei em backgrounds do **body** por causa de seu impacto no design da página, mas você pode aplicar as propriedades **background** a qualquer elemento. Então, caso realmente quisesse, você poderia colocar uma foto de Telly Savalas como background de todos os seus parágrafos. Na verdade, eu o *encorajo* a fazer isso.

Formatando o Texto com Estilos **263**

Controlando o Espaçamento

Você pode aumentar ou reduzir o espaçamento entre as palavras (chamado de tracking) ou entre as letras (chamado de kerning) **A**.

Para especificar tracking:

Digite **word-spacing:** *length*, em que *length* é um número com unidades, como em **0.4em** ou **5px**.

Para especificar kerning:

Digite **letter-spacing:** *length*, em que *length* é um número com unidades, como em **0.4em** ou **5px**.

DICA Você pode usar valores negativos para o espaçamento de letras e palavras.

DICA Os valores de espaçamento de palavras ou letras também podem ser afetados pela sua escolha do alinhamento e da família da fonte.

DICA Use o valor `normal` ou `0` para retornar o espaçamento das palavras ou letras ao normal (isto é, para não adicionar espaços extras).

DICA Se você usar um valor em, apenas o tamanho resultante (ou "valor computado") será herdado. Então, um pai de 16 pixels com .1em extra de espaçamento de palavra terá 1,6 pixels a mais de espaço entre as palavras, não importando o tamanho de sua fonte. Defina explicitamente o espaçamento extra para os elementos filhos se precisar sobrepor tal valor.

DICA As propriedades `word-spacing` e `letter-spacing` são herdadas.

A Aqui adicionei .4em de espaço extra entre as letras do cabeçalho que, com uma fonte de 22 pixels, significará quase 9 pixels entre cada letra **B**.

```
body {
    background: #eef;
    color: #909;
    font: 100% "Palatino Linotype", Palatino,
    → serif;
}

h1,
h2 {
    color: navy;
    font: 1.375em "Arial Black", Arial,
    → sans-serif;
    letter-spacing: .4em;
}

h2 {
    font-size: .9375em;
}

... [rest of CSS] ...
```

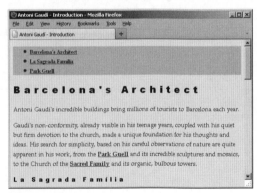

B As letras do cabeçalho agora têm mais espaço entre elas.

Ⓐ Este código adiciona 1.5em de indentação aos elementos **p**, que, com uma fonte de 14 pixels, terão uma indentação de aproximadamente 21 **Ⓑ**.

```
body {
    background: #eef;
    color: #909;
    font: 100% "Palatino Linotype", Palatino,
    → serif;
}

h1,
h2 {
    color: navy;
    font: 1.375em "Arial Black", Arial,
    → sans-serif;
    letter-spacing: .4em;
}

h2 {
    font-size: .9375em;
}

p {
    font-size: .875em;
    line-height: 1.6;
    text-indent: 1.5em;
}
... [rest of CSS] ...
```

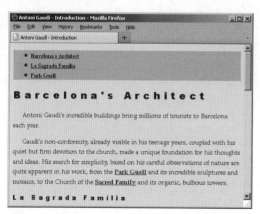

Ⓑ Cada parágrafo tem 21 pixels de indentação.

Adicionando Indentação

Você pode determinar o espaçamento que deve anteceder a primeira linha de um parágrafo definindo a propriedade **text-indent** **Ⓐ**.

Para adicionar indentação:

Digite **text-indent:** *length*, em que *length* é um número com unidades, como em **1.5em** ou **18px**.

DICA Um valor negativo cria um hanging indent. Você pode precisar aumentar o padding ou as margens em volta da caixa de texto com um hanging indent para acomodar o texto overhanging. (Veja "Adicionando Padding ao Redor de um Elemento" e "Definindo as Margens ao Redor de um Elemento", no Capítulo 11.)

DICA Os valores em, como sempre, são calculados em relação ao tamanho da fonte do elemento. As porcentagens são calculadas baseadas na largura do elemento pai.

DICA A propriedade **text-indent** é herdada.

DICA Se você usar um porcentagem ou valor em, apenas o tamanho resultante (ou "valor computado") é herdado. Então, se o pai tiver 300 pixels de largura, um text-indent a 10% terá 30 pixels. E todos os elementos filhos também terão suas primeiras linhas indentadas a 30 pixels, não importando a largura de seus respectivos pais.

DICA Use o valor 0 para remover uma indentação herdada.

Formatando o Texto com Estilos **265**

Definindo as Propriedades de Espaço em Branco

Por padrão, múltiplos espaços e retornos no documento HTML são exibidos como um espaço simples, ou ignorados. Se quiser que o navegador exiba esses espaços extras, use a propriedade **white-space**.

Para definir as propriedades do espaço em branco:

1. Digite **white-space:**.

2. Digite **pre** para que os navegadores exibam todos os espaços e retornos no texto original.

   Ou digite **nowrap** para tratar todos os espaços sem quebra de linha.

   Ou digite **normal** para tratar todos os espaços como de costume.

Ⓐ O valor **nowrap** para **white-space** trata os espaços sem quebra de linha.

```css
body {
    background: #eef;
    color: #909;
    font: 100% "Palatino Linotype", Palatino,
    → serif;
}

h1,
h2 {
    color: navy;
    font: 1.375em "Arial Black", Arial,
    → sans-serif;
    letter-spacing: .4em;
}

h2 {
    font-size: .9375em;
}

p {
    font-size: .875em;
    line-height: 1.6;
    text-indent: 1.5em;
}

.intro {
    white-space: nowrap;
}
... [rest of CSS] ...
```

B Apenas para efeito de demonstração, adicionei uma classe **intro** para que possa ver como o **nowrap** afeta a exibição do primeiro parágrafo.

```
...
<h1 id="gaudi">Barcelona's Architect</h1>

    <p class="intro">  Antoni Gaudi's
    → incredible buildings bring millions of
    → tourists to Barcelona each year.</p>

    <p>Gaudi's non-conformity, already
    → visible in his teenage years, coupled
    → with his quiet but firm devotion to
    → the church, made a unique foundation
    → for his thoughts and ideas...</p>
...
```

Como exemplo, mostrei como aplicar o valor **nowrap** ao primeiro parágrafo (**A** e **B**). Como pode ver, ele evita que a linha se quebre **C**. No entanto, como não queremos esse efeito na página, passarei a omitir dos próximos exemplos a **class** e o CSS associado.

DICA O valor pre para a propriedade white-space recebe seu nome do elemento pre, e exibe o texto em uma fonte monoespaçada, mantendo todos os seus espaços e retornos. O elemento pre, por sua vez, foi batizado da palavra "pré-formatado". Você pode encontrar mais informações sobre o pre no Capítulo 4.

DICA Repare que o valor pre para a propriedade white-space não afeta a fonte do elemento (ao contrário do elemento pre, que os navegadores exibem com uma fonte monoespaçada por padrão).

DICA Você pode usar o elemento br para quebrar linhas manualmente em um elemento estilizado com white-space:nowrap. Isto posto, a menos que não haja outra alternativa, é melhor evitar o uso do br, já que ele mistura a apresentação com o HTML, em vez de deixar que o CSS cuide disso. Para mais detalhes sobre o elemento br, consulte "Criando uma Quebra de Linha", no Capítulo 4.

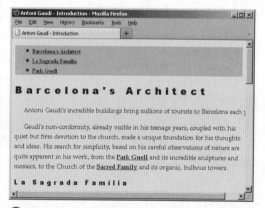

C O primeiro parágrafo não será quebrado, mesmo se a janela do navegador estiver muito pequena para exibir a linha inteira. Como resultado, uma barra de rolagem horizontal aparece.

Formatando o Texto com Estilos **267**

Alinhando o Texto

Você pode definir o texto para que ele sempre se alinhe à direita, à esquerda, ao centro ou justificado, conforme desejar Ⓐ.

Para alinhar o texto:

1. Digite **text-align:**.

2. Digite **left** para alinhar o texto à esquerda.

   Ou digite **right** para alinhá-lo à direita.

   Ou digite **center** para centralizá-lo.

   Ou digite **justify** para alinhar o texto tanto à direita quanto à esquerda.

Ⓐ O alinhamento do cabeçalho e do texto do parágrafo é ajustado após estas mudanças. Não se esqueça do hífen em **text-align**.

```
body {
    background: #eef;
    color: #909;
    font: 100% "Palatino Linotype", Palatino,
    → serif;
}

h1,
h2 {
    color: navy;
    font: 1.375em "Arial Black", Arial,
    → sans-serif;
    letter-spacing: .4em;
    text-align: center;
}

h2 {
    font-size: .9375em;
}

p {
    font-size: .875em;
    line-height: 1.6;
    text-align: justify;
    text-indent: 1.5em;
}

... [rest of CSS] ...
```

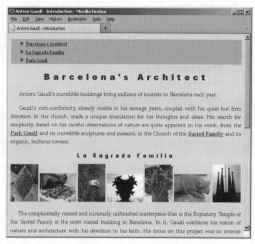

B Após as mudanças, os cabeçalhos estão centralizados, enquanto que o texto do parágrafo está justificado.

DICA Se escolher justificar o texto, esteja ciente de que o espaçamento das letras e palavras pode ser afetado. Para mais informações, veja "Controlando o Espaçamento".

DICA Repare que a propriedade `text-align` apenas pode ser aplicada aos elementos que estão definidos para `display: block` ou `display: inline-block`. Elementos como `p` e `div` estão definidos, por padrão, para `display: block`. Antes do HTML5, esses tipos de elementos eram conhecidos como nível de bloco. Suas configurações padrões permanecem as mesmas no HTML5, mas eles não são mais chamados de nível de bloco para não igualar a semântica do HTML com a aparência. Então, esta questão se aplica essencialmente ao phrasing content (elementos "inline" nos tempos pré-HTML5), como `strong`, em, a, `cite`, entre outros, que aparecem dentro do contexto das sentenças, cabeçalhos, etc. Se quiser alinhar individualmente *esses* elementos, e não junto com o texto ao redor, você precisa primeiro sobrepor o estilo padrão `display: inline` usando o `display: block` ou `display: inline-block`, para, só então, definir o `text-align` apropriadamente. Para aqueles com `display: inline-block`, você pode precisar adicionar uma largura para ver o efeito. Na verdade, as ocasiões em que precisará configurar o `text-align` em um conteúdo "inline" são muito limitadas.

DICA A propriedade `text-align` é herdada. Seu valor padrão deve depender da língua do documento e sistema de escrita, mas na maioria das vezes ele está inadvertidamente configurado para a esquerda (`left`).

Formatando o Texto com Estilos **269**

Alterando a Caixa do Texto

Você pode definir a caixa do texto usando a propriedade **text-transform** Ⓐ. Desta forma, é possível exibir o texto com as primeiras letras em maiúsculas, com todas em maiúsculas Ⓑ, com todas em minúsculas, ou como foram digitadas.

Para alterar a caixa do texto:

1. Digite **text-transform:**.
2. Digite **capitalize** após os dois pontos (:) para colocar o primeiro caractere de cada palavra em maiúsculas.

   Ou digite **uppercase** para deixar todas as letras em maiúsculas.

   Ou digite **lowercase** para deixar todas as letras em minúsculas.

   Ou digite **none** para deixar o texto como ele é (possivelmente cancelando um valor herdado).

DICA O valor `capitalize` tem suas limitações. Ele não sabe quando uma palavra de uma língua não deve ser escrita com letra maiúscula, ele apenas deixa maiúscula a primeira letra de cada palavra. Então, um texto em seu HTML como "Jim Rice entra para o Hall da Fama", ficaria como "Jim Rice Entra Para O Hall Da Fama".

DICA Por que usar o **text-transform** se você pode simplesmente mudar o texto no HTML? Bem, às vezes o conteúdo está além do seu alcance. Por exemplo, ele pode estar armazenado em um banco de dados ou ter sido retirado de um feed de notícias de um site. Nesses casos, você depende do CSS para ajustar o texto. Além disso, se quiser que todo o texto seja em maiúsculas, use **text-transform: uppercase** na maior parte do tempo. Os sites de busca normalmente exibem o texto da forma que ele foi digitado no HTML, e o texto pode ser mais legível nos resultados da busca.

DICA O valor `lowercase` pode ser útil para criar cabeçalhos estilosos (ou caso você seja e.e. cummings).

DICA A propriedade **text-transform** é herdada.

Ⓐ Decidi exibir o cabeçalho do nível 1 com todas as letras em maiúsculas para dar mais ênfase Ⓑ.

```
body {
    background: #eef;
    color: #909;
    font: 100% "Palatino Linotype", Palatino,
    → serif;
}

h1,
h2 {
    color: navy;
    font: 1.375em "Arial Black", Arial,
    → sans-serif;
    letter-spacing: .4em;
    text-align: center;
}

h1 {
    text-transform:  uppercase;
}

h2 {
    font-size: .9375em;
}

... [rest of CSS] ...
```

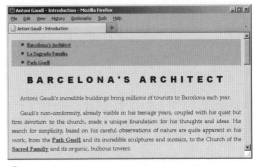

Ⓑ Agora o cabeçalho realmente se destaca.

Ⓐ Mudei o **h2** para **small-caps** e também aproveitei a oportunidade para aumentar um pouco o tamanho da fonte para que ela ficasse mais proporcional ao **h1** Ⓑ. Não se esqueça do hífen em **font-variant** e **small-caps**.

```
body {
    background: #eef;
    color: #909;
    font: 100% "Palatino Linotype", Palatino,
    → serif;
}

h1,
h2 {
    color: navy;
    font: 1.375em "Arial Black", Arial,
    → sans-serif;
    letter-spacing: .4em;
    text-align: center;
}

h1 {
    text-transform: uppercase;
}

h2 {
    font-size: 1.15em;
    font-variant: small-caps;
}

... [rest of CSS] ...
```

Usando Caixa Baixa

Muitas fontes possuem uma variação correspondente em caixa baixa que inclui versões de letras maiúsculas reduzidas proporcionalmente ao tamanho menor. Você pode acionar a variação em caixa baixa com a propriedade **font-variant** Ⓐ.

Para usar uma fonte em caixa baixa:

Digite **font-variant: small-caps**.

Para remover a caixa baixa:

Digite **font-variant: none**.

DICA Letras em caixa baixa são mais leves do que as maiúsculas que tiveram seu tamanho reduzido.

DICA Nem todas as fontes possuem um design correspondente em caixa baixa. Se o navegador não puder encontrar tal design, ele tem algumas alternativas. Ele pode imitar a caixa baixa, simplesmente reduzindo o tamanho das letras maiúsculas (o que faz com que elas se pareçam atarracadas), ele pode ignorar a caixa baixa e mostrar todo o texto com letras maiúsculas (parecido com **text-transform: uppercase**, descrito anteriormente), ou, teoricamente, ele pode escolher a próxima fonte da lista para ver se ela tem um design em caixa baixa (embora nunca tenha visto isso acontecer).

DICA A propriedade **font-variant** é herdada.

Ⓑ Agora você vê letras minúsculas para cada letra do **h2**. A renderização das minúsculas pode variar um pouquinho entre os navegadores.

Formatando o Texto com Estilos **271**

Decorando o Texto

As folhas de estilo permitem que você enfeite seu texto com sublinhados e linhas sobre o texto (talvez para indicar mudanças) **A**.

A Aqui está a folha de estilo completa para a página **B**, incluindo as mudanças **text-decoration** aos links. Entretanto, você não precisa restringir aos elementos **a** o sublinhado ou outras decorações de texto. Elas também podem ser aplicadas a outros elementos.

```
body {
    background: #eef;
    color: #909;
    font: 100% "Palatino Linotype", Palatino,
    → serif;
}

h1,
h2 {
    color: navy;
    font: 1.375em "Arial Black", Arial,
    → sans-serif;
    letter-spacing: .4em;
    text-align: center;
}

h1 {
    text-transform: uppercase;
}

h2 {
    font-size: 1.15em;
    font-variant: small-caps;
}

p {
    font-size: .875em;
    line-height: 1.6;
    text-align: justify;
    text-indent: 1.5em;
}
```

```
em {
    font-weight: bold;
}

/* Links */
a:link {
    color: #74269d;
    font-weight: bold;
    text-decoration: none;
}

a:visited {
    color: #909;
    text-decoration: none;
}

a:hover {
    color: #c3f;
    font-weight: bold;
    text-decoration: underline;
}

/* Table of Contents navigation */
.toc {
    background: #ebc6f9;
}

.toc a {
    font-size: .75em;
}
```

o código continua na próxima coluna

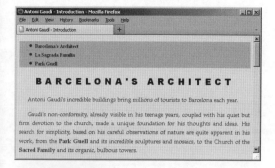

Para decorar um texto:

1. Digite **text-decoration:**.
2. Digite **underline** após os dois pontos (:) para sublinhar o texto.

   Ou digite **overline** para adicionar uma linha sobre o texto.

   Ou digite **line-through** para riscá-lo.

Para se livrar das decorações:

Digite **text-decoration: none;**.

DICA Você pode eliminar decorações de elementos que normalmente as têm (como a, del ou ins) ou de elementos que as herdam de seus pais.

DICA Enquanto é perfeitamente possível remover os sublinhados dos links, certifique-se de distingui-los o suficiente do texto ao redor, senão os visitantes não saberão que eles podem ser acionados.

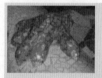

B No topo da imagem, você pode ver que o sublinhado foi removido de todos os links, incluindo aqueles no índice. Mais para baixo da página, há outro link, que está em itálico porque é o título do livro. Assim, o marquei com o elemento **cite** dentro do link (o estilo padrão do **cite** é em itálico). A imagem de baixo mostra o sublinhado que adicionei aos links que estão sendo apontados para encorajar o usuário a fazer alguma coisa. Eu defini a cor de **a:hover** como **#c3f** anteriormente neste capítulo.

Layout com Estilos

Você pode criar uma grande variedade de layouts com o CSS. Este capítulo demonstra como construir um tipo de layout comum: uma cabeça no topo, duas colunas de conteúdo e um rodapé Ⓐ (na próxima página). No entanto, você pode aplicar as outras propriedades do CSS que aprender para fazer vários layouts diferentes.

Eu não mostrarei cada linha do CSS neste capítulo. Por exemplo, a maioria da formatação do texto foi feita antes da hora. Por favor, veja o código completo em www.bruceontheloose.com/htmlcss/examples/chapter-11/finished-page.html (em inglês). Também criei uma versão com largura fixa (sem fluxo interior) chamada finished-page-fixed-width.html, assim você pode ver como aquilo pode ser alcançado. Incluí diversos comentários a esses arquivos (especialmente nas folhas de estilo) para ajudar a explicar o código.

Neste Capítulo

Considerações ao Começar um Layout	276
Estruturando Suas Páginas	279
Estilizando Elementos do HTML5 em Navegadores Antigos	286
Redefinindo ou Normalizando Estilos Padrões	290
O Modelo Caixa	292
Modificando o Background	294
Definindo a Altura ou a Largura de um Elemento	298
Definindo as Margens ao Redor de um Elemento	302
Adicionando Padding ao Redor de um Elemento	304
Fazendo os Elementos Flutuarem	306
Controlando Onde os Elementos Flutuam	308
Definindo a Borda	311
Deslocando Elementos do Fluxo Natural	314
Posicionando Elementos Absolutamente	316
Posicionando Elementos em 3D	318
Determinando Como Tratar Overflow	320
Alinhando Elementos Verticalmente	322
Modificando o Cursor	323
Exibindo e Ocultando Elementos	324

Considerações ao Começar um Layout

Aqui estão algumas coisas para ajudá-lo conforme você projeta seus próprios sites e faz os últimos ajustes antes de lançá-los neste mundo selvagem.

Separação de conteúdo e apresentação

- Como uma melhor prática, sempre separe seu conteúdo (HTML) da apresentação (CSS). Você aprendeu como fazer isso no Capítulo 8, vinculando a uma folha de estilo externa. Se fizer isso para todas as suas páginas, elas podem compartilhar do mesmo layout e estilo. Isso também facilita a alteração do design de todo o site no futuro, com apenas a mudança do arquivo ou arquivos CSS.

Considerações sobre navegadores

- Nem todos os visitantes usarão os mesmos navegadores, sistemas operacionais ou até mesmo aparelhos quando acessarem seu site. Então, na maioria dos casos, você vai querer testar suas páginas em vários navegadores antes de mandá-las ao servidor. Eu recomendo que teste uma página com frequência em alguns navegadores conforme você a desenvolve, pois assim terá que resolver menos problemas na parte final, quando fizer testes mais abrangentes. Veja "Testando Sua Página", no Capítulo 20, para mais informações sobre como e em quais navegadores testar suas páginas.

- Às vezes, é necessário escrever as regras do CSS para versões específicas do IE para consertar problemas de exibição causados pelo mau comportamento do IE. Este é o caso do IE6 e, em menor quantidade, do IE7.

A Esta página, com duas colunas fluidas, com cabeça e rodapé foi montada com CSS. Será explicado passo a passo ao longo do capítulo:

Há algumas formas de se fazer isso, mas a melhor, do ponto de vista da performance, é usar comentários condicionais para criar classes específicas para as versões do IE no elemento **html**, que pode ser aproveitado das suas folhas de estilo. Veja http://paulirish.com/2008/conditional-stylesheets-vs-css-hacks-answer-neither/ (em inglês) para mais detalhes. Lá há muita coisa para ser analisada, então se estiver se perguntando qual código usar, ele vem logo após a seção "Throw it on the html tag" ("Jogue na tag do HTML) (leia também as notas após o código). Outra abordagem é usar comentários condicionais a serem entregues aos patches do IE em uma folha de estilo separada.

Eu disponibilizei um exemplo de ambas as técnicas nas amostras de códigos no site do livro. A primeira abordagem está em finished-page.html (veja a introdução deste capítulo), e a segunda está em finished-page-conditional-stylesheets. html, no mesmo diretório. Aprenda mais sobre comentários condicionais em www.quirksmode.org/css/condcom.html (em inglês).

Abordagens para o Layout

Há diversas formas de se fazer um layout.

- Um layout *fixo* tem larguras baseadas em pixels para toda a página e para cada coluna de conteúdo. Como seu nome sugere, sua largura não muda quando vista de aparelhos menores, como celulares ou tablets, ou quando a janela do navegador de um desktop está reduzida. As chances de você ter visto layouts fixos na web são grandes, especialmente em sites de grandes marcas e corporações. Os layouts fixos também são os mais fáceis de se pegar o jeito quando você está aprendendo CSS.

- Um layout *fluido* (ou líquido) usa porcentagens para as larguras, permitindo que a página se encolha ou se expanda dependendo das condições de visualização. Esta abordagem tem sido aprimorada para criar layouts com capacidade de *resposta* e *adaptação*, que não apenas podem encolher nos telefones e tablets, mas também alterar o design de formas específicas baseando-se no tamanho da tela. Isso permite que a experiência se adeque a todos os usuários de celulares, tablets e desktop de forma independente, com o mesmo HTML, sem que haja a necessidade de se criar três sites diferentes. (Ethan Marcotte criou o termo "web design responsivo" e o pacote de técnicas por trás dele. Veja seu artigo em *A List Apart* para ter uma ideia: www.alistapart.com/articles/responsive-web-design/ (em inglês). Ele é bem detalhista em seu livro *Responsive Web Design*, que eu realmente recomendo. Um layout com capacidade de adaptação usa algumas das mesmas técnicas.)

- Um layout *elástico* usa ems tanto para a largura quanto para qualquer outra propriedade relacionada ao tamanho. Assim, a página se dimensiona de acordo com as configurações do tamanho de fonte do usuário.

Não existe uma abordagem de layout que se adeque a todas as circunstâncias e, na verdade, existem até abordagens híbridas. Este capítulo ensina como fazer uma versão híbrida de um layout fluido e fixo: as colunas têm larguras fluidas, baseadas em porcentagens, então elas aumentam e diminuem, mas a largura da página em geral tem um valor máximo, que limita o quanto ela pode esticar.

Estruturando Suas Páginas

A grande razão de se usar o CSS é separar a formatação e as regras de estilo do conteúdo de sua página. Isso torna suas páginas mais fáceis de manter e dá a elas a flexibilidade de funcionar bem em diferentes navegadores, plataformas, aparelhos ou até mesmo na forma impressa. Além de formatar o estilo do texto, o CSS fornece uma grande variedade de como apresentar o layout geral de suas páginas. Você o aplica aos containers de conteúdo que representam os elementos estruturais principais da página, os quais aprendeu no Capítulo 3 Ⓐ (na próxima página). Com o CSS, sua cabeça, área do conteúdo principal, barra lateral, rodapé em nível de página, etc, ganham vida visualmente.

Para estruturar sua página:

1. Divida as seções lógicas de seu documento em elementos `article`, `aside`, `nav`, `section`, `header`, `footer` e `div`, conforme for apropriado. Aplique as funções landmark do ARIA como desejar. Veja o Capítulo 3 para mais detalhes sobre ambos. Em Ⓐ, você tem:

   ▸ Os `div`s do *container* e da *página* que são usados para aplicar um pouco de design e envolver a página

   ▸ Um `header` para o cabeçalho da página, que contém o logo, o slogan, a ferramenta de busca e a navegação principal

   ▸ Um `div` *principal* dividido em múltiplas *entradas* dos elementos `section` para conter o conteúdo principal

   ▸ Uma *barra lateral* `div` para acomodar uma coluna de opinião mensal e arquivar links na coluna da direita

   ▸ Um elemento `footer` em nível de página para uma sinopse da seção "sobre nós"

   (continua na página 282)

Layout com Estilos **279**

A Este é o documento que usarei ao longo do capítulo. Há quatro seções principais (cabeçalho, principal, barra lateral e rodapé) anexadas em dois containers envoltórios (container e página). Você encontra o arquivo completo em meu site (www.bruceontheloose.com/htmlcss/examples/chapter-11/finished-page.html – em inglês). Por padrão, a página é simples, mas funcional **B**.

```
...
<body>
<div id="container">
    <div id="page">
        <!-- ==== START MASTHEAD ==== -->
        <header id="masthead" role="banner">
            <p class="logo "><a href="/">photobarcelona&hellip; <span>capturing barcelona's cultural
            → treasures on film</span></a></p>

            <div>
                <nav role="navigation">
                    ... [list of links] ...
                </nav>

                <form method="get" role="search">
                    ...
                </form>
            </div>
        </header>
        <!-- end #masthead -->

        <!-- ==== START MAIN CONTENT ==== -->
        <div id="main" role="main">
            <h1>Recent Entries</h1>
            <!-- Start Entry #1 -->
            <section class="entry">
                <header>
                    <h2 lang="es">Hospital Sant Pau</h2>
                    <p class="date"><time datetime="2011-06-26" pubdate="pubdate">June 26, 2011</time></p>
                </header>

                ... [image] ...

                <div class="intro">
                    <p>The Saint Paul Hospital at the top ...</p>

                    <p class="continued"><a href="#">continued</a></p>
                </div>
            </section>
            <!-- end .entry #1 -->

            <!-- Start Entry #2 -->
            <section class="entry">
                ...
            </section>
            <!-- end .entry #2 -->
```

o código continua na próxima página

280 Capítulo 11

A continuação

```html
            <!-- Start Entry #3 -->
            <section class="entry">
               ...
            </section>
            <!-- end .entry #3 -->
        </div>
        <!-- end #main content -->

        <!-- ==== START SIDEBAR ==== -->
        <div id="related" class="sidebar" role="complementary">
            <aside class="excerpt">
               <h2>From my Window</h2>

               ...
            </aside>

            <aside class="archive">
               <nav role="navigation">
               <h2>Archive</h2>
                   ... [list of links] ...


                   ...
               </nav>
            </aside>
        </div>
        <!-- end #sidebar -->

        <!-- ==== START FOOTER ==== -->
        <footer id="footer" role="contentinfo">
            <h1>about this photoblog</h1>

            ...

            ... [list of images] ...
        </footer>
        <!-- end #footer -->
    </div>
    <!-- end #page -->
</div>
<!-- #container -->
</body>
</html>
```

Layout com Estilos **281**

2. Coloque seu conteúdo em uma ordem que seria mais útil se o CSS não fosse usado Ⓑ . Por exemplo: a cabeça, seguida pelo conteúdo principal, seguido por uma ou mais barras laterais, seguidas pelo rodapé em nível de página. Isso pode facilitar que o conteúdo mais importante seja exibido no topo para os visitantes com telas menores, como smartphones e tablets (e para usuários com aparelhos portáteis mais antigos, que não suportam o CSS). Você quer que eles vejam o conteúdo principal sem precisar utilizar demais a barra de rolagem. Além disso, os sites de busca "veem" sua página como se o CSS não tivesse sido aplicado, então, se você priorizar o conteúdo principal, eles conseguirão classificar seu site adequadamente. Por fim, os leitores de telas acessam o conteúdo da mesma forma – pela ordem do seu HTML (os usuários geralmente pulam para os títulos, em vez de ouvir a página inteira, mas de qualquer forma eles logo chegariam ao conteúdo principal).

3. Use os elementos de cabeçalho (**h1**-**h2**) consistentemente para identificar e priorizar a informação dentro das seções de sua página.

4. Use os comentários como desejar para identificar diferentes áreas e conteúdos de suas páginas. Como Ⓐ mostra, eu prefiro utilizar uma formatação diferente para os comentários,que marquem o início da seção, e não o fim.

Ⓑ Aqui está como sua página se parece, sem nenhum estilo, exceto o do próprio navegador. Graças à sua semântica sólida, ele é perfeitamente utilizável e inteligível.

DICA Você não precisa marcar a página inteira antes de aplicar o CSS. Na prática, é comum fazer o HTML de uma seção e depois aplicar parte do ou todo o CSS. Trata-se realmente de um gosto pessoal e de que tipo de processo funciona melhor para você. Para o exemplo neste capítulo, eu marquei todo o conteúdo com o HTML antes de estilizá-lo.

DICA Você pode ter notado que utilizei elementos `section` no exemplo Ⓐ para conter cada entrada parcial do blog. Se elas fossem entradas completas, eu as teria marcado com o elemento `article`, assim como faria para páginas dedicadas a entradas de blog completas e individuais. Minha ideia nesse caso seria que eu poderia sindicar uma postagem do blog completa, não apenas a porção da introdução incluída nas entradas parciais do exemplo. Usar o `article` para elas em vez do `section` não seria errado, só uma indicação de que os trechos seriam apropriados para sindicação. Veja o Capítulo 3 para diversos exemplos que usam `article` e `section` juntos ou separados.

Estilizando Elementos nos Seletores do CSS com as Funções Landmark do Aria Em Vez de ids

A página de exemplo Ⓐ inclui as funções landmark do ARIA nos elementos apropriados. No Capítulo 9, sugeri evitar ou minimizar o uso dos `id`s por motivos de estilização (veja a barra lateral daquele capítulo, na seção "Selecionando Elementos por Class ou ID").

É possível utilizar as funções landmark do ARIA em seus seletores CSS em alguns casos em que você possa estar pensando em usar `id`s.

Vamos usar o rodapé da página de Ⓐ como um exemplo. Aqui está o HTML:

```
<footer id="footer" role="contentinfo">
    ... page footer content ...
</footer>
```

E um pouco do CSS correspondente, abreviado, que usa seletores `id`:

```
#footer {
    border-top: 2px dotted #b74e07;
    clear: both;
}

#footer h1 {
    margin-bottom: .25em;
}
```

Agora, vamos simplificar o HTML removendo `id="footer"`, já que ele estava lá apenas para estilizar o rodapé (em vez de servir como um link de âncora apontando para o rodapé).

```
<footer role="contentinfo">
    ... page footer content ...
</footer>
```

Estilizando Elementos nos Seletores do CSS com as Funções Landmark do Aria Em Vez de ids *(continuação)*

As funções landmark são atributos, então você pode utilizá-las em seletores de atributo.

```
footer [role="contentinfo"]  {
    border-top: 2px dotted #b74e07;
    clear: both;
}

footer [role="contentinfo"]  h1 {
    margin-bottom: .25em;
}
```

A primeira regra diz: "Encontre o elemento **footer** com um atributo **role** que seja igual a **contentinfo**." A segunda diz: "Encontre o elemento **h1** *dentro* do elemento **footer** com um atributo **role** que seja igual a **contentinfo**."

Os resultados são exatamente os mesmos aos do CSS anterior em que usei seletores **id**.

Você pode fazer o mesmo com outros elementos que contenham funções landmark, e eu disponibilizei uma versão desta página de exemplo do capítulo que faz exatamente isso: www.bruceontheloose.com/htmlcss/examples/chapter-11/finished-page-selectors-with-landmark-roles.html (em inglês). Veja uma discussão relacionada de Jeremy Keith em http://adactio.com/journal/4267/ (também em inglês).

Por favor, repare que o IE6 não suporta seletores de atributo, então esta abordagem pode não ser para você, dependendo de seu público.

Um lembrete importante: é fundamental que você use as funções landmark apenas onde for apropriado em suas páginas. Não adicione uma simplesmente para ter um gancho para aplicar estilos a um elemento. Nesses casos, use uma classe. Veja "Melhorando a Acessibilidade com ARIA", no Capítulo 3, para relembrar as funções landmark.

Estilizando Elementos do HTML5 em Navegadores Antigos

Como você sabe, o HTML5 apresenta vários novos elementos semânticos, a maioria dos quais você aprendeu nos Capítulos 3 e 4. Em muitos casos, os navegadores modernos suportam esses elementos naturalmente. De um ponto de vista sobre a estilização, isso significa que esses navegadores aplicam estilos padrão aos novos elementos, assim como fazem com os elementos HTML que já existiam anteriormente. Por exemplo, elementos como **article**, **aside**, **nav** e **section** (e alguns outros) são exibidos em suas próprias linhas, assim como **div**, **blockquote**, **p** e outros que foram definidos como elementos de nível de bloco em versões do HTML anteriores ao HTML5.

Você deve estar se perguntando, "E os navegadores antigos? Como posso utilizar os novos elementos do HTML5 se eles não existiam quando esses navegadores foram criados?"

Bem, a boa notícia é que a maioria dos navegadores permite que você estilize os elementos que eles ainda não suportam nativamente. O Internet Explorer é a exceção, mas há uma solução fácil que descrevo no passo 2. Então siga estes três passos fáceis na próxima seção para começar a estilizar páginas que têm elementos HTML5.

Para estilizar os novos elementos do HTML5 em todos os navegadores:

1. Adicione o código a seguir ao principal arquivo de folha de estilo do seu site (aquele que todas as páginas usam):

```
article, aside, figcaption,
→ figure, footer, header,
→ hgroup, menu, nav, section {
    display: block;
}
```

Sobre o HTML5 Shiv

Ao contrário dos navegadores mais populares, as versões até o Internet Explorer 8 *ignoram* os elementos do CSS que elas não suportam nativamente.

Felizmente, há uma forma de fazer essas versões do IE reconhecerem os elementos — você usa o `document.createElement("nomedoelemento")` do JavaScript para cada elemento, descoberta por Sjoerd Visscher. Por exemplo, `document.createElement ("aside")` faz o IE entender o elemento `aside`, então a regra de estilo no passo 1 de "Para estilizar os novos elementos do HTML5 em todos os navegadores" (e qualquer outro estilo que criar) faz efeito.

John Resig documentou esta abordagem, chamando-a de HTML5 shiv (também é conhecida como HTML5 shim). Mas, felizmente, você não precisa escrever o JavaScript para cada elemento do HTML5, porque Remy Sharp empacotou a abordagem de John em um arquivo JavaScript e a disponibilizou para a comunidade em html5shiv.googlecode. com/svn/trunk/html5.js. Contribuintes posteriores também o aprimoraram.

O uso do HTML5 shiv não poderia ser mais fácil. Simplesmente vincule-o com o arquivo, como mostrado no código destacado no passo 2 de "Para estilizar os novos elementos do HTML5 em todos os navegadores". (A parte do código que diz **[if lt IE 9]** significa que apenas versões *abaixo* do IE9 carregam o arquivo. Isso é conhecido como um comentário condicional.)

O HTML5 shiv também foi incorporado a algumas bibliotecas JavaScript, como Modernizr (www.modernizr. com/ – em inglês). Então, se você adicionar a Modernizr a suas páginas, não será preciso carregar o HTML5 shiv separadamente. Por acaso, a Modernizr é uma biblioteca bastante útil que permite que você detecte se um navegador suporta diversos recursos do HTML5 e CSS3. Vale a pena conferir!

Por quê: a maioria dos navegadores tratam os elementos que não reconhecem, por padrão, como elementos inline. Então esse pouquinho de CSS força essa nova semântica "parecida com o nível de bloco" do HTML5 ser renderizada em sua própria linha (o IE precisa de mais ajuda, descrita no próximo passo). `display: block;` é a mesma declaração aplicada aos elementos `div`, `blockquote`, `p`, e entre outros, por cada folha de estilo padrão embutida do navegador.

2. Para fazer com que os novos elementos funcionem nas versões anteriores ao Internet Explorer 9, adicione o seguinte código destacado ao elemento **head** (*não* ao elemento **header**) de cada página, preferencialmente após fazer o link com os arquivos CSS:

```
<!DOCTYPE html>
<html lang="en">
<head>
<meta charset="utf-8" />
<title>photobarcelona</title>
<link rel="stylesheet" href=
→ "assets/css/base.css" />
<!--[if lt IE 9]>
    <script  src="http://html5shiv.
    → googlecode.com/svn/trunk/
    → html5.js"></script>
<![endif]-->
</head>
<body>
...
```

Veja a barra lateral "Sobre o HTML5 Shiv" para entender por que isso é necessário e o que ele faz.

3. Agora, faça a estilização com o CSS como quiser!

Você pode se deparar com alguma falha enquanto estilizar os elementos, mas não terá problemas na maior parte do tempo.

Layout com Estilos **287**

Há um inconveniente sobre essa abordagem e opções alternativas. Por causa da necessidade do JavaScript para estilizar os elementos do HTML5 no IE6 até o IE8, os usuários cujos navegadores não suportarem ou tiverem o JavaScript desativado verão os elementos do HTML5 sem estilização e possivelmente bagunçados. Você pode não ligar para isso em um de seus próprios sites; muitos designers e desenvolvedores não se importam. Porém, se estiver fazendo um trabalho para um cliente, talvez você queira que eles aprovem o uso dos elementos do HTML5 que devem ser exibidos como blocos. Eles também podem fazer uma análise sobre os navegadores mais utilizados, antes de informar a decisão.

Abordagens alternativas:

- Caso não se sinta confortável de usar `article`, `section`, `nav` e outros elementos citados acima, no passo 1, você pode usar o `div` para todos os seus containers. É assim que as pessoas construíam sites antes da invenção do HTML5. É verdade que você diminuirá a riqueza semântica do seu site, mas é uma abordagem aceitável. Há até quem opte por utilizar classes que imitam os nomes dos novos elementos do HTML5 para se acostumar a eles. Por exemplo:

  ```
  <div class="header">...</div>
  <div class="article">...</div>
  <div class="section">...</div>
  ```

e assim por diante.

Ⓐ A página no IE6 quando o JavaScript está desativado, evitando que o arquivo HTML5 shiv seja executado. A parte do cabeçalho da página parece meio quebrada, mas a página como um todo está intacta.

- Caso realmente use os novos elementos, você pode escrever seletores do CSS que atinjam outros elementos o máximo possível, reduzindo o impacto quando o JavaScript estiver desligado. Neste capítulo, fiz isso várias vezes com o layout da página. Ela não tem a mesma aparência no IE6 quando o JavaScript está desativado, mas ainda assim dá para visualizá-la Ⓐ.

DICA **Você pode baixar o `html5.js` (o arquivo do HTML5 shiv) e adicioná-lo aos arquivos em seu site, em vez de apontar para http://html5shiv.googlecode.com/svn/trunk/html5.js. Mas como ele é atualizado periodicamente, não é uma má ideia carregá-lo do Google Code, utilizando o código no passo 2 de "Para estilizar os novos elementos do HTML5 em todos os navegadores".**

Layout com Estilos **289**

Redefinindo ou Normalizando Estilos Padrões

Como mencionado, cada navegador tem uma folha de estilo acoplada que dita a apresentação do HTML, a menos que você escreva seu próprio CSS para substituí-la. Os estilos padrões dos navegadores são muito parecidos, mas eles apresentam diferenças que são levadas em conta antes de os desenvolvedores aplicarem o CSS.

Há duas formas de se acabar com as diferenças:

- Comece a folha de estilo principal com um CSS *reset*, como o Meyer reset, criado por Eric Meyer (http://meyerweb.com/eric/tools/css/reset/ – em inglês). Há ainda outras folhas de reset disponíveis.

- Comece a folha de estilo principal com **normalize.css**, criada por Nicholas Gallagher e Jonathan Neal. Encontre-as em http://necolas.github.com/normalize.css/ (siga o link "Get the normalize.css file" – página em inglês).

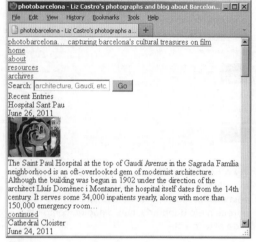

A Aqui está nossa página de exemplo com um reset aplicado a ela. As diferenças mais óbvias são que todos os tamanhos de fonte são os mesmos e todas as margens e paddings estão definidas como zero.

Um CSS reset define todos os estilos padrões dos elementos para "zero" Ⓐ. O segundo método, **normalize.css**, tem uma abordagem diferente. Em vez de resetar tudo, ele ajusta os estilos padrões para que eles fiquem parecidos entre os navegadores Ⓑ.

Você não precisa usar nenhuma dessas abordagens. Não há problema algum em deixar que os padrões do navegador permaneçam e você escrever seu CSS de acordo.

Para este capítulo, utilizei o Meyer Reset e estilizei o texto para começar a página. Então, antes de aplicar a estilização restante descrita neste capítulo, a página se parece com Ⓒ. Porque usei o reset, você poderá ver de forma mais explícita como o CSS mostrado neste capítulo afeta o layout. E, seguindo com o capítulo, você aprenderá como projetar uma página quando utilizar o reset, uma habilidade valiosa, dada a popularidade desta abordagem.

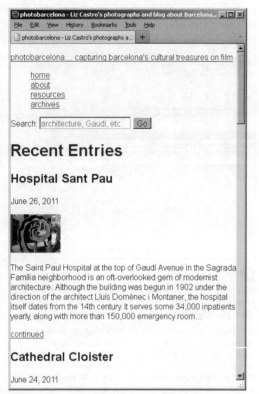

Ⓑ Aqui está a página de exemplo usando o **normalize.css** em vez do reset. É parecida com a página sem estilo, mas há diferenças. Mesmo assim, esta versão seria muito parecida se fosse exibida nos navegadores comuns de hoje.

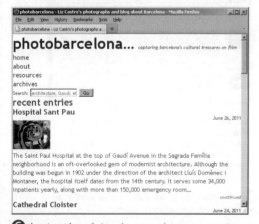

Ⓒ Aqui está a página de exemplo com o reset e formatação de texto aplicados. Você começará a estilizar o resto da página a partir daí, evoluindo-a ao longo do capítulo.

O Modelo Caixa

O CSS trata sua página como se cada elemento contido nela estivesse dentro de uma caixa invisível. Ela é feita de uma área de conteúdo, do espaço ao redor desta área (padding), o limite exterior do padding (borda), e o espaço invisível ao redor da borda que separa um elemento do outro (margem). É quase como uma foto emoldurada na parede, em que a foto é o conteúdo, o vidro é o padding, a moldura é a borda e a distância de uma moldura a outra é a margem Ⓐ.

Você pode usar o CSS para determinar tanto a aparência quanto a posição de cada elemento da caixa e, ao fazer isso, você terá um controle considerável sobre o layout de sua página Ⓑ.

Como discutido no Capítulo 1, por padrão um elemento da caixa pode estar no nível de bloco (portanto, começando em uma nova linha, como um novo parágrafo) ou inline (sem gerar uma nova linha). Essa característica define o layout inicial da página: por padrão, os elementos são exibidos na mesma ordem em que aparecem no código HTML, de cima para baixo – isso é conhecido como *fluxo do documento* –, com quebras de linha no começo e no fim de cada elemento estilizado como nível de bloco Ⓐ.

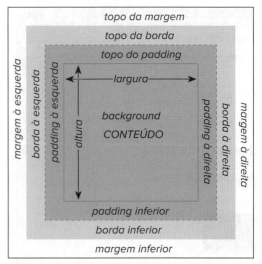

Ⓐ Cada elemento da caixa tem quatro propriedades importantes que determinam seu tamanho: área do conteúdo, padding, borda e margem. Você pode controlar cada propriedade individualmente.

O espaço entre a área do conteúdo e a borda é o padding. (Aqui, o padding tem 10 pixels de todos os lados.) A cor de background preenche ambas as áreas.

A área do conteúdo da barra lateral. A largura e a altura não foram especificadas explicitamente no CSS neste caso.

A margem é o espaço invisível além da borda. (Aqui há uma margem esquerda de 72% do container ao redor de toda a página.)

O limite externo é a borda. (Esta caixa não tem borda.)

Ⓑ O modelo de caixa sob o contexto da barra lateral em nossa página.

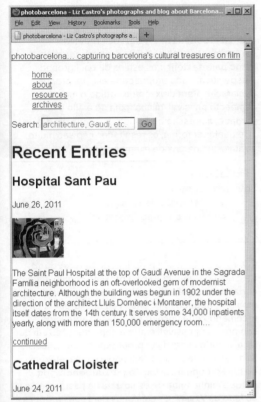

Há quatro formas principais de se posicionar uma caixa de elemento: você pode deixar a caixa no fluxo (o padrão, também chamado de *estático*; isso é o que você faz na maior parte do tempo), removê-la do fluxo e especificar suas coordenadas exatas em relação ao seu elemento pai (*absoluto*; para ser usado com cuidado) ou à janela do navegador (*fixo*; muito menos comum na prática), ou você pode mover a caixa em relação ao seu posicionamento padrão (*relativo*; mais ou menos usado). Além disso, se as caixas sobrepõem umas as outras, você pode especificar a ordem em que elas devem fazer isso (*z-index*).

Você também pode controlar sua aparência, incluindo seu **background**, **padding**, **border**, **margin**, **width**, **height**, **alignment**, **color**, etc. Vamos discutir todos eles neste capítulo.

Repare que algumas propriedades do layout, especialmente os valores em e de porcentagem, estão relacionados a um pai de um elemento. Lembre-se que o pai é um elemento que contém o elemento atual (veja "Pais e Filhos", no Capítulo 1).

DICA A ilustração em **A** foi inspirada no diagrama de modelo de caixa criado por Rich Hauck (que se inspirou no modelo da especificação do CSS): www.mandalatv.net/itp/drivebys/css/ (em inglês).

C Lembra-se da página de exemplo do começo do capítulo, antes que eu adicionasse qualquer estilo? Este é o fluxo do documento da página. E a ordem não foi alterada após o texto ter sido estilizado **D**.

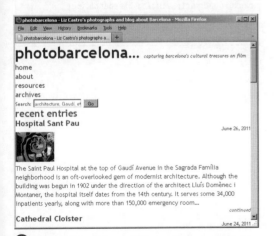

D Aqui está a página estilizada até o momento. O fluxo normal ainda está intacto, pois até agora só estilizei o texto.

Modificando o Background

Conforme aprendeu no Capítulo 10 ("Modificando o Background do Texto" e "Mais sobre Backgrounds"), você pode estilizar o background da página inteira e de elementos individuais Ⓐ. Isso inclui praticamente todos os elementos, até mesmo formulários e imagens (sim, uma imagem pode ter uma imagem de background!).

Para usar uma imagem de background:

1. Digite **background-image:**.

2. Depois digite **url(*image.png*)**, em que *image.png* é o caminho e o nome da imagem que deve ser usada de background Ⓐ. Ou digite **none** para não usar imagem alguma, como em **background-image: none;** (você só vai usar isso para substituir outra regra de estilo que esteja aplicando uma imagem de background ao elemento).

Para repetir uma imagem de background:

Digite **background-repeat: *direction***, em que *direction* é **repeat** (para repetir a imagem na vertical e horizontal), **repeat-x** (para repeti-la na horizontal), **repeat-y** (para repeti-la na vertical) Ⓐ, ou **no-repeat** (para não repeti-la nenhuma vez).

Ⓐ Primeiro, você aplica uma imagem de background ao container mais externo, o **div** com **id="container"**. Daí você repete isso verticalmente (o eixo y). Este é o caminho mais longo para se definir os estilos de background – especificar cada propriedade em sua própria declaração. Para deixar meu código o mais compacto possível, minha folha de estilo usa, na verdade, a notação abreviada mostrada em Ⓑ. De qualquer forma, os resultados não são muito atrativos na página de exemplo Ⓒ.

```
#container {
background-image:
→ url(../img/bg-bluebench.jpg);
    background-repeat: repeat-y;
}
```

Ⓑ Você pode usar a propriedade **background**, descrita no Capítulo 10 e na próxima página, para cortar caminho e aplicar de uma só vez mais de uma propriedade relacionada ao background. Eu recomendo que você use a notação abreviada sempre que possível, embora haja situações em que faça sentido especificar propriedades individuais. Sem relação alguma, o caminho à minha imagem de background é **../img/bg-bluebench.jpg** porque minha folha de estilo está na pasta que fica ao lado da **/img/**. Os caminhos para suas próprias imagens podem variar.

```
[code block figure]
#container {
background: url(../img/bg-bluebench.jpg)
→ repeat-y;
}
```

294   Capítulo 11

Ⓒ Esta página é um pequeno desastre neste momento; a imagem de background torna impossível ler o texto. Nós vamos acabar cobrindo a imagem de background para que o texto possa se tornar novamente legível. Mais tarde, vamos descascar a cobertura para deixar que um pouco do background apareça por trás.

Para controlar se a imagem de background é anexada:

1. Digite **background-attachment:**.

2. Depois digite **fixed** para colar a imagem de background na janela do navegador (o que significa que ela continuará aparecendo mesmo se o visitante rolar a página) ou **scroll** para deixá-la se mover quando o visitante descer a página. **scroll** é o valor padrão, então não é preciso especificá-lo se este for o efeito que quiser, o que geralmente é o caso.

Para especificar a posição de uma imagem de background de um elemento:

Digite **background-position: *x* *y***, em que *x* e *y* podem ser expressos como uma porcentagem ou uma distância absoluta, como **20px 147px** (valores negativos também são permitidos). Ou use os valores **left**, **center** ou **right** para *x*, e **top**, **center** ou **bottom** para *y*. (Veja a barra lateral "Mais sobre Backgrounds", no Capítulo 10, para alguns exemplos.)

Para modificar a cor do background:

1. Digite `background-color:`.

2. Digite **transparent** (para deixar que o background do elemento pai apareça no fundo), ou *color*, em que *color* é o nome de uma cor, uma cor hexadecimal, uma cor RGB, uma cor RGBA, uma cor HSL, ou uma cor HSLA (veja "Cores do CSS", no Capítulo 7) (Ⓓ até Ⓕ).

Para modificar todas as propriedades do background de uma só vez:

1. Digite `background:`.

2. Especifique qualquer valor aceitável para a propriedade do background (como descrito começando com "Para usar uma imagem de background" e continuando até "Para modificar a cor do background") em qualquer ordem (Ⓑ e Ⓓ).

DICA O padrão para `background-color` é `transparent`. O padrão para `background-image` é `none`. O padrão para `background-repeat` é `repeat`. O padrão para `background-attachment` é `scroll`. O padrão para `background-position` é `top left` (isso é o mesmo que `0 0`).

DICA Quando utilizar a propriedade abreviada do background, você não precisa especificar todas as propriedades. Mas esteja ciente que, se qualquer propriedade não especificada for definida com o valor padrão, ela pode substituir as regras de estilo que apareçam antes.

Ⓓ A propriedade `background-color` funciona para cada um destes, mas não é mais necessária, então usei novamente o atalho `background`. O background para o **page div** tornará o texto legível. (Eu modifico essa cor para branca mais tarde, neste capítulo). Em seguida, você adiciona um background aos links que são apontados, para deixar claro que eles são mesmo links. Você substitui esse efeito para o link do logo do site, dando a ele um background transparente para que o background da página apareça por trás quando o link for apontado. Por fim, você adiciona uma cor de background para a coluna que mostra o conteúdo no **sidebar.div**. Eu estou usando uma **class** para que o estilo possa receber outra função caso outra barra lateral ou item com estilo parecido seja adicionado mais tarde.

```
#container {
background: url(../img/bg-bluebench.jpg)
repeat-y;
}

#page {
background: #fef6f8;
}

a:focus,
a:hover,
a:active {
background: #f3cfb6;
}

.logo a:hover {
    background: transparent;
}

.sidebar {
background: #f5f8fa;
}
```

296 Capítulo 11

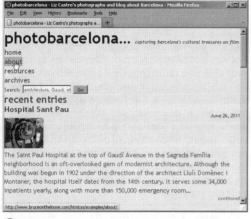

E O background de **page div** cobre completamente a imagem de background de **C**. Vamos dar um jeito nisso em breve (com **padding**). Repare como os links que não estão sendo apontados compartilham o mesmo background que **page**, enquanto que o link apontado About tem um contraste de background maior para chamar a atenção.

F A cor de background para **sidebar** tem o tom mais claro de azul que consegui aplicar – o suficiente para ser realçado.

DICA As propriedades background não são herdadas. Você precisa apenas definir explicitamente valores padrões como transparent e scroll quando quiser substituir outra regra de estilo.

DICA Se você usar a propriedade background-position com um repeat, a posição especifica onde começa a primeira imagem no repeat. Por exemplo, do top right, 0 20px, e assim por diante.

DICA Você pode usar valores negativos com a propriedade background-position. Por exemplo, background-position: -45px 80px posiciona a imagem 45 pixels à esquerda – não *a partir da* esquerda (então você não verá os primeiros 45 pixels horizontais da imagem) – e 80 pixels abaixo do topo do elemento.

DICA Para criar um background para a página inteira, defina a propriedade background no elemento body.

DICA Se você especificar tanto uma cor quanto uma URL para o background, a cor será usada até que a imagem da URL carregue, será vista através de qualquer parte transparente da imagem de background e será exibida em qualquer parte do elemento que a imagem não cubra.

DICA Escolha as cores de texto e background (e imagens) com cuidado, dando um contraste suficiente entre elas. Isso é particularmente importante para usuários com problemas de visão.

Layout com Estilos **297**

Definindo a Altura ou a Largura de um Elemento

Você pode definir uma altura e uma largura em elementos como parágrafos, itens de listas, **div**s, imagens, **video**, etc (Ⓐ e Ⓑ). Além disso, você pode definir elementos phrasing content (que é exibido inline, por padrão) para **display: block;** ou **display: inline-block;** e, então, aplicar uma altura ou largura para eles também. (Veja "Exibindo e Ocultando Elementos" para mais informações sobre a propriedade **display**.)

Para definir a altura ou a largura para um elemento:

1. Digite **width:** **w**, em que **w** é a largura da área do conteúdo do elemento, podendo ser expressa como um comprimento (com unidades como **px** e **em**) ou como uma porcentagem do elemento pai. Ou use **auto** para deixar que o navegador calcule a largura (esse é o padrão).

2. Digite **height:** **h**, em que **h** é a altura do elemento, podendo ser expresso apenas como comprimento (com unidades como **px** e **em**). Ou use **auto** para deixar que o navegador calcule a altura (esse é o padrão).

Ⓐ Limitar a largura do **container div** para 90% da janela do navegador dá um pouco mais de espaço e faz com que o conteúdo não fique tão limitado (é o espaço em branco do lado em Ⓑ). Ao reduzir o **page div** para 97,9167% do **container div**, você vê parte da imagem de background no lado (veja os comentários no exemplo de código no site do livro para entender como cheguei a essa porcentagem; no mais, sinta-se à vontade para usar porcentagens mais convencionais). E ao definir o **main div** para 71% do **page div**, você deixa espaço para a barra lateral, que mais tarde será movida para o lado. O estilo **input** define a largura da caixa de busca. Por fim, as dimensões de **.photo** controlam o tamanho dos parágrafos ao redor das imagens nas entradas do blog (ele combina com a altura e a largura das próprias imagens).

```css
#container {
    background: url(../img/bg-bluebench.jpg)
    → repeat-y;
    width: 90%;
}

#page {
    background: #fef6f8;
    width: 97.9167%;
}

#main {
width: 71%;
}

input[type="text"] {
    width: 150px;
}

.photo {
height: 75px;
width: 100px;
}
```

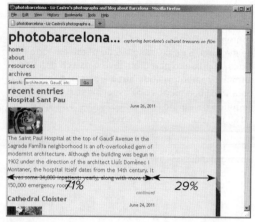

B O `container div`, que anexa o sombreado `page div`, agora ocupa apenas 90% da janela do navegador. Parte de sua imagem de background aparece ao lado porque a largura do `page div` também foi reduzida. A largura do `main div` é 71% do `page div`, não do `container div` ou da janela do navegador.

C A propriedade `max-width` é ideal para configurar o limite externo de nosso layout fluido. No nosso caso, você não quer que ele fique largo demais, mesmo que os visitantes tenham telas enormes. Se quiser evitar que um elemento fique muito estreito, você pode aplicar a propriedade `min-width`, mas, devido à popularidade da web em telefones celulares e outros aparelhos menores, pense bem se vai querer definir um `min-width`.

```
#container {
background: url(../img/bg-bluebench.jpg)
repeat-y;
max-width:   950px;
width: 90%;
}
```

DICA Se você não definir explicitamente o `width` ou o `height`, o auto será usado (veja "Largura, margens e auto").

DICA Lembre-se de que um valor de porcentagem é relacionado à largura do elemento pai – não à largura original do próprio elemento.

DICA As bordas, padding e margem não são incluídos no valor de `width` (veja "Largura, margens e auto").

DICA Você não pode definir elementos `height` ou `width` que sejam exibidos como elementos inline (como phrasing content), a menos que os defina como `display: inline-block` ou `display: block`. Veja "Exibindo e Ocultando Elementos" para mais informações sobre a propriedade `display`.

DICA `width` e `height` não são herdados.

DICA Existem também as propriedades `min-width`, `min-height`, `max-width` e `max-height` **C** . (Caso queira que seu site seja compatível com o Internet Explorer 6, saiba que ele não suporta essas propriedades.)

Largura, margens e auto

Para a maioria dos elementos que são exibidos como nível de bloco por padrão, o valor **auto** para **width** é calculado a partir da largura do bloco de contenção menos padding, bordas e margens do elemento. O *bloco de contenção* é a largura que o elemento recebe de seu pai.

Elementos como imagens têm uma largura **auto** igual a seus valores inerentes; ou seja, as dimensões reais do arquivo externo (como as imagens da página de exemplo, que têm 100 x 75). Os elementos flutuantes têm uma largura **auto** de 0. Elementos não-flutuantes inline ignoram a propriedade **width** (o que significa que você não pode definir uma largura para elementos como **cite** e **em**, a menos que os defina como **display: inline-block** ou **display: block**). Veja "Fazendo os Elementos Flutuarem" para aprender mais sobre flutuação, e "Exibindo e Ocultando Elementos" para mais informações sobre **display**.

D Neste exemplo, configurei o **width** do **div** pai para 300 pixels. Este será nosso bloco de contenção. Depois, ambos parágrafos têm 10 pixels de margem, 5 de padding e 5 de borda em todos os lados. O primeiro parágrafo teve o **width** definido automaticamente, já que **auto** é o valor padrão para **width**, a menos que especifique o contrário. O segundo parágrafo (que tem **class="example"** no HTML) foi definido com **200px**.

```css
div {
background: yellow;
width:  300px;
}

p,
.example {
background: white;
border:  6px solid blue;
margin:  10px;
padding:  5px;
}

.example { /* the second paragraph */
background: white;
border-color: purple;
width:  200px;
}
```

Por Que É Melhor Usar min-height do que height

A menos que tenha certeza de que o conteúdo de um elemento não vai crescer, é melhor evitar de dar a ele uma altura em sua folha de estilo. Na maioria dos casos, você vai deixar que o conteúdo e o navegador ditem a altura automaticamente. Isso permite que o conteúdo flutue conforme a necessidade nos diversos tipos de navegadores e aparelhos.

Caso realmente defina uma altura e o conteúdo cresça, a caixa do elemento pode ser quebrada, algo que você pode não estar esperando. Os navegadores compatíveis com o padrão *não* aumentam a altura automaticamente nesta circunstância; eles seguem a altura que você especificou e ficam com ela. (O IE6 não segue o padrão, então ele realmente aumenta a altura.)

No entanto, caso queira que o elemento sempre tenha *ao menos* uma certa altura, defina um **min-height**. Se mais tarde o conteúdo crescer, a altura do elemento vai aumentar automaticamente, como desejado. Esta é a diferença entre **height** e **min-height**, assim como entre **width** e **min-width**.

E, caso esteja se perguntando, há diversas razões pelas quais um conteúdo pode crescer. Seu conteúdo pode vir de um banco de dados, de um feed ou ser gerado pelo usuário. Além disso, seu visitante pode aumentar o tamanho da fonte de seu navegador, substituindo o estilo que você especificou.

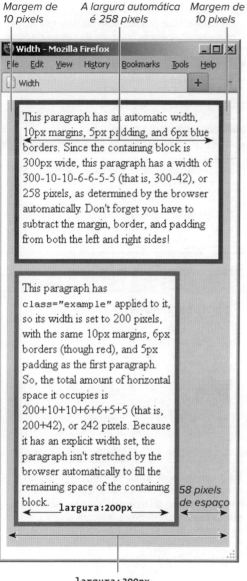

Se você configurar manualmente os valores de **width**, **margin-left** e **margin-right**, mas que junto com a borda e o padding não terão o mesmo tamanho que o bloco de contenção, alguém terá que ceder. E, realmente, o navegador vai substituir sua definição e vai configurar **margin-right** para **auto** (**D** e **E**).

Se você definir manualmente o **width** mas configurar uma das margens para **auto**, então esta margem vai se esticar ou se encolher para compensar a diferença.

No entanto, se você definir manualmente o **width** mas deixar ambas as margens como **auto**, as duas serão configuradas com o mesmo valor máximo (o que centraliza seu elemento; por exemplo, **#container { margin: 20px auto; }** centraliza a página). Foi exatamente isso que fiz com a página de exemplo, como mostrada na próxima seção, "Definindo as Margens ao Redor de um Elemento".

E Se o **width** for **auto**, como no parágrafo de cima, seu valor é derivado da largura do bloco de contenção (amarelo) menos suas próprias margens, padding e borda. Se o **width** é configurado manualmente (como no parágrafo de baixo), a margem da direita é geralmente ajustada para cobrir essa folga.

Layout com Estilos **301**

Definindo as Margens ao Redor de um Elemento

A margem é a quantia de espaço transparente entre um elemento e o próximo (Ⓐ e Ⓑ). Veja "O Modelo Caixa" para ver como ela se relaciona com uma borda e um padding de um elemento.

Para definir a margem de um elemento:

Digite **margin: *x***, em que ***x*** é a quantia de espaço desejada a ser adicionada, expressa como um comprimento, uma porcentagem da largura do elemento pai, ou **auto**.

(DICA) Se você usar um valor para **margin**, ele é aplicado igualmente aos quatro lados. Se usar dois valores, o primeiro vale para as partes de cima e de baixo, enquanto que o segundo se aplica aos lados direito e esquerdo Ⓐ. Se você usar três valores, o primeiro vale para o topo, o segundo para a esquerda e a direita, e o terceiro para a parte de baixo. Usando quatro valores, eles são aplicados em cima, à direita, embaixo, e à esquerda, no sentido horário Ⓒ.

(DICA) Você também pode adicionar um dos seguintes sufixos à propriedade margin para adicionar uma margem a apenas um lado: **-top**, **-bottom**, **-left** ou **-right** Ⓒ. Não deve haver nenhum espaço após margin (por exemplo, margin-top: 10px).

Ⓐ Um dos ajustes principais à margem é o do **container div**. Quando você define dois valores, o primeiro vale para as margens de cima e de baixo, enquanto que o segundo é aplicado às da esquerda e da direita. Você definirá as margens de cima e de baixo com **20px** para dar um pouco de espaço ao nosso design. Com uma largura explícita já definida no **container**, as margens **auto** da esquerda e da direita fazem com que a página se centralize no navegador Ⓑ.

```
#container {
    background: url(../img/bg-bluebench.jpg)
    → repeat-y;
    margin:   20px auto;
    max-width: 950px;
    width: 90%;
}
```

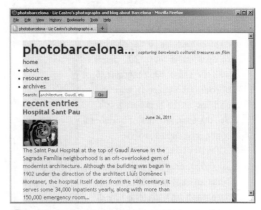

Ⓑ A configuração **auto** da margem centraliza o layout na janela, dividindo os 10% restantes da largura da janela do navegador, não utilizada pelo **container div**, entre as margens da esquerda e da direita. (Não se preocupe com os pontos para fora do lado esquerdo da página; cuidaremos disso mais tarde, neste capítulo.)

C A barra lateral `div` (com `id="related"`) terá uma margem esquerda de 72%, então ela está mais longe à esquerda do que o conteúdo principal `div`, que tem uma largura de 71%. A barra lateral continuará aparecendo abaixo do `div` com o conteúdo `main` enquanto este último não flutuar **D**. Também adicionei margens a vários outros elementos, como abaixo da cabeça da página, sobre o rodapé e à direita e abaixo das entradas parciais do blog, dando a eles um pouco mais de espaço **E**.

```
h1 {
    font-size: 1.5em; /* 24px/16px */
    margin-bottom: .75em;
    text-transform: lowercase;
}

aside h2 {
    font-size: .9375em; /* 15px/16px */
    margin-bottom: 3px;
    text-transform: lowercase;
}

#masthead {
    margin-bottom: 30px;
}

#footer {
    margin-top: 10px;
}

.entry { /* blog snippet */
    margin: 0 .5em 2em 0;
}

.continued {
    font-style: italic;
    margin-top: -5px;
}

#related { /* the sidebar */
    margin-left: 72%;
}
```

DICA O valor auto da propriedade `margin` depende do valor da propriedade `width` (veja "Definindo a Altura ou a Largura para um Elemento").

DICA Se um elemento é colocado em cima de outro, apenas a maior das duas margens que se tocam — isto é, as margens de baixo e de cima dos elementos que entram em contato — é utilizada. A outra acaba entrando em colapso. As margens da direita e da esquerda não entram em colapso.

DICA As margens não são herdadas.

DICA Eu defini as margens de mais alguns elementos, não mostrados em **A** ou **C**. Você pode ver o código completo em www.bruceontheloose.com/htmlcss/examples/chapter-11/finished-page.html (em inglês).

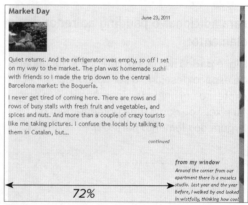

D A barra lateral agora está a 72% da borda esquerda.

E Agora há muito mais espaço entre os elementos.

Adicionando Padding ao Redor de um Elemento

O padding nada mais é do que um espaço a mais ao redor dos conteúdos de um elemento, mas dentro da borda. Talvez você se lembre da minha analogia — o padding é como o vidro entre a foto (o conteúdo) e a moldura (a borda). Você pode alterar a espessura do padding (Ⓐ, Ⓒ e Ⓔ) mas não sua cor ou textura. No entanto, a imagem e a cor de background de um elemento realmente aparecem na área do padding (Ⓑ, Ⓓ, Ⓕ e Ⓖ).

Para adicionar o padding ao redor de um elemento:

Digite **padding: x**, em que **x** é a quantidade de espaço desejado a ser adicionado, expresso em unidades (geralmente em ems ou pixels) ou como uma porcentagem da largura do elemento pai (**20%**).

Ⓐ Similarmente às margens, quando você define quatro valores para **padding**, eles são designados para a parte de cima, direita, parte de baixo, e esquerda, no sentido horário. Então, aqui, haverá padding apenas no topo e à direita Ⓑ.

```
#container {
    background: url(../img/bg-bluebench.jpg)
    → repeat-y;
    margin: 20px auto;
    max-width: 950px;
    width: 90%;
    padding: 30px 10px 0 0;
}
```

Ⓑ Quando você adiciona o padding ao **container div**, um espaço é criado entre sua margem (porque sua borda é 0 por padrão) e seu conteúdo (neste caso, **page div**). Assim, mais da imagem de background do **container** é revelado.

Ⓒ Agora você adicionará o padding aos conteúdos de **page div** — na parte de cima, à direita e parte de baixo, mas não à esquerda.

```
#page {
    background: #fef6f8;
    max-width: 940px;
    padding: 10px 10px 10px 0;
    width: 97.9167%; /* 940px/960px */
}
```

Ⓓ Com o padding adicionado a **page div**, repare nos 10 pixels a mais entre "photobarcelona" e o topo da página.

E Eu substituí temporariamente a cor de background para branca (#fff) **F**. Também adicionei um pouco de padding aos quatro lados da barra lateral, assim o conteúdo não vai para as bordas, e à esquerda da lista ordenada, para que os pontos se alinhassem **G**. (Veja o Capítulo 15 para mais detalhes sobre listas.)

```
#page {
    background:  #fff;
    padding: 10px 10px 10px 0;
    max-width: 940px;
    width: 97.9167%;  /* 940px/960px */
}

.sidebar {
    background: #f5f8fa;
    padding: 10px;
}

.archive ol {
    /* changes list items from numbers to
       bullets */
    list-style: disc;
    /* indents bullets */
    padding-left: 18px;
}
```

DICA Assim como com a propriedade `margin`, se você usar um valor, o padding é aplicado igualmente aos quatro lados **E**. Com dois valores, o primeiro é para a parte de cima e de baixo, enquanto que o segundo vale para a direita e a esquerda. Usando três, o primeiro é para o topo, o segundo para a esquerda e a direita, e o último vale para a parte de baixo. Aplicando quatro valores, eles valem para a parte de cima, direita, parte de baixo, e esquerda, no sentido horário (**A** e **C**).

DICA Você também pode adicionar um dos seguintes sufixos à propriedade padding para adicioná-lo a um único lado: `-top`, `-bottom`, `-left` ou `-right`. Não deve haver espaço entre a palavra `padding` e o sufixo (por exemplo, `padding-right: 1em`).

DICA O padding não é herdado.

F Quando o background de **page** é definido para branco, fica claro por que você não adicionou o padding para a esquerda. Eu fiz outros inúmeros ajustes ao padding, que você pode estudar nos arquivos de códigos no site do livro.

G A cor de background da barra lateral aparece através dos **10px** de padding adicionados aos quatro lados **E**.

Layout com Estilos **305**

Fazendo os Elementos Flutuarem

Você pode fazer com que os elementos flutuem em um mar de texto (ou outros elementos). Você pode usar esta técnica para colocar o texto em volta das imagens (Ⓐ e Ⓑ) ou figuras para criar layouts de várias colunas.

Para colocar texto em volta de elementos:

1. Digite **float:**.
2. Digite **left** se quiser o elemento à esquerda e que o resto do conteúdo flua à sua direita (Ⓐ até Ⓖ).

   Ou digite **right** se quiser o elemento à direita e que o resto do conteúdo flua à sua esquerda.

Ⓐ Quando você flutua um elemento para um lado, o conteúdo que normalmente seria exibido após ele aparece ao seu redor. Aqui, flutuei os containers de imagem (um **p** com **class="photo"**) para a esquerda, deixando o texto de introdução do blog ao seu lado. (Você também pode aplicar o **float** diretamente aos elementos **img**.) Como pode ser visto em Ⓑ, o texto fica em torno de um container de imagem, quando ele é muito longo. Este efeito é desejável em muitos casos, mas para esta página eu quero que o texto vá para baixo direto, não importando seu comprimento. Faço isso adicionando ao container uma margem esquerda em volta do texto Ⓒ.

```
.photo {
    float: left;
    height: 75px;
    width: 100px;
}
```

Ⓑ Uma vez que os containers **.photo** flutuam à esquerda, o texto fica ao redor da imagem quando for maior que ela.

Ⓒ Ao dar ao container em volta do texto uma margem de **110px**, seu conteúdo será sempre exibido a esta distância do lado esquerdo, mesmo que ele seja maior do que o container da imagem. Assim, ele não fica mais ao redor dela Ⓓ. Sem relação a esta tarefa, adicionei uma margem de **-5px** no topo, para que o texto se alinhe com a parte de cima da imagem à sua esquerda.

```
/* This class is on the div that contains
→ both the introductory text and the
→ "continue" link that follows it. */
.intro {
    margin: -5px 0 0 110px ;
}
```

Ⓓ O texto de introdução não é mais ao redor da imagem. A seguir, você flutuará o **main div** Ⓔ para que a barra lateral apareça ao seu lado Ⓕ.

E Agora, você usará a mesma abordagem para fazer flutuar o conteúdo principal para a esquerda, fazendo com que a barra lateral apareça ao seu lado. (Antes você tinha empurrado a barra lateral para a direita do conteúdo principal ao aplicar uma margem esquerda a ela.)

```
#main {
    float: left;
    width: 71%;
}

/* We applied this margin to the sidebar
→ earlier. */
#related {
    margin-left: 72%;
}
```

F Aqui, o **main div** é flutuado para a esquerda, fazendo com que a barra lateral simplesmente vá para o lado direito do **main div**. Na verdade, o rodapé faz o mesmo **G**, porque ele vem logo após a barra lateral no código HTML. (Você recolocará o rodapé na posição correta na próxima seção.) Repare que não era realmente necessário dar à barra lateral (**#related**) uma grande margem esquerda para que ela flutuasse, assim como também não era preciso fazer o mesmo com o texto do blog ao redor dos containers de imagem (**A** e **B**). Mas da mesma forma que a margem esquerda evitou que o texto se envolvesse à imagem em **C** e **D**, ela evita que o texto da barra lateral fique em volta do **main div** caso um dia a barra lateral fique maior que o **main div**. Além disso, sua cor de fundo se esticaria por todo o **main div** se não houvesse uma margem esquerda para a barra lateral.

Ou digite **none** se não quiser que o elemento flutue. (**none** é o valor padrão, então você só o define explicitamente caso esteja substituindo uma regra que tenha feito o elemento flutuar.)

3. Use a propriedade **width** (veja "Definindo a Altura e a Largura de um Elemento") para definir explicitamente a largura do elemento.

DICA Lembre-se, a direção que você escolhe se aplica ao elemento que está flutuando, e não aos que flutuam ao seu redor. Quando você digita float: left, o resto da página vai para o lado direito, e vice-versa.

DICA Alguns elementos (como phrasing content) sem uma largura explícita podem não flutuar adequadamente.

DICA A propriedade float não é herdada.

G Já que o **main div** flutuou para a esquerda, todos os demais elementos, incluindo o rodapé, o seguem, a menos que você mande o contrário. E é isso que será feito a seguir.

Layout com Estilos **307**

Controlando Onde os Elementos Flutuam

Você pode controlar os elementos que podem ou não flutuar ao redor dos outros. Para evitar que um elemento flutue ao lado de algo que você não queira, use a propriedade **clear** Ⓐ.

Para controlar onde os elementos flutuam:

1. Digite **clear:** (Ⓐ e Ⓑ).
2. Digite **left** para evitar que os elementos flutuem para a esquerda do elemento que estiver estilizando Ⓒ.

   Ou digite **right** para evitar que os elementos flutuem para a direita do elemento que estiver estilizando.

   Ou digite **both** para evitar que os elementos flutuem para ambos os lados do elemento que estiver estilizando.

   Ou digite **none** para deixar que os elementos flutuem para ambos os lados do elemento que estiver estilizando.

Ⓐ Na página anterior, você viu que o rodapé foi atrás do **main div** flutuado. Aqui, você aplicará **clear: both;** para evitar que isso aconteça Ⓑ. Você também poderia usar **clear: left;**, já que o único elemento com que tem que se preocupar flutuou para a esquerda. Mas não há mal algum em fazer isso para ambos os lados, além de poder ser mais prático, caso o design fique mais complexo.

```
#footer {
    clear: both;
    margin-top: 10px;
}
```

Ⓑ A propriedade **clear** indica que o elemento em questão (neste caso, o rodapé) não deve seguir o elemento flutuado, mas que precisa ser exibido após este elemento.

Ⓒ Ao estilizar a cabeça da página, o logo (que inclui o slogan) é flutuado para a esquerda. O **div** ao redor da navegação principal e do campo de busca vai para a direita. E, dentro deste **div**, cada item da lista de navegação flutua para a esquerda, sendo exibidos um ao lado do outro, em vez de empilhados verticalmente.

```
.logo {
    float: left;
    font-size: 2.5em;  /* 40px/16px */
    margin: 0;
}

/* This div surrounds both the main
→ navigation and the search form. */
#masthead div {
    float: right;
}

/* :::: Site Nav :::: */
.nav li {
    float: left;
    font-size: .75em;  /* 12px/16px */
    padding: 0 25px 0 3px;
}
```

308 Capítulo 11

D A maior parte do layout da cabeça da página está bom, mas o conteúdo abaixo dela, principalmente a barra lateral, se moveu para cima por causa dos **floats**. Isso aconteceu porque a altura do elemento de contenção da cabeça da página entrou em colapso, já que ela não foi considerada para a altura dos elementos flutuados dentro dela.

E Para limpar os **floats** na cabeça da página, evitando que o conteúdo principal e a barra lateral flutuem para cima, você pode adicionar um **div** em volta dos **div**s da barra lateral e conteúdo principal e aplicar **clear: both;** a eles. Mas você quer manter o HTML o mais enxuto possível, então isso não é o ideal. Outra opção é utilizar uma solução muito popular como **clearfix**. Basta aplicar **class="clearfix"** à cabeça da página. Presumindo que o **.clearfix** do CSS já esteja na folha de estilo, o problema está resolvido **F**. Veja a barra lateral na próxima página para mais detalhes.

```
<div id="container">
    <div id="page">
        <header id="masthead" role="banner"
        → class="clearfix" >
            ...
        </header>

        <div id="main" role="main">
            ...
        </div>
```

F O método **clearfix** se livra magicamente dos **floats** da cabeça da página, fazendo que os conteúdos que a seguem apareçam logo abaixo.

DICA Você adiciona a propriedade **clear** ao elemento cujos lados queira que estejam livres de objetos flutuantes (**D** até **F**). Então, se quiser que um elemento não seja exibido até que seu lado direito esteja livre de elementos flutuantes, adicione **clear: right;** a ele (e não aos elementos flutuantes).

DICA Um vão circunda o slogan da página. Embora não seja mostrado, a folha de estilo com uma regra **.logo span { display: block; }**. Esta regra faz esse vão ser exibido em sua própria linha, assim como um parágrafo ou outros elementos exibidos como blocos por padrão. Veja "Exibindo e Ocultando Elementos" para mais informações.

Layout com Estilos **309**

Outros Métodos de se Livrar do float

Há algumas outras formas de se se livrar dos `float`s na cabeça de sua página, fazendo com que o conteúdo principal e o da barra lateral não flutuem junto com ela ⒟.

O Método `overflow`

O primeiro e mais simples método é adicionar isto à sua folha de estilo:

```
#masthead {

    overflow: hidden;

}
```

(A propriedade `overflow` será explicada mais tarde neste capítulo.) O uso do `overflow: auto;` também funciona em alguns casos, mas talvez apareça uma barra de rolagem, o que é indesejável. Em meus próprios trabalhos, eu uso o `overflow` para resolver problemas de flutuação quando possível. Quando não é, eu uso `clearfix` ⒠. Geralmente `clearfix` é o método mais consistente, e por isso lhe ensinei como utilizá-lo no exemplo, embora ele seja meu último recurso.

O Método `clearfix`

O CSS para `.clearfix` passou por diversas mudanças ao longo dos anos, conforme os membros da comunidade web o aperfeiçoavam. A versão mostrada abaixo foi retirada do excelente *HTML5 Boilerplate* (www.html5boilerplate.com – em inglês), uma tarefa iniciada por Paul Irish e complementada por diversos desenvolvedores da comunidade. Eu recomendo que você a confira.

Nicolas Gallagher, que agora é um membro fundamental do projeto, contribuiu com o seguinte código `clearfix`. Simplesmente copie e cole o código em sua folha de estilo e aplique o `class="clearfix"` ao elemento que contenha os `float`s ⒠.

```
.clearfix:before, .clearfix:after { content: ""; display: table; }

.clearfix:after { clear: both; }

.clearfix { zoom: 1; }
```

Não vou explicar o que tudo isso significa porque é meio complicado. Você pode ler mais sobre isso em http://nicolasgallagher.com/micro-clearfix-hack/ – em inglês (saiba que a conversa é bastante técnica).

Em Resumo

Há uma diferença sutil entre usar a propriedade `clear` e os métodos `overflow` ou `clearfix`. O `clear` é aplicado ao elemento que você não quer que flutue em volta de um elemento flutuado. Os outros dois métodos são aplicados a um container do elemento ou elementos flutuados.

310 Capítulo 11

A Você retoca o design ao implantar estas bordas. No caso da borda pontilhada abaixo da cabeça da página, ela também ajuda os visitantes a distinguir a cabeça do resto da página rapidamente.

```
#masthead {
    border-bottom: 2px dotted   #1d3d76;
    margin-bottom: 30px;
    padding-bottom: 20px;
}

.entry {
    border-right: 2px dashed   #b74e07;
    margin: 0 .5em 2em 0;
}

#footer {
    border-top: 2px dotted   #b74e07;
    clear: both;
    margin-top: 10px;
}
```

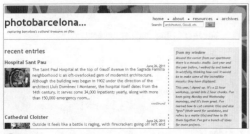

B Repare que uma vez aplicada a borda direita a cada elemento **entry section** e não ao **main div**, ela começa e termina para cada entrada. Ao contrário das bordas da cabeça da página e do rodapé, estas são tracejadas.

C O rodapé tem uma borda superior que tem o mesmo estilo (pontilhado) que o da cabeça da página, mas com uma cor diferente. E ela também ajuda a separar visualmente o rodapé de outro conteúdo.

Definindo a Borda

Você pode criar uma borda ao redor ou a apenas um lado de um elemento e, em seguida, configurar sua espessura, estilo e cor **A**. Se você definiu algum padding (veja "Adicionando Padding ao Redor de um Elemento"), a borda se anexa tanto ao padding quanto aos conteúdos do elemento.

Para definir o estilo da borda:

Digite **border-style:** *type*, em que *type* é **none**, **dotted**, **dashed**, **solid**, **double**, **groove**, **ridge**, **inset** ou **outset**.

Para definir a largura da borda:

Digite **border-width:** *n*, em que *n* é a largura desejada, incluindo unidades abreviadas (como *4px*).

Para definir a cor da borda:

Digite **border-color:** *color*, em que *color* é o nome da cor, um valor hexadecimal, ou uma cor RGB, HSL, RGBA ou HSLA (veja "Cores do CSS, no capítulo 7).

Layout com Estilos **311**

Para definir de uma só vez uma ou mais propriedades de borda:

1. Digite `border`.

2. Se desejar, digite `-top`, `-right`, `-bottom` ou `-left` para limitar o efeito a apenas um lado.

3. Se desejar, digite `-property`, em que `property` é `style`, `width` ou `color`, para limitar o efeito a uma única propriedade.

4. Digite : (dois pontos).

5. Digite os valores apropriados (conforme descritos nas três técnicas da página anterior). Caso tenha pulado o passo 3, você pode especificar um ou todos os três tipos de propriedades de borda (por exemplo, `border:1px solid` ou `border-right: 2px dashed green;`). Se você especificou um tipo de propriedade no passo 3, use um valor aceito para apenas aquela propriedade (por exemplo, `border-right-style: dotted;`).

(DICA) **As bordas não são herdadas.**

(DICA) **As propriedades de bordas individuais (`border-width`, `border-style` e `border-color`) podem ter entre um e quatro valores. Se usar um valor, ele é aplicado aos quatro lados. Usando dois, o primeiro é usado para a parte de cima e de baixo, e o segundo para a direita e a esquerda. Com três valores, o primeiro é para a parte superior, o segundo para a direita e a esquerda, e o terceiro para a parte inferior. Caso use os quatro, eles são aplicados à parte de cima, direita, parte de baixo, e esquerda, no sentido horário.**

(D) Neste exemplo, configurei o padding e a borda padrão para cada parágrafo. Aí, para o primeiro parágrafo, defini a largura da borda para os quatro lados e, depois, o estilo para cada um. Para os quatro parágrafos restantes foi mais fácil repetir os **10px** do que separar o estilo e a cor em duas propriedades separadas.

```
p {
    border: 10px solid red;
    padding: 15px;
}

p.ddd {
    border-width: 4px;
    border-style: dotted dashed double
    → solid;
}

p.inset {
    border: 10px inset blue;
}

p.outset {
    border: 10px outset green;
}

p.groove {
    border: 10px groove purple;
}

p.ridge {
    border: 10px ridge orange;
}
```

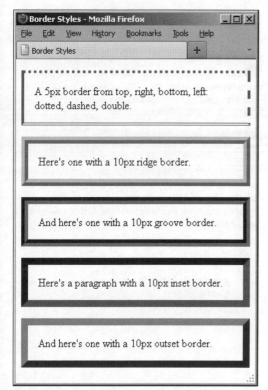

E O tratamento de cada navegador não é exatamente o mesmo para os estilos das bordas, mas esta imagem do Firefox lhe dá uma noção entre as diferenças dos tipos de estilos.

DICA Você precisa definir ao menos um estilo para que uma borda seja exibida. Se não houver um estilo, não haverá nenhuma borda. O padrão é none.

DICA Caso use um atalho, como border ou border-left (e assim por diante), as propriedades que não receberem um valor serão configuradas com seus padrões. Então, border: 1px black; significa border: 1px black none;, o que quer dizer que você não terá uma borda (mesmo que tenha especificado anteriormente um estilo com border-style).

DICA A cor padrão é o valor da propriedade do elemento color (veja "Definindo a Cor", no Capítulo 10).

DICA O IE (a partir da versão 7) não pode exibir estilos de bordas com duas cores muito escuras, como groove, ridge outset e inset. Elas aparecem sólidas.

DICA A propriedade border pode ser usada para tabelas e suas células.

DICA O CSS3 apresenta a propriedade border-image. A compatibilidade com os navegadores é boa, exceto pelo Internet Explorer (veja http://caniuse.com/#search=border-image – em inglês). Você pode aprender sobre o border-image em www.sitepoint.com/css3-border-image/ (também em inglês).

Deslocando Elementos do Fluxo Natural

Cada elemento tem uma localização natural no fluxo da página Ⓐ. Mudar o elemento de acordo com sua localização original é chamado de posicionamento relativo (Ⓑ e Ⓒ). Os elementos ao redor não são afetados de forma alguma Ⓒ.

Para equilibrar elementos dentro do fluxo natural:

1. Digite **position: relative;** (não se esqueça do ponto e vírgula; o espaço é opcional).
2. Digite **top**, **right**, **bottom** ou **left**.

   Depois digite **:v**, em que **v** é a distância que você quer deslocar o elemento de sua localização natural, expressa tanto em um valor absoluto ou relativo (**10px** ou **2em**, por exemplo) ou como porcentagem.
3. Se desejar, repita o passo 2 para outras instruções, separando cada par de propriedade/valor com um ponto e vírgula, como sempre.

Hospital Sant Pau   June 26, 2011
The Saint Paul Hospital at the top of Gaudí Avenue in the Sagrada Família neighborhood is an oft-overlooked gem of modernist architecture. Although the building was begun in 1902 under the direction of the architect Lluís Domènec i Montaner, the hospital itself dates from the

Ⓐ Embora a data esteja à direita, ela está em uma linha separada da do título. Por isso ela aparece embaixo dele e próxima à entrada do texto.

Ⓑ Lembre-se de especificar tanto a posição relativa quanto à de deslocamento. Os valores podem ser positivos ou negativos. O uso de ems manterá o equilíbrio em proporção com o tamanho do texto. Porque 1em é igual ao tamanho da fonte do elemento, neste exemplo a declaração move a data para cima nesta proporção (por causa do –1em) Ⓒ.

```
.entry .date {
    line-height: 1;
    margin: 0 1em 0 0;
    padding: 0;
    position:   relative;
    top: -1em;
}
```

Hospital Sant Pau — June 26, 2011
The Saint Paul Hospital at the top of Gaudí Avenue in the Sagrada Família neighborhood is an oft-overlooked gem of modernist architecture. Although the building was begun in 1902 under the direction of the architect Lluís Domènec i Montaner, the hospital itself dates from the 14th century. It serves some 34,000 inpatients yearly, along with more

C Ao aplicar um deslocamento negativo para a data, você a empurra para cima, ao espaço do bloco anterior. Neste caso, a data é alinhada com a seção do título. Os elementos que vêm em seguida não são afetados de forma alguma.

DICA O "relative" no posicionamento relativo refere-se à posição original do elemento, não dos elementos ao redor. Você não pode mover um elemento em relação a outros. Ao contrário, você o move em relação a onde ele ficava. Sim, isso é importante!

DICA Os demais elementos não são afetados pelo deslocamento — eles fluem de acordo com a containing box original do elemento. Dependendo dos seus valores `top`, `right`, `bottom` ou `left`, seu conteúdo reposicionado pode se sobrepor a outro.

DICA Use a propriedade `z-index` para especificar a ordem de empilhamento dos elementos que se sobrepõem quando posicionados com `relative`, `absolute` ou `fixed`. Veja "Posicionando Elementos em 3D" para mais detalhes.

DICA Deslocamentos não funcionam a menos que você também esteja utilizando a propriedade `position`.

DICA Defina um elemento com `position: static` para substituir uma configuração `position: relative`. `static` é o valor padrão para os elementos, e é por isso que eles aparecem no fluxo normal do documento. Veja um exemplo em "Posicionando Elementos em 3D".

DICA O posicionamento não é herdado.

Posicionando Elementos Absolutamente

Como mencionado, os elementos em sua página na web geralmente fluem na ordem em que aparecem no código-fonte do HTML Ⓐ. Isto é, se o elemento **img** vier antes do **p**, a imagem aparece antes do parágrafo. Você pode tirar os elementos do fluxo normal – e posicioná-los absolutamente – especificando suas posições exatas em relação ao **body** Ⓑ ou ao elemento ancestral posicionado mais próximo Ⓓ.

Para posicionar elementos absolutamente:

1. Digite **position: absolute;** (não se esqueça do ponto e vírgula; o espaço é opcional).

2. Se desejar, digite **top**, **right**, **bottom** ou **left**.

    Depois digite: **v**, em que **v** é expresso como a distância que queira deslocar o elemento de seu ancestral (**10px** ou **2em**, por exemplo) ou como uma porcentagem do ancestral. (Veja a segunda dica para uma nota relacionada.)

3. Se desejar, repita o passo 2 para direções adicionais, separando cada par de propriedade/valor com um ponto e vírgula, como sempre.

4. Se desejar, adicione **position: relative** ao elemento *ancestral* do qual queira deslocar seu elemento absolutamente posicionado Ⓓ. Caso pule este passo Ⓑ, o elemento será deslocado em relação ao **body** Ⓒ.

Ⓐ Nosso campo de busca ainda está embaixo da navegação principal porque ele é parte do fluxo normal do documento. Você quer transferi-lo para o canto superior direito da cabeça da página que o contém.

Ⓑ Ao posicionar o campo absolutamente, eu o tirei completamente do fluxo do documento. Ele não sabe que outro conteúdo existe, e vice-versa. Este código sozinho não alcança nossos resultados desejados porque, a menos que se diga o contrário, um elemento com **position: absolute** é posicionado em relação ao elemento **body**, como pode ser visto em Ⓒ.

```
#masthead form {
    position: absolute;
    top: 7px;
    right: 0;
}
```

Ⓒ O campo de busca é exibido a 7 pixels do topo do **body** e a 0 da direita, em relação ao **body**.

Ⓓ Eu defini o container **div** do campo de busca como **position: relative;** para que o campo seja posicionado absolutamente em relação ao **div**, e não ao elemento **body**. Isso deixa o campo de busca onde você quer, mas ele traz outro problema Ⓔ.

```
/* This div srrounds both the search form and
→ the main navigation. */
#masthead div {
    float: right;
    position: relative;
}

#masthead form {
    position: absolute;
    top: 7px;
    right: 0;
}
```

E O campo de busca agora é exibido a 7 pixels do topo de seu container **div** e a 0 de sua direita. (O espaço em branco a mais, logo acima e à direita dele, é o padding de **10px** que foi definido em **#page**.) No entanto, ele está no topo da navegação. Isso não é bom. Como mencionado, quando um elemento é posicionado absolutamente, ele é tirado do fluxo do documento, então a navegação é exibida no mesmo lugar que seria se o campo de busca não existisse. Vamos resolver isso **F**.

F Uma simples margem no topo da navegação a empurra para baixo do campo de busca e a alinha com o slogan no logo **G**.

```
/* This div srrounds both the search form and
 → the main navigation. */
#masthead div {
    float: right;
    position: relative;
}

#masthead form {
    position: absolute;
    top: 7px;
    right: 0;
}

.nav {
    margin-top: 45px;
}
```

G O campo de busca e a navegação agora são exibidos como você queria. Melhor ainda, o layout em relação de um ao outro permanece intacto quando a página é mais estreita **H**. Isso é uma boa notícia para os usuários com telefones celulares e outros aparelhos de telas estreitas.

DICA Porque os elementos posicionados absolutamente são retirados do fluxo do documento, eles podem se sobrepor entre eles e outros elementos **F**. (Isso nem sempre é ruim.)

DICA Caso não especifique um deslocamento para um item posicionado absolutamente, ele aparece em sua posição natural, mas não afeta o fluxo dos itens na sequência.

DICA Há também um tipo de posicionamento fixo. Quando um visitante rola a janela do navegador, os conteúdos da página geralmente se movem para cima ou para baixo. Quando você configura um elemento como `position: fixed;`, ele é fixado à janela do navegador para que não se mova caso o usuário suba ou desça a página. O resto da página continua rolando normalmente. O IE6 não suporta o `fixed`.

DICA Use a propriedade `z-index` para especificar a ordem de empilhamento dos elementos que se sobrepõem quando posicionados com `relative`, `absolute` ou `fixed`. Veja "Posicionando Elementos em 3D" para mais detalhes.

DICA Defina um elemento com `position: static` para substituir uma configuração `position: absolute;`. `static` é o valor padrão para os elementos, sendo por isso que eles aparecem no fluxo normal do documento. Veja um exemplo em "Posicionando Elementos em 3D".

DICA O posicionamento não é herdado.

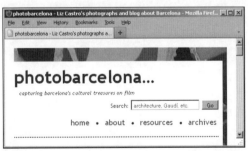

H O campo de busca e a navegação movem-se juntos como uma unidade porque ambos estão contidos no mesmo **div**. Quando o navegador é estreito, eles deslizam para baixo do logo flutuado. A experiência continua útil porque o layout contribui para essas condições.

Posicionando Elementos em 3D

Uma vez que comece a utilizar os posicionamentos relativo, absoluto ou fixo, é bem possível que seus elementos tenham se sobreposto, assim como aconteceu com o campo de busca e a navegação principal. Você pode escolher qual elemento deve ser exibido no topo (Ⓐ até Ⓒ).

Para posicionar elementos em 3D:

Digite **z-index: *n***, em que ***n*** é um número que indica o nível do elemento na pilha de objetos posicionados.

DICA A propriedade z-index funciona apenas com elementos posicionados (isto é, absolute, relative ou fixed). O exemplo Ⓐ mostra apenas elementos absolute, mas você pode misturar e combinar, e as configurações do z-index serão aplicadas coletivamente, não separadamente, dentro dos elementos absolute, relative e fixed.

DICA Quanto mais alto for o valor da propriedade z-index, mais alto estará o elemento na pilha (Ⓐ e Ⓑ).

Ⓐ Aqui está uma amostra de código HTML seguido por sua folha de estilo Ⓑ, que é renderizada como Ⓒ.

```
...
<body>
<div class="box1">
    <p>This is box 1</p>
</div>

<div class="box2">
    <p>This is box 2</p>
</div>

<div class="box3">
    <p>This is box 3</p>
</div>

<div class="box4">
    <p>This is box 4</p>
</div>
</body>
</html>
```

B Esta folha de estilo demonstra que elemento posicionado absolutamente (ou relativamente, ou fixo) com o maior número **z-index** sempre aparece no topo **C**, não importando onde ele apareça no código HTML **A**. Isso também mostra como **position: static** pode ser útil. A primeira regra define todos os quatro **div**s com **position: absolute**;, mas aí eu a substituí no **.box3**, retornando-a para o valor padrão de **static**. Isso traz o **.box3** de volta ao fluxo normal do documento. Então, embora a regra tenha o maior número **z-index**, isso não tem nenhum efeito e **.box3** está sempre na parte de baixo.

```
div {
    background: #ccc;
    border: 1px solid #666;
    height: 125px;
    position: absolute;
    width: 200px;
}

.box1 {
    background: pink;
    left: 110px;
    top: 50px;
    z-index: 120;
}

.box2 {
    background: yellow;
    left: 0;
    top: 130px;
    z-index: 530;
}

.box3 {
    height: auto;
    min-height: 125px;
    position: static;

    /* Has no effect on stacking order
    → because the element is not
    → positioned as absolute, relative,
    → or fixed. */
    z-index: 1000;
}

.box4 {
    background: orange;
    left: 285px;
    top: 65px;
    z-index: 3;
}
```

DICA Se você tiver itens aninhados dentro de um elemento que tenha um certo **z-index**, todos esse itens são primeiramente ordenados de acordo com seus valores **z-index** individuais e, então, como um grupo ordenado em um contexto mais amplo.

DICA O IE7 e versões anteriores não implementam o **z-index** como o esperado. Cada elemento posicionado começa sua própria pilha de contexto, em vez de respeitar a ordem de empilhamento de todos os elementos posicionados dentro de toda a página, como deveria. Este problema e uma solução são demonstrados em http://brenelz.com/blog/squish-the-internet-explorer-z-index-bug/ (em inglês). (Ignore o fato de que a solução é dada em estilos inline.) Coloque seu CSS em uma folha de estilo externa, conforme faria normalmente.

DICA A propriedade **z-index** não é herdada.

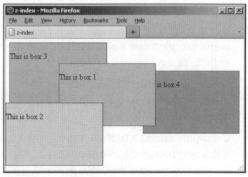

C As caixas posicionadas estão empilhadas a partir do maior **z-index** para o menor. A terceira caixa está abaixo de todas as outras porque trata-se do fluxo normal do documento.

Layout com Estilos **319**

Determinando Como Tratar Overflow

Os elementos nem sempre estão contidos em suas caixas. Às vezes, as caixas não são grandes o suficiente. Por exemplo, uma imagem que é mais larga que seu recipiente vai transbordá-lo. Ou talvez você tenha posicionado o conteúdo fora da caixa, tanto com margens negativas ou com posicionamento absoluto. Seja qual for o motivo, você pode controlar a área fora da caixa do elemento com a propriedade **overflow**.

Para determinar como o navegador deve tratar o overflow:

1. Digite **overflow:**.
2. Digite **visible** para expandir a caixa do elemento para que seu conteúdo caiba nela. Esta é a opção padrão.

    Ou digite **hidden** para ocultar qualquer conteúdo que não caiba na caixa do elemento.

    Ou digite **scroll** para sempre adicionar barras de rolagem ao elemento, assim o visitante pode acessar o overflow se desejar.

    Ou digite **auto** para que as barras de rolagem apareçam apenas quando necessário.

about this photoblog
This photoblog is the product of a love of computers, photography, and Barcelona. If you're interested in any of my photos, please contact me. The photographs on these pages are licensed under the Creative Commons Attribution-NonCommercial-NoDerivs License. To view a copy of this license, visit http://creativecommons.org/licenses/by-nc-nd/2.5/; or, (b) send a letter to Creative Commons, 543 Howard Street, 5th Floor, San Francisco, California, 94105, USA.

A As imagens na parte de baixo do rodapé quebram-se em várias linhas quando a janela é estreita. Isso geralmente é bom, pois você quer que o conteúdo se adapte a diferentes condições. Mas apenas para lhe mostrar como a propriedade **overflow** funciona, modificaremos esse comportamento temporariamente (**B** e **C**).

B Para exibir uma única linha com imagens, não importando a largura do navegador, você define a altura do elemento **ul** que contém a lista de imagens com a altura das maiores imagens e, depois, configura o **overflow** para **hidden**.

```
.thumbnails {
    height: 33px;
    overflow: hidden;
}
```

about this photoblog

This photoblog is the product of a love of computers, photography, and Barcelona. If you're interested in any of my photos, please contact me. The photographs on these pages are licensed under the Creative Commons Attribution-NonCommercial-NoDerivs License. To view a copy of this license, visit http://creativecommons.org/licenses/by-nc-nd/2.5/; or, (b) send a letter to Creative Commons, 543 Howard Street, 5th Floor, San Francisco, California, 94105, USA.

C Agora, as imagens extras foram ocultadas. Se você alargasse o navegador, mais imagens apareceriam na mesma linha. A seguir, mostrarei outra abordagem **D**, embora não seja adequada para este caso **E**.

D Caso queira restringir a área de visualização de imagens para uma linha, mas permitir que os visitantes as acessem com uma barra de rolagem **E** quando elas aparecerem em várias linhas, use `overflow: auto;` com o mesmo valor de altura de antes.

```
.thumbnails {
    height: 33px;
    overflow: auto;
}
```

about this photoblog

This photoblog is the product of a love of computers, photography, and Barcelona. If you're interested in any of my photos, please contact me. The photographs on these pages are licensed under the Creative Commons Attribution-NonCommercial-NoDerivs License. To view a copy of this license, visit http://creativecommons.org/licenses/by-nc-nd/2.5/; or, (b) send a letter to Creative Commons, 543 Howard Street, 5th Floor, San Francisco, California, 94105, USA.

E Eu desci até quase a última linha de imagem. Obviamente, neste contexto isso não é atrativo. Mas esta técnica pode ser útil em certas circunstâncias, porém com uma altura maior definida para o container.

DICA Na prática, eu não defendo o costume de ocultar imagens como nos exemplos, pois é preferível permitir que os usuários as vejam, não importando a largura de seus navegadores (lembre-se de que celulares e tablets têm telas mais estreitas). Porque o exemplo serviu apenas como efeito de demonstração, omiti as declarações `height` e `overflow` da versão completa da página no site do livro. Além disso, eu não tornaria um hábito a inclusão de tantos thumbnails em minhas páginas, porque são muitas imagens para carregar. De novo, só fiz isso como forma de demonstrar os conceitos.

DICA A propriedade `overflow` também é útil para parar com `floats`. Veja "Outros Métodos de se Livrar dos floats".

DICA Repare que o IE6 estenderá incorretamente o elemento pai para que ele seja tão grande quanto o filho. A única exceção é se você definir a propriedade `overflow` com qualquer valor, menos `visible` (o padrão), fazendo com que o pai seja redimensionado ao seu tamanho normal, deixando a propriedade `overflow` fazer o seu trabalho.

DICA O valor padrão para o `overflow` é `visible`. A propriedade `overflow` não é herdada.

Alinhando Elementos Verticalmente

Você pode alinhar os elementos de várias maneiras para fazer com que se pareçam mais organizados na página (Ⓐ até Ⓒ).

Para alinhar elementos verticalmente:

1. Digite **vertical-align:**.

2. Digite **baseline** para alinhar a linha de base do elemento com a de seu pai.

   Ou digite **middle** para alinhar o meio do elemento com o meio de seu pai.

   Ou digite **sub** para posicionar o elemento como um subscript de seu pai.

   Ou digite **super** para posicionar o elemento como um superscript de seu pai.

   Ou digite **text-top** para alinhar o topo do elemento com o de seu pai.

   Ou digite **text-bottom** para alinhar a parte de baixo do elemento com a de seu pai.

   Ou digite **top** para alinhar o topo do elemento com o topo do elemento mais alto na linha.

   Ou digite **bottom** para alinhar a parte de baixo do elemento com a parte de baixo do elemento mais baixo na linha.

   Ou digite uma porcentagem da altura da linha do elemento, que pode ser positiva ou negativa.

> **DICA** A propriedade **vertical-align** funciona apenas com elementos exibidos inline, e não com elementos exibidos como um bloco. Veja a explicação de Chris Coyier em http://css-tricks.com/2597-what-is-vertical-align/ (em inglês) para mais detalhes.

licensed under the Creative Commons Attribution-NonCommercial-NoDerivs L
send a letter to Creative Commons, 543 Howard Street, 5th Floor, San Franci

Ⓐ As imagens são alinhadas, por padrão, na parte de baixo da linha.

Ⓑ Repare que o alinhamento está definido nas próprias imagens, não nos itens da **li** que as contêm. (Veja mais sobre listas no Capítulo 15.)

```
.thumbnails img {
    vertical-align: middle;
}
```

licensed under the Creative Commons Attribution-NonCommercial-NoDerivs L
send a letter to Creative Commons, 543 Howard Street, 5th Floor, San Franci

Ⓒ Agora as imagens estão alinhadas no meio da linha.

Modificando o Cursor

Normalmente, o navegador cuida do formato do cursor para você, usando uma seta na maior parte do tempo, um dedo indicador para destacar links **A**, assim como outros. O CSS permite que você assuma o controle (**B** e **C**).

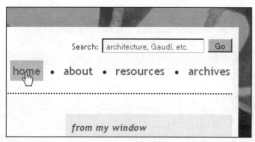

A Quando você aponta para o link da Home, o cursor muda para um dedo indicador e o link é destacado.

B Eu designei **class="current"** para o link da Home quando o visitante está na homepage. Ao fazer isso, posso modificar os padrões do link Home para que ele não se pareça apenas com um link qualquer. (Como alternativa, neste exemplo você poderia remover da navegação o elemento **a** ao redor do link da Home.)

```
a.current {
    color: #1d3d76;
}

a:hover.current {
    background: white;
    cursor: default;
}
```

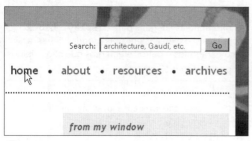

C Embora continue sendo um link real, ele não se parece mais com um. Uma vez que você já está na página para a qual o link direciona, isso faz sentido.

Para modificar o cursor:

1. Digite **cursor:**.
2. Digite **pointer** para o cursor que geralmente aparece sobre links (👆), **default** para uma seta (↖), ou **crosshair** (+), **move** (✥), **wait** (⌛), **help** (↖?), **text** (I) ou **progress** (↖⌛).

   Ou digite **auto** para exibir qualquer que seja o cursor que geralmente aparece naquela situação.

   Ou digite **x-resize** para uma seta de ponta dupla, em que **x** é a direção cardinal que uma das setas deve apontar – isto é, n (norte), nw (noroeste), e (leste), e assim por diante. Por exemplo, o cursor **e-resize** pode parecer assim: ↔.

DICA Os cursores variam sutilmente entre diferentes navegadores e sistemas.

Exibindo e Ocultando Elementos

A página de exemplo Ⓐ ajuda a demonstrar a diferença entre as propriedades **display** e **visibility**.

A propriedade **display** é multifacetada. Você pode substituir um tipo de exibição natural de um elemento, como modificá-lo de **inline** para **block** (Ⓑ até Ⓓ) ou vice-versa. Há também uma exibição híbrida chamada **inline-block**, que permite um elemento aparecer na mesma linha que outro conteúdo, mas comportando-se como um elemento de nível de bloco. A propriedade **display** também é útil para evitar que um elemento e seu conteúdo ocupe qualquer espaço visual da página (Ⓔ e Ⓕ). Há ainda outros valores (veja as dicas).

Por outro lado, a função principal da propriedade **visibility** é controlar se um elemento é visível. Diferente da propriedade **display**, quando você oculta um elemento com **visibility**, um espaço em branco aparece onde o elemento e seu conteúdo seriam exibidos (Ⓖ e Ⓗ).

Ⓐ Aqui está o HTML: três simples elementos **img**. O do meio tem uma **class** de **hide**, que aproveitarei em um próximo exemplo. Por padrão, os elementos **img** são exibidos inline Ⓑ.

```
...
<body>
    <img src="assets/img/top.jpg" width="300"
    → height="125" alt="At the top" />
    <img src="assets/img/middle.jpg"
    → width="300" height="100" alt="In the
    → middle" class="hide" />
    <img src="assets/img/bottom.jpg"
    → width="300" height="125" alt="At the
    → bottom" />
</body>
</html>
```

Ⓑ Nenhum CSS foi aplicado, então as imagens aparecem uma ao lado das outras porque os elementos **img** têm o estilo padrão **display: inline**, assim como elementos de phrasing content. (Se o navegador estivesse mais estreito, as imagens quebrariam a linha para caber.) No entanto, é simples modificar seus estilos para que cada uma apareça em sua própria linha Ⓒ.

Ⓒ Alterando as imagens para **display: block;**, agora elas são exibidas em suas próprias linhas, assim como parágrafos e outros elementos que são exibidos por padrão como blocos Ⓓ.

```
img {
    /* Make the elements display on their
    → own line. */
    display: block;
}
```

D Isso se parece com uma imagem, mas são os mesmos três elementos **img** do código-fonte **A**. A única diferença é que cada um é exibido como um bloco, graças à simples regra aplicada em **C**. Eu deixei o navegador com a mesma largura, assim você pode ver as imagens aparecerem em suas próprias linhas, por causa da mudança na propriedade **display**.

E Você se lembra de que a segunda **img** tem a classe **hide** aplicada a ela **A**. Quando configuramos **hide** para não ser exibida...

```
img {
    display: block;
}

.hide {
    /* Make all elements with this class not
    → display */
    display: none;
}
```

F ... nenhum traço da segunda imagem permanece. (Eu estreitei o navegador, mas isso não afeta o resultado mostrado.)

Para especificar como os elementos devem ser exibidos:

1. Em sua regra da folha de estilo, digite **display:**.

2. Digite **block** para exibir o elemento como nível de bloco (começando, assim, um novo parágrafo) (**B** até **D**).

   Ou digite **inline** para exibir o elemento como inline (sem começar um novo parágrafo).

   Ou digite **inline-block** para exibir o elemento como inline mas com características de nível de bloco, o que significa que você também pode designar propriedades ao elemento, como **width**, **height**, **margin** e **padding** nos quatro lados.

   Ou digite **none** para ocultar o elemento e removê-lo completamente do fluxo do documento (**E** e **F**).

   Veja as dicas para um link para outros valores **display**.

Para controlar a visibilidade de um elemento:

1. Em sua regra da folha de estilo, digite **visibility:**.
2. Digite **hidden** para fazer com que o elemento fique invisível sem removê-lo do fluxo do documento (G e H).

   Ou digite **visible** para revelar o elemento.

DICA Se você usar `display: none;` nenhum traço visível do elemento permanece no navegador. Não há espaço em branco F. Quando você usa `visibility: hidden;`, o espaço que o elemento oculto ocuparia permanece no fluxo do documento H. Todo o conteúdo (incluindo qualquer descendente) dentro dos elementos também é afetado. Por exemplo, se você definir `display: none;` para um elemento article que contenha diversos elementos p, figure e img, nenhum deles será exibido. Caso configure `visibility: hidden;` ao article, um espaço em branco (provavelmente grande!) aparecerá.

DICA Veja o exemplo C em "Controlando Onde os Elementos Flutuam" para outra forma de configurar `display: block;` para um elemento que tenha `display: inline;` como seu estilo padrão. Neste caso, eu o apliquei ao elemento span que está em volta da tag com o logo do site.

DICA A propriedade display também tem outros diversos valores, embora o IE6 e o IE7 não suportem alguns deles. Confira mais informações em http://reference.sitepoint.com/css/display – em inglês (certifique-se de ler também os comentários).

DICA A propriedade visibility não tem que ser usada em conjunto com a display (ou vice-versa), como aconteceu em G.

DICA A propriedade visibility tem um terceiro valor (além de inherit): collapse, que você usa com certas partes dos elementos table. O IE6 e IE7 não são compatíveis com ele. Descubra mais sobre collapse em http://reference.sitepoint.com/css/visibility (em inglês).

G Quando removemos a declaração `display:none;` da classe **hide** e modificamos a propriedade **visibility para hidden**...

```
img {
    display: block;
}

.hide {
    /* Hide all elements with this class */
    visibility: hidden;
}
```

H ... um espaço em branco permanece onde ficava a imagem ocultada.

Folhas de Estilo de Portáteis a Desktop

Uma decisão de última hora para ir ao cinema. Uma aposta sobre a língua oficial de Andorra. O número do telefone de uma empresa na qual você está 15 minutos atrasado para uma reunião. Um mapa do caminho, pois a razão de estar atrasado é que você não consegue encontrá-la.

Queremos informação imediatamente e, com a proliferação de aparelhos portáteis poderosos, a web pode estar em seu bolso, bolsa ou mochila de forma tão fácil como está em sua mesa. E, atualmente, os navegadores dos portáteis são muito superiores se comparados aos de alguns anos atrás, sendo amplamente estimulados pelo advento do navegador Mobile Safari, da Apple, e pela popularidade do iPhone e de aparelhos com sistema Android.

Então, agora depende de mim e de você construir sites que possibilitem que os visitantes acessem a informação de qualquer telefone celular, smartphone, tablet, laptop, desktop, consoles de video game ou de qualquer outro aparelho compatível com a web que seja inventado.

Neste capítulo você aprenderá como construir um site que funciona nos mais variados tipos de aparelho, adaptando seu layout de acordo com a capacidade dos dispositivos.

Neste Capítulo

Estratégias para Portáteis e Considerações	328
Entendendo e Implementando Media Queries	333
Construindo uma Página que se Adapte com Media Queries	340

Estratégias para Portáteis e Considerações

Geralmente, há duas abordagens para a criação de sites adequados a aparelhos portáteis:

- Construir um site dedicado aos telefones celulares. Ou seja, um site que é projetado para a experiência no celular e que é separado do site para usuários de desktops e tablets. Às vezes, os tablets – especialmente o iPad – recebem sua própria versão de um site, aumentando o total para pelo menos três.

- Construir um site para todos. Entregar a todos os aparelhos – de celulares a desktops – o mesmo HTML, mas estilizando-o de maneiras diferentes para que se adeque a cada um. Com mais alguns truques, você pode até mesmo disponibilizar diferentes tamanhos de vídeos e imagens para que os usuários de celulares não sejam penalizados com grandes downloads.

(Repare que eu geralmente usarei "desktop" neste capítulo para me referir tanto aos computadores de mesa quanto aos laptops.)

Não há uma abordagem única que se aplique a cada situação. Porém, os recentes avanços da tecnologia e o desenvolvimento das técnicas da web trouxeram o conceito da abordagem de apenas um site para a linha de frente das discussões na comunidade web; falaremos mais sobre isso em um minuto.

Um site dedicado a telefones celulares

Esta abordagem baseia-se na ideia de que a diferença entre um site para desktops e um para celulares não termina no tamanho da exibição. Principalmente, o contexto é diferente. O que um visitante precisa quando está na estrada com seu celular é

Ⓐ Aqui, o site do BART é visto no desktop. Alguns outros aparelhos, como o iPad, também recebem essa versão por padrão. Embora não seja mostrado, um link no rodapé permite que os usuários troquem para a versão para celulares Ⓑ.

Ⓑ A página principal para celulares do BART mantém uma interface simples e omite as imagens encontradas na versão para desktop Ⓐ. Assim, os visitantes conseguem acessar a informação rapidamente. Se olhar bem no rodapé, você verá um link para "Desktop", que aponta para o site mostrado em Ⓐ, e outro para "Older Mobile Site", que leva os visitantes para um site simples para celulares em www.bart.gov/wireless/.

bem diferente daquilo que procura quando ele está em casa ou no escritório, e a simples miniaturização da informação do site para desktop não será suficiente. Além disso, os desktops tendem a ser mais poderosos e a ter conexões mais rápidas do que os celulares, havendo a possibilidade de proporcionar uma experiência mais rica.

Esta abordagem decide qual informação é particularmente útil para os usuários de celular e a fornece em um site específico, que exige o mínimo de rolagem, cliques, downloads e tempo de espera.

Embora esta abordagem não seja exclusiva para as grandes empresas e para os serviços públicos, é mais comum encontrar sites assim nesses casos, pois eles podem manter diversos sites. Sites de compra como Amazon e Target simplificam bastante suas páginas e alteram a estratégia de navegação em seus sites para celulares. Por exemplo, a Target (www.target.com) dá um destaque muito maior ao buscador de lojas no site para celular (sites.target.com/site/en/spot/mobile.jsp), supondo que é mais provável que um visitante de um celular esteja lá fora, procurando por uma loja. Eles também exibem seus produtos de uma forma diferente, reduzindo o número de links para a tela pequena.

Como uma agência que fornece um serviço de transporte público, a San Francisco Bay Area Rapid Transit (BART) serve um público amplo. Eles fornecem ao visitante três opções de site: um para desktop (www.bart.gov) Ⓐ, um para celular (m.bart.gov) Ⓑ, e um outro mais simples para celulares mais antigos (www.bart.gov/wireless/). Além disso, eles permitem que você troque de versão através de um link no rodapé Ⓑ, colocando o controle nas mãos do visitante.

A Nike também fornece três opções diferentes – uma para smartphones, uma para iPad e outra para desktop – que são progressivamente mais ricas em imagens. De forma parecida, o Yahoo! possui as versões para celular, tablet e desktop.

Um site para todos

Com novos aparelhos surgindo no mercado a cada semana e novos *tipos* de dispositivos sendo projetados por trás das paredes das empresas, é realista – ou até mesmo desejável – construir e manter sites separados? Não sabemos o que está por vir, então esta abordagem defende a criação de um site para todos os aparelhos para, então, adaptar seu layout apropriadamente.

Para a maioria, um único site provavelmente servirá bem seus visitantes. Além disso, está cada vez mais difícil prever as intenções de alguém quando visita o nosso site, especialmente com smartphones e seus navegadores que se tornaram mais poderosos. Por exemplo, nem sempre se pode apostar que o visitante do celular esteja, de fato, fora de casa. Tenho certeza que não sou o único a ver sites em meu telefone enquanto estou no sofá, mesmo com meu laptop do outro lado da sala. Na maioria dos casos, estou vendo a versão completa dos sites, não a versão adaptada para celular.

Entretanto, não há como contornar o tamanho de tela menor e a velocidade reduzida de conexão dos celulares, então ainda é nosso trabalho entregar um site que seja adequado para ser visto neste contexto.

Um site para todos: fazendo acontecer

Certo, se apenas um site parece ótimo, como fazer para acomodar uma gama tão ampla de aparelhos?

É aqui que o aprimoramento progressivo realmente brilha. (Por favor, reveja "Aprimoramento Progressivo: Uma Melhor

C Acredite ou não, a homepage do Food Sense mostrada aqui e em **D** e **E** são todas do mesmo site, www.foodsense.is, e não de sites separados hospedados em suas próprias URLs. O site usa a abordagem de web design responsiva, então seu layout muda de acordo com as condições de visualização. O iPhone (mostrado aqui) e aparelhos com tamanhos de tela parecidos exibem o layout de acordo com regras específicas do CSS. Regras diferentes do CSS atingem outras visualizações em navegadores com telas maiores (**D** e **E**), ajustando o layout de acordo.

D Aqui está o Food Sense visto no iPad e em outros aparelhos com telas de tamanhos parecidos. O CSS para esta visualização altera o logo e a navegação, já que o navegador tem mais espaço para exibir o conteúdo.

E Esta é a visualização mais ampla do site, mostrada em um navegador de desktop. O site tem outros dois layouts, não mostrados em nenhuma dessas figuras. Você pode vê-los em www.foodsense.is em seu computador e arrastar o canto do navegador para deixá-lo mais estreito ou mais largo.

Prática", na introdução do livro.) Com o HTML separado de seu CSS, você pode fornecer estilos que progressivamente evoluem o layout para resoluções mais altas e aparelhos mais capazes (**C** até **E**).

Ethan Marcotte nos deu um projeto que faz isso, com uma abordagem que ele chamou de *web design responsiva*. Seu artigo em www.alistapart.com/articles/responsive-web-design/ (em inglês) e seu livro *Responsive Web Design* (A Book Apart, 2011) são altamente recomendáveis. Sua abordagem baseia-se em três coisas:

- Um layout flexível, baseado em grade. Esta é a abordagem de layout fluida que você viu no Capítulo 11, com alguns leves ajustes. Um site responsivo tem todas as propriedades `width`, `margin` e `padding` configuradas com porcentagem, fazendo com que todos os componentes do layout estejam relacionados.

- Imagens e mídias flexíveis. Os assets também são dimensionados com porcentagens, assim eles podem aumentar ou diminuir. (Veja um excerto do livro de Ethan em www.alistapart.com/articles/fluid-images/ – em inglês.) As pessoas têm desenvolvido técnicas para disponibilizar imagens de tamanhos diferentes baseadas no tamanho da tela de um aparelho, para que visitantes em telefones celulares não tenham que esperar imagens grandes carregarem.

- Media queries. Componente do CSS3, elas lhe permitem ajustar o design baseado nos recursos de mídia, como a largura da área de visualização do navegador (veja a barra lateral "Entendendo o Viewport e Utilizando o Elemento `meta` do Viewport" na próxima seção). Você aprenderá sobre elas e depois verá elas aplicadas em "Construindo uma Página que se Adapte com Media Queries".

A comunidade web tem compartilhado a ideia de construir sites responsivos, compartilhando técnicas baseadas na estrutura criada por Ethan. E a abordagem não serve apenas para blogs humildes. O *Boston Globe* (www.bostonglobe.com) se tornou o assunto da cidade quando lançou seu novo site, que foi construído em uma estrutura de web design responsiva.

Focaremos nesta abordagem até o fim do capítulo. Você aprenderá como aplicar ao site do Capítulo 11 uma abordagem que priorize os portáteis, adaptando progressivamente o CSS para telas de maior resolução com as media queries (Ⓒ até Ⓔ).

Ainda assim, não se trata de uma solução que se encaixe em todos os casos. Conforme dito antes, há casos em que o contexto, o conteúdo desejado, a navegação, a aparência e as interações são diferentes o suficiente, sendo necessário um site separado.

DICA **Luke Wroblewski começou a dominar a noção de design "portáteis primeiro" em novembro de 2009 (www.lukew.com/ff/entry.asp?933 – em inglês). A premissa é desenvolver um site voltado à experiência com os portáteis e, então, levar esses princípios para o desktop (se, na verdade, esses sites forem diferentes). Ao fazer isso, ele sugere que é mais provável que você identifique quais conteúdos são cruciais para os usuários de todos os aparelhos. Você pode assistir à sua apresentação sobre o assunto em www.lukew.com/ff/entry.asp?1137 (em inglês). Ele também escreveu um livro, chamado Mobile First (A Book Apart, 2011).**

DICA **Jeremy Keith resumiu muito bem a abordagem "um site para todos" em sua apresentação "One Web" (www.vimeo.com/27484362/ – em inglês). (Para aqueles que preferem ler, a transcrição está disponível em www.adactio.com/articles/4938/.)**

DICA **Ambos os vídeos são altamente recomendáveis. Na verdade, sinta-se à vontade para assisti-los agora mesmo. Eu espero!**

(A) Os estilos em **base.css** são usados para todos os output de aparelhos. Os estilos em **styles-480.css** são usados apenas em navegadores que suportam media queries e quando o viewport tem pelo menos 480 pixels de largura.

```
<!DOCTYPE html>
<html lang="en">
<head>
    <meta charset="utf-8" />
    <title>Media queries in link elements
    → </title>
    <meta name="viewport" content="width=
    → device-width, initial-scale=1.0" />
    <link rel="stylesheet" media="all"
    → href="base.css" />

    <!--
    The logic is only.
    The type is screen.
    The feature: value is min-width: 480px.
    -->
    <link rel="stylesheet" media="only
    → screen and (min-width: 480px)"
    → href="styles-480.css" />
</head>
<body>
...
```

Entendendo e Implementando Media Queries

Conforme aprendeu na seção "Usando Folhas de Estilo Para Mídias Específicas", no Capítulo 8, você pode focalizar seu CSS a tipos específicos de mídia de duas formas. (Há uma terceira, com a regra @ **import**, que não explicamos, pois afeta a performance.) Recapitulando, a primeira é através do atributo **media** do elemento **link**; por exemplo, **<link rel="stylesheet" href="global.css" media="screen" />**, que vai no **head** de sua página. A segunda maneira é com uma regra **@media** em sua folha de estilo:

```
/* Print style sheet */
@media print {
    header[role="banner"] nav,
    .ad {
        display: none;
    }
}
```

As *Media queries* aprimoram os métodos dos tipos de mídia, permitindo que você foque seus estilos a recursos específicos dos aparelhos **(A)**. Eles são particularmente úteis para ajustar a apresentação de seu site, fazendo com que ele se adapte a diferentes tamanhos de tela. A seguir temos uma lista dos recursos de mídia que você pode incluir nas media queries:

- width
- height
- device-width
- device-height
- orientation
- aspect-ratio
- device-aspect-ratio
- color
- color-index
- monochrome
- resolution
- scan
- grid

Folhas de Estilo de Portáteis a Desktop **333**

Há também alguns recursos de mídia não padronizados, como:

- `-webkit-device-pixel-ratio`
- `-moz-device-pixel-ratio`

Para todos eles, menos **orientation**, **scan** e **grid**, você pode incluir os prefixos **min-** e **max-**. O prefixo **min-** procura valores que sejam "maiores que ou iguais a", enquanto que o **max-** procura aqueles que sejam "menores que ou iguais a". Vamos nos concentrar em **min-width** e **max-width** neste capítulo, já que eles são os dois recursos de mídia que você usará muitas vezes nas páginas responsivas. As descrições de todos os recursos de mídia estão disponíveis na especificação do CSS3 Media Queries (www.w3.org/TR/css3-mediaqueries/#media1 – em inglês).

As media queries são compatíveis com a maioria dos navegadores de desktops e smartphones. Porém, as versões até o Internet Explorer 8 não as suportam (veja a primeira dica para uma solução para **min-width** e **max-width**).

A sintaxe da media query e exemplos

Com um muito obrigado ao livro *The Book of CSS3* (No Starch Press, 2011), de Peter Gasston, que resume isto muito bem, aqui está a sintaxe básica para as media queries.

- Para um link para uma folha de estilo externa:
  ```
  <link rel="stylesheet" media=
  → "logic type and (feature:
  → value)" href="your-stylesheet.
  → css" />
  ```

- Para uma media query dentro de uma folha de estilo:
  ```
  @media logic type and (feature:
  → value)  {
      /* your targeted CSS rules go
      → here */
  }
  ```

B Este exemplo bruto contém uma estilização de parágrafo padrão, seguida das mudanças ao texto do parágrafo quando a media query for **true**. Eu salvei esta folha de estilo no **basic-media-query-css** e a carreguei na página mostrada em **C**. Você pode ver os resultados em **D** até **F**.

```
/* Your regular styles go here. Every device
→ gets them unless they are overridden by
→ rules in the media queries. */
body {
    font-size: 100%;
}


p {

    color: green;}

/*
The logic is only.
The type is screen.
The feature: value is min-width: 480px.
*/@media only screen and (min-width:
→ 480px) {
    /* Your styles for this condition go
    → here. */
    p {
        color: red;
        font-weight: bold;
    }
}
```

C Esta página é vinculada à folha de estilo externa em **B**, que contém um exemplo básico de media query.

```
<!DOCTYPE html>
<html lang="en">
<head>
    <meta charset="utf-8" />
    <title>Basic media query example</title>
    <meta name="viewport" content="width=
    → device-width, initial-scale=1.0" />
    <link rel="stylesheet" href="assets/
    → css/basic-media-query.css" />
</head>
<body>
    <p>Hi, I'm a paragraph. By default, I'm
    → green and normal. But get me in a
    → viewport that's at least 480px wide,
    → and I get red and bold!</p>
</body>
</html>
```

334 Capítulo 12

D O viewport do Safari no modo retrato tem 320 pixels de largura, então o texto permanece verde por causa dos estilos base na folha de estilo. (Ele herda o **font-weight** normal dos estilos padrões do navegador.) No entanto, quando a página é vista no iPad...

Eu falarei mais sobre a sintaxe daqui a pouco, mas alguns exemplos rápidos (**A** e **B**) ajudarão a colocar tudo em um contexto. As queries nos exemplos são idênticas, mas a forma que elas entregam os estilos são diferentes. O exemplo em **A** é traduzido como "carregue e use as regras em **styles-480.css** apenas quando o tipo de mídia for **screen** e a largura mínima do viewport for de 480 pixels." O exemplo em **B** diz, "use as seguintes regras apenas quando o tipo de mídia for **screen** e a largura mínima do viewport for de 480 pixels". (Veja a barra lateral "Entendendo o Viewport e Utilizando o Elemento **meta** do Viewport" para aprender o significado de *viewport*.) Eu criei uma página de teste **C** que se vincula a uma folha de estilo que contém o código de **B**. Você pode ver os resultados em um iPhone **D**, iPad **E**, e em um navegador estreito de um desktop **F**.

Voltando à sintaxe, vamos explorar seus componentes:

- A porção *logic* é opcional e pode ter um valor **only** ou **not**. A palavra **only** assegura que navegadores mais antigos não tentem ler o restante da media query, ignorando a folha de estilo vinculada a ela. A palavra **not** nega o resultado da media query, tornando o oposto verdadeiro. Por exemplo, **media="not screen"** carregará a folha de estilo se o tipo de mídia for qualquer um, menos **screen**.

- A porção *type* é o tipo de mídia, como **screen** ou **print**.

- Um par *feature: valor* é opcional, mas, se estiver presente, deve ser colocado entre parênteses e antecedido pela palavra **and**. O *feature* é um dos recursos pré-definidos de mídia, como **min-width**, **max-width**, **orientation**, entre outros. O *value* é opcional para os recursos **color**, **color-index** e **monochrome**.

E ... o texto fica vermelho e em negrito porque o viewport do navegador tem 768 pixels de largura no modo retrato do iPad, e o media query é acionado quando a largura é igual ou maior que 480 pixels. Isso também afeta o iPhone no modo paisagem, que tem uma largura do viewport de exatos 480 pixels.

Você pode encadear conjuntos de recursos e valores com **and**, assim como criar uma lista de media queries, separando cada uma com uma vírgula. Uma lista de media queries completa é verdadeira caso qualquer uma das media queries da lista for verdadeira. **G** e **H** mostram várias media queries.

Para definir uma media query quando a vincular à uma folha de estilo externa:

1. Digite **<link rel="stylesheet"** na seção **head** de cada página HTML em que queira usar a folha de estilo.
2. Digite **media="** para começar o media query.
3. Crie sua media query seguindo os passos de "Para definir uma media query".
4. Digite **"** para finalizar o media query.
5. Digite um espaço e depois **href="url.css"**, em que url.css é o caminho para e o nome da folha de estilo que deve ser aplicada à página quando a media query for verdadeira.
6. Digite um espaço e **/>**. (Ou, se preferir, não digite nenhum espaço, apenas **>**. O HTML5 permite ambas abordagens, e os resultados são os mesmos.)

Para definir uma media query e regras associadas dentro de uma folha de estilo:

1. Dentro da folha de estilo, digite **@media** seguido por um espaço.
2. Crie sua media query seguindo os passos em "Para definir uma media query".
3. Digite um espaço e **{**.
4. Caso queira começar em uma nova linha, crie as regras de estilo que devem ser aplicadas à página quando a media query for verdadeira.
5. Digite **}** (em uma nova linha, se quiser) para completar o bloco da media query.

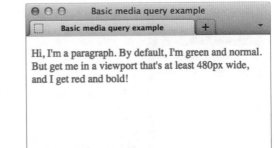

F Navegadores modernos de desktops também entendem as media queries. Aqui está o Firefox com o canto inferior direito arrastado para deixar o viewport mais estreito que 480 pixels, o que deixa o texto verde com um **font-weight** normal. Se eu esticasse a janela para que ela tivesse pelo menos 480 pixels, o texto ficaria vermelho e em negrito imediatamente – não é preciso atualizar a página.

G Exemplos de outras media queries usadas para carregar folhas de estilo externas quando **true**.

```
...
    <link rel="stylesheet" media="only
 → screen and (min-width: 480px)
 → and (max-width: 767px)" href=
 → "styles.css" />

    <link rel="stylesheet" media="only
 → screen and (orientation:
 → landscape)"  href="styles.css" />

    <link rel="stylesheet" media="only
 → print and (color)" href="color-
 → pages.css" />

    <link rel="stylesheet" media="only
 → print and (monochrome)"
 → href="monochrome-pages.css" />

    <link rel="stylesheet" media="only
 → screen and (color), projection and
 → (color)" href="styles.css" />
</head>
<body>
...
```

336 Capítulo 12

H Estas são as mesmas media queries que em **G**, mas elas aparecem diretamente em uma folha de estilo.

```
/* Base Styles
-------------------------------- */

/* your base rules for all devices */


/* Begin Media Queries
-------------------------------- */
@media only screen and (min-width: 480px)
→ and (max-width: 767px) {
     /* your rules */
}

@media only screen and (orientation:
→ landscape)   {
     /* your rules */
}

@media only print and (color) {
     /* your rules */
}

@media only print and (monochrome) {
     /* your rules */
}

@media only screen and (color),
projection and (color) {
     /* your rules */
}
```

Para definir uma media query:

1. Opcionalmente, digite `only` seguido de um espaço. (Embora seja opcional, eu recomendo que se inclua o `only`, a menos quando especificar **not**.) Se não especificar `only`, opcionalmente digite **not**, seguido por um espaço, para indicar que você quer que o resultado oposto da media query seja verdadeiro.

2. Digite *type*, em que *type* é o tipo de mídia (geralmente **screen** ou **print**; veja "Usando Folhas de Estilo para Mídias Específicas", no Capítulo 8).

3. Opcionalmente, digite um espaço, depois **and**, e mais um espaço. Em seguida, digite *(feature: value)*, em que *feature* é um dos recursos de mídia pré-definidos: **width**, **height**, **device-width**, **device-height**, **orientation**, **aspect-ratio**, **color**, **color-index**, **monochrome**, **resolution**, **scan** ou **grid**, em que *value* seja uma valor apropriado para *feature* (geralmente, mas não apenas, expresso em pixels ou ems; veja **B**, **G** e **H** para exemplos). Onde for permitido e conforme desejado, coloque um prefixo **min-** em *feature* para especificar um valor que seja "maior que ou igual a" ou coloque um prefixo **max-** para especificar um valor "menor que ou igual a". O *value* é opcional para os recursos **color**, **color-index** e **monochrome**.

4. Se quiser criar uma lista de media queries, digite uma vírgula e repita os passos 2 e 3. Caso contrário, sua media query está completa.

continua na próxima página

DICA Veja "Renderizando os estilos das media queries no IE8 e versões anteriores" para aprender como consertar as deficiências dessas versões do IE.

DICA Quaisquer regras de estilo base que você aplique fora das media queries são aplicadas a todos os aparelhos. Você pode substituí-las como desejar com as media queries. Para deixar claro, declarações dentro de regras media query se sobrepõem apenas às declarações conflituosas dos estilos normais, como `color: green;` no caso de **B**. Se a regra p antes da media query incluísse `font-style: italic;`, o texto do parágrafo ainda ficaria em itálico quando a media query fosse verdadeira, já que a regra p dentro da media query não especifica `font-style`.

DICA O iPhone aumenta o zoom da página quando você gira o telefone para o modo paisagem. Desta forma, algum conteúdo fica fora de vista, exigindo que os visitantes diminuam o zoom para que as dimensões se encaixem na tela. Há uma forma de se evitar isso, mas o usuário fica impossibilitado de alterar o nível de zoom da página. Porém, caso precise controlar esse comportamento, adicione a parte destacada deste código: `<meta name="viewport" content="width=device-width, initial-scale=1.0, maximum-scale=1.0, user-scalable=no" />`. No entanto, não sou a favor de seu uso. O melhor é omitir essas duas propriedades e deixar que os visitantes controlem o zoom em seu site.

DICA Você pode utilizar o gratuito iOS Simulator, da Apple, para testar as páginas de exemplo no iPhone e iPad. Veja a barra lateral "Codificação para Celulares e Ferramentas para Testes", na próxima seção.

Entendendo o Viewport e Utilizando o Elemento meta do Viewport

O viewport é a área dentro do navegador que exibe sua página, seja em um desktop ou celular. Ele não inclui coisas como a barra de endereço ou botões, apenas a área de navegação. O recurso **width** da media query mapeia a largura do viewport. Porém, isso é diferente do recurso **device-width**, que é a largura da tela.

Esses valores são geralmente diferentes por padrão em aparelhos portáteis como o iPhone. O viewport do Mobile Safari, que é o navegador do iPhone, é de 980 pixels de largura por padrão, mas a tela do celular tem apenas 320 pixels de largura (e 480 de altura). Então o iPhone reduz esses 980 pixels a uma escala que caiba na largura de 320 pixels no modo retrato ❶. Assim, quando você navega com o Mobile Safari pela maioria dos sites feitos para navegadores de desktops, ele exibe uma versão em miniatura dos sites. Ele faz o mesmo no modo paisagem, mas a largura é de 480 pixels. Como pode ser visto em ❶, geralmente é difícil ler as páginas sem dar um zoom. (Saiba que a largura do viewport padrão varia entre os aparelhos.)

❶ Minha página de teste contém um **div** verde com 320 x 480. Por padrão, o viewport do Mobile Safari tem 980 pixels de largura, então o iPhone encolhe o navegador para que ele seja exibido dentro da tela com 320 pixels de largura. É por isso que a caixa verde mal ocupa um terço da largura da tela (isto é, 320/980).

Felizmente há uma rápida solução para layouts fluidos (ou seja, layouts construídos, no CSS, com as larguras baseadas em porcentagens). Simplesmente adicione o elemento **meta** do viewport à seção **head** de suas páginas.

```
<!DOCTYPE html>
<html lang="en">
<head>
    <meta charset="utf-8" />
    <title>Fancy page title</title>
    <meta name="viewport" content="width=device-width, initial-scale=1.0" />
    ...
</head>
<body>
...
```

A parte importante deste código é **width=device-width**. Colocando isso, a largura do viewport é definida para ser a mesma que a largura do aparelho (para o iPhone, são 320 pixels), então o conteúdo da página com essa largura preenche toda a tela no modo retrato ❷. Sem incluir isso, você não alcançará os resultados que espera das media queries que aproveitam **min-width** e **max-width**.

A porção **initial-scale=1.0** do código não afeta os valores **width** e **device-width**, mas é comum incluí-lo. Ele configura o zoom inicial da página a 100%. Você também pode especificar valores maiores ou menores do que **1.0**.

❷ O código desta página de teste é exatamente o mesmo que em ❶, exceto que ele tem o elemento **meta** do viewport configurado para **width=device-width**. Como pode ver, as larguras do viewport e da tela são as mesmas agora.

Embora não sejam mostradas, existem outras três propriedades. Defina **minimum-scale** com um número maior que **0** e até **10.0** para configurar efetivamente o mínimo de zoom da página. Veja as dicas para mais informações sobre as propriedades **maximum-scale** e **user-scalable**.

Construindo uma Página que se Adapte com Media Queries

A seção anterior explicou como as media queries funcionam. Agora você verá como aplicá-las a uma página inteira, fazendo com que o layout se adapte ao tamanho do viewport do aparelho. Esta é a mesma técnica utilizada na abordagem de web design responsiva, de Ethan Marcotte. No entanto, eu não adapto o tamanho das imagens, como os designs responsivos geralmente fazem (não é obrigatório). Utilizarei nossa página do Capítulo 11 como exemplo.

Eu não vou mostrar todos as regras de estilo que aplico em cada bloco da media query, já que elas serão diferentes de um site para outro. O importante é saber como abordar a construção de um site responsivo, e quais tipos de media queries utilizar para alcançar o objetivo. Você pode ver a página completa e seu código em www.bruceontheloose.com/htmlcss/examples (em inglês).

Criando o conteúdo e o HTML

Tudo deve começar com um conteúdo sólido e escolhido com cuidado. Caso tente projetar e construir seu site apenas com marcações sobre onde entra o texto, você pode achar que o site não se sustenta quando adicionar o conteúdo real. Então, se possível, adiante o dever de casa para que você possa estar certo de que esteja projetando e desenvolvendo um site que servirá bem a seus visitantes (e a você).

A base do HTML para a página de exemplo é a mesma usada no Capítulo 11, mas com três exceções:

- Adicionei `<meta name="viewport" content="width=device-width, initial-scale=1.0" />` ao elemento **head**. Veja a barra lateral "Entendendo o

Ⓐ Uma amostra do estilo base que aplico para todos os aparelhos. As regras são como aquelas que você já viu até este capítulo – elas não são colocadas nos blocos das media queries.

```
/* Base Styles
----------------------------------- */
body {
    color: #1d3d76;
    font: 100% "Trebuchet MS", Verdana,
    → sans-serif;
}

h1,
h2,
h3,
h4,
h5,
h6,
.logo {
    color: #b74e07;
    font-weight: bold;
}

h1 {
    font-size: 1.25em; /* 24px/16px */
    text-transform: lowercase;
}

.nav li {
    display: inline;
    font-size: .7em;
}
...
```

B O iPhone suporta as media queries, mas eu ainda não as adicionei à folha de estilo. Fiz apenas a base dos estilos, então essas capturas de tela representam aquilo que os navegadores que não suportam as media queries vão renderizar. O layout da página é linear, com a imagem da direita aparecendo logo abaixo da seção "recent entries". O rodapé vem em seguida, mas não é mostrado.

Viewport e Utilizando o Elemento **meta** do Viewport" para detalhes sobre o que ele faz. Eu recomendo que você inclua este elemento **meta** em suas páginas se você estiver implementando um layout flexível.

- Removi as imagens de thumbnail na parte de baixo da página (havia mais de 20 delas). Pensando na velocidade da conexão (e na capacidade dos aparelhos), havia mais imagens do que recomendaria, exigindo que todos os aparelhos as carregassem. Se quisesse aprimorar a página, poderia escrever um código no lado do servidor ou um Javascript que carregasse as imagens de forma dinâmica para telas maiores. Porém, isso vai além do escopo que podemos ensinar por aqui.

- Adicionei uma chamada para **respond.js** próxima à parte de baixo da página para fazer com que as media queries funcionem no IE8 e versões abaixo. Veja "Renderizando os estilos das media queries no IE8 e versões anteriores".

Escolhendo uma abordagem para a implementação do design

Há pelo menos duas maneiras de abordagem para a construção de uma página responsiva. Ambas usam o mesmo HTML, mas o CSS é um pouco diferente. Aqui estão elas, resumidas:

Abordagem 1: construa uma linha de base para todos os aparelhos e, então, comece o aprimoramento a partir das telas pequenas (celulares) em direção às grandes (desktop)

1. Primeiro, forneça um estilo base para todos os aparelhos **A**. Isso geralmente inclui a formatação básica da fonte, cores e, talvez, ajustes nas margens ou bordas, mas nada de flutuação ou posicionamento de elementos. O conteúdo seguirá de cima para baixo,

de acordo com o fluxo normal do documento. Seu objetivo é que o site possa ser lido e apresentado em uma única coluna Ⓑ. Assim, ele poderá ser acessado por todos os aparelhos, novos e velhos, que tenham um navegador web. Ele pode apresentar alguma diferença entre um aparelho e outro, mas isso já é esperado e não há problema algum.

2. Comece a evolução a partir daí, utilizando as media queries para definir os estilos para telas progressivamente maiores (ou outros recursos de mídia, como **orientation**). Os recursos de media query **min-width** e **max-width** serão suas principais ferramentas na maior parte do tempo (Ⓒ até Ⓙ).

Esta abordagem é geralmente tida como uma web design responsiva que dá prioridade para os portáteis.

Abordagem 2: construa para o desktop e, *depois*, direcione-o para aparelhos com tamanhos de telas diferentes

1. Primeiro, estilize a versão para desktop de seu site (veja o Capítulo 11).
2. Utilize as media queries para substituir os estilos para telas de outros tamanhos ou menores.

A primeira abordagem ganhou muito espaço nos círculos da web porque ela abraça o aprimoramento progressivo. Utilizarei esta abordagem no exemplo para que você possa ver como isso é feito. Você mesmo pode testar a segunda abordagem, utilizando a página concluída do Capítulo 11 como ponto de partida para adicionar as media queries para telas menores, usando como base o que aprender aqui.

Ⓒ Adiciono uma regra para aparelhos com um viewport de pelo menos 320 pixels de largura. Isso faz com que o texto fique em volta da imagem nas postagens do blog Ⓓ. Eu não incluí esta regra no estilo base porque alguns celulares (até mesmo smartphones) possuem telas mais limitadas, o que dificultaria a leitura de textos estreitos ao lado da imagem.

```
/* Base Styles
------------------------------------ */
...

/* 320px and up
------------------------------------ */
@media only screen and (min-width: 320px) {

    .photo {
        float: left;
    }

}
```

Ⓓ O texto fica ao redor das imagens, nas introduções das postagens do blog, graças à media query definida em Ⓒ. O estilo faz efeito no iPhone porque o viewport tem 320 pixels de largura no modo retrato.

🅔 Agora a folha de estilo tem uma media query voltada para aparelhos com um viewport de pelo menos 480 pixels. Isso representa telefones maiores, como vários modelos Android, assim como o iPhone no modo paisagem 🅕.

```
/* Base Styles
-------------------------------------- */
...

/* 320px and up
-------------------------------------- */
@media only screen and (min-width: 320px) {
    ...
}

/* 480px and up
-------------------------------------- */
@media only screen and (min-width: 480px) {

    .intro {
        margin: -.9% 0 0 110px;
    }

    .entry .date {
        margin: 0;
        text-align: right;
        position: relative;
        top: -1em;
    }

    #main .continued {
        margin-top: -1%;
        text-align: right;
    }

}
```

🅕 Aqui está o meio da página visualizada com 480 pixels de largura. Porque há mais espaço na tela, fiz com que o texto não ficasse mais em volta das imagens e alinhei a data e o link "continued" para a direita.

Evoluindo seu layout

Certo, então você tem todo o conteúdo, marcado com um HTML semântico, e você decidiu ficar com a Abordagem 1 para implementar o seu design. As imagens de 🅐 até 🅙 ilustram como eu comecei com os estilos base para todos os aparelhos e, gradualmente, fiz aprimoramentos até que tivesse um layout que se adequasse para diversos aparelhos e tamanhos de viewport.

Falando a língua da web design responsiva, você aproveita as media queries para definir os estilos para cada *breakpoint* em sua página – isto é, a cada largura que seu conteúdo se beneficiaria com o ajuste. No caso do exemplo, criei regras de estilos para cada breakpoint na lista a seguir. Mantenha em mente que, para cada caso com uma largura mínima sem uma largura máxima, os estilos visam os aparelhos com aquele **min-width** e *todos* os que vierem na sequência, inclusive desktops.

- Uma largura mínima de 320 pixels (🅒 e 🅓). Esta regra visa o iPhone, o iPod touch, e diversos Android e outros celulares com modo retrato.

- Uma largura mínima de 480 pixels (🅔 e 🅕). Esta visa celulares maiores, como vários modelos da HTC, assim como os inúmeros aparelhos de 320 pixels quando estão no modo paisagem (entre eles o iPhone, o iPhod touch e alguns modelos Android).

- Uma largura mínima de 600 pixels (🅖 e 🅗). Eu defini essas regras principalmente para beneficiar navegadores estreitos de desktops, mas, como sempre, elas se aplicam a qualquer aparelho que exibam nesta largura mínima.

- Dentro da faixa de uma largura mínima de 600 pixels e máxima de 767 (🅖 e 🅗). O layout da cabeça da página estava desfigurado nesta faixa – ele era principalmente visível quando o

continua na página 346

Ⓖ Estas media queries começam a transição da cabeça da página a partir do layout linear para a abordagem horizontal. Isso torna a página mais apresentável em navegadores de desktop quando com uma largura moderada Ⓗ.

```
/* Base Styles
----------------------------------- */
...

/* 320px and up
----------------------------------- */
@media only screen and (min-width: 320px) {

    ...

}

/* 480px and up
----------------------------------- */
@media only screen and (min-width: 480px) {

    ...

}

/* 600px and up
----------------------------------- */
@media only screen and (min-width: 600px) {

    #container {
        background: url(../img/bg-bluebench.
        → jpg) repeat-y;
        margin: 20px auto;
        padding: 30px 10px 0 0;
        width: 90%;
    }

    .logo {
        float: left;
        font-size: 2em; /* 32px/16px */
    }

    ...

}

/* From 600px-767px, not beyond
----------------------------------- */
@media only screen and (min-width: 600px)
→ and (max-width: 767px) {

    .logo {
        background: #eee;
        font-size: 1.825em;
    }
}
```

o código continua na próxima coluna

```
    #masthead form {
        width: 235px;
    }

    input[type="text"] {
        width: 130px;
    }

    .nav li {
        font-size: .625em;
        font-weight: bold;
        padding-left: 1%;
    }

    ...

}
```

Ⓗ Com os estilos de Ⓖ, a página está cada vez mais próxima de seu formato completo. O layout do conteúdo ainda tem apenas uma coluna, mas agora o campo de busca e a navegação principal estão ao lado do logo. Além disso, a imagem de background em volta da página aparece pela primeira vez.

344 Capítulo 12

Esta é a última media query, visando viewports com pelo menos 768 pixels de largura. Esta é a realidade para a maioria dos navegadores de desktop (a menos que o usuário o tenha estreitado, como em), mas essa media query também atinge a largura do iPad e de alguns outros tablets no modo retrato .

```
/* Base Styles
------------------------------------ */
...

/* 320px and up
------------------------------------ */
@media only screen and (min-width: 320px) {
    ...
}

/* 480px and up
------------------------------------ */
@media only screen and (min-width: 480px) {
    ...
}

/* 600px and up
------------------------------------ */
@media only screen and (min-width: 600px) {
    ...
}

/* From 600px-767px, not beyond
------------------------------------ */
@media only screen and (min-width: 600px) and
→ (max-width: 767px) {
    ...
}

/* 768px
------------------------------------ */
@media only screen and (min-width: 768px) {

    #container {
        max-width: 950px;
    }

    #page {
        padding-left: 0;
        width: 97.9167%;
    }

    .nav li {
        display: list-item;
        float: left;
        font-size: .75em; /* 12px/16px */
    }
```

o código continua na próxima coluna

```
#main {
    float: left;
    width: 71%;
}

#related {
    margin-left: 72%;
}

#footer {
    clear: both;
}

...
}
```

Com os estilos de , a página está completa. A renderização do iPad é mostrada aqui, mas ela é parecida em navegadores de desktop (embora mais larga, caso o visitante aumente o navegador). A coluna com o conteúdo principal e a barra lateral esticam automaticamente porque suas larguras são baseadas em porcentagens.

navegador de um desktop era redimensionado – então eu criei esses estilos para acabar com isso e criar uma ponte entre essa lacuna e o último breakpoint.

- Uma largura mínima de 768 pixels (⬤ e ⬤). Esta regra se encaixa tanto aos desktops novos quanto aos antigos, assim como ao iPad e outros tablets.

Seus breakpoints podem ser diferentes dos que usei. Depende do que é certo para seu conteúdo, design e público.

Por exemplo, algumas pessoas definem uma media query para **(min-width: 992px)**, e às vezes uma outra para uma resolução ainda maior. No meu caso, adicionei **max-width: 950px;** ao seletor **#container** da página de exemplo ⬤. Com isso definido, o layout é flexível até 950 pixels, mas não se esticará além disso. Assim, não especifiquei nenhuma media query maior do que esta largura. Repare que este **max-width** é uma das variedades das *propriedades* do layout, e não um recurso da media query como **(max-width: 950px)**.

Você também pode utilizar breakpoints que não sejam exatamente iguais às larguras dos viewports dos aparelhos. Se uma media query baseada em **(min-width: 700px)** for melhor para apresentar seu conteúdo, use-a. Nessa situação, você não precisa usar os pixels como unidade. Seria possível criar uma media query que usa ems, como **(min-width: 20em)**.

Codificação para Celulares e Ferramentas para Testes

Testar suas páginas em celulares e tablets apresenta um desafio especial, porque pode ser difícil conseguir colocar as mãos nesses aparelhos. Embora não haja nada melhor do que fazer o teste no dispositivo real, há algumas técnicas e ferramentas que você pode usar quando estiver codificando e iniciando os testes:

- Redimensione o navegador de seu desktop para o tamanho aproximado do viewport de vários celulares e tablets enquanto você escreve os estilos. Este pode ser um método rústico, mas ele pode ajudá-lo a direcionar seus estilos, fazendo com que você precise de menos aprimoramentos após realizar os testes apropriados nos aparelhos. Porém, realmente redimensione seu navegador para diversos tamanhos para testar como seu layout se ajusta quando visto no desktop.

- Use o ProtoFluid (www.protofluid.com – em inglês) durante o desenvolvimento inicial. É uma ferramenta baseada em navegador gratuita que fornece visualizações que se comparam aos tamanhos de alguns dos aparelhos mais populares. De novo, isso não serve para os testes formais, porque a ferramenta não se comporta como os telefones ou o iPad, mas é útil durante a fase inicial da codificação. (Um pequeno aviso: Esta ferramenta não é a das mais intuitivas de se usar. Você provavelmente terá que perder um pouco de tempo para entender como ela funciona.) Suas páginas terão que estar em um servidor para que consiga visualizá-las no ProtoFluid. Pode ser no servidor que seu provedor disponibiliza (veja o Capítulo 21) ou em um que você rode em seu computador para fins de desenvolvimento (procure na internet por "configurando um servidor local").

- Use o iOS Simulator gratuito da Apple para testar suas páginas no iPhone e iPad. Agora estamos evoluindo. Esta é a segunda melhor forma de fazer o teste. Você vai reparar que utilizei o simulador em algumas das capturas de tela. No entanto, ele funciona apenas no OS X, e não existe um equivalente para o Windows. O iOS Simulator é parte do download gratuito do Xcode, disponível em http://developer.apple.com/xcode/ (em inglês).

- Use o Electric Mobile Simulator para o Windows (www.electricplum.com/dlsim.html – em inglês), que talvez seja a melhor ferramenta do tipo para o Windows. Só para que não haja dúvidas, este não é um equivalente do iOS Simulator, da Apple.

- Use emuladores e simuladores de navegadores para outros aparelhos e celulares. O Mobile Boilerplate mantém uma lista de links para emuladores de celular e simuladores do iOS, Android, Nokia Symbian, entre outros, em https://github,com/h5bp/mobile-boilerplate/wiki/Mobile-Emulators-&-Simulators (em inglês).

Com alguma sorte, você pode conhecer pessoas que tenham aparelhos diferentes em que também possa testar. Saia perguntando!

Renderizando os estilos das media queries no IE8 e versões anteriores

Há uma ressalva a ser feita sobre escrever uma linha de base para os estilos e depois adaptar o design com as media queries: o Internet Explorer 8 e suas versões mais antigas não são compatíveis com as media queries. Isso significa que eles apenas renderizam os estilos que você definir fora das media queries; ou seja, a linha de base dos estilos. Somados, o IE6, 7 e 8 representam um grande número do tráfego na maioria dos sites, então é provável que você queira que esses visitantes vejam seu design da maneira que é para ser visto.

Scott Jehl se propôs a corrigir esse problema e criou um script leve, **respond. js**, que faz com que as media queries **min-width** e **max-width** funcionem nas versões mais antigas do IE. Ele está disponível em https://github.com/scottjehl/Respond (em inglês). Acione o link respond. min.js para ver o código. Copie e cole-o em seu editor de texto, e salve-o como **respond.js**.

Embora o script também faça essas media queries funcionarem em outros navegadores mais antigos, não há nenhum que seja relevante. Então pode ser que você queira utilizar um comentário condicional para instruir apenas o IE8 e versões anteriores a carregar o script, como mostrado em **(K)**.

Como alternativa, caso planeje usar o Modernizr (www.modernizr.com – em inglês) em seu projeto, você pode incluir o **respond.js** na configuração do Modernizr, em vez de baixá-lo e chamá-lo separadamente de sua página HTML. Veja "Usando Polyfills para o Aprimoramento Progressivo", no Capítulo 14, para um pouco mais de informação sobre o Modernizr, e veja o Capítulo 19 para mais scripts.

(K) Ao colocar o elemento do script neste comentário condicional, apenas o Internet Explorer 8 e suas versões mais antigas carregarão o **respond.js**. Substitua a parte **assets/js/** do valor **src** com o caminho (se for diferente) para **respond.js** em seu site. Quando estiver tudo pronto, o IE8 e suas versões anteriores entenderão as media queries, exibindo os estilos apropriadamente.

```
...

        <footer id="footer"
role="contentinfo">
...
        </footer>
    </div>
</div>

<!--[if lte IE 8]>
    <script src="assets/js/respond.js">
    → </script>
<![endif]-->
</body>
</html>
```

Para construir uma página que se adapte as media queries:

1. Crie seu conteúdo e o HTML.

2. No elemento **head** de sua página HTML, digite `<meta name="viewport" content="width=device-width, initial-scale=1.0" />`. (Veja a barra lateral "Entendendo o Viewport e Utilizando o Elemento **meta** do Viewport" na seção "Entendendo e Implementando Media Queries".)

3. Escolha uma abordagem para a implementação do design. Recomendo que você primeiro crie uma linha de base com os estilos para todos os aparelhos e, então, utilize as media queries, como demonstrado no exemplo. No entanto, se preferir, você pode implementar primeiro o layout para desktop (veja o Capítulo 11) e, depois, aplicar as media queries para os aparelhos menores.

4. Adapte seu layout para diferentes larguras do viewport, conforme a necessidade de seu conteúdo. Identifique os breakpoints e crie media queries associadas de acordo com os passos descritos em "Entendendo e Implementando Media Queries" e como demonstrado em C, E, G e I. Durante o processo, deixe o layout fluido utilizando porcentagens para **width**, **margin** e **padding** sempre que possível.

5. Caso queira que o IE 8 e versões anteriores exibam as regras de estilo das media queries **min-width** e **max-width**, utilize o **respond.js** (como explicado em "Renderizando os estilos das media queries no IE8 e versões anteriores").

continua na próxima página

6. Se tiver feito o passo 5, vincule o **respond.js** à sua página digitando o seguinte código acima da tag de fim **</body>** Ⓚ.

```
<!--[if lte IE 8]>
    <script src="path/respond.js">
  → </script>
<![endif]-->
```

O **path** (caminho) é igual à localização do arquivo JavaScript em seu site, e **respond.js** é igual ao nome do arquivo JavaScript que você salvou. Os comentários condicionais ao redor do elemento **script** são opcionais.

7. Faça o teste! (Veja a barra lateral "Codificação para Celulares e Ferramentas para Testes".)

8. Aprimore seu CSS e media queries no passo 4 conforme o necessário, e teste até que a página seja renderizada em diversos aparelhos como você deseja.

DICA Como mostrado em Ⓒ, Ⓔ, Ⓖ e Ⓘ todos os estilos da página de exemplo estão em uma folha de estilo. Como alternativa, você poderia usar as instruções de "Entendendo e Implementando Media Queries" para fazer o vínculo com folhas de estilos separadas. Geralmente, um único arquivo é melhor para a performance, desde que ele não seja absurdamente grande. Quanto menos arquivos o navegador tiver que baixar, mais rápido ele vai renderizar a página.

DICA O site http://mediaqueri.es, de Eivind Uggedal, é uma galeria sempre em expansão de sites responsivos publicados na internet. Vale a pena conferir para se inspirar.

DICA O Mobile Boilerplate (www.html5boilerplate. com/mobile – em inglês) é uma página com um template inicial que incorpora muitas das melhores práticas para os portáteis. A equipe por trás do site também disponibilizou uma matriz de especificações bastante útil para aparelhos portáteis modernos (smartphones e tablets) em https://github.com/h5bp/mobile-boilerplate/wiki/Mobile-Matrices (em inglês). Como a página menciona, a informação pode ser útil para criar media queries.

DICA Caso queira direcionar os estilos para aparelhos de muitos pixels, como o iPhone 4 e telefones que utilizam o navegador Opera Mobile 11, utilize a seguinte media query:

```
@media only screen and (-webkit-min-
→device-pixel-ratio: 1.5), only
→screen and (-o-min-device-pixel-
→ratio: 3/2), only screen and
→(min-device-pixel-ratio: 1.5) {
    /* your rules */
}
```

Esta recomendação é uma cortesia do Mobile Boilerplate.

DICA O 320 and Up (http://stuffandnonsense,co. uk/projects/320andup/ – em inglês), criado por Andy Clarke e Keith Clark, é outro template inicial. Ele espelha a metodologia mostrada aqui, começando com um conjunto de estilos padrão e intensificando, a partir daí, o layout com as media queries.

DICA Luke Wroblewski resume muito bem a paixão atual pela construção de sites responsivos em http://www.lukew.com/ff/entry. asp?1436 (em inglês). Seu artigo também possui diversos links para outras leituras.

DICA Maximiliano Firtman mantém uma matriz com a compatibilidade do HTML5 e CSS3 entre os aparelhos portáteis modernos em http://mobilehtml5.org (em inglês). (Muitas das informações pertencem aos recursos avançados do HTML5, não abordados neste livro.)

DICA Se o respond.js não estiver funcionando, veja a seção "Support & Caveats" em https:// github.com/scottjehl/Respond (em inglês). Se ainda estiver tendo problemas, tente colocar o código destacado em Ⓚ acima da tag </ head>, em vez de antes da tag </body>.

DICA Aprenda mais sobre comentários condicionais em www.quirksmode.org/css/ condcom.html (em inglês).

Folhas de Estilo de Portáteis a Desktop **351**

13

Trabalhando com Fontes Web

Nos últimos anos, observamos o renascimento do uso de fontes na web. Enquanto antes tínhamos uma escolha muito limitada, hoje, graças às fontes web, temos inúmeras opções de fontes para nossos projetos. Ver tudo isso desabrochar é ao mesmo tempo fascinante e emocionante.

A escolha da fonte costumava ser simples. Por padrão, você se limitava àquelas fontes que esperava que os usuários tivessem instaladas em seus computadores. É por isso que a maioria dos sites têm a cópia do **body** definida em Georgia, Arial, Verdana ou Trebuchet. Todos esses tipos de fonte são agradáveis em textos com letras pequenas e eles já vêm instalados em qualquer computador Mac ou Windows.

Não é besteira, nem um exagero, dizer que agora estamos em um mundo completamente novo.

Neste Capítulo

O Que É uma Fonte Web?	354
Onde Encontrar Fontes Web	356
Baixando Sua Primeira Fonte Web	358
Trabalhando com @font-face	360
Estilizando Fontes Web e Gerenciando o Tamanho do Arquivo	365

O Que É uma Fonte Web?

As fontes web só são possíveis graças à regra do CSS `@font-face`, que permite o CSS vincular-se a uma fonte em um servidor para utilizá-la em uma página na web.

Muita gente pensa que as fontes web são novas. Na verdade, elas estão por aí desde 1998. O Netscape Navigator 4 e o Internet Explorer 4 adotaram essa tecnologia, mas nenhuma de suas implementações eram compatíveis com os formatos dos arquivos de fonte padrão, então elas não eram muito utilizadas. Levou quase uma década para os navegadores passarem a adotar esse padrão com tipos de arquivos de fonte mais comuns e que o uso das fontes web se tornasse comum.

Formatos dos arquivos de fontes web

As fontes web vêm na forma de diversos tipos de arquivo.

- Embedded OpenType (.eot). O Internet Explorer 8 e versões anteriores suportavam apenas o Embedded OpenType para ser usado com o `@font-face`. Formato próprio da Microsoft, o Embedded OpenType usa uma tecnologia de gerenciamento de direitos autorais para evitar o uso sem licença desta fonte.

- TrueDoc. Originalmente usada pelo Netscape Navigator 4.0, mas deixou de ser utilizada e não tem mais suporte.

- TrueType (.ttf) e OpenType (.otf). Tipos de arquivos de fonte padrão utilizados nos desktops, o TrueType e o OpenType são amplamente suportados pelo Mozilla Firefox (3.5 e posteriores), Opera (10 e posteriores), Safari (3.1 e posteriores), Mobile Safari (iOS 4.2 e posteriores), Google Chrome (4.0 e posteriores) e Internet Explorer 9 (e posteriores). Esses formatos não utilizam o gerenciamento de direitos autorais.

- Gráficos Vetoriais Escaláveis (.svg). Este formato é usado em casos especiais, quando outros formatos não são suportados, como as primeiras versões do Mobile Safari.

- Web Open Font Format (.woff). Este padrão mais novo foi projetado especialmente para ser usado como uma fonte web. O Web Open Font Format é uma fonte TrueType ou OpenType comprimida. O formato WOFF também permite que metadados adicionais sejam anexados ao arquivo; isso pode ser usado pelos designers de fonte ou fornecedores para incluir o licenciamento ou outra informação além do que é apresentado na fonte original. Os metadados não influenciam na renderização da fonte de nenhuma forma, mas podem ser exibidos ao usuário, se requisitados. O Web Open Font Format é suportado pelo Mozilla Firefox (3.6 e posteriores), Opera (11.1 e posteriores), Safari (5.1 e posteriores), Google Chrome (6.0 e posteriores) e Internet Explorer (9 e posteriores). Considerando o grande suporte dessa fonte, ela parece ser o padrão que a indústria está adotando.

Suporte dos navegadores às fontes web

O suporte para as fontes web entre os navegadores é bastante amplo. Porque os navegadores mais antigos suportavam apenas formatos de fonte específicos, trabalhar com eles exige um esforço a mais por parte do desenvolvedor web, mas a recompensa é uma rica tipografia para todos os navegadores modernos de desktop, até mesmo para a maioria dos navegadores de smartphones.

Questões jurídicas

As fontes são, em um nível técnico, pequenos pedaços de software. Eu conheço pessoas que vivem do projeto e construção de fontes, e isso é um processo criativo árduo e detalhado que não faz bem ao coração. Então, é compreensível que haja discórdia sobre a existência do recurso `@font-face`, em primeiro lugar. Afinal de contas, se um navegador pode criar um link para uma fonte e fazer o download, então isso significa que todo mundo pode baixar e instalar essa fonte em seu computador, tendo-a comprado ou não. É por isso que nós, como web designers e desenvolvedores, precisamos nos certificar

que qualquer fonte que usemos em nossos sites sejam devidamente licenciadas para o uso na web. A maioria dos serviços de fonte oferecem esse licenciamento como parte da compra de uma fonte ou como uma opção à la carte. Como alternativa, você pode limitar as fontes que usa para as gratuitas, como aquelas disponíveis no Font Squirrel (www.fontsquirrel.com – em inglês) ou The League of Moveable (www.theleagueofmoveabletype.com – também em inglês). De qualquer forma, certifique-se de que tenha a autorização de utilizar as fontes web em um projeto. Você pode fazer isso verificando a licença de qualquer fonte que compre. Como este é um assunto muito debatido ultimamente, esta informação é geralmente fornecida no site da fundação da qual esteja comprando. Em caso de dúvidas, entre em contato com a empresa para saber o que é permitido.

Caso compre uma fonte, e tenha a certeza absoluta de que pode utilizá-la como uma fonte web, uma ferramenta que pode ser útil é o gerador gratuito `@font-face` do Font Squirrel (www.fontsquirrel.com/fontface/generator – em inglês). Essa ferramenta converte sua fonte para todos os tipos de arquivo de fontes web que você precisa para utilizá-la na web.

Onde Encontrar Fontes Web

Você tem duas opções para utilizar as fontes web em um site: hospedagem própria e serviços de fontes web. Ambas são perfeitamente válidas; no entanto, elas são bem diferentes, com seus prós e contras a serem considerados. Enquanto se decide, você verá que nem todas as fontes web estão disponíveis por toda a parte. Você pode descobrir que, embora queira ficar com a hospedagem própria, a fonte de que precisa só está disponível em um serviço de fontes web. Isso pode fazer com que você substitua a fonte por uma parecida ou que reconsidere sua abordagem. É preciso ser flexível e pesar todas as opções antes de se tomar uma decisão.

Hospedagem própria

Hospedar sua própria fonte web é a abordagem mais comum e será a que ensinaremos na seção de passo a passo do capítulo. As fontes são oferecidas a partir de seu próprio servidor de forma parecida com qualquer outro asset (como uma imagem ou um arquivo CSS). Se houver um custo associado à fonte, geralmente trata-se de um compra única, e depende de você fazer o upload dos arquivos da fonte e incluir o código em seu site.

É relativamente fácil encontrar fontes web para hospedagem própria porque há várias delas por aí. E elas são oferecidas em diversas faixas de preço e qualidade (algumas são até mesmo de graça). Algumas das mais populares são:

- Font Squirrel (www.fontsquirrel.com)
- MyFonts (http://myfonts.com)
- The League of Moveable Type (www.theleagueofmoveabletype.com)
- FontShop (www.fontshop.com)

Serviços de fontes web

Os serviços de fontes web geralmente oferecem uma assinatura. Em vez de comprar as fontes de uma vez, você paga mensal ou anualmente para ter o direito de usar as fontes. Esses serviços hospedam as fontes e dão a você uma pequena parte de código para ser colocado em suas páginas. Dependendo do serviço, o código é em JavaScript ou CSS. Ele inclui todo o código necessário para os arquivos de fonte serem fornecidos de um servidor remoto e serem exibidos em seu site. Muitos são a favor desta abordagem porque ela é geralmente mais barata do que comprar fontes individualmente e também permite que você teste vários tipos diferentes.

Alguns dos serviços de fontes web mais populares são:

- Typekit (https://typekit.com)
- Fontdeck (http://fontdeck.com)
- Fonts.com (www.fonts.com)
- WebInk (www.webink.com)
- Google Web Fonts (www.google.com/webfonts)

Por natureza, os serviços de fontes web conseguem oferecer mais recursos do que a hospedagem própria. Tudo é hospedado no servidor, inclusive o arquivo das fontes. Se melhores arquivos de fonte ou um código melhorado forem disponibilizados, os serviços podem facilmente fornecê-los.

Além disso, muitos desses serviços usam o JavaScript para incorporar o código e servir as fontes web. Isso traz alguns benefícios – e também alguns inconvenientes. O JavaScript pode fazer muita coisa nesse processo, como detectar qual navegador está carregando a página e está dando um controle adicional sobre o carregamento das próprias fontes. Esse tipo de controle pode levar a uma experiência genuinamente melhor, porque ele deixa os serviços das fontes web personalizarem os formatos das fontes e

A TEST TO SHOW WEB FONT RENDERING.
HOW DO I LOOK?

Internet Explorer 6
Windows XP

A TEST TO SHOW WEB FONT RENDERING.
HOW DO I LOOK?

Chrome 15
Mac OS X

(A) Este exemplo de captura de tela mostra o mesmo código renderizado pelo Internet Explorer 6 (em cima) e pelo Chrome 15 (embaixo). Repare que no Internet Explorer as letras são mais claras e não tão regulares.

permite que o código as sirva. Por exemplo, o Typekit recentemente anunciou que eles estão oferecendo algumas de suas fontes de exibição utilizando outlines baseados no PostScript (apenas para navegadores do Windows) para deixar a renderização mais regular (http://blog.typekit.com/2011/09/15/improved-windows-rendering-for-more-typekit-fonts/ – em inglês). Esse tipo de coisa não está disponível sem o JavaScript.

O custo disso tudo é que você está confiando 100% no JavaScript, é claro. Se um usuário não tiver o JavaScript ativado em seu navegador, ele não conseguirá ver suas fontes web. Além disso, o JavaScript pode afetar a performance da página. O usuário terá que esperar o JavaScript carregar antes que as fontes web sejam exibidas na página. Coisas desse tipo devem ser consideradas quando você decide como as fontes web serão trazidas para seu site.

Renderização e qualidade da fonte web

Infelizmente, nem todas as fontes web são criadas iguais. Pode haver grandes diferenças sobre como elas são exibidas nos navegadores. Isso fica mais evidente com algumas fontes que não têm uma boa aparência em versões mais antigas do Internet Explorer.

Conforme for selecionando suas fontes, dê o seu melhor para vetar certas escolhas de fonte, examinando como serão suas aparências em diversos navegadores **(A)**. Isso tem se tornado mais fácil, já que diversas companhias agora fornecem exemplos em tempo real da fonte web, enquanto que outras disponibilizam imagens das fontes em diversos navegadores e plataformas.

DICA Caso esteja emperrado fazendo esses testes por conta própria, tente o recurso disponível do Web Font Specimen (http://webfontspecimen.com – em inglês). É uma ferramenta que lhe permite visualizar como suas fontes web ficarão em diversos contextos e tamanhos.

Trabalhando com Fontes Web **357**

Baixando Sua Primeira Fonte Web

Baixar uma fonte web gratuita é rápido e fácil. Usaremos o Font Squirrel; eles fornecem até mesmo um arquivo **demo. html** para você ver a aparência dessas fontes em ação.

Na próxima seção, exploraremos a sintaxe @ **font-face** e como integrar algumas fontes web em uma página.

Para baixar uma fonte web do Font Squirrel:

1. Vá até a seção @**font-face** Kits do Font Squirrel (www.fontsquirrel.com/fontface – em inglês) e selecione a fonte que quiser usar. Escolhi a League Gothic.

2. Clique no link Get Kit Ⓐ, e seu download deve começar imediatamente. Trata-se de um arquivo ZIP.

3. Terminado o download, abra o arquivo. Você deve ter uma pasta contendo as fontes web, um arquivo CSS e um arquivo **demo.html** Ⓑ.

League Gothic | 1 Font
View Font | View @ff Demo | Get Kit

League Gothic AaBbCc

Ⓐ Caso queira navegar um pouco mais antes de fazer o download, sinta-se à vontade para clicar em View Font para descobrir mais sobre qualquer fonte, assim como opções de download. Se clicar em View @ff Demo, você pode ver uma amostra completa da fonte renderizada como uma fonte web; esta é uma forma rápida de testar como a fonte é renderizada em alguns dos diferentes navegadores.

Name	Date Modified	Size
demo.html	Yesterday 5:38 PM	1 KB
League_Gothic–webfont.eot	Dec 23, 2010 5:24 AM	43 KB
League_Gothic–webfont.svg	Dec 23, 2010 5:24 AM	52 KB
League_Gothic–webfont.ttf	Dec 23, 2010 5:24 AM	43 KB
League_Gothic–webfont.woff	Dec 23, 2010 5:24 AM	23 KB
SIL Open Font License 1.1.txt	Yesterday 10:41 AM	4 KB
stylesheet.css	Yesterday 5:38 PM	508 bytes

Ⓑ O arquivo ZIP expandido da fonte League Gothic. Como pode ver, temos uma arquivo **demo.html**, quatro fontes web, uma licença e uma folha de estilo.

Font-face Demo for the League Gothic Font

League Gothic Regular - Lorem ipsum dolor sit amet, consectetur adipisicing elit, sed do eiusmod tempor incididunt ut labore et dolore magna aliqua. Ut enim ad minim veniam, quis nostrud exercitation ullamco laboris nisi ut aliquip ex ea commodo consequat. Duis aute irure dolor in reprehenderit in voluptate velit esse cillum dolore eu fugiat nulla pariatur. Excepteur sint occaecat cupidatat non proident, sunt in culpa qui officia deserunt mollit anim id est laborum.

C Contemple as fontes web se renderizando em toda sua glória!

Para ver as fontes selecionadas no arquivo demo.html:

Abra o arquivo **demo.html** da fonte em seu navegador C. (Veja "Visualizando Sua Página em um Navegador", no Capítulo 2.)

Este arquivo demo mostra que a fonte web realmente funciona. Isso é muito emocionante! Antes de cantarmos vitória e terminarmos o dia, na próxima seção exploraremos mais sobre como ela funciona.

DICA **Precisando de uma inspiração sobre quais fontes usar em seu próximo projeto? A equipe do Typekit tem um blog maravilhoso com ótimas informações sobre fontes web e sobre tipografia em geral. Experimente a série para iniciantes "Sites we like" (http://blog.typekit. com/category/sites-we-like/ – em inglês).**

DICA **Você precisa usar uma dessas fontes para fazer uma montagem no Photoshop? Instale em seu computador a fonte TrueType (.ttf) que vem com o kit de fontes web. Uma vez instalada, você pode utilizá-la em seu computador como qualquer outra fonte.**

Trabalhando com @font-face

Você baixou o kit de fontes web e testou o arquivo **demo.html** em um navegador. Agora é hora de ver como isso funciona. Vejamos o código de **stylesheet.css Ⓐ**.

Como pode ver, a folha de estilo é bem simples, com apenas uma regra. Mas, convenhamos, esta regra é enorme!

A sintaxe do **@font-face** é um pouco diferente do CSS tradicional. Ela não parece seguir o método tradicional de um seletor seguido por pares de propriedade/valor, que você viu no começo do Capítulo 8. Esta regra começa com aquela declaração estranha do **@font-face**.

Uma forma de pôr na cabeça como ele funciona é entender que uma regra **@font-face** está apenas configurando uma *ferramenta* que possa ser usada pelo resto do seu CSS. Esta regra não afeta nenhum estilo de nenhum elemento específico, mas explica para o CSS como utilizar as fontes web.

A primeira linha desta regra é para a família da fonte: **font-family: 'LeagueGothicRegular';**.

Isso estabelece o nome para esta fonte web em questão. Neste caso, estamos usando **LeagueGothicRegular**, mas você pode usar a fonte que quiser. Você poderia escolher **Banana** ou **A Melhor Fonte De Todas**. Depende de você.

As próximas linhas da regra servem para dizer ao navegador onde os arquivos da fonte estão. Isso inclui os formatos dos arquivos de fonte que dão suporte a todos os diferentes navegadores que são compatíveis com as fontes web. Essa sintaxe pode parecer assustadora, mas, para o que estamos vendo, não é preciso que a entendamos completamente. Caso realmente queira se aprofundar e descobrir

Ⓐ Esta é a regra do **@font-face** que o Font Squirrel fornece em seu kit. Você pode reparar que ela usa aspas simples, em vez das duplas mostradas nos exemplos de CSS ao longo do livro. Aspas simples e duplas funcionam da mesma forma no CSS, então use o método que preferir.

```
@font-face {
font-family: 'LeagueGothicRegular';
src: url('League_Gothic-webfont.eot');
src: url('League_Gothic-webfont.eot?#iefix')
format('embedded-opentype'),
        url('League_Gothic-webfont.woff')
        → format('woff'),
        url('League_Gothic-webfont.ttf')
        → format('truetype'),
        url('League_Gothic-webfont.
        → svg#LeagueGothicRegular')
        → format('svg');
font-weight: normal;
font-style: normal;
}
```

B Este é o CSS da parte de cima do arquivo **demo. html**. O Font Squirrel o coloca ali para efeito de demonstração, mas, na prática, é melhor manter todo o CSS em uma folha de estilo externa.

```
h1.fontface {
    font: 60px/68px 'LeagueGothicRegular'  ,
    → Arial, sans-serif;
letter-spacing: 0;
}

p.style1 {
    font: 18px/27px 'LeagueGothicRegular'   ,
    → Arial, sans-serif;
}
```

o porquê da regra ser assim, recomendo uma das postagens de Ethan Dunham no Fontspring (www.fontspring.com/blog/further-hardening-of-the-bulletproof-syntax — em inglês), na qual ele explica as teorias mais recentes sobre a sintaxe do **@font-face**.

Incorporando as fontes web em uma página

Estudamos a sintaxe do **@font-face**, mas ainda não colocamos as fontes web em uma página. Vejamos o código de **demo.html** e examinemos o código do CSS em direção ao topo da página **B**.

As regras incluídas estilizam o HTML com a fonte League Gothic. Na primeira regra, **60px/68px** especifica o tamanho da fonte e o peso da linha. Nosso exemplo usa pixels para o tamanho, mas você pode especificá-lo com outras unidades. O tamanho é seguido pela especificação **'LeagueGothicRegular', Arial, sans-serif**. Como você aprendeu em "Especificando Fontes Alternativas", no Capítulo 10, quando especificamos várias famílias de fonte separadas por uma vírgula, significa que temos uma pilha de fontes. Se um navegador não suportar a primeira fonte da pilha, ele pulará para a que vier na sequência. Já que estamos utilizando uma fonte web, é bem provável que o navegador vá simplesmente renderizá-la; entretanto, ainda é uma boa prática utilizar uma pilha de fontes. Afinal, nem todo navegador suporta as fontes web.

Neste CSS, a propriedade **font** refere-se a **LeagueGothicRegular**, baseada no nome da **font-family** que foi definida na regra **@font-face**. Sob a óptica do navegador, a League Gothic também pode ser instalada no computador que está visitando o site.

Agora que já sentiu o gosto do sucesso, você gostaria de fazer o mesmo com algumas outras fontes web?

Trabalhando com Fontes Web **361**

Para nossa próxima tarefa, usaremos a League Gothic para nosso título principal e Crimson para o resto do texto da página.

Para trabalhar com várias fontes web:

Retorne para o Font Squirrel e baixe o kit Crimson, que inclui seis fontes diferentes .

Para usar várias fontes web no mesmo projeto:

1. Há várias fontes na pasta. Para o que faremos, precisamos de apenas algumas. Selecione os quatro arquivos Crimson-Roman-webfont e copie-os na pasta da League Gothic em que estávamos trabalhando antes. O resultado deve ser parecido com **D**.

2. Em **stylesheet.css**, digite a seguinte regra:

   ```
   @font-face {
       font-family: "CrimsonRoman";
       src: url("Crimson-Roman-
       →webfont.eot");
       src: url("Crimson-Roman-
       →webfont.eot?#iefix")
       →format("embedded-opentype"),
           url("Crimson-Roman-webfont.
           →woff") format("woff"),
           url("Crimson-Roman-webfont.
           →ttf") format("truetype"),
           url("Crimson-Roman-webfont.
           →svg#CrimsonRoman")
           →format("svg");
   }
   ```

   Tenho certeza que isso lhe parece familiar. Agora nossa folha de estilo tem regras para League Gothic e Crimson Roman. O próximo passo é adicionar os seletores para trazer a Crimson para a página.

Crimson | 6 Fonts
View Font | View @ff Demo | **Get Kit**

Crimson AaBbCcD

C Assim como feito antes, clique em Get Kit para baixar o arquivo ZIP com o kit da fonte web. Terminado o download, abra o arquivo.

D Agora temos duas fontes web na mesma pasta. Muito bem! (Veja a última dica relacionada à organização dos arquivos.)

362   Capítulo 13

3. Após a regra **@font-face** que acabou de digitar, digite o seguinte em uma nova linha:

```
body {
    font-family: "CrimsonRoman",
    → Georgia, serif;
}
```

4. Em uma nova linha, digite a seguinte regra para estilizar um **h1**:

```
h1 {
    font-family: "LeagueGothic
    → Regular", Arial, sans-serif;

    font-size: 4em;

    font-weight: normal;
}
```

A seguir, criaremos um novo documento HTML.

5. Dentro da mesma pasta, crie um novo arquivo HTML chamado **demo2.html**.

6. Digite o seguinte código na sua página **demo2.html** (repare como estamos fazendo o vínculo com o **stylesheet. css** que estávamos editando):

```
<!DOCTYPE html>

<html lang="en">

<head>

    <meta charset="UTF-8" />

    <title>Our Awesome Web Font
    → Examples</title>

    <link rel="stylesheet"
    → href="stylesheet.css" />

</head>

<body>

<article>

    <h1>Headlines Are Very
    → Important</h1>
```

continua na próxima página

```
        <p>There is more to Philadel
    → phia than cheesesteaks,
    → Rocky and the Liberty Bell.
    → Did you know that Phila
    → delphia used to be the
    → capital of the United States?
    → You will also find that
    → Philadelphia has our nation's
    → first Post Office, Hospital,
    → and free library. That Ben
    → jamin Franklin was one busy
    → fellow!</p>
   </article>
  </body>
</html>
```

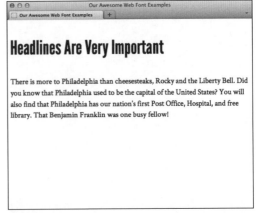

E O título usa a fonte League Gothic, e o resto da página é renderizado com a Crimson.

7. Abra o **demo2.html** em um navegador **E** (veja "Visualizando Sua Página em um Navegador", no Capítulo 2). Suas fontes devem estar ótimas agora.

DICA Utilizamos os nomes das famílias das fontes que vieram com o kit do Font Squirrel, como LeagueGothicRegular. Este é um belo nome descritivo, mas outra alternativa seria usar um esquema de nome mais *semântico*, como font-family: "Headline";. Um benefício de se escolher este esquema é que, caso mude de ideia e decida usar outra fonte web (em vez de League Gothic), você só precisa substituir esta regra @font-face pela sua nova e dar a ela o nome de Headline.

DICA Embora os passos e exemplos presumam que os arquivos das fontes, folha de estilo e página HTML estejam no mesmo diretório, é uma boa prática organizá-los em pastas (veja "Organizando Arquivos", no Capítulo 2). Apenas se certifique de alterar os caminhos para sua folha de estilo no HTML e para as fontes web no CSS, como necessário (veja "URLs", no Capítulo 1).

Estilizando Fontes Web e Gerenciando o Tamanho do Arquivo

As fontes web são um pouco mais complicadas do que as regulares, então há algumas coisas que você tem que tomar cuidado quando trabalhar com elas.

Um risco potencial com as fontes web, especialmente quando utilizar mais do que uma ou duas delas, é que elas podem começar a pesar a página. Não estou falando de bacon e rosquinhas, mas sim de kilobytes e megabytes.

Todas essas fontes precisam ser baixadas no computador do usuário antes que possam ser renderizadas na página. Se tiver meia dúzia de fontes em sua página, isso pode deixar o site mais lento, especialmente para os usuários dos celulares. Minha recomendação a você é ser cauteloso com suas escolhas de fontes web. Se você se encontrar usando sete delas, procure por maneiras de consolidar suas escolhas de fonte.

Uma forma de não deixar a página tão pesada é através do *subsetting*. O subsetting é uma maneira de reduzir o tamanho da fonte em si incluindo apenas os caracteres que você sabe que vai usar. Por exemplo, se estiver utilizando a League Gothic para os títulos, mas o design do site exige que os títulos sejam sempre em letras maiúsculas, então não há necessidade de ter letras minúsculas. Ao utilizar o subsetting, você pode remover essas letras da fonte, diminuindo consideravelmente o tamanho do arquivo.

Além disso, você pode selecionar o subsetting de línguas específicas para várias fontes. Se estiver visualizando as fontes no Font Squirrel, clique em View Font, em vez de Get Kit, para ver uma fonte específica. Dessa página da fonte, escolha **@font-face** Kit para ver as opções específicas sobre as línguas antes de baixar o kit. Explicar os andros e meandros do subsetting vai além da função deste livro, mas o Font Squirrel realmente tem um ferramenta que ajuda você a aplicar subsettings como profissional (www.fontsquirrel.com/fontface/generator – em inglês).

Outra situação em que as fontes web podem se comportar de maneira estranha é quando você quer fazer uma estilização que parece ser simples. É preciso se lembrar que as fontes web têm apenas um peso e um estilo por fonte. Se quiser usar negrito ou itálico, você precisa criar regras separadas para eles, cada uma com seu próprio arquivo de fonte web.

Para adicionar itálico e negrito:

1. Atualize o primeiro parágrafo do arquivo **demo2.html** com o seguinte código em destaque:

```
<p>There is more to Philadelphia
→ than cheesesteaks, Rocky and
→ the Liberty Bell. <em>Did you
→ know</em> that Philadelphia
→ used to be the capital of the
→ United States? You will also
→ find that Philadelphia has
→ our nation's first Post Office,
→ Hospital, and free library.
→ That Benjamin Franklin was one
→ <b>busy</b> fellow!</p>
```

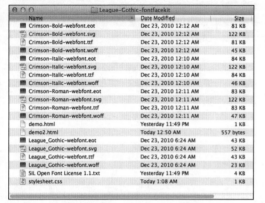

A Qual deles é falso? Note as letras minúsculas "a" e "f".

B Nossa, está ficando meio cheio aqui! Os novos arquivos em itálico e negrito da Crimson deveriam estar ao lado dos arquivos Roman. (Veja a última dica.)

2. Atualize seu navegador.

   Parece que há itálico e negrito bem ali no parágrafo. No entanto, nem tudo é o que parece. Na verdade, a fonte web para Crimson Roman não tem itálico e negrito embutidos, e o navegador está imitando o itálico e o negrito, deixando o texto um pouco mais gordo para o negrito e um pouco mais inclinado para o itálico.

   O efeito falso é perceptível, até mesmo por visitantes casuais **A**. O que queremos que o navegador faça é que use o itálico e negrito apropriados que foram projetados para a fonte. Boas notícias – na verdade, isso é fácil de se fazer!

   Para usar o itálico e o negrito apropriados para a Crimson, precisamos pegar aqueles arquivos de fontes web e copiá-los para esta pasta, da mesma forma que fizemos na seção "Para usar várias fontes web no mesmo projeto".

3. Localize os arquivos de fonte Crimson-Bold e Crimson-Italic e copie todos os formatos de cada um (oito arquivos no total) na pasta do projeto demo **B**.

   Em seguida, assim como antes, precisamos adicionar algumas novas regras **@font-face** para trazer os arquivos de itálico e negrito.

   continua na próxima página

4. Digite o seguinte em **stylesheet.css**:

```
@font-face {
    font-family: "CrimsonBold";
    src: url("Crimson-Bold-webfont.
    → eot");
    src: url("Crimson-Bold-webfont
    → .eot?#iefix") format(
    → "embedded-opentype"),
        url("Crimson-Bold-webfont.
        → woff") format("woff"),
        url("Crimson-Bold-webfont.
        → ttf") format("truetype"),
        url("Crimson-Bold-
        → webfont.svg#CrimsonBold")
        → format("svg");
}

@font-face {
    font-family: "CrimsonItalic";
    src: url("Crimson-Italic-
    → webfont.eot");
    src: url("Crimson-Italic-
    → webfont.eot?#iefix")
    → format("embedded-opentype"),
        url("Crimson-Italic-webfont.
        → woff") format("woff"),
        url("Crimson-Italic-webfont.
        → ttf") format("truetype"),
        url("Crimson-Italic-webfont.
        → svg#CrimsonItalic")
        → format("svg");
}
```

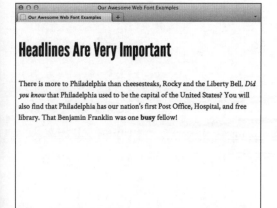

C Diversas fontes web, todas estilizadas adequadamente.

5. Adicione as seguintes regras a `stylesheet.css`:

```
b {
    font-family:"CrimsonBold",
    →Georgia, serif;
    font-weight: normal;
}

em {
    font-family:"CrimsonItalic",
    →Georgia, serif;
    font-style: normal;
}
```

A primeira regra estiliza o elemento **b**, dando a ele a família da fonte Crimson Bold, e definindo o peso da fonte para normal. Se esquecer de configurar **font-style** para **normal** e deixar o peso da fonte como está, aí o navegador vai tentar deixar o negrito ainda mais escuro, o que só piora a coisa! Você manipula o elemento **em** da mesma forma — modificando a família da fonte e também definindo o **font-style** para **normal**.

Isso deve ser o suficiente.

6. Confira o `demo2.html` em seu navegador para ver o itálico e o negrito apropriados **C**.

(DICA) **Você pode aplicar a formatação de itálico ou negrito com uma fonte web a qualquer elemento que contenha texto, não apenas àqueles mostrados nos exemplos. Como sempre, escolha o elemento HTML que melhor descreva seu conteúdo e adicione os estilos como desejar.**

(DICA) **Lembre-se que cada estilo e peso que exijam um novo arquivo de fonte somam-se ao tamanho do arquivo que o navegador terá que baixar. Isso pode afetar a performance. Por esta razão, muitos designers optam por utilizar as fontes web apenas no título.**

continua na próxima página

DICA Há uma abordagem, de certa forma mais limpa, para se escrever o código @font-face que permite que você tenha variações extras de peso sem precisar escrever mais regras para b, em ou qualquer que seja o elemento que deseje estilizar com itálico ou negrito. No entanto, isso traz alguns riscos a mais e não é compatível com o Internet Explorer. Para aprender como fazer isso, confira artigo de Roger Johansson: www.456bereastreet.com/archive/201012/font-face_tip_define_font-weight_and_font-style_to_keep_your_css_simple/ (em inglês).

DICA Se você utilizar o Typekit ou qualquer outro serviço de fontes web que use o JavaScript, confira como eles aplicam os estilos de fonte, porque eles podem ter suas próprias formas de escrever os seletores para a estilização.

DICA Embora os passos e exemplos presumam que os arquivos das fontes, folha de estilo e página HTML estejam no mesmo diretório **B**, é uma boa prática organizá-los em pastas (veja "Organizando Arquivos", no Capítulo 2). Apenas se certifique de alterar os caminhos para sua folha de estilo no HTML e para as fontes web no CSS, como necessário (veja "URLs", no Capítulo 1).

Aprimoramentos com o CSS3

Nos últimos anos, um dos desafios enfrentados pelos autores de sites foi o número limitado de opções para produzir layouts elaborados utilizando o CSS. Na maioria dos casos, isso significava usar HTML e CSS adicionais e muitas imagens. Como resultado, as páginas ficaram mais complicadas, menos acessíveis, levavam mais tempo para abrir e eram simplesmente mais frágeis e difíceis de manter.

A rápida adoção de muitas das novas propriedades do CSS por parte dos navegadores modificou o cenário para melhor. Hoje, é possível criar cantos arredondados, gradientes e sombras, ajustar a transparência, e muito mais, utilizando apenas o CSS, resultando em páginas que usam menos marcações e imagens. Talvez, o mais importante, essas páginas são baixadas e exibidas mais rápido em aparelhos menos poderosos, como smartphones e até mesmo desktops e laptops.

Como o CSS continua evoluindo, o desafio que resta é que nem todas as propriedades do CSS recebem exatamente o mesmo nível de suporte entre os navegadores.

Neste Capítulo

Entendendo os Prefixos dos Fabricantes	373
Uma Olhada Rápida sobre a Compatibilidade dos Navegadores	375
Utilizando Polyfills para o Aprimoramento Progressivo	376
Arredondando os Cantos dos Elementos	378
Adicionando Sombras ao Texto	382
Adicionando Sombras a Outros Elementos	384
Aplicando Diversos Backgrounds	388
Utilizando Backgrounds Gradientes	390
Definindo a Opacidade dos Elementos	394

Neste capítulo, mostrarei diversas propriedades úteis e populares do CSS3 para arredondar cantos, criar sombras e gradientes, usar diversos backgrounds em um único elemento e ajustar a transparência. Também lhe mostrarei como os fabricantes dos navegadores e empreendedores profissionais da web estão utilizando a filosofia do aprimoramento progressivo para diminuir as diferenças entre os navegadores através dos prefixos dos fabricantes e pollyfills baseados no JavaScript.

Os exemplos de código mostrados neste capítulo estão disponíveis no site do livro em www.bruceontheloose.com/htmlcss/examples/ (em inglês). O site inclui também um exemplo extra, que combina os efeitos do CSS3 discutidos neste capítulo.

Ⓐ Um exemplo da propriedade **border-radius**, que exige o uso dos prefixos dos fabricantes (como nas duas primeiras declarações mostradas) para suportar versões mais antigas do Firefox e navegadores baseados em Webkit, como Chrome e Safari. As versões mais recentes desses navegadores não usam mais a propriedade prefixada, mas usam a não-prefixada (isto é, **border-radius: 10px;**). Como sempre, a última regra que aparece na declaração tem a preferência, daí o porquê da versão não-prefixada ser a última.

```
div {
    -moz-border-radius: 10px;
    -webkit-border-radius: 10px;
    border-radius: 10px;
}
```

Entendendo os Prefixos dos Fabricantes

Embora muito do que se tem feito para aprimorar o CSS3 ainda não tenha atingido o estágio de recomendação do W3C (o que significaria que as especificações estariam completas), muita coisa já foi implementada nas versões mais recentes do Firefox, Internet Explorer, Chrome, Safari e Opera.

Para proteger futuras implementações do CSS não-terminadas que estão sujeitas a mudanças, aqueles navegadores que precisam delas as implementaram usando o que chamamos de prefixos dos fabricantes. Eles permitem que cada navegador dê seu próprio suporte para a propriedade, sem que haja conflito com a especificação definitiva ou com outros navegadores. Além disso, os prefixos dos fabricantes fornecem uma forma de garantir que, uma vez que uma especificação tenha amadurecido ou tenha sido finalizada, os sites já existentes que utilizam as implementações experimentais não serão incapacitados.

Cada um dos navegadores principais tem seu próprio prefixo: **-webkit-** (Webkit/Safari/Chrome), **-moz-** (Firefox), **-ms-** (Internet Explorer), **-o-** (Opera) e **-khtml-** (Konqueror). Eles são usados colocando-se o prefixo antes do nome da propriedade do CSS, mas você deve ter em mente que não precisa de todos os prefixos o tempo todo. Na maior parte dos casos, você só precisará do **-moz-** e do **-webkit-**, conforme verá ao longo dos exemplos deste capítulo. Para deixar seu trabalho à prova do futuro, é recomendada a inclusão de uma versão não-prefixada como última declaração Ⓐ.

Na prática, e como verá ao longo deste capítulo, isso significa menos HTML, porém mais CSS para alcançar o efeito desejado.

Aprimoramentos com o CSS3 **373**

Enquanto que os prefixos dos fabricantes geralmente adicionam uma quantidade considerável de repetições em seu CSS, trata-se de um pequeno preço a pagar pelo progresso – algo que os profissionais da web aceitaram amplamente, talvez porque eles tenham encontrado uma forma de automatizar o trabalho entediante de adicionar propriedades prefixadas em seus códigos (veja a última dica) **B**.

DICA Nem todas as propriedades do CSS3, como `text-shadow` e `opacity`, exigem o uso de prefixos para qualquer navegador (veja "Adicionando Sombras ao Texto" e "Definindo a Opacidade dos Elementos", respectivamente). Além disso, nem todos os navegadores exigem o uso de um prefixo específico para uma propriedade.

DICA Se a sintaxe de uma propriedade mudar antes de ser finalizada, você pode incluir diversas versões em seu CSS. Você pode encontrar exemplos disso nas demonstrações deste capítulo das propriedades `border-radius` e `gradient` (veja "Arredondando os Cantos dos Elementos" e "Utilizando Backgrounds Gradientes ", respectivamente). Cada navegador interpretará apenas a sintaxe específica que ele entender, ignorando as demais.

DICA Embora não exista uma ordem definida na qual você deva incluir as propriedades prefixadas, sempre coloque por último uma versão não-prefixada para deixar seu trabalho à prova do futuro **A**. Isso garantirá que nada se quebre uma vez que os navegadores passem a suportar as propriedades não-prefixadas.

DICA Serviços como o CSS3 Generator (www.css3generator.com – em inglês) podem criar essas propriedades, fazendo com que você economize tempo e um monte de digitação. Veja www.bruceontheloose.com/tools/ (também em inglês) para uma lista de outras ferramentas que geram o código para você.

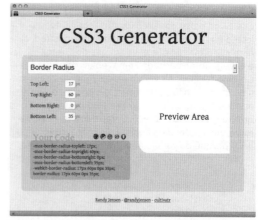

B O CSS3 Generator (www.css3generator.com) pode ser uma ferramenta de aprendizado benéfica, enquanto que ela também acaba com o trabalho repetitivo de ter que escrever as propriedades prefixadas e não-prefixadas do CSS para os navegadores que as suportam.

border-radius	1.0	9.0	1.0	3.0	10.3
box-shadow	3.5	9.0	1.0	3.0	10.5
text-shadow	3.0	10.0	1.0	1.1	10.0
multiple backgrounds	3.6	9.0	1.0	1.3	10.0
gradients	3.6	10.0	2.0	4.0	11.1
opacity	1.0	9.0	1.0	2.0	10.0

Ⓐ Esta tabela ilustra quando o suporte do navegador foi implementado pela primeira vez para cada uma das propriedades do CSS discutidas neste capítulo. Para uma análise mais detalhada, veja cada propriedade em www.caniuse.com ou www.findmebyip.com/litmus/ (ambos os sites em inglês).

Uma Olhada Rápida sobre a Compatibilidade dos Navegadores

Porque o ritmo em que os navegadores evoluem aumentou significativamente nos últimos anos, é cada vez mais importante entender quando você pode esperar um suporte confiável para essas novas propriedades do CSS. Aqui temos uma figura de quando os navegadores passaram a fornecer o suporte básico para cada uma das propriedades mostradas neste capítulo Ⓐ.

Aprimoramentos com o CSS3 **375**

Utilizando Polyfills para o Aprimoramento Progressivo

Uma prática muito comum hoje em dia para se criar sites é baseada no que é conhecido como *aprimoramento progressivo*, que enfatiza a criação de conteúdo e funcionalidade que sejam acessíveis, em um nível básico, a todos os usuários, não importando qual navegador utilizem. Ao mesmo tempo, aqueles que possuem navegadores mais capazes têm uma experiência mais aprimorada. Simplificando, o aprimoramento progressivo diz que é perfeitamente aceitável que sites se comportem e tenham aparências diferentes em navegadores distintos, desde que o conteúdo seja acessível.

Um exemplo disso na prática é o site do Dribbble (http://dribbble.com – em inglês) **A**, que usa o CSS3 para proporcionar uma experiência mais rica nos navegadores modernos através do aprimoramento progressivo. Navegadores mais antigos, como o Internet Explorer 8 **B**, têm uma experiência visual um pouco diferente, mas sem perda da funcionalidade.

Pode haver momentos em que você queira diminuir as diferenças de um navegador menos poderoso, utilizando as capacidades de outro por meio dos *polyfills* (ou *shims*, como também são chamados).

Geralmente aplicado com o JavaScript, os polyfills habilitam um nível de suporte para as APIs do HTML5 e CSS3 e propriedades em navegadores menos capazes, recorrendo silenciosamente ao suporte oficial quando as capacidades existem nativamente em um navegador. É importante notar que isso geralmente causa uma perda de performance, porque o JavaScript é muito mais lento em navegadores menos capazes (principalmente em versões mais antigas do Internet Explorer).

A O site do Dribbble usa diversas propriedades do CSS3, como **border-radius** e background gradiente, para proporcionar uma experiência mais rica para os usuários com navegadores mais modernos, mas ainda é construído se preocupando com os navegadores menos capazes.

B Quando visualizado em navegadores mais antigos (como o Internet Explorer 8) que não suportam o **border-radius**, a experiência muda. Cantos arredondados, como aqueles nos botões de navegação, ficam quadrados, mas sem perda de funcionalidade. Tudo ainda funciona. Este é um aspecto do aprimoramento progressivo em ação.

C O Modernizr é uma biblioteca do JavaScript que lhe permite detectar se um navegador suporta o HTML5, o CSS3 e outros recursos específicos para criar, em sites, experiências que sejam otimizadas baseadas nas capacidades disponíveis.

D Você pode encontrar uma lista crescente de polyfills do JavaScript que faz uma ponte aos recursos do HTML5 e CSS3 em navegadores mais antigos que não os suportam nativamente.

Você pode descobrir mais sobre o aprimoramento progressivo, os vários tipos de polyfills e como criar pontes para diminuir as diferenças entre os navegadores mais antigos e as novas tecnologias da web, no site do Modernizr (www.modernizr.com), uma biblioteca do JavaScript **C**. Faruk Ateş criou o Modernizr em 2009, e agora Paul Irish, Alex Sexton e Ryan Seddon fazem parte da equipe. Veja as dicas para saber mais sobre o Modernizr.

DICA Hoje, os navegadores incluem funcionalidades que encorajam os usuários a baixar regularmente versões atualizadas (como fazem o Firefox, Chrome e Internet Explorer) ou baixar atualizações silenciosamente no background (como o Chrome faz).

DICA Ferramentas baseadas no JavaScript, como o Modernizr, dão assistência ao disponibilizar dicas quando um CSS novo ou experimental está disponível em um navegador. Isso permite que você use o CSS e o JavaScript para aprimorar progressivamente as páginas e criar uma experiência mais rica para os navegadores mais capazes, sem se esquecer dos demais.

DICA Você pode encontrar uma lista com polyfills úteis no GitHub (https://github.com/Modernizr/Modernizr/wiki/HTML5-Cross-Browser-Polyfills – em inglês) **D**, como parte do projeto do Modernizr. Aqueles listados na seção "CSS3 Styles" possuem interesses particulares, especialmente o PIE, de Jason Johnston (www.css3pie.com – em inglês), que dá suporte ao Internet Explorer 6-9 para diversos efeitos do CSS discutidos neste capítulo (destes, o IE9 exige que o PIE exiba apenas gradientes lineares; ele tem suporte nativo para os demais). Saiba que o uso do PIE pode afetar a performance de seu site nesses navegadores antigos.

Arredondando os Cantos dos Elementos

Ao utilizar o CSS3, você pode arredondar os cantos da maioria dos elementos, incluindo formulários, imagens e até mesmo parágrafos, sem precisar de marcações adicionais ou imagens (Ⓐ e Ⓑ). Assim como as propriedades **margin** e **padding**, a propriedade **border-radius** possui tanto uma sintaxe longa quanto uma curta. Veja Ⓔ para alguns exemplos básicos que mostram as diferentes formas que você pode usar a propriedade **border-radius**.

Para arredondar igualmente todos os cantos de um elemento:

1. Digite **-moz-border-radius: r**, em que *r* é o valor do raio dos cantos, expresso em comprimento (com unidades) Ⓒ.
2. Digite **-webkit-border-radius: r**, em que *r* é o valor do raio dos cantos, usando o mesmo valor do passo 1.
3. Digite **border-radius: r**, em que *r* é o valor do raio dos cantos, usando o mesmo valor do passo 1. Esta é a sintaxe padrão, na forma curta, da propriedade.

Ⓐ Este documento contém exemplos de **divs** com atributos **class**. Cada um é usado para ilustrar um uso diferente do **border-radius** e as diferentes sintaxes para configurar igualmente todos os cantos, para configurar individualmente um único canto usando a forma longa da sintaxe, para criar um canto elíptico e formatos como círculos.

```
...
<body>
<div class="all-corners"></div>
<div class="one-corner"></div>
<div class="elliptical-corners"></div>
<div class="circle"></div>
</body>
</html>
```

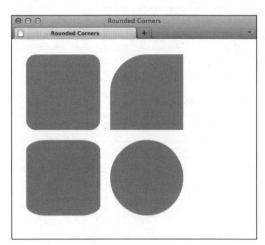

Ⓑ Os navegadores que suportam a propriedade **border-radius**, com ou sem prefixos dos fabricantes, devem renderizar os exemplos mais ou menos assim. Repare que há diferenças visuais sutis entre as implementações, especialmente nas versões mais antigas do Safari e Firefox.

C O CSS para os quatro exemplos do **border-radius**, incluindo as propriedades prefixadas necessárias para dar suporte às versões antigas do Firefox e Safari. Repare que o Opera 10.5 e o Internet Explorer 9 não precisam de uma propriedade prefixada. Veja **D** para mais informações.

```css
div {
    background: #999;
    float: left;
    height: 150px;
    margin: 10px;
    width: 150px;
}

.all-corners {
    border-radius: 20px;
}

.one-corner {
    -moz-border-radius-topleft: 75px;
    -webkit-border-top-left-radius: 75px;
    border-top-left-radius: 75px;
}

.elliptical-corners {
    -moz-border-radius: 40px / 20px;
    -webkit-border-radius: 40px / 20px;
    border-radius: 40px / 20px;
}

.circle {
    -moz-border-radius: 75px;
    -webkit-border-radius: 75px;
    border-radius: 75px;
}
```

Para arredondar um canto de um elemento:

1. Digite **-moz-border-radius-topleft:** *r*, em que *r* é o valor do raio do canto superior esquerdo, expresso em comprimento (com unidades). Esta é a sintaxe mais antiga e não padronizada usada pelas versões anteriores ao Firefox 4.0 (veja a penúltima dica). Você pode pular este passo caso não se importe que essas versões mais antigas vão exibir cantos quadrados **C**.

2. Digite **-webkit-border-top-left-radius:** *r*, em que *r* tem mesmo valor que o do passo 1.

3. Digite **border-top-left-radius:** *r*, em que *r* é o valor do raio do canto superior esquerdo, expresso em comprimento (com unidades). Esta é a forma longa padrão da sintaxe da propriedade.

Repare que esses passos descrevem como estilizar apenas o canto superior esquerdo, mas você também pode estilizar os outros cantos individualmente. Aqui está como:

- Para arredondar o canto superior direito: substitua o **top-left** nos passos 2 e 3 por **top-right**. Opcionalmente, substitua **topleft** no passo 1 por **topright**.

- Para arrendondar o canto inferior direito: substitua o **top-left** nos passos 2 e 3 por **bottom-right**. Opcionalmente, substitua **topleft** no passo 1 por **bottomright**.

- Para arrendondar o canto inferior esquerdo: substitua o **top-left** nos passos 2 e 3 por **bottom-left**. Opcionalmente, substitua **topleft** no passo 1 por **bottomleft**.

Aprimoramentos com o CSS3   **379**

Para criar cantos elípticos:

1. Digite `-moz-border-radius: x / y`, em que **x** é o valor horizontal do raio dos cantos e **y** é o valor vertical do raio dos cantos, expressos em comprimento (com unidades) ⓒ. Os valores devem ser separados por uma barra.

Para criar um círculo usando border-radius:

1. Digite `-moz-border-radius: r`, em que **r** é o valor do raio do elemento (com unidades de comprimento). Para criar um círculo, você pode usar a forma curta da sintaxe, e o valor de **r** deve ter a metade da altura ou largura do elemento ⓒ.

2. Digite `-webkit-border-radius: r`, em que **r** é o valor do raio do elemento (com unidades de comprimento). Isso dá suporte para versões mais antigas dos navegadores baseados em Webkit, como Chrome e Safari.

3. Digite `border-radius: r`, em que **r** é o valor do raio do elemento (com unidades de comprimento). Esta é a sintaxe padrão não-prefixada.

(DICA) Navegadores antigos que não suportarem o `border-radius` vão simplesmente renderizar o elemento com cantos quadrados.

(DICA) Como as propriedades `border`, `margin` e `padding` do CSS, o `border-radius` pode ser especificado com o estilo longo ou curto, dependendo se você precisa especificar diferentes valores para cada canto.

Firefox Firefox 3.6	-moz-border-radius-topleft -moz-border-radius-topright -moz-border-radius-bottomleft -moz-border-radius-bottomright
Webkit Safari 3 and 4 Chrome 3	-webkit-border-top-left-radius -webkit-border-top-right-radius -webkit-border-bottom-left-radius -webkit-border-bottom-right-radius
Standard CSS3 Syntax Firefox 4 Chrome 4 Safari 5 Internet Explorer 10 Opera 10.5	border-top-left-radius border-top-right-radius border-bottom-left-radius border-bottom-right-radius

ⓓ As diferentes formas longas da sintaxe do **border-radius** necessárias para suportar o Firefox 3.6 e Webkit (Safari/Chrome), junto com a sintaxe não-prefixada usada pelas versões mais recentes dos navegadores.

E Este exemplo mostra apenas algumas formas de especificar os valores do **border-radius** – seja utilizando um par de valores ou especificando os quatro cantos individualmente. O uso da forma curta da sintaxe faz com que você não precise se preocupar com a forma longa, mais complexa, especialmente se precisar dar suporte a versões anteriores ao Firefox 4.0.

```
div {
    /* Makes the radius of the top-left and
    → bottom-right corners 5px and the top-
    → right and bottom-left corners 10px */
    border-radius: 5px 10px;
}

div {
    /* Makes the radius of the top-left
    → corner 5px, the top-right corner 10px,
    → the bottom-right corner 0, and the
    → bottom-left corner 20px */
    border-radius: 5px 10px 0 20px;
}

div {
    /* Makes the radius of the top-left
    → corner 20px, the top-right corner 0,
    → the bottom-right corner 0, and the
    → bottom-left corner 0 */
    border-radius: 20px 0 0;
}

div {
    /* Makes the radius of the top-left
    → corner 30px */
    -moz-border-radius-topleft: 30px;
    -webkit-border-top-left-radius: 30px;
    border-top-left-radius: 30px;
}
```

DICA Se quiser arrendondar os quatro cantos de um elemento com o mesmo valor de raio, você pode usar a sintaxe simplificada do border-radius, da mesma forma que faria para definir as propriedades para bordas básicas **E**. Por exemplo, border-radius: 12px; dá a todos os cantos de um elemento um raio de 12 pixels.

DICA A propriedade border-radius não é herdada.

DICA Embora seja possível especificar o raio de um canto arredondado usando porcentagens, isso geralmente não é recomendado, pois alguns navegadores podem tratá-las de forma inconsistente, baseando-se nas dimensões calculadas de um elemento.

DICA Quando o suporte do border-radius foi adicionado ao Firefox e Safari, o Firefox usava inicialmente uma forma longa, não padronizada da sintaxe (-moz-border-radius-topleft, -moz-border-radius-topright, -moz-border-radius-bottomleft, -moz-border-radius-bottomright) para especificar a propriedade para cantos individuais de um elemento **D**. Porém, desde o Firefox 4.0 ele tem seguido a sintaxe recomendada (border-top-left-radius, border-top-right-radius, border-bottom-left-radius, border-bottom-right-radius). As versões mais recentes da maioria dos navegadores suportam a propriedade não-prefixada border-radius.

DICA Se escrever o CSS para o border-radius parecer confuso e entediante, não se preocupe. Serviços baseados na web, como o CSS3 Generator (www.css3generator.com – em inglês), de Randy Jensen, podem lhe poupar o trabalho de criar cantos arredondados e não ter que digitar tanto. Você coloca os valores dos raios e o resultado é exibido em um elemento de exemplo, para que veja se esse é o efeito desejado. E melhor ainda, ele escreve todo o CSS para você, que você pode copiar e colar em sua folha de estilo. Ele faz o mesmo para outras propriedades do CSS2. Muito mais fácil!

Aprimoramentos com o CSS3 **381**

Adicionando Sombras ao Texto

Originalmente incluída como parte da especificação do CSS2, removida do CSS2.1, e depois ressuscitada no CSS3, a propriedade **text-shadow** permite que você adicione efeitos dinâmicos de sombra no texto em elementos como parágrafos, cabeçalhos (**A** até **C**) e muito mais, sem antes precisar renderizar o texto usando uma imagem.

Para adicionar uma sombra ao texto de um elemento:

1. No CSS, digite **text-shadow:**.
2. Digite os quatro valores para **x-offset**, **y-offset**, **color** e **blur radius** (com unidades de comprimento) sem vírgulas para separá-los; por exemplo, **2px 2px 5px #999**. (Veja as dicas para saber quais outros valores são permitidos.)
3. Digite **;** (um ponto e vírgula).

Para adicionar vários estilos de sombra ao texto de um elemento:

1. No CSS, digite **text-shadow:**.
2. Digite os quatro valores para **x-offset**, **y-offset**, **color** e **blur radius** (com unidades de comprimento) sem vírgulas para separá-los. (Veja as dicas para saber quais outros valores são permitidos.)
3. Digite **,** (uma vírgula).
4. Repita o passo 2, usando diferentes valores para cada uma das quatro propriedades.
5. Digite **;** (um ponto e vírgula).

A Duas implementações de exemplo que demonstram o uso do **text-shadow**.

```
...
<body>
<h1>Text Shadow</h1>
<h1 class="multiple">Multiple Text Shadows
→ </h1>
</body>
</html>
```

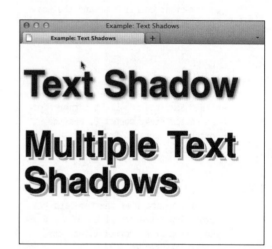

B Como os dois exemplos devem se parecer quando visualizados em um navegador que suporte a propriedade **text-shadow**.

Ⓒ É possível adicionar mais do que uma sombra a um único elemento separando os conjuntos dos valores da propriedade com uma vírgula, como mostrado no seletor de classe `.multiple`. Isso lhe permite combinar sombras para criar efeitos únicos e interessantes.

```
h1 {
     font-family: Helvetica, Arial,
sans-serif;
     font-size: 72px;
     line-height: 1em;
     text-shadow: 2px 2px 5px #999   ;
}

.multiple {
     text-shadow: 2px 2px 0 rgba(255,255,
     → 255,1), 6px 6px 0 rgba(50,50,50,.25)     ;
}
```

Para retornar o text-shadow a seu valor padrão:

1. No CSS, digite **text-shadow:**.

2. Digite **none**.

3. Digite **;** (um ponto e vírgula).

🅓🅘🅒🅐 **Os prefixos dos fabricantes não são necessários para a propriedade text-shadow.**

🅓🅘🅒🅐 **Embora a sintaxe possa ser parecida, não é possível especificar individualmente os quatro valores da propriedade para o text-shadow, como é possível fazer com as bordas e backgrounds.**

🅓🅘🅒🅐 **O valor inicial da propriedade é none, se não definido.**

🅓🅘🅒🅐 **A propriedade text-shadow não é herdada.**

🅓🅘🅒🅐 **A propriedade aceita quatro valores: x-offset, com unidades de comprimento; y-offset, com unidades de comprimento; um blur radius opcional, com unidades de comprimento; e um valor para color. Se não especificar o blur radius, presume-se que ele seja zero.**

🅓🅘🅒🅐 **Os valores x-offset e y-offset podem ser números inteiros positivos ou negativos; isto é, tanto 1px quanto −1px são válidos. O valor do blue radius deve ser um número inteiro positivo. Todos os três valores podem, também, ser zero.**

🅓🅘🅒🅐 **A cor pode ser especificada usando valores hexadecimais, RGB ou HSLA (veja "Cores do CSS", no Capítulo 7), e podem ser colocados em primeiro ou por último na ordem dos valores da propriedade.**

🅓🅘🅒🅐 **É possível alcançar efeitos avançados aplicando diversas sombras a um único elemento. Para fazer isso, separe as propriedades individuais da sombra com uma vírgula; por exemplo, text-shadow: 2px 2px 0 #999, 6px 6px 0 rgba(50,50,50.25); Ⓒ. As sombras são empilhadas na ordem contrária, com a primeira sendo a principal e as seguintes vindo na sequência.**

Adicionando Sombras a Outros Elementos

A propriedade **text-shadow** lhe permite aplicar sombras ao texto de um elemento, mas a propriedade **box-shadow** possibilita a adição de sombras ao próprio elemento (**A** e **B**). Embora seja baseada no mesmo conjunto básico de atributos, a **box-shadow** permite outros dois atributos opcionais – a palavra-chave **inset** e o atributo **spread**, para ampliar ou encolher a sombra.

Outra diferença da propriedade **box-shadow** em relação à **text-shadow** é que ela não tem tanto suporte e exige prefixos dos fabricantes para algumas versões de navegadores.

Embora na maior parte das vezes você usará apenas quatro, a propriedade **box-shadow** aceita seis valores: **x-offset** e **y-offset** com unidades de comprimento, uma palavra-chave **inset** opcional, um **blur-radius** opcional com unidades de comprimento, um valor **spread** opcional com unidades de comprimento, e um valor para **color**. Se não especificar os valores para **blur-radius** ou **spread**, eles serão tidos como zero.

A Este documento contém três **div**s que demonstram o uso da **box-shadow** para adicionar uma ou mais sombras.

```
...
<body>
<div class="shadow">
<h1>Single Shadow</h1>
</div>

<div class="inset-shadow">
<h1>Inset Shadow</h1>
</div>

<div class="multiple">
<h1>Multiple Shadows</h1>
</div>
</body>
</html>
```

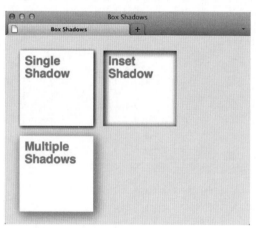

B Como os três exemplos devem ser exibidos em navegadores que suportam a propriedade **box-shadow**.

C O CSS usado para criar os três exemplos. Repare nas duas propriedades dos fabricantes préfixadas necessárias para garantir que a propriedade seja exibida corretamente nos navegadores Firefox e Webkit mais antigos. Os navegadores que não entendem **box-shadow** vão simplesmente ignorar essas regras do CSS, e as páginas serão renderizadas sem sombras.

```
div {
    background: fff;
    float: left;
    height: 150px;
    margin: 10px;
    width: 150px;
}

.shadow {
    background: #ccc;
    -moz-box-shadow: 2px 2px 5px #000;
    -webkit-box-shadow: 2px 2px 5px #000;
    box-shadow: 2px 2px 5px #000;
}

.inset-shadow {
    -moz-box-shadow: inset 2px 2px 10px
    → #000;
    -webkit-box-shadow: inset 2px 2px
    → 10px #000;
    box-shadow: inset 2px 2px 10px #000;
}

.multiple {
    -moz-box-shadow: 2px 2px 10px
    → rgba(0,255,0,.75), 5px 5px 20px
    → rgba(125,0,0,.5);
    -webkit-box-shadow: 2px 2px 10px
    → rgba(0,255,0,.75), 5px 5px 20px
    → rgba(125,0,0,.5);
    box-shadow: 2px 2px 10px
    → rgba(0,255,0,.75), 5px 5px 20px
    → rgba(125,0,0,.5);
}
```

Para adicionar uma sombra a um elemento:

1. No CSS, digite **-moz-box-shadow:**.

2. Digite os valores para **x-offset**, **y-offset**, **blur-radius** (todos com unidades de comprimento) e **color** **C**.

3. Digite **-webkit-box-shadow:** e repita o passo 2.

4. Digite **box-shadow:** e repita novamente o passo 2.

Para criar uma sombra inset:

1. No CSS, digite **-moz-box-shadow:**.

2. Digite **inset** após os dois pontos, seguido por um espaço.

3. Digite os valores para **x-offset**, **y-offset**, **blur-radius** (todos com unidades de comprimento) e **color**; por exemplo, **2px 2px 5px #000**.

4. Digite **-webkit-box-shadow:** e repita os passos 2 e 3.

5. Digite **box-shadow:** e repita novamente os passos 2 e 3.

Aprimoramentos com o CSS3 **385**

Para aplicar várias sombras
a um elemento:

1. No CSS, digite `-moz-box-shadow:`.

2. Digite os valores para **x-offset**, **y-offset**, **blur-radius** (todos com unidades de comprimento) e **color**; por exemplo, **2px 2px 5px #000**.

3. Digite `,` (uma vírgula).

4. Repita o passo 2, usando valores diferentes para cada uma das propriedades Ⓒ.

5. Digite `-webkit-box-shadow:` e repita os passos de 2 a 4.

6. Digite `box-shadow:` e repita novamente os passos de 2 a 4.

Para retornar a box-shadow para seu valor padrão:

1. No CSS, digite `-moz-box-shadow: none`.

2. Digite `-webkit-box-shadow: none`.

3. Digite `box-shadow: none`.

DICA Os Firefox 3.5 e 3.6 exigem o prefixo dos fabricantes `-moz-` para a propriedade `box-shadow`, e algumas versões mais antigas dos navegadores baseados no Webkit, como Safari e Chrome, exigem o prefixo `-webkit-`. O Opera 10.5 e o Internet Explorer suportam a propriedade box-shadow, por isso não precisam de um prefixo. Você pode encontrar informações detalhadas sobre quando os prefixos dos fabricantes são necessários para uma box-shadow em http://css3please.com (em inglês).

DICA O valor inicial da propriedade é `none`, se não definido.

DICA A propriedade `box-shadow` não é herdada.

DICA A cor pode ser especificada usando valores hexadecimais, RGB ou HSLA (veja "Cores do CSS", no Capítulo 7), e podem ser colocados em primeiro ou por último na ordem dos valores da propriedade.

DICA Os valores `x-` e `y-offset` podem ser inteiros positivos ou negativos, isto é, tanto `1px` e `-1px` são válidos. O valor `blur radius` deve ser um inteiro positivo. Os valores para cada um destes três atributos também podem ser zero.

DICA É possível alcançar efeitos avançados aplicando diversas sombras a um único elemento. Para fazer isso, separe as propriedades individuais da sombra com uma vírgula; por exemplo, `text-shadow: 2px 2px 0 #999, 6px 6px 0 rgba(50,50,50.25);` **C**. As sombras são empilhadas na ordem contrária, com a primeira sendo a principal e as seguintes vindo na sequência.

DICA É possível criar sombras nas versões mais antigas do Internet Explorer usando as propriedades `filter` e `-ms-filter`, mas isso também exige uma marcação adicional do HTML e de regras do CSS para resolver os problemas criados pelo uso do filtro.

Aplicando Diversos Backgrounds

Um dos recursos mais requisitados no CSS é a capacidade de especificar diversos backgrounds em um único elemento do HTML (Ⓑ e Ⓒ). Isso simplifica seu código HTML, reduzindo a necessidade de elementos cujo único propósito é anexar imagens adicionais usando o CSS, tornando-o mais fácil de entender e de manter. Os diversos backgrounds podem ser aplicados a praticamente todos os elementos.

Para aplicar diversas imagens de background a um único elemento:

1. Digite **background-color:** *b*, em que *b* é a cor que queira aplicar como background de fallback para o elemento Ⓓ.

1. Digite **background-image:** *u*, em que *u* é uma lista separada por vírgula com referências absolutas ou relativas do caminho da imagem.

2. Digite **background-position:** *p*, em que *p* é um conjunto separado por vírgula de pares **x-** e **y-offset** positivos ou negativos, com unidades de comprimento. Deve haver um conjunto de coordenadas para cada imagem de background.

3. Digite **background-repeat:** *r*, em que *r* é uma lista separada por vírgula de valores **repeat-x, repeat-y** ou **no-repeat** (veja "Modificando o Background do Texto", no Capítulo 10), uma para cada imagem.

Ⓐ Aplicando diversos backgrounds.

```
...
<body>
<div class="night-sky">
    <h1>In the night sky...</h1>
</div>
</body>
</html>
```

Ⓑ Navegadores que suportam diversos backgrounds vão renderizar nosso exemplo criando uma camada de imagem sobre a outra, com a primeira da lista separada por vírgula aparecendo em primeiro lugar. A adição de várias imagens de background a um elemento é bem direta, mas, para garantir que o conteúdo ainda é acessível, você precisa fornecer um fallback simples nas regras do CSS usando a propriedade **background-color**.

C Isto é o que você verá nos navegadores que não suportam a sintaxe de diversas imagens de background. Se aderir à filosofia do aprimoramento progressivo, você deve incluir uma propriedade `background-color` ou `background-image`, antes da regra `background-image`, para servir como uma válvula de escape para os navegadores menos poderosos.

D Para usar diversos backgrounds, você precisa de quatro propriedades individuais de background na forma longa: `background-color`, `background-image`, `background-position` e `background-repeat`. Ao usar cada uma, você pode ajustar como as imagens são posicionadas e repetidas.

```
.night-sky {
    background-color: #333;
    background-image: url(ufo.png),
    → url(stars.png), url(stars.png),
    → url(sky.png) ;
    background-position: 50% 102%, 100%
    → -150px, 0 -150px, 50% 100%   ;
    background-repeat: no-repeat,
    → no-repeat, no-repeat, repeat-x   ;
    height: 300px;
    margin: 0 auto;
    padding-top: 36px;
    width: 75%;
}
```

DICA Os prefixos dos fabricantes não são necessários para especificar diversos backgrounds.

DICA Você pode usar a sintaxe na forma curta padrão com diversas imagens de background separando cada conjunto de parâmetros com uma vírgula. Por exemplo, você pode usar `background: url(image.jpg) 0 0 no-repeat, url(image2.jpg) 100% 10% no repeat;` para alcançar os mesmos objetivos que conseguiria com a sintaxe na forma longa, muito mais repetitiva.

DICA As imagens de background são colocadas em camadas, uma em cima da outra, sendo que a primeira imagem exibida aparece na primeira posição da lista.

DICA Se um valor de `background-color` for especificado, ele será aplicado como a última camada do background, atrás de todas as imagens, sendo utilizado por navegadores que não suportam diversas imagens de background.

DICA Os navegadores que não suportam diversas imagens de background vão ignorar a propriedade `background-image` e vão tentar utilizar como alternativa o valor para `background-color`.

Utilizando Backgrounds Gradientes

Os backgrounds gradientes, também novos no CSS3, lhe permitem criar transições de uma cor para outra sem o uso de imagens (Ⓐ e Ⓑ). A especificação ainda não está concluída, mas o suporte dos navegadores está crescendo, conforme a especificação se aproxima de ser finalizada.

Embora a sintaxe do background gradiente exija os prefixos dos fabricantes para ser compatível com uma maior variedade de navegadores, eu vou deixar as coisas mais fáceis para você usando as propriedades não-prefixadas. Informações adicionais podem ser encontradas nas dicas desta seção e você pode completar os exemplos, incluindo as propriedades, com prefixos dos fabricantes no código deste capítulo.

Com a filosofia do aprimoramento progressivo em mente, trata-se de uma boa ideia incluir uma opção de fallback para navegadores que não suportam a propriedade de background gradiente. Isso pode ser uma simples cor ou imagem de background, podendo ser especificada em seu CSS como uma regra separada, antes da regra de background gradiente.

Há dois estilos de gradientes principais (linear e radial) que podem ser criados usando o CSS, cada um com um conjunto de parâmetros obrigatórios e opcionais (Ⓒ e Ⓓ).

Ⓐ Cinco maneiras de se implementar gradientes usando apenas o CSS.

```
<body>
<div class="horizontal"></div>
<div class="vertical"></div>
<div class="diagonal"></div>
<div class="radial"></div>
<div class="multi-stop"></div>
</body>
```

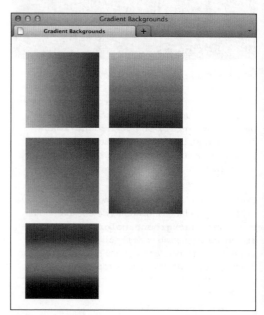

Ⓑ Navegadores que suportam backgrounds gradientes devem renderizar os cinco exemplos de forma parecida à mostrada aqui, com os devidos prefixos dos fabricantes inclusos no código de exemplo. Todos os navegadores atuais exigem esses prefixos para os backgrounds gradientes. Aqueles que não entendem a sintaxe do gradiente usarão a propriedade **background** como fallback, se especificada.

C Um gradiente simples de duas cores, usando a sintaxe padrão de gradiente linear, e que também possui uma cor simples de fallback para os navegadores que não suportam os gradientes do CSS.

```
div {
    float: left;
    height: 150px;
    margin: 10px;
    width: 150px;
}

.horizontal {
    background: #cedce7;
    background: linear-gradient( left ,
    → #cedce7,#596a72);
}
```

D Para criar um gradiente vertical, basta fazer com que a primeira propriedade tenha um valor **top** ou **bottom**.

```
.vertical {
    background: #cedce7;
    background: linear-gradient( top ,
    → #cedce7,#596a72);
}
```

E É possível criar gradientes angulados com a simples alteração do valor da primeira propriedade, que configura a origem do gradiente para o valor de um ângulo. Os ângulos são especificados como o ângulo entre a linha horizontal e a linha do gradiente, no sentido anti-horário. Por exemplo, **0deg** cria um gradiente da esquerda para a direita, enquanto que **90deg** cria um gradiente vertical de baixo para cima.

```
.diagonal {
    background: #cedce7;
    background: linear-gradient( 45deg ,
    → #cedce7, #596a72);
}
```

Para criar uma cor de background como fallback:

Digite **background-color: *color***, em que ***color*** é qualquer nome de uma cor suportada ou valores hexadecimais, RGB, RGBA ou HSL.

Para definir o tipo de gradiente:

Digite **background: *type*(**, em que ***type*** é **linear-gradient** ou **radial-gradient**.

Para definir onde o gradiente começa:

Digite **left** seguido por uma , para começar o gradiente do lado esquerdo do elemento.

Ou digite **right** seguido por uma , para começar o gradiente do lado direito do elemento.

Ou digite **top** seguido por uma , para começar o gradiente do lado de cima do elemento.

Ou digite **bottom** seguido por uma , para começar o gradiente do lado de baixo do elemento.

Ou digite um valor para **angle** (como **0deg**, **45deg** ou **120deg**) seguido por uma , para alterar o ângulo do gradiente. Os ângulos são especificados como o ângulo entre a linha horizontal e a linha do gradiente, no sentido anti-horário **E**.

Ou digite **center** (apenas para gradientes radiais) seguido por uma , para iniciar o gradiente no centro do elemento **F**.

F Gradientes radiais incluem mais parâmetros opcionais, mas o exemplo mais simples usa os mesmos parâmetros que um gradiente linear. Neste caso, a origem do gradiente fica no centro do elemento, indicada pela palavra-chave **center**.

```
.radial {
    background: #cedce7;
    background: radial-gradient( center ,
    → #cedce7,#596a72);
}
```

Aprimoramentos com o CSS3 **391**

Para especificar as cores de início e fim:

Digite *c1, c2*), em que *c1* e *c2* são as cores de início e fim do gradiente. As cores podem ser especificadas usando seus nomes ou com valores hexadecimais, RGB, RGBA ou HSL.

Para criar um gradiente com diversas cores:

1. Repita as duas primeiras técnicas para criar um gradiente linear ou radial, especificando o tipo de gradiente e o ponto de partida (**B** até **D**).

2. Depois digite *c1 p1, c2 p2, c3 p3*), em que *c#* é uma cor (especifica com o nome da cor ou com valores hexadecimais, RGB, RGBA ou HSL) e *#p* é a posição da cor (especificada como uma porcentagem de 0 a 100) **G**.

DICA As versões anteriores dos navegadores baseados no Webkit (como o Safari 4) usavam uma sintaxe não-padronizada para especificar os backgronds gradientes. O Safari 5 e as novas versões do Chrome suportam a mesma sintaxe que o Firefox, mas no momento eles ainda exigem os prefixos vendo `-webkit-` e `-moz-`.

DICA Você pode encontrar informações atualizadas e detalhadas sobre como usar as propriedades de gradiente com o Mozilla (https://developer,mozilla.org/en/CSS/-moz-radial-gradient) e com o Webkit (http://webkit,org/blog/1424/css3-gradients/ — ambos os sites em inglês).

DICA Você pode criar gradientes multicoloridos especificando mais do que duas cores e, em seguida, utilizando um dos parâmetros opcionais (`color-stop`) na sintaxe do gradiente **G**.

G Gradientes com vários passos (aqueles que usam mais de duas cores) seguem o mesmo padrão, mas exigem a posição do **color-stop**, especificado por um valor porcentual entre 0 e 100.

```
.multi-stop {
    background: url(multi-stop-gradient.jpg)
    → 0 0 repeat-x;
    background: linear-gradient(top, #ff0000
    → 0%, #00ff00 50%, #0000ff 100% );
```

DICA A cor pode ser especificada com nomes de cores ou com valores hexadecimais, **RGB, RGBA ou HSLA.**

DICA Embora o suporte tenha melhorado nas últimas versões dos navegadores, a sintaxe do gradiente ainda não foi concluída e exige prefixos dos fabricantes, incluindo aqueles para o Internet Explorer e o Opera.

DICA Você pode utilizar ferramentas visuais como o gerador de gradiente do ColorZilla (http://colorzilla.com/gradient-editor/) ou o criador de background gradiente da Microsoft (http://ie.microsoft.com/testdrive/graphics/ cssgradientbackgroundmaker/ – ambos os sites em inglês) para se livrar do trabalho entediante de criar o código para o gradiente no CSS. Essas ferramentas também vão gerar automaticamente para você todas as propriedades dos prefixos dos fabricantes, garantindo o máximo nível de compatibilidade com as versões mais antigas de navegadores.

DICA O Internet Explorer 10 inclui suporte nativo para os gradientes do CSS. As versões anteriores à 10 podem usar o filtro `filter:progrid:DXImageTransform. Microsoft.gradient` para criar gradientes, ou eles podem ser criados com uma marcação adicional do HTML e SVG (como no caso do Internet Explorer 9). Ferramentas como o ColorZilla podem criar todo o código que você precisa para fazer isso, então não se preocupe em escrevê-lo.

DICA Você deve acomodar os navegadores não-suportados especificando uma `background-color` ou uma `background-image`, mas lembre-se de que as imagens no CSS serão baixadas pelos navegadores, sejam elas usadas ou não.

DICA O Firefox e o Webkit suportam de forma adicional as capacidades prefixadas `repeat-linear-gradient` e `repeat-radial-gradient`.

Definindo a Opacidade dos Elementos

Com a propriedade **opacity**, você pode alterar a transparência dos elementos, inclusive imagens (Ⓐ e Ⓑ).

Para modificar a opacidade de um elemento:

Digite **opacity:** *o*, em que *o* é nível de opacidade do elemento com duas casas decimais (sem unidades).

> **DICA** O valor padrão do `opacity` é **1**. Os valores podem ser definidos em incrementos com duas casas decimais, de 0.00 (completamente transparente) a 1.00 (completamente opaco) (Ⓒ e Ⓓ).

> **DICA** Você pode produzir alguns efeitos interessantes e práticos usando a propriedade `opacity` junto com a pseudo-propriedade `:hover`. Por exemplo, você pode alterar a opacidade de um elemento quando um usuário passa o mouse sobre ele, ou dar a um elemento, como uma caixa de texto, a aparência de estar desativado.

Ⓐ Este documento contém um elemento **div** com uma imagem anexada.

```
...
<body>
<div class="box">
    <img src="sleeves.jpg" width="420"
height="296" alt="Record Sleeves" />
</div>
</body>
</html>
```

Ⓑ Aqui está nosso exemplo com a **opacity** do elemento **div** definida com o valor padrão de 1.

Ⓒ Ao tornar o valor da **opacity** menor do que 1, você pode deixar um elemento e seus filhos transparentes. Neste caso, modifiquei a opacidade para 50%, ou .5. Não é preciso colocar um zero antes do ponto decimal.

```
img {
    vertical-align: top;
}

.box {
    background: #000;
    opacity: .5;
    padding: 20px;
}
```

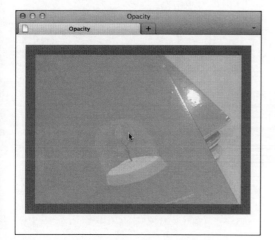

 D Aqui está nosso exemplo com o valor da opacity do elemento div definida com o valor .5 (50% opaco). Repare que o background preto e sólido do elemento div agora está cinza, e que a imagem está semitransparente.

 E Este exemplo demonstra como você pode aplicar filtros de propriedade do Internet Explorer para versões anteriores à 9, que não suportam nativamente a opacidade. A declaração **-ms-filter:** cobre o IE8, enquanto a declaração mais simples **filter:** suporta entre o IE5 e o IE7.

```
div {
    /* Sets the element's opacity to 50% and
    → includes the optional proprietary
    → filter declarations for Internet
    → Explorer prior to version 9 and also
    → ensures the element hasLayout for
    → those older versions of Internet
    → Explorer by using the zoom: 1
    → declaration */
    -ms-filter: progid:DXImageTransform.
    → Microsoft.Alpha(opacity=50);
    filter: alpha(opacity=50);
    opacity: .5;
    zoom: 1;
}
```

 DICA Você não precisa colocar um zero antes do ponto para definir um valor para opacity.

 DICA Apesar de parecer o contrário, a propriedade opacity não é herdada. Os filhos de um elemento com uma opacity menor que 1 também serão afetados, mas o valor da opacity para esses elementos filhos continuará sendo 1.

 DICA A propriedade opacity não funciona nativamente nas versões do Internet Explorer anteriores à 9, mas é possível aplicá-la com as propriedades -ms-filter:progid:SXImageTransform.Microsoft.Alpha(opacity=50); e filter:alpha(opacity=50); junto com zoom: 1; no elemento que aciona o hasLayout do navegador **E**. Você pode descobrir mais sobre esses filtros no CSS Tricks (http://css-tricks,com/64-css-transparency-settings-for-all-browsers/ — em inglês), e mais sobre a origem do hasLayout e como ele pode afetá-lo em http://haslayout.net/haslayout (também em inglês).

Aprimoramentos com o CSS3 **395**

15

Listas

O HTML contém elementos específicos para a criação de listas de itens. Você pode criar listas simples, numeradas ou com pontos, assim como listas de descrição. Também é possível aninhar uma lista (ou mais) dentro de outra.

Todas as listas são formadas por um elemento principal, para especificar que tipo de lista você quer criar (**ul** para *lista desordenada*, **ol** para *lista ordenada* e **dl** para *lista de descrição*, conhecida como lista de definição antes do HTML5), e por elementos secundários, para especificar que tipo de itens da lista você quer criar (**li** para um item da lista em uma **ol** ou **ul**, e **dt** para o termo com **dd** para a descrição em uma **dl**).

Destas, a lista desordenada é a mais comum na web, já que este é o padrão para se marcar a maior parte da navegação (há diversos exemplos dela ao longo do livro). Mas todos os tipos de lista têm seu espaço, e você aprenderá sobre isso neste capítulo.

Neste Capítulo

Criando Listas Ordenadas e Desordenadas	398
Escolhendo Seus Marcadores	401
Escolhendo Onde Começar a Numeração da Lista	403
Utilizando Marcadores Personalizados	404
Controlando Onde Ficam os Marcadores	406
Definindo de uma só Vez Todas as Propriedades dos Estilos de Lista	407
Estilizando Listas Aninhadas	408
Criando Listas de Descrição	412

Criando Listas Ordenadas e Desordenadas

A lista ordenada é perfeita para fornecer instruções passo a passo sobre como completar determinada tarefa (Ⓐ e Ⓑ) ou para criar um outline (se desejar, complete-a com links para as seções correspondentes) de um documento maior. Também é a escolha apropriada para marcar a navegação breadcrumb (veja as dicas). Resumindo, qualquer lista de itens em que a ordem é significativa.

As listas desordenadas podem ser as mais utilizadas na web porque elas são usadas para marcar a navegação (Ⓒ e Ⓓ).

Para criar listas:

1. Digite **<ol>** para uma lista ordenada ou **<ul>** para uma desordenada. Para uma ordenada, você pode incluir qualquer um dos atributos opcionais **start**, **type** e **reversed**. (Veja "Escolhendo Onde Começar a Numeração da Lista" em relação a **start**, "Escolhendo Seus Marcadores" para **type**, e a última dica para aprender sobre **reversed**, que ainda não é suportado e, por isso, não tem nenhum efeito visível.)

2. Digite **<li>** (são as duas primeiras letras para a palavra "lista") para começar o primeiro item da lista. Para uma ordenada, você pode incluir o atributo opcional **value** (veja "Escolhendo Onde Começar a Numeração da Lista" para mais detalhes).

3. Adicione o conteúdo (como texto, links, ou elementos **img**) a ser incluído no item da lista.

4. Digite **</li>** para completar cada item da lista.

5. Repita os passos de 2 a 4 para cada item novo da lista.

6. Digite **</ol>** ou **</ul>** que combine com a tag de início (do passo 1) para completar a lista.

Ⓐ Não há uma forma oficial de se formatar o título de uma lista. Na maioria das vezes, um cabeçalho comum (veja o Capítulo 3) ou um parágrafo (veja o Capítulo 4) é a introdução adequada para uma lista como esta do exemplo. É comum, mas não obrigatório, indentar os itens da lista para indicar que eles estão aninhados em uma **ol** (o mesmo vale para a **ul**). Porém, isso não faz com que eles sejam indentados quando exibidos; trata-se apenas de uma função do CSS aplicada à lista.

```
...
<body>
<h1>Changing a light bulb</h1>
<ol>
    <li>Make sure you have unplugged the
    → lamp from the wall socket.</li>
    <li>Unscrew the old bulb.</li>
    <li>Get the new bulb out of the
    → package.</li>
    <li>Check the wattage to make sure
    → it's correct.</li>
    <li>Screw in the new bulb.</li>
    <li>Plug in the lamp and turn it
    → on!</li>
</ol>
</body>
</html>
```

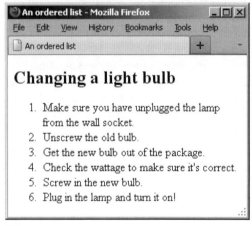

Ⓑ Esta usa a opção padrão de algarismos arábicos para criar uma lista ordenada e numerada. Você pode mudar isso com o CSS. As listas ordenadas e desordenadas são exibidas com indentação por padrão, estejam ou não indentadas no próprio HTML Ⓐ.

398 Capítulo 15

C O elemento item das listas desordenadas é idêntico ao das ordenadas. Apenas o elemento `ul` é diferente.

```
...
<body>
<h1>PageWhacker, version 12.0: Features</h1>
<ul>
    <li>New or improved features marked
    → with a solid bullet.</li>
    <li>One-click page layout</li>
    <li>Spell checker for 327 major
    → languages</li>
    <li>Image retouching plug-in</li>
    <li>Special HTML filters</li>
    <li>Unlimited Undo's and Redo's</li>
    <li>Automatic book writing</li>
</ul>
</body>
</html>
```

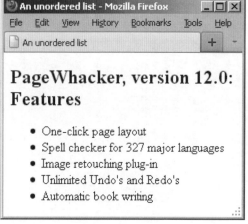

D Listas desordenadas têm pontos sólidos por padrão. Você pode alterá-los com o CSS.

DICA Não tome sua decisão sobre qual lista usar baseando-se no tipo de estilo de marcação que você quer ao lado de seu conteúdo. Afinal, você sempre pode modificá-lo com o CSS (sim, você pode exibir pontos em uma lista ordenada). Em vez disso, pense no significado de sua lista – ele seria alterado se a ordem dos itens da lista fosse modificada? Se a resposta for sim, marque-a como uma lista ordenada. Caso contrário, use uma desordenada.

DICA Sobre a utilização de listas para marcar grupos de links, use as desordenadas para marcar a maioria dos grupos, como sua navegação principal, uma lista de links para vídeos ou histórias relacionadas, ou os links em seu rodapé. Use listas ordenadas para marcar uma navegação breadcrumb, já que os links representam uma sequência diferente de links (ou seja, a ordem tem significado). A navegação breadcrumb é geralmente exibida na horizontal, acima da área com o conteúdo principal, para indicar onde a página atual está localizada no caminho de navegação do site. Por exemplo, em uma página que dá detalhes sobre determinado tipo de telefone celular, a navegação breadcrumb poderia ser: Home > Produtos > Telefones > O Telefone 3.0. Cada item da lista, exceto o último, seria um link. Incluí este exemplo na Figura **E** de "Estilizando Listas Aninhadas" (a navegação breadcrumb está entre a navegação principal no topo e o título com o nome do produto).

DICA A amostra completa da página, no Capítulo 11, demonstra listas usadas e apresentadas de várias formas. Ela inclui uma lista desordenada para a navegação (estilizada na horizontal e com pontos), uma desordenada com uma lista de imagens (estilizada na horizontal, sem marcação) e um ordenada com uma lista de arquivos de links organizados em ordem cronológica (estilizada com pontos). O Capítulo 3 também dá exemplos que incluem uma ul como navegação.

DICA A menos que especifique o contrário com o CSS, os itens em listas ordenadas serão numerados (1, 2, 3, e assim por diante) **A**.

DICA Os itens das listas desordenadas são indicados com pontos sólidos por padrão **B**. Você pode escolher pontos diferentes (veja "Escolhendo Seus Marcadores") ou até mesmo criar o seu próprio (veja "Utilizando Marcadores Personalizados").

continua na próxima página

DICA Certifique-se de colocar o conteúdo da lista apenas dentro de elementos `li`. Por exemplo, você não está autorizado a colocar conteúdo entre a tag de início `ol` ou `ul` e o primeiro elemento `li`.

DICA Você pode aninhar diversos tipos de elementos HTML nos elementos `li`, como qualquer um dos elementos com phrasing content (como em, a, `cite` etc). Aninhar parágrafos e `divs` nos itens das listas também é válido, embora haja menos casos em que poderá fazer isso.

DICA Você pode criar uma lista dentro de outra – conhecidas como listas aninhadas – misturando, inclusive, ordenadas e desordenadas. Certifique-se de aninhar cada uma apropriadamente, utilizando todas as tags de início e fim necessárias. Veja exemplos de listas aninhadas ordenadas ou desordenadas em "Estilizando Listas Aninhadas".

DICA As listas são indentadas da margem esquerda por padrão, embora você possa remover a indentação (ou adicionar mais) com o CSS. Dependendo de quanto você reduza a margem esquerda, seus pontos podem ficar fora de seu conteúdo ou podem sair do limite da janela. (Você pode ver um exemplo deles fora da tela no Capítulo 11.)

DICA Caso especifique a direção de seu conteúdo da direita para a esquerda, como faria se a língua da página fosse hebraico, por exemplo, as listas são indentadas da margem direita, não da esquerda. Para fazer isso, defina o atributo set no elemento `html` de sua página: `<html dir="rtl" lagn="he">`. Neste caso, a lang está configurada para he, de hebraico. Você também pode definir a `dir` e a `lang` de elementos dentro do body para substituir as configurações do elemento `html`. O atributo `dir` tem como padrão `ltr`.

DICA Enquanto este livro estava sendo elaborado, apenas o navegador Google Chrome tinha suporte para o atributo `reversed`, mas sua função é indicar uma lista ordenada descendente (você pode especificá-lo com `<ol reversed>` ou `<ol reversed="reversed">`).

Ⓐ Aqui está nossa simples lista ordenada, à qual aplicaremos números romanos em caixa alta (**upper-roman**).

```
...
<body>
<h1>The Great American Novel</h1>
<ol>
    <li>Introduction</li>
    <li>Development</li>
    <li>Climax</li>
    <li>Denouement</li>
    <li>Epilogue</li>
</ol>
</body>
</html>
```

Ⓑ Você pode aplicar propriedade **list-style-type** a qualquer item da lista. Se houvesse duas listas nesta página, sendo uma delas desordenada, você poderia aplicar numerais romanos em caixa alta apenas à ordenada, alterando o seletor deste exemplo para **ol li**.

```
li {
    list-style-type: upper-roman;
}
```

Ⓒ Agora a lista ordenada tem números romanos em caixa alta. Repare que a maioria dos navegadores alinham os marcadores numéricos para a direita (mas à esquerda do conteúdo do item da lista, como mostrado).

Escolhendo Seus Marcadores

Quando você cria uma lista, seja ela ordenada **Ⓐ** ou desordenada, é possível escolher que tipo de marcadores (isto é, pontos, números ou imagens) deve aparecer à esquerda de cada item.

Para escolher seus marcadores:

Na regra da folha de estilo, digite **list-style-type:** *marker*, em que *marker* é um dos seguintes valores:

- **disc** (●)
- **circle** (○)
- **square** (■)
- **decimal** (1, 2, 3, ...)
- **upper-alpha** (A, B, C, ...)
- **lower-alpha** (a, b, c, ...)
- **upper-romam** (I, II, III, IV, ...) (**Ⓑ** e **Ⓒ**)
- **lower-roman** (i, ii, iii, iv, ...)

Listas **401**

Para exibir listas sem marcadores:

Na regra da folha de estilo, digite `list-style-type: none`.

(DICA) Por padrão, as listas desordenadas usam discos para o primeiro nível, círculos para o primeiro nível aninhado, e quadrados para os demais níveis da sequência. Veja "Estilizando Listas Aninhadas" para mais informações sobre este assunto.

(DICA) As marcações com discos, círculos e quadrados variam suavemente de tamanho e aparência entre um navegador e outro.

(DICA) Você pode aplicar qualquer estilo de marcação para a `ol` e `ul` com `list-style-type`. Ou seja, uma `ol` pode ter marcadores quadrados e uma `ul`, marcadores decimais.

(DICA) Você também pode especificar um tipo de marcador de uma lista ordenada com o atributo `type`, embora eu recomende fazer tal estilização com o CSS sempre que possível. Os valores aceitáveis para `type` são `A`, `a`, `I`, `i` e `1`, que indicam que tipo de numeração será usada (`1` é o valor padrão). Por exemplo, `<ol type="I">` especifica números romanos em caixa alta.

A Neste exemplo, omiti alguns passos, mas quis manter a numeração original dos passos restantes. Então, começo a lista toda em **2** (com **start-"2"**) e, depois, defino o valor do segundo item para **5** (com **value="5"**). Ambos atributos são opcionais e não precisam ser utilizados juntos, como foram aqui.

```
...
<body>
<h1>Changing a light bulb (with a few steps
→ missing)</h1>
<ol start="2" >
    <li>Unscrew the old bulb.</li>
    <li value="5" >Screw in the new bulb.
    → </li>
    <li>Plug in the lamp and turn it on!
    → </li>
</ol>
</body>
</html>
```

B Repare que não apenas o primeiro e segundo itens foram numerados como especificamos, mas como o terceiro ("Plug in the lamp and turn it on!") também é afetado.

Escolhendo Onde Começar a Numeração da Lista

Você pode querer começar uma lista numerada com algo diferente que o padrão 1 **A**.

Para determinar o valor inicial da numeração de um esquema de lista completa:

Dentro da tag de início **ol**, digite **start="n"**, em que **n** representa o valor inicial da lista.

Para mudar a numeração de um certo item de uma lista ordenada:

No item **li** desejado, digite **value="n"**, em que **n** representa o valor para este item da lista. O **value** é sempre especificado com um número e é convertido automaticamente pelo navegador para o tipo de marcador especificado com o CSS ou com o atributo **type** (veja "Escolhendo seus Marcadores").

DICA Se usar **start**, sempre dê a ele um valor numérico, mesmo que decida que a lista seja exibida com letras ou números romanos (veja "Escolhendo seus Marcadores"). Os navegadores exibirão os marcadores da forma correta.

DICA O atributo **value** substitui o valor **start**.

DICA Quando você altera o número de certo item da lista com o atributo value, os itens que vêm na sequência também são apropriadamente renumerados.

DICA O uso do **value** também é útil para indicar que dois ou mais itens ficam no mesmo lugar em uma lista ordenada. Pegue, por exemplo, a lista com os cinco primeiros de uma corrida. Normalmente, eles estarão listados como 1, 2, 3, 4, 5. Mas se houvesse um empate pelo segundo lugar, ao especificar o *terceiro* item da lista como <li value="2">, a listagem seria 1, 2, 2, 3, 4.

DICA Sua lista pode incluir mais do que uma **li** com um atributo **value**.

Listas **403**

Utilizando Marcadores Personalizados

Se ficar cansado de círculos, quadrados, discos, e até mesmo de números romanos, você pode criar seus próprios marcadores com uma imagem. Você não precisa alterar seu HTML para fazer isso Ⓐ, apenas o CSS Ⓑ.

Para usar marcadores personalizados:

1. Na regra para a lista ou item da lista desejada, digite **list-style: none;** para desligar os marcadores normais.

2. Na regra para a lista desejada, defina as propriedades **margin-left** e/ou **padding-left** para ditar quanto que os itens da lista serão indentados. (Ambas as propriedades são geralmente necessárias para se alcançar resultados parecidos entre os navegadores.) As configurações de **margin-left: 0;** e **padding-left: 0;** removem toda a indentação. Repare que se definir **dir="rtl"** para seu conteúdo, você deve ajustar as propriedades **margin-right** e **padding-right**. Veja as dicas em "Criando Listas Ordenadas e Desordenadas" para mais detalhes sobre **dir**, **lang**, e línguas da direita para a esquerda nesses tipos de lista.

3. Na regra para os elementos **li** dentro da lista desejada, digite **background: url(image.ext) repeat-type horizontal vertical;**, em que **image.ext** é o caminho e o nome do arquivo da imagem que quiser usar como marcador personalizado; **repeat-type** é um valor de **no-repeat** (convencional), **repeat-x** ou **repeat-y**; e **horizontal** e **vertical** são os valores para a posição do background dentro dos itens da lista Ⓑ.

   Digite **padding-left: value;**, em que **value** é pelo menos a largura da imagem de background, para evitar que o conteúdo do item da lista se sobreponha ao marcador personalizado.

Ⓐ Isto é como qualquer lista desordenada comum, mas com um pouco de CSS Ⓑ podemos fazer com que ela fique diferente Ⓒ.

```
...
<body>

<h1>PageWhacker, version 12.0: Features</h1>
<ul>
    <li>One click page layout</li>
    <li>Spell checker for 327 major
    → languages</li>
    <li>Image retouching plug-in</li>
    <li>Unlimited Undo's and Redo's</li>
    <li>Automatic book writing</li>
</ul>
</body>
</html>
```

Ⓑ Primeiro você desliga os marcadores padrões (então você não vê nem pontos e nem flechas) e ajusta a distância que as listas serão indentadas. Então você designa a flecha como imagem de background para cada item da lista, posicionando-a a alguns pixels do topo da **li** e certificando-se de adicionar padding à esquerda, de forma que o texto não se sobreponha às flechas. Certifique-se de incluir o caminho correto para sua imagem na parte da **url** do **background**. A **url** deve ser onde a imagem está em relação à folha de estilo, e não à página HTML (veja "Modificando o Background do Texto", no Capítulo 10, para informações relacionadas).

```
ul {
    /* turn off the default markers */
    list-style: none;

    /* set indentation of list items. */
    margin-left: 0;
    padding-left: 15px;
}

li {
    /* show image 2 pixels from top of item */
    background: url(arrow-right.png)
    → no-repeat 0 2px;

    /* bump the text over to make room for
    → the arrow */
    padding-left: 25px;
}
```

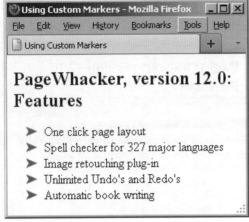

C Os pontos padrões são substituídos pela imagem da flecha.

DICA Não deve haver espaço entre a url e o parêntese de abertura B. As aspas em volta da url são opcionais.

DICA Repare que as URLs relativas são relacionadas à localização da folha de estilo, não da página na web.

DICA Aplique uma classe a um ou mais elementos li e defina uma regra de estilo para ela se quiser aplicar um marcador personalizado a determinados itens dentro de uma lista. Dependendo do visual que quiser, você pode precisar ajustar através da classe a margem esquerda dos itens li, em vez do padding do ol pai ou do elemento ul.

DICA Outra forma de exibir marcadores personalizados é com a propriedade list-style-image. Aqui vai um exemplo: li { list-style-image: url(image.png); }. Porém, a promessa quase nunca é cumprida, já que os navegadores não os renderizam de forma consistente. Além disso, você tem mais controle sobre a colocação das imagens com o método mostrado em B, razão pela qual as pessoas tendem a priorizar esta abordagem. A propriedade list-style-image substitui list-style-type. Mas, se por alguma razão, a imagem não puder ser carregada, o marcador especificado com list-style-type é usado.

Controlando Onde Ficam os Marcadores

Por padrão, as listas são indentadas da margem esquerda (de seu pai). Seus marcadores podem começar na metade direita daquele ponto de partida Ⓐ, que é o padrão, ou se alinhar com o restante do texto (Ⓑ e Ⓒ).

Para controlar onde ficam os marcadores:

1. Na regra da folha de estilo para o item ou lista desejada, digite `list-style-position:`.

2. Digite `inside` para alinhar os marcadores com o texto do item da lista Ⓑ, ou digite `outside` para exibir os marcadores à esquerda do texto do item da lista (o padrão).

DICA Por padrão, os marcadores são colocados fora do parágrafo da lista.

DICA A propriedade `list-style-position` é herdada.

Ⓐ Isto demonstra como os navegadores renderizam a quebra de linha em um item de uma lista com a configuração padrão. Você pode alterar isso com o CSS. Eu adicionei um pouco mais de texto ao primeiro item para que o efeito ficasse mais claro (Ⓑ e Ⓒ).

Ⓑ Configurar `list-style-position` para `inside` altera a exibição.

```
li {
    list-style-position: inside;
}
```

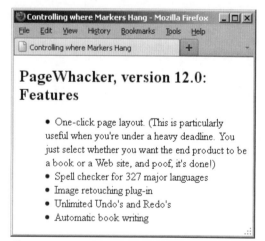

Ⓒ As linhas que se quebram começam na margem esquerda, em vez de alinharem-se com o texto dos marcadores abaixo delas.

Ⓐ Esta regra de estilo é o mesmo que configurar a **list-style-position** para **inside** e a **list-style-type** para **circle**. É apenas mais curta. Você também pode especificar a **list-style-image** na forma curta (veja a primeira dica).

```
li {
    list-style: inside circle;
}
```

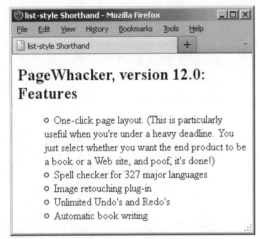

Ⓑ O resultado é o mesmo que em Ⓒ, na seção "Controlando Onde Ficam os Marcadores", exceto que troquei os marcadores por círculos.

Definindo de uma só Vez Todas as Propriedades dos Estilos de Lista

Assim como existem propriedades na forma curta para **background**, **border**, **font**, **outline** etc, o CSS tem uma para os recursos **list-style** Ⓐ.

Para definir de uma só vez as propriedades dos estilos da lista:

1. Digite **list-style:**.
2. Se desejar, especifique os tipos de marcadores que devem aparecer ao lado dos itens da lista (como descrito em "Escolhendo Seus Marcadores").
3. Se desejar, especifique o marcador personalizado que deve ser utilizado para os itens da lista (como descrito na última dica de "Utilizando Marcadores Personalizados").
4. Se desejar, especifique se os marcadores devem ficar fora dos parágrafos da lista ou se devem se alinhar com o texto (como descrito em "Controlando Onde Ficam os Marcadores").

DICA Se quisesse especificar uma **list-style-image** na propriedade com forma curta, o exemplo em Ⓐ seria digitado como **li { list-style: url(arrow-right.png) inside square; }**.

DICA Você pode não especificar nenhuma ou todas as três propriedades **list-style**. Ⓐ tem duas.

DICA Pode-se pensar que, ao omitir uma das três propriedades, você não a estará afetando, mas este nem sempre é o caso. Qualquer propriedade que não seja definida explicitamente retorna para seu valor padrão (**disc** para **list-style-type**, **none** para **list-style-image**, e **outside** para **list-style-position**).

DICA As propriedades podem ser especificadas em qualquer ordem.

DICA A propriedade **list-style** é herdada.

Listas **407**

Estilizando Listas Aninhadas

Você pode inserir um tipo de lista em outra; a interna é conhecida como lista *animada*. Você pode fazer isso com listas ordenadas ou desordenadas (juntas ou de forma independente). Há ainda outro tipo de lista aninhada; veja "Criando Listas de Descrição" para um exemplo.

As listas aninhadas são especialmente úteis com um outline estruturado com listas ordenadas – em que você pode querer diversos níveis de itens (**A** até **C**) – ou para navegações com submenus estruturados como listas desordenadas (**D** e **E**; veja a barra lateral para mais detalhes). Você pode estilizar as listas aninhadas de várias maneiras, como demonstram os exemplos.

Para estilizar listas aninhadas:

1. Para estilizar a lista mais externa, digite *toplevel* li {style _ rules}, em que **toplevel** é o tipo da lista mais externa (por exemplo, **ol**, **ul** ou **dt**) e *style _ rules* são os estilos que devem ser aplicados.

2. Para a lista do segundo nível, digite *toplevel 2ndlevel* li {style _ rules}, em que *toplevel* seja o mesmo *toplevel* do passo 1, e *2ndlevel* é o tipo da lista do segundo nível.

3. Para a lista do terceiro nível, digite *toplevel 2ndlevel 3rdlevel* li {style _ rules}, em que *toplevel* e *2ndlevel* tenham os mesmos valores usados nos passos 1 e 2, e *3rdlevel* é o tipo de lista usada na terceira lista aninhada.

4. Continue esta sequência para cada lista aninhada que quiser estilizar.

A Há quatro listas aninhadas aqui, uma no item Introduction da lista, uma em Development, uma no Climax, e outra destacada e em negrito dentro de "Boy gives Girl ultimatum" (que está dentro do item Climax).

```
...
<body>

<h1>The Great American Novel</h1>
<ol>
    <li>Introduction
        <ol>
            <li>Boy's childhood</li>
            <li>Girl's childhood</li>
        </ol>
    </li>
    <li>Development
        <ol>
            <li>Boy meets Girl</li>
            <li>Boy and Girl fall in love
            → </li>
            <li>Boy and Girl have fight
            → </li>
        </ol>
    </li>
    <li>Climax
        <ol>
            <li>Boy gives Girl ultimatum
                <ol>
                    <li>Girl can't believe
                    → her ears</li>
                    <li>Boy is indignant at
                    → Girl's indignance</li>
                </ol>
            </li>
            <li>Girl tells Boy to get
            → lost</li>
        </ol>
    </li>
    <li>Denouement</li>
    <li>Epilogue</li>
</ol>

</body>
</html>
```

B Você pode formatar separadamente cada nível de uma lista aninhada. Se utilizar ems ou porcentagens para o tamanho da fonte do texto da lista, certifique-se de adicionar o `li li { font-size: 1em; }` (ou `100%` em vez de `1em`) para que o texto não encolha tanto, a ponto de tornar-se ilegível nas listas aninhadas (veja a última dica).

```
ol li {
    font-size: .75em;
    list-style-type: upper-roman;
}

ol ol li {
    list-style-type: upper-alpha;
}

ol ol ol li {
    list-style-type: decimal;
}

li li {
    font-size: 1em;
}
```

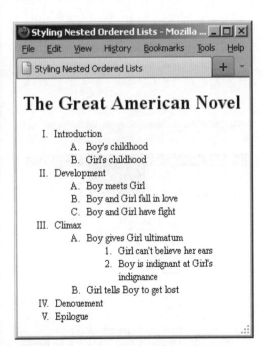

C As listas no primeiro nível (`ol li`) possuem números romanos em caixa alta. As do segundo nível (`ol ol li`) têm letras maiúsculas. As do terceiro (`ol ol ol li`) têm algarismos arábicos.

DICA Seus seletores devem refletir os tipos de listas aninhadas de seu documento; isto é, você pode precisar de algo como `ul ul ol li`.

DICA Como alternativa, você pode adicionar uma classe para cada lista aninhada e estilizá-la adequadamente. Mas o método mostrado aqui lhe permite controlar a estilização sem alterar o HTML.

DICA As listas ordenadas sempre utilizam algarismos arábicos (1, 2, 3) por padrão, não importando sua posição de aninhamento. Use `list-style-type` para especificar outros esquemas de numeração (veja "Escolhendo seus Marcadores"). De acordo com *The Chicago Manual Style*, a ordem correta do aninhamento para listas é I, A, 1, a (e os níveis 1 e a são repetidos até o fim).

DICA Por padrão, o primeiro nível de uma lista desordenada será exibido como um ponto sólido, o segundo nível será redondo e vazio, e o terceiro e demais níveis serão quadrados. De novo, use `list-style-type` para especificar o tipo de pontos que quiser (veja "Escolhendo Seus Marcadores").

DICA Uma vez que itens de listas (elementos `li`) podem ser aninhados dentro de outros, você precisa ter um pouco de cuidado com o tamanho das fontes. Se utilizar algo como `li { font-size: .75em; }`, o tamanho da fonte do item mais externo da lista terá 75% do tamanho de seu pai; então, se o pai tiver o padrão de 16 pixels de altura, o item mais externo terá 12, o que não é um problema. Agora, o tamanho do primeiro item *aninhado* da lista terá 75% do tamanho de *seu* pai (o primeiro item da lista, que tem 12 pixels), ou seja, 9 pixels de altura. Cada nível piora rapidamente. Uma solução é adicionar `li li {font-size: 1em; }` **B** (ou `100%` em vez de `1em`). Agora, os itens das listas aninhadas terão sempre o mesmo tamanho que aqueles no topo **C**. (Graças a Eric Meyer, www.meyerweb.com – site em inglês.)

continua na próxima página

D Aqui temos outro exemplo de listas aninhadas. Neste caso, o menu de navegação é estruturado como um lista desordenada com outras duas desordenadas para a sub-navegação. Repare que cada **ul** aninhada está contida dentro de sua tag de início **<li>** pai e tag de fim **</li>**. Com um pouco de CSS, você pode deixar a navegação horizontal ocultar os submenus por padrão e mostrá-los baseados na interação do visitante **E**.

```
...
<body>
<nav role="navigation">
    <ul class="nav">
        <li><a href="/">Home</a></li>
        <li> <a href="/products/">Products</a>
            <ul>
                <li><a href="/products/phones.html">Phones</a></li>
                <li><a href="/products/accessories.html">Accessories</a></li>
            </ul>
        </li>
        <li> <a href="/support/">Support</a>
            <ul>
                <li><a href="http://www.thephoneycompany.com/support/forum/">Community Forum
                    → </a></li>
                <li><a href="/support/contact-us.html">Contact Us</a></li>
                <li><a href="/support/how-to-guides.html">How-to Guides</a></li>
            </ul>
        </li>
        <li><a href="/about-us/">About Us</a></li>
    </ul>
</nav>
...
</body>
</html>
```

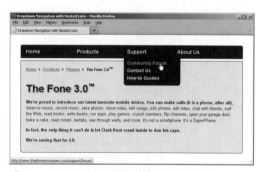

E Os itens da lista Products e Support contêm submenus nas **ul**s aninhadas, mas nenhum deles é exibido por padrão por causa do CSS que apliquei. Neste caso, o submenu Support está sendo exibido porque coloquei o cursor sobre a **li** que contém tanto o link do Support quanto o submenu relacionado à lista aninhada **D**. O CSS completo está disponível no site do livro.

Usando Listas Aninhadas para a Navegação Drop-Down

Um uso para as listas aninhadas é estruturar menus drop-down para a navegação D. Você pode estilizar a navegação com o CSS de forma que cada submenu apareça apenas quando o visitante passar o cursor sobre o item da lista E e que ela seja ocultada novamente quando o ponteiro não estiver mais em cima dele.

Você pode implementar este efeito de algumas maneiras, mas sempre inclui o uso do pseudo-elemento **:hover** como parte do seletor que revela o submenu. Aqui está uma abordagem para ocultar as listas aninhadas por padrão e, depois, as revelar quando o cursor for apontado:

```css
/* Default state of sub-menus */

.nav li ul {

    left: -9999em;  /* moves sub-menus off-screen */

    position: absolute;

    z-index: 1000;

}


/* State of sub-menus when parent li hovered upon */

.nav li :hover  ul {

    display: block; /* for older versions of IE */

    left: auto;   /* puts sub-menus back in natural spot */

}
```

O HTML correspondente é mostrado em D. Você precisará de mais CSS do que esse para implementar o layout horizontal, para remover os pontos dos itens das listas e ajustar a apresentação para que ela atinja sua necessidade. O HTML e CSS completos da página mostrada em E estão disponíveis no site do livro em www.bruceontheloose.com/htmlcss/examples/chapter-15/dropdown-nav.html (em inglês). Também incluí vários comentários ao código.

Você pode usar uma abordagem parecida para a navegação vertical, com submenus que aparecem dos lados.

Criando Listas de Descrição

O HTML fornece um tipo de lista específica para descrever em grupos uma associação entre nomes (ou termos) e valores. Chamadas de *listas de descrição* no HTML5, elas eram conhecidas como listas de definição nas versões anteriores do HTML.

De acordo com a especificação do HTML5, "Grupos de nome-valor podem ser termos ou definições, tópicos de metadados e valores, perguntas e respostas, ou qualquer outro grupo de dados com nome-valor." Cada lista está contida em uma **dl**, e cada grupo de nome-valor dentro dela tem um ou mais **dt** (os nomes ou os termos) seguidos por um ou mais elementos **dd** (seus valores). **A** mostra um exemplo simples de uma lista de descrição. Com a exceção do negrito aplicado com uma regra de estilo simples **B**, ela é renderizada por padrão como **C**.

B Você pode querer adicionar formatação aos termos nos elementos **dt** para ajudá-los a se destacar **C**.

```
dt {
    font-weight: bold;
}
```

C Por padrão, o nome (o **dt**) é alinhado à esquerda e o valor (o **dd**) é indentado. Os nomes estão em negrito graças à simples regra em **B**. Caso contrário, eles apareceriam como texto normal.

A Este é o tipo mais básico de uma lista de definição, com um **dt** combinado com um **dd** em cada grupo de nome-valor. Cada grupo é separado por uma linha em branco que serve apenas para facilitar a leitura do código. O espaço entre os grupos não é obrigatório, não altera o significado do conteúdo e não afeta sua renderização.

```
...
<body>

<h1>List of Horror Movie Legends</h1>

<dl>
    <dt>Boris Karloff</dt>
    <dd>Best known for his role in <cite>Frankenstein</cite> and related horror films, this
    → scaremaster's real name was William Henry Pratt.</dd>

    <dt>Christopher Lee</dt>
    <dd>Lee took a bite out of audiences as Dracula in multiple Hammer horror classics.</
    dd>

    ...
</dl>

</body>
</html>
```

412 Capítulo 15

D Este exemplo inclui vários **dt**s emparceirados com um único **dd** em cada grupo de nome-valor porque os termos definidos têm mais de uma forma de escrita, mas compartilham a mesma definição.

```
...
<body>

<h1>Defining words with multiple spellings</h1>

<dl>
    <dt><dfn>bogeyman</dfn>, n.</dt>
    <dt><dfn>boogeyman</dfn>, n.</dt>
    <dd>A mythical creature that lurks under
    → the beds of small children.</dd>

    <dt><dfn lang="en-gb">aluminium
    → </dfn>, n.</dt>
    <dt><dfn>aluminum</dfn>, n.</dt>
    <dd>...</dd>
</dl>

</body>
</html>
```

E Isto adicionará mais espaço entre os grupos de nome-valor do que eles têm por padrão.

```
dd + dt {
    margin-top: 1em;
}
```

F Agora você pode dizer onde um grupo de descrição termina e o outro começa. A regra em **E** funciona porque "aluminium, n." está contido em um **dt** logo após o **dd** do grupo de nome-valor anterior.

Todos os métodos a seguir são válidos para um grupo de elementos **dt** e **dd** dentro de uma **dl**:

- Um único **dt** agrupado com um único **dd** **A**. (Veja também **G** sob Director e na lista de descrição aninhada sob Cast.) Esta é a ocorrência mais comum.
- Um único **dt** agrupado com vários elementos **dd**. Veja Writers em **G**.
- Vários elementos **dt** agrupados com um único **dd** **D**. (Com os ajustes na amostra mostrados em **E** e **F**.)
- Vários elementos **dt** agrupados com vários elementos **dd**. Um exemplo disso seria se bogeyman/bogeyman em **D** tivesse mais do que uma definição.

Use o elemento **dfn** em volta dos nomes nos **dt**s para indicar que a lista está definindo termos, como em um glossário **D**. (Veja "Definindo um Termo", no Capítulo 4, para mais informações sobre **dfn**.)

continua na próxima página

Listas **413**

Você também pode aninhar listas de descrição G e estilizá-las com o CSS como quiser H. Quando uma **dl** está aninhada em outra, ela indenta automaticamente outro nível por padrão I (você também pode mudar isso com o CSS, é claro).

Para criar listas de descrição:

1. Digite **<dl>**.

2. Digite **<dt>**.

3. Digite a palavra ou uma frase curta que será descrita ou definida, incluindo qualquer outro elemento semântico adicional (como **dfn**).

4. Digite **</dt>** para completar o nome no grupo de nome-valor.

5. Repita os passos de 2 a 4 se o grupo tiver mais do que um nome ou termo D.

6. Digite **<dd>**.

7. Digite a descrição do termo que foi colocado no passo 3.

8. Digite **</dd>** para completar a descrição (o valor) no grupo de nome-valor.

9. Repita os passos de 6 a 8 se o grupo tiver mais de um valor para ser definido (veja o grupo Writers em G).

10. Repita os passos de 2 a 9 para cada grupo de termos e descrições.

11. Digite **</dl>** para completar a lista de definições.

G Aqui está um exemplo de uma lista de descrição que exibe o diretor de um filme, escritores e elenco, sendo que os nomes do elenco e seus personagens estão em uma lista de descrição aninhada. Você pode estilizar a lista aninhada de forma diferente, como desejar H.

```
...
<body>
<h1>Credits for <cite>Am&eacute;lie</cite></h1>

<dl>
    <dt>Director</dt>
    <dd>Jean-Pierre Jeunet</dd>

    <dt>Writers</dt> <dd>Guillaume Laurant
    → (story, screenplay)</dd>
    <dd>Jean-Pierre Jeunet (story)</dd>

    <dt>Cast</dt>
    <dd>
        <!-- Start nested list -->
        <dl>
            <dt>Audrey Tautou</dt> <!-- Actor/
            → Actress -->
            <dd>Am&eacute;lie Poulain</dd>
            → <!-- Character -->

            <dt>Mathieu Kassovitz</dt>
            <dd>Nino Quincampoix</dd>
            ...
        </dl>
        <!-- end nested list -->
    </dd>
    ...
</dl>
</body>
</html>
```

414 Capítulo 15

H Quero distinguir os termos da lista principal daqueles aninhados dentro dela, então estilizo os elementos **dt** com texto em caixa alta e, em seguida, volto para o normal qualquer elemento **dt** em uma **dl** aninhada (a declaração `text-transform: none;`). Porém, repare que todos os termos são exibidos em negrito **I** porque a declaração na primeira regra se aplica a todos os elementos **dt**, não sendo desligada na lista aninhada.

```
dt {
    font-weight: bold;
    text-transform: uppercase;
}

/* style the dt of any dl within another
→ dl */
dl dl dt {
    text-transform: none;
}

dd + dt {
    margin-top: 1em;
}
```

DICA Os navegadores geralmente indentam as descrições (valores) em uma nova linha, abaixo de seus termos (nomes) **C**.

DICA Você vai reparar a partir dos exemplos (**A**, **D** e **G**) que não é preciso – ou, melhor dizendo, *não se deve* – marcar um único parágrafo de texto como elemento p dentro dos elementos dd. No entanto, se uma *única* descrição tiver mais de um parágrafo, *realmente* marque-a com elementos p dentro de um dd, em vez de dividir cada parágrafo (sem elementos p) em seu próprio dd.

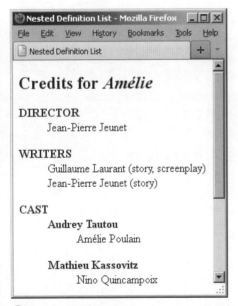

I Quando uma **dl** está aninhada em outra, ela automaticamente indenta outro nível por padrão. Com os estilos de **H** aplicados, os elementos **dt** do primeiro nível ficam com letras maiúsculas, enquanto que aqueles na lista aninhada estão normais. Todos estão em negrito.

16
Formulários

Até agora, todo o HTML que você aprendeu o ajudou a comunicar *suas* ideias a seus visitantes. Neste capítulo, você aprenderá como criar formulários que permitam a comunicação entre seus visitantes e você.

Existem duas partes básicas em um formulário: a coleção de campos, rótulos e botões que o visitante vê na página e esperamos que ele preencha; e o script de processamento, que pega a informação e a converte para um formato que você possa ler ou calcular.

A construção dos campos e botões é bem direta e parecida com a criação de qualquer outra parte de uma página na web. Alguns dos tipos de campo incluem caixas de texto, caixas especiais para senhas, botões de rádio, checkboxes, menus drop-down, espaços maiores para o texto, e até mesmo imagens clicáveis. Cada elemento tem um nome, que servirá como um rótulo para identificar os dados quando forem processados. Você pode usar o CSS para estilizar a colocação e a formatação, fazendo com que o formulário seja claro e fácil de usar.

Neste Capítulo

Criando Formulários	419
Processando Formulários	421
Enviando Dados de Formulário por E-mail	424
Organizando os Elementos do Formulário	426
Criando Caixas de Texto	428
Criando Caixas de Senha	431
Criando Caixas de E-mail, Telefone e URL	432
Rotulando Partes do Formulário	434
Criando Botões de Rádio	436
Criando Caixas de Seleção	438
Criando Checkboxes	440
Criando Áreas de Texto	441
Permitindo aos Usuários o Upload de Arquivos	442
Criando Campos Ocultos	443
Criando um Botão de Envio	444
Utilizando uma Imagem para Enviar um Formulário	446
Desativando Elementos do Formulário	447
Novos Recursos do HTML5 e Suporte dos Navegadores	448

O uso de formulários geralmente exige o emprego de uma linguagem do lado do servidor para receber a informação enviada. É necessário um código no servidor web que interprete as respostas do formulário e processe a informação, para que ela possa ser armazenada em um banco de dados, enviada por e-mail ou que redirecione ao usuário novas informações. Recomendo o uso do PHP para começar. Ele é fácil, direto e se encaixa perfeitamente na construção de páginas interativas.

Existem muitas outras linguagens do lado do servidor para processar formulários. Essas linguagens não estão no escopo deste livro, e até mesmo a explicação sobre o uso de scripts vai um pouco além do limite. Então, providenciei alguns scripts já prontos para ajudá-lo a começar.

A Todos os formulários têm três partes: o elemento **form**, os campos em que os usuários digitam a informação e o botão de envio (ou imagem de ativação), que manda para o servidor a informação coletada.

```
<form method="post" action="showform.
php">
    <fieldset>
        <h2 class="account">Account</h2>
        <ul>
            <li>
                <label for="first_name">First
                → Name:</label>
                <input type="text" id="first_
                → name" name="first_name"
                → class="large" />
            </li>
            <li>
                <label for="last_name">Last
                → Name:</label>
                <input type="text" id="last_
                → name" name="last_name"
                → class="large"/>
            </li>
...
        <input type="submit"
        → class="create_profile"
        → value="Create Account">
    </fieldset>
</form>
```

Criando Formulários

Um formulário tem três partes importantes: o elemento **form**, que inclui a URL do script que processará o formulário e seu método (post ou get); os elementos do formulário, como campos e caixas para seleção (checkboxes, menus drop-down e botões de rádio); e o botão de envio, que desencadeia o envio dos dados ao script do servidor **A**.

Há muitos detalhes na hora de escolher se seu formulário deve ser **method="post"** ou **method="get"**. Em geral, recomendo o uso do **method="post"**, porque você pode enviar mais dados ao servidor e a informação em seu formulário não é mostrada na URL. Então, se estiver salvando, adicionando e deletando dados de um banco de dados, **post** é a escolha correta. Se seu formulário for **method="get"**, os dados serão exibidos na barra de endereço do navegador, permitindo que o usuário marque os resultados. A maioria dos sites de busca usa o **method="get"** em seus formulários, permitindo que você salve a busca ou a envie para um amigo.

Para criar um formulário:

1. Digite **<form method="post"**.

2. Digite **action="*script.url*">**, em que ***script.url*** é a localização, no servidor, do script que vai rodar quando o formulário for enviado.

3. Crie o conteúdo do formulário (incluindo o botão de envio), conforme descrito nas seções, começando com "Criando Caixas de Texto".

4. Digite **</form>** para completar o formulário.

continua na próxima página

Formulários **419**

DICA Você pode baixar o script showform.php no site do livro (www.bruceontheloose.com/htmlcss/examples/ – em inglês) e usá-lo no passo 2 para testar seus formulários ao longo deste capítulo. Ele também é mostrado em **A**, em "Processando Formulários".

DICA Para que seu usuário lhe envie os dados do formulário, você precisará incluir um botão.

DICA Você pode utilizar o CSS para estilizar os elementos do formulário **B**. O exemplo de formulário que uso ao longo deste capítulo é mostrado em **C**.

DICA Você também pode utilizar o método get para processar uma informação reunida com um formulário. Entretanto, uma vez que o método get limita a quantidade de dados que podem ser coletados de uma vez e este formulário faz um upload de arquivo, eu recomendo o uso do post.

C Aqui está o formulário completo "New Account", discutido neste capítulo.

B Aqui está uma parte da folha de estilo usada para formatar o formulário. Você pode ver a folha de estilo completa no site do livro (www.bruceontheloose.com/htmlcss/examples – em inglês).

```css
fieldset {
    background-color: #f1f1f1;
    border: none;
    border-radius: 2px;
    margin-bottom: 12px;
    overflow: hidden;
    padding: 0 10px;
}

ul {
    background-color: #fff;
    border: 1px solid #eaeaea;
    list-style: none;
    margin: 12px;
    padding: 12px;
}

ul li {
    margin: 0.5em 0;
}

label {
    display: inline-block;
    padding: 3px 6px;
    text-align: right;
    width: 150px;
    vertical-align: top;
}

input, select, button {
    font-size: 100%;
}

.small {
    width: 75px;
}
.medium {
    width: 150px;
}
.large {
    width: 250px;
}
```

Lado do servidor x Lado do cliente

O PHP é uma linguagem do lado do servidor, significando que ele roda no computador que serve suas páginas na web (apropriadamente chamado de *servidor*), não no computador de seu visitante em que a página é vista. Seu script deve estar carregado em um servidor para funcionar. Além disso, esse servidor precisa ter o PHP instalado para que o script seja interpretado. Linguagens do lado do servidor são necessárias para várias funções de um site profissional, como o armazenamento de dados e envio de e-mails.

Linguagens do lado do cliente, como JavaScript, funcionam dentro do navegador. Elas podem fazer várias tarefas sem precisar interagir de forma alguma com o servidor. Elas são ótimas para manipular a janela do navegador, para confirmar se todos os dados foram preenchidos antes de enviar um formulário, e para outras tarefas realizadas sem o servidor (ou antes que ele seja envolvido).

Processando Formulários

Um formulário reúne a informação de seu visitante e o script a processa. O script pode registrar a informação em um banco de dados no servidor, enviá-la por e-mail ou realizar qualquer outra função.

Neste capítulo, já que o foco é a criação de formulários web, utilizaremos um script PHP muito simples para ecoar os dados de volta ao visitante quando ele preencher e enviar um formulário Ⓐ. Também vou lhe dar um script que você possa usar para enviar o conteúdo de um formulário para seu endereço de e-mail Ⓑ.

Sobre o PHP

O PHP (que é uma abreviação de PHP: Hypertext Preprocessor) é uma linguagem de script aberta, escrita especificamente para a construção de páginas interativas. Ele é incrivelmente simples

Ⓐ Aqui está o script usado para processar os formulários neste capítulo. Repare que o script PHP está localizado em uma página HTML. (Você pode encontrar uma versão comentada deste script em www.bruceontheloose.com/htmlcss/examples – conteúdo em inglês.)

```
<!DOCTYPE html>
<html lang="en">
    <head>
    <meta charset="utf-8" />
        <title>Processing Form Data</title>
    <style type="text/css">
    body {
        font-size: 100%;
        font-family: Arial, sans-serif;
    }

    </style>
</head>
<body>
<p>This is a very simple PHP script that outputs the name of each bit of information (that
→ corresponds to the <code>name</code> attribute for that field) along with the value that was sent
→ with it right in the browser window.</p>
<p>In a more useful script, you might store this information in a MySQL database, or send it to your
→ email address.</p>
```

o código continua na próxima página

Formulários **421**

e direto. (Para mais informações sobre como usar o PHP, recomendo definitivamente o livro *PHP for the Web: Visual QuickStart Guide, Fourth Edition* [Peachpit Press, 2011], de Larry Ullman.) Apesar de meus scripts não serem muito complicados, isso é uma meia-verdade. Dei um jeito para eles fazerem o que eu precisava sem ter que complicar demais.

O PHP pode ser usado em tarefas web básicas do lado do servidor, assim como em aplicações web complexas, como WordPress e Drupal, que são populares sistemas de gerenciamento de blogs e conteúdo. O PHP é tanto uma

 continuação

```
<table>
<tr><th>Field Name</th><th>Value(s)</th></tr>

<?php
if (empty($_POST)) {
     print "<p>No data was submitted.</p>";
} else {

foreach ($_POST as $key => $value) {
     if (get_magic_quotes_gpc()) $value=stripslashes($value);
     if ($key=='extras') {

     if (is_array($_POST['extras']) ){
          print "<tr><td><code>$key</code></td><td>";
          foreach ($_POST['extras'] as $value) {
               print "<i>$value</i><br />";
               }
               print "</td></tr>";
     } else {
     print "<tr><td><code>$key</code></td><td><i>$value</i></td></tr>\n";
     }
     } else {

     print "<tr><td><code>$key</code></td><td><i>$value</i></td></tr>\n";
     }
}
}
?>
</table>
</body>
</html>
```

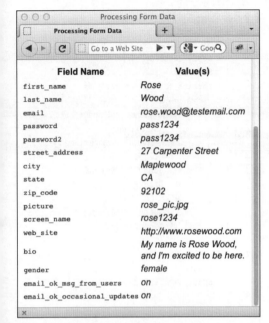

B O script mostrado em **A** resulta no nome e nos valores para cada campo de uma tabela na janela do navegador.

linguagem de programação entry-level, quanto uma linguagem de programação profissional. Conforme suas habilidades aumentam, seu PHP as seguem!

Além de ser fácil de aprender, o PHP tem inúmeras características que o tornam ideal para processar formulários HTML. Antes de tudo, o PHP é uma linguagem *interpretada*, ou *de script*, o que significa que ele não precisa ser primeiro compilado. Você o escreve e pronto. Os scripts PHP podem ser arquivos de textos independentes, mas eles são geralmente escritos dentro da própria página HTML, tornando o PHP muito conveniente para os web designers.

Por fim, porque o PHP foi projetado para a web, ele é bom para executar as tarefas que as páginas exigem, além de se sincronizar bem com o HTML. Há centenas de funções embutidas que você pode aproveitar. Neste capítulo, falaremos rapidamente sobre as ferramentas de processamento de formulário do PHP. Acesse: www.php.net (em inglês).

Segurança

Quando você está enviando informação para o servidor, você precisa ter muito cuidado com a segurança. Jamais faça suposições sobre seus dados. Só porque você colocou barreiras de proteção em seu formulário não significa que gente má intencionada não vá criar uma maneira de ativar seu script para enviar milhões de spams com ele. Confira seus dados com cuidado e certifique-se de que eles sejam o que devam ser, sem nenhum conteúdo à espreita.

Alternativas ao PHP

Há diversas alternativas ao PHP para se processar formulários, como o ASP.NET, da Microsoft; o ColdFusion, da Adobe; o JSP (JavaServer Pages); e o Ruby on Rails.

Enviando Dados de Formulário por E-mail

Se não estiver a fim de se meter com scripts do lado do servidor e conseguir lidar com o fato de seus dados não ficarem perfeitamente formatados (ou pré-processados por um script), você pode receber por e-mail os dados enviados pelo visitante **Ⓐ**.

Ⓐ Aqui está um script usado para enviar por e-mail os dados de um formulário. Você encontra uma versão comentada deste script no site do livro.

```
...
<body>

<?php
//This is a very simple PHP script that ...
if (empty($_POST)) {
    print "<p>No data was submitted.</p>";
    print "</body></html>";
    exit();
}

function clear_user_input($value) {
    if (get_magic_quotes_gpc())
    → $value=stripslashes($value);
    $value= str_replace( "\n", '',
    → trim($value));
    $value= str_replace( "\r", '',
    → $value);
    return $value;
    }

$body ="Here is the data that was
→ submitted:\n";

foreach ($_POST as $key => $value) {
    $key = clear_user_input($key);
    $value = clear_user_input($value);
    if ($key=='extras') {
```

o código continua na próxima coluna

Ⓐ *continuação*

```
    if (is_array($_POST['extras']) ){
        $body .= "$key: ";
        $counter =1;
        foreach ($_POST['extras'] as
        → $value) {
            //Add comma and space until
            → last element
            if (sizeof($_POST['extras'])
            → == $counter) {
                $body .= "$value\n";
                break;}
            else {
                $body .= "$value, ";
                $counter += 1;
                }
            }
        } else {
        $body .= "$key: $value\n";
        }
    } else {

        $body .= "$key: $value\n";
        }
}

extract($_POST);
$email = clear_user_input($email);
$first_name = clear_user_input
→ ($first_name);

$from='From: '. $email . "(" . $first_
→ name . ")" . "\r\n" . 'Bcc: yourmail@
→ yourdomain.com' . "\r\n";


$subject = 'New Profile from Web Site';


mail ('yourmail@yourdomain.com', $subject,
→ $body, $from);
?>

<p>Thanks for your signing up!</p>
</table>
</body>
</html>
```

B Exceto por uma atualização de um campo de ação, este formulário é idêntico ao **C**, em "Criando Formulários".

C É sempre uma boa ideia confirmar a seu visitante o que aconteceu.

D Aqui está o e-mail recebido quando o formulário foi enviado.

Para enviar os dados de um formulário por e-mail:

1. Digite **<form method="post"**.
2. Digite **action="***formulario-de-email.php***"**, em que *formulario-de-email* é o script que enviará os dados do formulário para seu e-mail.
3. Digite **>**.
4. Crie o conteúdo do formulário, como descrito nas seções a partir de "Criando Caixas de Texto".
5. Digite **</form>**.

DICA Você pode querer que o endereço de e-mail seja preenchido duas vezes. Então, faça com que o script compare os dois campos e dê uma mensagem de erro caso eles não sejam idênticos. Essa validação evitará erros de digitação, que impedem que você receba os dados do formulário.

DICA Você encontra o código para este script no site do livro (www.bruceontheloose.com/htmlcss/examples/ – em inglês). Sinta-se à vontade para usá-lo em seu próprio site.

DICA Caso este script não funcione em seu servidor, pode ser que ele não tenha o PHP instalado. Contate o seu provedor e faça a pergunta (ou confira suas páginas de suporte).

Organizando os Elementos do Formulário

Caso tenha muita informação para preencher em um formulário, você pode usar um elemento **fieldset** para agrupar elementos relacionados, tornando o formulário mais fácil de ser seguido Ⓐ . Quanto mais fácil for para seus visitantes entenderem o formulário, maiores serão as chances de que eles o preencham corretamente. Você também pode usar o elemento **legend** para adicionar a cada **fieldset** uma legenda que descreva a razão de cada agrupamento Ⓑ.

Para organizar os elementos do formulário:

1. Embaixo da tag de início **form**, mas acima de qualquer elemento do formulário que você queira que esteja contido no primeiro grupo, digite **<fieldset>**.

2. Se desejar, digite **<legend**.

3. Se desejar, digite **align="*direção*"**, em que *direção* é **left** ou **right**.

4. Digite **>**.

5. Digite o texto para a legenda.

6. Digite **</legend>** para completar a legenda.

7. Crie os elementos do formulário que pertençam ao primeiro grupo. Para mais informações, veja as seções começando com "Criando Caixas de Texto".

8. Digite **</fieldset>** para completar o primeiro grupo de elementos do formulário.

9. Repita os passos de 1 a 8 para cada grupo de elementos do formulário.

Ⓐ Adicionei estilos ao elemento **fieldset** e ao atributo **class** em cada elemento **h2** para facilitar a aplicação de estilos a cada grupo de elementos do formulário.

```html
<form method="post" action="showform.php">
<fieldset>
      <legend>Account</legend> </fieldset>
<fieldset>
      <legend class="address">Address
   → </legend>
</fieldset>
<fieldset>
      <legend class="public-profile">Public
   → Profile</legend>
</fieldset>
```

Ⓑ Dei a todos os elementos **fieldset** uma margem, uma cor de background e um padding, além de cores de background especiais para cada cabeçalho.

```css
fieldset {
      background-color: #f1f1f1;
      border: none;
      border-radius: 2px;
      margin-bottom: 12px;
      overflow: hidden;
      padding: 0 10px;
}

legend {
      background-color: #dedede;
      border-bottom: 1px solid #d4d4d4;
      border-top: 1px solid #d4d4d4;
      border-radius: 5px;
      box-shadow: 3px 3px 3px #ccc;
      color: #fff;
      font-size: 1.1em;
      margin: 12px;
      padding: 0.3em 1em;
      text-shadow: #9FBEB9 1px 1px 1px;
      text-transform: uppercase;
}

legend.account { background-color: #0B5586; }
legend.address { background-color: #4494C9; }
legend.public-profile { background-color:
   → #377D87; }
legend.emails { background-color: #717F88; }
```

426 Capítulo 16

DICA O elemento `legend` limita o poder do CSS de posicioná-la; por isso sua estilização é limitada na maioria dos navegadores **C**. Recomendo que você recrie o efeito da legenda com um `p` apropriadamente estilizado ou com os elementos h1-h6 (**D** até **F**).

DICA A organização de seu formulário com elementos `fieldset` é opcional.

E Aqui estilizei o `legend h2` com um background, uma borda e outros recursos do CSS3 que você aprenderá mais tarde.

```
h2 {
    background-color: #dedede;
    border-bottom: 1px solid #d4d4d4;
    border-top: 1px solid #d4d4d4;
    border-radius: 5px;
    box-shadow: 3px 3px 3px #ccc;
    color: #fff;
    font-size: 1.1em;
    margin: 12px;
    padding: 0.3em 1em;
    text-shadow: #9FBEB9 1px 1px 1px;
    text-transform: uppercase;
}
```

C Os navegadores limitam nossa habilidade de estilizar o elemento `legend`. Se quiser mais controle sobre a formatação, utilize um cabeçalho ou um elemento `p` com um nome de classe.

D Devido à falta de controle visual da maioria dos navegadores sobre o elemento `legend`, recomendo o uso de um cabeçalho convencional.

```
<form method="post" action="showform.php">
    <fieldset>
        <h2 class="account">Account</h2>
```

F Agora as legendas têm mais opções de estilização.

Formulários **427**

Criando Caixas de Texto

As caixas de texto podem conter uma linha de texto livre – isto é, qualquer coisa que o visitante quiser digitar – e são geralmente usadas para nomes, endereços e similares.

Há muitas formas de se separar os elementos do formulário entre si. Nestes exemplos, estamos usando listas desordenadas **A**, mas você também pode usar **div**, **p** ou **br** para organizar os elementos de seu formulário.

A Enquanto é essencial configurar o atributo **name** para cada caixa de texto, você precisa definir o atributo **value** apenas quando quiser adicionar valores padrão para uma caixa de texto.

```
<form method="post" action="showform.php">
<fieldset>
    <h2 class="account">Account</h2>
    <ul>
        <li>
            <label for="first_name">First
            → Name:</label>
            <input type="text" id="first_
            → name" name="first_name"
            → class="large" required=
            → "required" placeholder="Enter
            → your first name" />
        </li>
        <li>
            <label for="last_name">Last Name:
            → </label>
            <input type="text" id="last_
            → name" name="last_name"
            → class="large"/>
        </li>
```

B As caixas de texto podem ter diferentes tamanhos para acomodar variados tipos de campos. Em nosso exemplo, estamos usando estilos do CSS para configurar com classes a largura. Também é possível definir a largura com o atributo **size="n"** no elemento do HTML.

Novos Atributos para Formulários do HTML5

A criação de formulários é uma área do HTML que a maioria dos desenvolvedores acha trabalhosa, já que isso geralmente exige um esforço a mais com o CSS e o JavaScript para fazê-los funcionar bem. O HTML5 tem tentado facilitar as coisas adicionando diversos aprimoramentos, muitos dos quais você pode utilizar hoje.

Esses atributos incluem **autofocus**, **required**, **placeholder**, **maxlenght** e **pattern**. Nos próximos exemplos, você aprenderá cada um desses recursos.

Navegadores mais antigos, que não suportam esses novos recursos, simplesmente ignoram o atributo. Muitos desenvolvedores usam o JavaScript para preencher essa lacuna de funcionalidade para esses navegadores.

Para mais informações sobre o estado dos formulários do HTML5, assim como navegadores que suportam cada recurso, visite http://wufoo.com/html5 (em inglês).

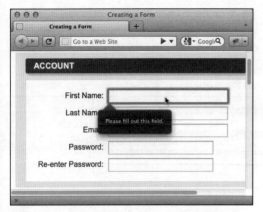

C As caixas de texto podem ser configuradas como obrigatórias para que um formulário seja enviado. Você pode definir um campo como obrigatório adicionando o atributo **required** ou **required="required"**. Este é um novo recurso do HTML5, então navegadores mais antigos vão ignorá-lo. Você ainda deve validar o formulário no lado do servidor, e você pode adicionar o JavaScript para conferir o campo no navegador.

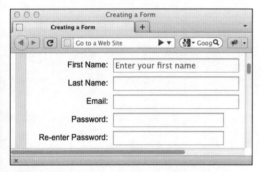

D Os placeholders são uma ótima forma de dar aos usuários uma dica ou informações extras para o preenchimento do formulário. O atributo **placeholder** adicionará um texto em cinza claro dentro da caixa de texto. Quando o usuário começar a preencher o campo, o texto em cinza claro desaparecerá, e voltará caso o campo fique sem ser preenchido. Este é outro novo recurso do HTML5, e navegadores mais antigos vão simplesmente ignorá-lo.

Para criar uma caixa de texto:

1. Se desejar, digite o rótulo que identificará a caixa de texto para seu visitante (por exemplo, **Nome:**).

2. Digite **<input type="text"**.

3. Digite **name="*label*"**, em que *label* (rótulo) é o texto que identificará ao servidor (e ao seu script) os dados inseridos.

4. Digite **id="*label*"**, em que *label* é o texto que identificará o elemento a seu rótulo correspondente, que vou explicar em breve. Ele também é usado pelo JavaScript para adicionar funcionalidade a seu formulário. Embora não seja obrigatório, muitos programadores deixam o **id** e o **name** idênticos.

5. Se desejar, digite **value="*padrão*"**, em que *padrão* é o dado que será mostrado no campo inicialmente e que será enviado ao servidor caso o visitante não digite algo diferente.

6. Se desejar, digite **required="required"** para não permitir que o formulário seja enviado caso o campo não seja preenchido **C**.

7. Se desejar, digite **placeholder="*dica-de-texto*"**, em que *dica-de-texto* é o dado que será inicialmente mostrado no campo para dar instruções ao usuário **D**. Quando o elemento estiver em foco, o texto desaparecerá para que o usuário digite a informação.

continua na próxima página

Formulários **429**

8. Se desejar, digite **autofocus="autofocus"** Ⓔ. Caso seja o primeiro elemento a ter este atributo, o elemento terá, por padrão, o foco quando a página carregar.

9. De desejar, defina o tamanho da caixa de seu formulário digitando **size="*n*"**, em que ***n*** é a largura desejada para a caixa, medida em caracteres. Você também pode usar o CSS para fazer esta configuração.

10. Se desejar, digite **maxlength="*n*"**, em que ***n*** é o número máximo de caracteres que pode ser digitado na caixa.

11. Termine a caixa digitando **/>**.

DICA **Mesmo que seu visitante pule o campo (e você não definiu um texto padrão com o atributo value), o atributo name ainda assim é enviado ao servidor (com um value vazio, indefinido).**

DICA **O padrão para o tamanho é 20. No entanto, os visitantes podem digitar até o limite estipulado pelo atributo maxlength. Para entradas de texto maiores, com diversas linhas, é melhor utilizar áreas para texto.**

DICA **Não confunda o atributo placeholder com o atributo value. Ambos fazem com que o texto apareça no campo por padrão, mas o do placeholder desaparecerá por conta própria e não será enviado para o servidor; o do value não desaparecerá quando o campo estiver em foco, e esse conteúdo será enviado ao servidor.**

Ⓔ Quando sua página carrega, ter o foco automaticamente em um campo é bem útil para que o usuário comece a digitar imediatamente. Use o atributo **autofocus="autofocus"** para que o navegador coloque o cursor no primeiro elemento do formulário.

```
<input type="text" id="first_name" name=
→ "first_name" class="large" required=
→ "required" placeholder="Enter your first
→ name" autofocus="autofocus"    />
```

Ⓐ O atributo **password** identifica a senha quando você compila os dados. O atributo **id** é usado como estilização e referência ao rótulo. O atributo **type** precisa ser **password**, mas o **id** e o nome podem ter qualquer valor, desde que não contenham espaços.

```
<li>
    <label for="password">Password:</label>
    <input type="password" id="password"
    → name="password" />
</li>
<li>
    <label for="password">Re-enter Password:
    → </label>
    <input type="password" id="password2"
    → name="password2" />
</li>/>
```

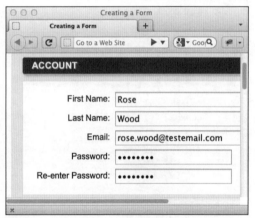

Ⓑ Quando o visitante digita a senha, ela é ocultada com pontos ou asteriscos.

Criando Caixas de Senha

A única diferença entre uma caixa de texto e uma de senha é que, seja lá o que for digitado, nesta última será ocultado por pontos ou asteriscos **Ⓐ**. A informação não é encriptada quando enviada ao servidor.

Para criar uma caixa de senha:

1. Digite um rótulo para identificar a caixa de senha para seu visitante (por exemplo, **<label for="*label*"> Senha</label>**), em que *label* corresponde ao rótulo do passo 4. Você aprenderá sobre rótulos na seção "Rotulando Partes do Formulário".

2. Digite **<input type="password"**.

3. Digite **name="*label*"**, em que *label* é o texto que identificará para o servidor (e para seu script) os dados inseridos.

4. Digite **id="*label*"**, em que *label* é o texto que identificará para seu rótulo e para o JavaScript o campo de entrada de texto.

5. Se desejar, digite **required= "required"** para garantir que o formulário não seja enviado a menos que o campo seja preenchido.

6. Defina o tamanho da caixa digitando **size="*n*"**, em que *n* é a largura da caixa medida em caracteres.

7. Digite **maxlenght="*n*"**, em que *n* é a contagem máxima de caracteres.

8. Termine a caixa de texto digitando **/>**.

DICA Mesmo que nada seja digitado na caixa de senha, o **name** ainda é enviado ao servidor (com um **value** indefinido).

DICA A caixa de senha apenas evita que alguém veja a senha enquanto ela é digitada. Para realmente protegê-la, utilize um servidor seguro (https://).

Formulários **431**

Criando Caixas de E-mail, Telefone e URL

Os campos de entrada para e-mail, telefone e URL são novos no HTML5. Eles têm a mesma aparência que as caixas de texto, mas possuem pequenos recursos muito úteis adicionados para validação e introdução de conteúdo (Ⓐ até Ⓒ). O suporte para esses novos campos está crescendo, e os navegadores antigos vão tratá-los como caixas de texto Ⓓ.

Para criar caixas de e-mail, telefone e URL:

1. Se desejar, digite o rótulo que identificará a caixa para seu visitante (por exemplo, **<label for="idlabel">E-mail</label>**), em que idlabel corresponde ao **idlabel** do passo 4. Você aprenderá sobre os rótulos na próxima seção.

2. Digite **<input type="email" />** para uma caixa de e-mail, **<input type="url" />** para uma caixa de URL, ou **<input type="tel" />** para uma caixa de telefone.

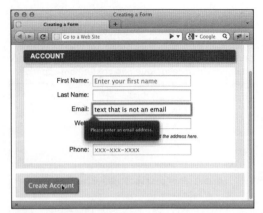

Ⓐ Quando o visitante digita um texto no campo de e-mail, o navegador vai conferir se o formato é válido para e-mails. Um campo em branco passará pela validação a menos que você adicione o atributo **required**.

Ⓑ Quando o visitante digita um texto no campo Web, o navegador vai conferir se o formato é válido para uma URL. Repare que www.cnn.com não é uma URL válida, porque ela precisa começar com http:// ou https://. Este é um bom lugar para se usar um **placeholder** para ajudar o visitante.

C Quando o visitante digita um texto no campo do telefone, o navegador vai conferir se o formato corresponde à expressão regular no campo **pattern**, com o formato XXX-XXX-XXXX. Além disso, este campo é útil para o Safari no iOS, porque ele disponibilizará o teclado numérico, em vez do formato com letras.

D O atributo **type** identifica as caixas de e-mail, URL e telefone. O atributo **pattern** é para a validação personalizada. Ele usa expressões regulares para limitar o conteúdo que um usuário coloca na caixa. Não se preocupe com a sintaxe inusitada das expressões regulares; você pode encontrar as comuns em http://html5pattern.com.

```
<li>
    <label for="email">Email:</label>
    <input type="email" id="email"
    → name="email" class="large" />
</li>
<li>
    <label for="web_site">Web:</label>
    <input type="url" id="web_site"
    → name="web_site" class="large" />
    <p class="instructions">Have a homepage
    or a blog? Put the address here.</p>
</li>
<li>
    <label for="phone">Phone:</label>
    <input type="tel" id="phone"
    → name="phone" placeholder=
    → "xxx-xxx-xxxx" class="large"
    → pattern="\d{3}-\d{3}-\d{4}" />
</li>
```

3. Digite **name="label"**, em que *label* é o texto que identificará para o servidor (e para seu script) os dados inseridos.

4. Digite **id="idlabel"**, em que *idlabel* é o texto que identificará para seu rótulo e para o JavaScript o campo de entrada de texto.

5. Se desejar, digite **required="required"** para garantir que o formulário não seja enviado a menos que o campo seja preenchido.

6. Se desejar, digite **pattern="regex"**, em que *regex* é a expressão regular que limita a um formato específico o texto digitado na caixa.

7. Se desejar, defina o tamanho da caixa digitando **size="n"**, em que *n* é a largura desejada da caixa, medida em caracteres.

8. Se desejar, digite **maxlenght="n"**, em que *n* é a contagem máxima de caracteres.

9. Termine a caixa digitando **/>**.

DICA As expressões regulares estão fora do escopo deste livro, mas há vários recursos na web para se encontrar os padrões. Certifique-se de deixar claro para o usuário qual tipo de padrão você quer que ele siga. Se não tomar cuidado, os visitantes podem desistir e nunca enviar o formulário. Não deixe que isso aconteça!

Formulários 433

Rotulando Partes do Formulário

O HTML fornece um método de marcação de rótulos para que você possa vinculá-los ao elemento associado e usá-los como scripts e outros propósitos. Nos exemplos até aqui, você viu que as informações explicativas para cada elemento do formulário estão dentro de um elemento `label` com um atributo `for`.

Por exemplo, você pode ter "Nome:" antes do campo de texto em que o visitante deve digitar seu nome Ⓐ.

Placeholders às vezes são incorretamente utilizados para substituir o `label`. Certifique-se de usar o `placeholder` apenas como uma dica.

Para rotular partes do formulário:

1. Digite **<label**.

2. Se desejar, digite **for="nome-da-id">**, em que **nome-da-id** é o valor do atributo **id** no elemento do formulário correspondente.

3. Digite o conteúdo do rótulo.

4. Digite **</label>**.

Ⓐ A marcação formal dos rótulos dos campos lhe permite identificá-los facilmente em uma folha de estilo do CSS. Se usar o atributo `for` em `label`, o valor precisa corresponder ao atributo `id` do elemento do formulário.

```
<fieldset>
    <h2 class="account">Account</h2>
    <ul>
        <li>
            <label for="first_name">First
            → Name:</label>
            <input type="text" id="first_
            → name" name="first_name"
            → class="large" />
        </li>
        <li>
            <label for="last_name">Last Name:
            → </label>
            <input type="text" id="last_
            → name" name="last_name"
            → class="large"/>
        </li>
    </ul>
</fieldset>
```

434 Capítulo 16

🅑 A estilização dos rótulos dos campos é uma grande forma de tornar seu formulário mais bonito e amigável.

```
label {
    display: inline-block;
    padding: 3px 6px;
    text-align: right;
    width: 150px;
    vertical-align: top;
}
```

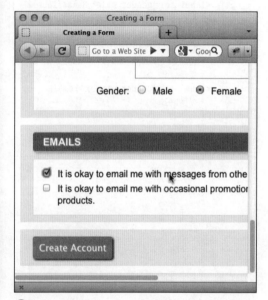

🅒 Os rótulos para botões de rádio e checkboxes permitem que o usuário clique neles, assim como no elemento do formulário para modificar seu estado.

DICA Se usar o atributo `for`, você precisa adicionar também o atributo `id` à tag de início do elemento associado para poder marcá-lo com um `label`. (Caso contrário, o documento não será validado.)

DICA Se omitir o atributo `for`, o atributo `id` não é necessário no elemento que estiver sendo rotulado. O rótulo e o elemento, neste caso, são associados por proximidade ou, talvez, por serem colocados em um elemento `li` em comum.

DICA Outra técnica de rotulagem é a utilização do atributo `title`. Para mais informações, consulte "Adicionando o Atributo Title aos Elementos", no Capítulo 3. O atributo `placeholder`, no entanto, não é um substituto suficiente para um rótulo.

DICA Você pode utilizar o CSS para formatar seus rótulos 🅑.

Formulários **435**

Criando Botões de Rádio

Lembra-se daqueles antigos rádios para carros com grandes botões pretos de plástico – aperte um para ouvir uma rádio, aperte outro para ouvir a seguinte? Você nunca pode apertar dois botões ao mesmo tempo. Os botões de rádio nos formulários funcionam da mesma forma (exceto que você não pode escutar o rádio).

Para criar botões de rádio:

1. Se desejar, digite o texto de introdução para seus botões. Você pode usar algo como **Selecione uma das seguintes opções**.

2. Digite **<input type="radio"**.

3. Digite **name="*radioset*"**, em que **radioset** identifica os dados enviados ao script e também faz a ligação entre os botões, garantindo que apenas um por conjunto possa ser selecionado.

4. Digite **id="*id*"**, em que *id* identifica o botão de rádio exclusivo que você liga com o rótulo. Ao contrário do valor do **name**, que precisa ser o mesmo para todos os botões de um conjunto, o **id** de cada elemento da página precisa ser único.

Ⓐ O atributo **name** tem duas funções para os botões de rádio: ele liga os botões em um certo conjunto, e identifica o **value** quando mandado para o script. O atributo **value** é crucial, já que não tem como o visitante digitar um valor para um botão de rádio.

```
<fieldset class="radios">
<ul>
    <li>
        <input type="radio" id="gender_male"
        → name="gender" value="male" />
        <label for="gender_male">Male</label>
    </li>
    <li>
        <input type="radio" id="gender_
        → female" name="gender" value=
        → "female" />
        <label for="gender_female">Female
        → </label>
    </li>
</ul>
</fieldset>
```

Ⓑ Este CSS configura a lista desordenada para exibir seus itens na horizontal. Os rótulos têm uma margem de 25 pixels para separar o par botão de rádio/rótulo.

```
.radios {
    background: none;
    display: inline;
    margin: 0;
    padding: 0;
}

.radios ul {
    border: none;
    display: inline-block;
    list-style: none;
    margin: 0;
    padding: 0;
}

.radios li {
    margin: 0;
    display: inline-block;
}

.radios label {
    margin-right: 25px;
    width: auto;
}

.radios input {
    margin-top: 3px;
}
```

5. Digite **value="dados"**, em que dados é o texto que será enviado ao servidor caso o botão seja selecionado, por você Ⓒ ou pelo visitante.

6. Se desejar, digite **checked="checked"** para que o botão se ative por padrão quando a página é aberta. Você pode fazer isso com apenas um botão do conjunto. (O **="checked"** é opcional no HTML.)

7. Digite **/>**.

8. Digite **<label for="*id*">*radio label* </label>**, em que *id* corresponde ao valor **id** de seu botão, e *radiolabel* identifica o botão para o visitante. Geralmente ele é igual a **value**, mas não precisa ser.

9. Repita os passos de 2 a 8 para cada botão no conjunto.

DICA Caso não defina o atributo **value**, a palavra "on" é enviada ao script. Isso não é particularmente útil, já que você não consegue saber qual botão do conjunto foi pressionado.

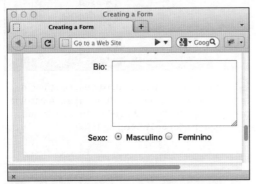

Ⓒ Os botões em si são criados com os elementos de entrada de texto do HTML. Os rótulos (Masculino e Feminino) são os elementos do rótulo; ao clicar em um deles, o botão de rádio correspondente será selecionado.

Formulários **437**

Criando Caixas de Seleção

As caixas de seleção são perfeitas para oferecer a seus visitantes uma escolha entre um conjunto de opções. Elas são renderizadas, na maior parte das vezes, como listas drop-down. Caso dê ao usuário a opção de escolher várias respostas, a caixa de seleção será renderizada como uma caixa de itens com uma barra de rolagem Ⓐ.

Para criar caixas de seleção:

1. Se desejar, digite o texto que descreverá seu menu.
2. Digite **<select**.
3. Digite **name="*label*"**, em que *label* identificará os dados coletados do menu quando forem enviados ao servidor.
4. Digite **id="*idlabel*"**, em que *idlabel* é o texto que identificará o campo de entrada de texto para seu rótulo e para o JavaScript.
5. Se desejar, digite **size="*n*"**, em que *n* representa o peso (em linhas) da caixa de seleção.
6. Se desejar, digite **multiple="multiple"** para permitir que seu visitante selecione mais do que uma opção (com a tecla Control ou a de Comando).
7. Digite **>**.
8. Digite **<option**.
9. Se desejar, digite **selected="selected"** para especificar que a opção seja escolhida por padrão.
10. Digite **value="*label*"**, em que *label* identifica os dados que serão enviados ao servidor se a opção for selecionada.
11. Se desejar, digite **label="*menu option*"**, em que *menu option* é a palavra que deve aparecer no menu.
12. Digite **>**.

Ⓐ As caixas de seleção são feitas com dois elementos HTML: **select** e **option**. Você define o atributo **name** no elemento **select**, e configura o atributo **value** em cada um dos elementos **option**.

```
<label for="state">State:</label>
<select id="state" name="state">
    <option value="AL">Alabama</option>
    <option value="AK">Alaska</option>
    ...
</select>
```

Ⓑ Usaremos novamente o CSS para ajustar o tamanho da fonte. Você pode ajustar os atributos **width**, **color**, e outros mais, utilizando o CSS, mas cada navegador exibe listas drop-down um pouco diferentes.

```
select {
    font-size: 100%;
}
```

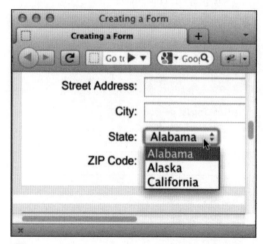

Ⓒ Um visitante só poderá deixar uma opção em branco caso você defina o atributo **size**. A escolha padrão é a primeira opção da lista ou aquela que você definiu com **selected** no HTML.

D Cada submenu tem um título especificado no atributo **label** da tag de início **optgroup**, e uma série de opções (definidas com elementos **option** e o texto normal).

```
<label for="referral">Where did you find
→ about us?</label>
<select id="referral" name="referral">
<optgroup label="On-line">
    <option value="social_network">Social
    → Network</option>
    <option value="search_engine">Search
    → Engine</option>
</optgroup>
<optgroup label="Off-line">
    <option value="postcard">Postcard
    → </option>
    <option value="word_of_mouth">Word of
    → Mouth</option>
</optgroup>
</select>
```

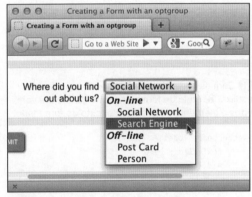

E Os navegadores geralmente não criam submenus verdadeiros, mas agrupam os itens em um único menu com subgrupos.

13. Digite o nome da opção como você quiser que ela apareça no menu.

14. Digite **</option>**.

15. Repita os passos de 8 a 14 para cada opção.

16. Digite **</select>**.

Caso tenha um menu particularmente grande, com muitas opções, você pode agrupá-las em categorias.

Para agrupar as opções da caixa de seleção:

1. Crie uma caixa de seleção conforme descrito em "Para criar caixas de seleção".

2. Antes do primeiro elemento **option** do primeiro grupo que você quiser colocar em um submenu, digite **<optgroup**.

3. Digite **label="***submenutitle***"**, em que ***submenutitle*** é o título para o submenu.

4. Após o último elemento **option** do grupo, digite **</optgroup>**.

5. Repita os passos de 2 a 4 para cada submenu.

DICA Se adicionar o atributo **size**, a caixa de seleção vai se parecer mais com uma lista, e não há uma opção selecionada automaticamente (a menos que você use **selected**).

DICA Caso **size** seja maior do que o número de opções, os visitantes podem desmarcar todos o valores clicando no espaço em branco.

Formulários **439**

Criando Checkboxes

Enquanto que os botões de rádio podem aceitar apenas uma resposta por conjunto, um visitante pode selecionar quantas checkboxes de um conjunto ele quiser. Assim como os botões de rádio, as checkboxes são ligadas pelo valor do atributo **name**.

Para criar checkboxes:

1. Se desejar, digite o texto de introdução (algo como **Selecione uma ou mais das opções a seguir**) para suas checkboxes.
2. Digite **<input type="checkbox"**.
3. Digite **name="*boxset*"**, em que *boxset* identifica os dados enviados ao script e também faz a interligação das checkboxes.
4. Digite **values="*data*"**, em que *data* é o texto que será enviado ao servidor se a checkbox for marcada (seja pelo visitante ou por você, como descrito em Ⓐ).
5. Digite **checked="checked"** para que a checkbox seja selecionada por padrão quando a página abrir. Você (ou o visitante) pode selecionar quantas checkboxes quiser.
6. Digite **/>** para completar a checkbox.
7. Digite **<label for="*id*">checkbox label</label>**, em que *id* corresponde ao valor do **id** de seu elemento da checkbox, e *checkbox label* identifica a checkbox para o visitante. Geralmente ele é igual a **value**, mas não precisa ser.
8. Repita os passos de 2 a 7 para cada checkbox do conjunto.

> **DICA** Se usar o PHP, você pode criar automaticamente um array (chamado **$_POST['boxset']**) fora dos valores da checkbox usando **name="*boxset*[ ]"** em Ⓐ, em que *boxset* identifica os dados enviados ao script.

Ⓐ Repare que o texto do rótulo (não está em destaque) não precisa corresponder ao atributo **value**. Isso porque o o texto do rótulo identifica as checkboxes no navegador para o visitante, enquanto que **value** identifica os dados para o script. Os colchetes vazios são para o PHP (veja a dica).

```
<ul class="checkboxes">
<li>
        <input type="checkbox" id="email_
    → ok_msg_from_users" name="email_
    → signup[]" value="user_emails" />
        <label for="email_ok_msg_from_users">
    → It is okay to email me with
    → messages from other users.</label>
</li>
<li>
        <input type="checkbox"
    → id="email_ok_occasional_
    → updates" name="email_signup[]"
    → value="occasional_updates" />
        <label for="email_ok_occasional_
    → updates">It is okay to email me
    → with occasional promotions about
    → our other products.</label>
</li>
</ul>
```

Ⓑ Com as checkboxes, você geralmente precisa estilizar o rótulo de forma diferente, já que ele vem após o elemento de entrada de texto do formulário.

```
.checkboxes label {
    text-align: left;
    width: 475px;
}
```

Ⓒ O visitante pode selecionar quantas caixas forem necessárias. Cada valor correspondente será enviado ao script, junto com o nome da checkbox escolhida.

A O atributo **value** não é usado com o elemento **textarea**. Os valores padrões são configurados com a adição de texto entre as tags de início e fim.

```
<label for="bio">Bio:</label>
<textarea id="bio" name="bio" rows="8"
→ cols="50" class="large"></textarea>
```

B As propriedades de fonte nem sempre são herdadas por padrão, então você precisa configurá-las explicitamente em **textarea**.

```
<label for="bio">Bio:</label>
<textarea id="bio" name="bio" rows="8"
→ cols="50" class="large"></textarea>
```

C O visitante pode digitar várias linhas de texto diretamente na caixa.

Criando Áreas de Texto

Se quiser dar espaço para seus visitantes escreverem perguntas ou comentários, use áreas de texto. Elas expandirão conforme a necessidade **C**.

Para criar áreas de texto:

1. Se desejar, digite um texto explicativo que identificará a área de texto.
2. Digite **<textarea**.
3. Digite **name="***label***"**, em que *label* é o texto que identificará ao servidor (e ao seu script) os dados inseridos.
4. Se desejar, digite **maxlenght="***n***"**, em que *n* é o número máximo de caracteres que pode ser digitado na caixa. Este atributo é novo ao **textarea** no HTML5, então seu comportamento varia entre os navegadores (http://wufoo.com/html5/attributes/03-maxlength.html – em inglês).
5. Digite **rows="***n***"**, em que *n* é a altura, em fileiras, da área de texto.
6. Digite **cols="***n***"**, em que *n* é a largura, em caracteres, da área de texto.
7. Digite **>**.
8. Digite o texto padrão, se houver, para a área de texto.
9. Digite **</textarea>** para completar a área de texto.

DICA O atributo **value** não tem utilidade com as áreas de texto. O valor, na verdade, é o texto que aparece entre as tags **textarea** de início e fim.

DICA Os visitantes podem digitar até **32.700 caracteres em uma área de texto**. Barras de rolagem aparecerão quando necessárias.

DICA A melhor forma de se configurar a altura e a largura de um **textarea** é com o CSS.

Permitindo aos Usuários o Upload de Arquivos

Às vezes, você pode querer que seus usuários façam o upload de um arquivo, como uma fotografia ou um currículo, para o seu servidor.

Para permitir que os visitantes façam upload de arquivos:

1. Digite **<form method="post" enctype="multipart/form-data"**. O atributo **enctype** garante que o arquivo seja carregado no formato adequado.

2. Em seguida, digite **action="***upload.url***">**, em que **upload.url** é a URL do script que processa os arquivos de entrada. Você precisará de um script especial para isso.

3. Digite o rótulo para a área do upload de arquivo, identificando o campo para o visitante. Algo como **<label for="picture">Picture:</label>** é comum.

4. Digite **<input type="file"** para criar uma caixa de upload de arquivo e um botão Browse ⓑ.

5. Digite **name="***title***"**, em que **title** identifica os arquivos sendo carregados.

6. Digite **id="***label***"**, em que **label** identifica o elemento do formulário a seu rótulo e é exclusivo da página.

7. Se desejar, digite **size="***n***"**, em que **n** é a largura do campo no qual o visitante digitará o caminho e o nome do arquivo. Você também pode utilizar o CSS para determinar a largura.

8. Digite **/>**.

9. Complete o formulário como sempre, incluindo o botão de envio e a tag de fim **</form>**.

DICA Você pode utilizar o método get para formulários que permitam o upload.

DICA Antes de poder aceitar os arquivos, os servidores precisam estar configurados adequadamente para armazená-los.

ⓐ Para permitir que os visitantes façam o upload de arquivos, você precisa configurar o atributo **enctype** apropriado e criar o elemento **input type="file"**.

```
<form method="post" action="showform.php"
→ enctype="multipart/form-data">
...
<label for="picture">Picture:</label>
<input type="file" id="picture" name=
→ "picture" />
<p class="instructions">Maximum size of 700k.
→ JPG, GIF, PNG.</p>
...
</form>
```

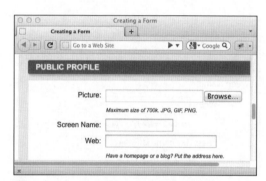

ⓑ A área para o upload de arquivo permite que o usuário selecione um arquivo de seu próprio computador.

Ⓐ Quando você cria um campo oculto, você usa as variáveis de seu script para definir o valor do campo em relação ao que o visitante digitou originalmente.

```
<form method="post" action="whatever.php">
<input type="hidden" name="name" value=
→ "<?= $name ?>" />
<input type="submit" value="submit data" />
```

Quando utilizar um campo oculto?

Imagine que você tenha um formulário e que queira dar uma chance a seus usuários para que revejam o que preencheram antes de enviá-lo. Seu script de processamento pode mostrar a eles os dados enviados e, ao mesmo tempo, criar um formulário com campos ocultos contendo os mesmos dados. Caso o visitante queira editá-los, ele precisa apenas retornar. Mas se ele quiser enviar os dados, os campos ocultos já estarão preenchidos, evitando que o visitante tenha que digitar as informações novamente.

Criando Campos Ocultos

Os campos ocultos são usados para armazenar dados no formulário sem mostrá-los ao visitante. Você pode pensar neles como caixas de texto invisíveis. Eles são geralmente usados por scripts de processamento para armazenar informações reunidas de um formulário anterior, de forma que elas possam ser combinadas com os dados do formulário atual **Ⓐ**.

Para criar campos ocultos:

1. Digite `<input type="hidden"`.

2. Digite `name="label"`, em que *label* é uma breve descrição da informação a ser armazenada.

3. Digite `value="data"`, em que *data* é a própria informação que será armazenada. Isso é geralmente uma variável do script de processamento do formulário **Ⓐ**.

4. Digite `/>`.

DICA Não importa onde os campos ocultos estão localizados na sua marcação do formulário, já que eles não serão visíveis no navegador. Contanto que eles estejam dentro das tags `form` de início e fim, está tudo certo.

DICA Para criar um elemento que seja enviado com o resto dos dados, mas que também seja visível ao usuário quando ele clicar no botão de envio, crie um elemento de formulário normal e use o atributo `readonly`.

Formulários **443**

Criando um Botão de Envio

Nenhuma das informações que seus visitantes digitarem terá alguma utilidade, a menos que eles as enviem para o servidor. Você deve sempre criar um botão de envio para seus formulários, possibilitando que o visitante lhe entregue a informação **Ⓐ**. (Você também pode usar imagens para enviar os dados – veja "Para criar um botão de envio com uma imagem".)

Para criar um botão de envio:

1. Digite `<input type="submit"`.
2. Se desejar, digite `value="submit message"`, em que `submit message` é o texto que aparecerá no botão.
3. Digite `/>`.

Para criar um botão de envio com uma imagem:

1. Digite `<button type="submit">`.
2. Digite o texto, se houver, que deve aparecer do lado esquerdo da imagem do botão.
3. Digite `<img src="image.url"`, em que `image.url` é o nome da imagem que aparecerá no botão.
4. Digite `alt="alternate text"`, em que `alternate text` é o que aparece caso a imagem não carregue.
5. Se desejar, adicione qualquer outro atributo de imagem.
6. Digite `/>` para completar a imagem.
7. Digite o texto, se houver, que deve aparecer do lado direito da imagem do botão.
8. Digite `</button>`.

Ⓐ Caso deixe de fora o atributo **name**, o par nome/valor para o botão de envio não será passado ao script. Uma vez que você geralmente não precisa dessa informação, isso é uma coisa boa.

```
<input type="submit" class="create_profile"
→ value="Create Account">
```

Ⓑ Utilizando uma classe, aplico ao botão de envio um background, uma formatação de fonte e alguns recursos do CSS3.

```
.create_profile {
    background-color: #DA820A;
    border: none;
    border-radius: 4px;
    box-shadow: 2px 2px 2px #333;
    cursor: pointer;
    color: #fff;
    margin: 12px;
    padding: 8px;
    text-shadow: 1px 1px 0px #CCC;
}
```

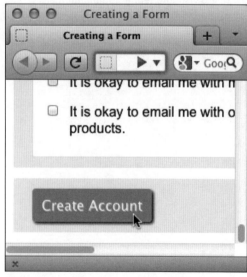

Ⓒ O botão de envio ativa o script que coleta os dados do formulário. Você pode personalizar o conteúdo do botão com o atributo **value**. (A frase "Create Account" é mais clara para seus visitantes do que o texto padrão, "Submit Query".)

444 Capítulo 16

D Você pode criar um botão de envio que tenha uma imagem ao lado do texto usando o elemento **button**.

```
<button type="submit" class="create_profile">
→ Create Account</button>
```

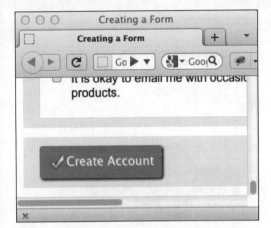

E O código para um botão de envio que tenha uma imagem é um pouco mais complicado, mas lhe dá mais controle sobre a composição e estilização do elemento.

DICA Se deixar de fora o atributo **value**, o botão de envio será, por padrão, rotulado como **Submit Query**.

DICA O par nome/valor para o botão de envio só é enviado para o script se você definir o atributo **name**. Portanto, caso omita o atributo **name**, você não terá que lidar com dados enviados a mais, geralmente supérfluos.

DICA Se tiver vários botões de envio, você pode dar os atributos **name** e **value** para cada um deles, possibilitando que seu script identifique qual foi pressionado.

DICA Você também pode usar o elemento **button** para criar um botão de envio sem imagem.

DICA O elemento **button**, do **HTML5**, permite a criação de botões de envio mais bonitos, porque você pode compô-los com outros elementos do HTML, em vez utilizar apenas um texto simples. Esteja ciente que existem algumas inconsistências sobre como os navegadores renderizam esses elementos, então você terá que fazer vários testes e adaptações no **CSS** caso queira que eles funcionem perfeitamente consolidados.

Utilizando uma Imagem para Enviar um Formulário

Você pode usar uma imagem sozinha como elemento para enviar um formulário. Às vezes, o designer cria um botão que vai além das capacidades do CSS3, apesar de seus cantos arredondados, sombras e gradientes sofisticados **A**.

Para usar uma imagem para enviar um formulário:

1. Crie uma imagem PNG, GIF ou JPEG.
2. Digite `<input type="image"`.
3. Digite `src="image.url"`, em que `image.url` é a localização da imagem no servidor.
4. Digite `alt="description"`, em que `description` é o que aparecerá caso a imagem não carregue.
5. Digite `/>` para finalizar a definição da imagem.

A Se usar uma imagem, você não precisa de um botão de envio.

```
<input type="image" alt="Create Account"
→ src="blue-submit-button.png" />
```

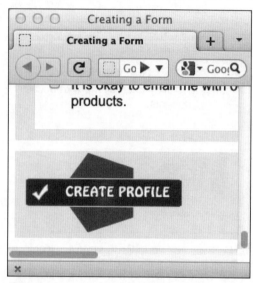

B Utilize uma imagem para enviar um formulário quando o CSS não for suficiente.

Ⓐ Aqui, uso o JavaScript e o atributo **disabled** para tornar a área de texto Other inacessível enquanto o botão de rádio Other não for selecionado.

```
<li>
    <input type="radio" name="how" value=
    → "facebook" id="facebook" onclick=
    → "document.getElementById('other_
    → description').disabled = true;" />
    <label for="facebook">Facebook</label>
</li>
<li>
    <input type="radio" name="how" value=
    → "other" id="other" onclick="document.
    → getElementById('other_description').
    → disabled = false;" />
    <label for="other">Other</label>
</li>
<li>
    <textarea id="other_description"
    → disabled="disabled"></textarea>
</li>
```

Desativando Elementos do Formulário

Em alguns casos, você pode querer que os visitantes não utilizem certas partes do seu formulário. Por exemplo, você pode desativar um botão de envio até que todos os campos obrigatórios tenham sido preenchidos Ⓐ.

Para desativar um elemento de um formulário:

Na tag do elemento do formulário, digite **disabled="disabled"** (ou simplesmente **disabled**, já que ambos funcionam).

DICA Você pode alterar o conteúdo de um elemento de formulário desativado com um script. Você também precisará de algum conhecimento de JavaScript. A forma mais simples que consegui foi adicionando onClick="document. getElementById('other_description'). disabled = false;" para cada botão de rádio. Isso ativa ou desativa a área de texto, dependendo de qual botão for selecionado. Isso é apenas uma demonstração; trata-se de uma prática ruim misturar o JavaScript com seu HTML, como em Ⓐ. Leia o artigo de Christian Heilmann, com a abordagem apropriada, em www.onlinetools.org/articles/ unobtrusivejavascript/ (em inglês).

Ⓑ Quando o botão Other não é selecionado, a área de texto fica acinzentada e desativada, impossibilitando que o usuário digite um texto.

Ⓒ Quando o visitante escolhe o botão de rádio Other, a área de texto fica branca e o usuário pode digitar o texto que será enviado ao servidor – graças ao JavaScript.

Novos Recursos do HTML5 e Suporte dos Navegadores

O HTML5 tem diversos novos recursos que facilitam a criação e o uso dos formulários, sendo que já vimos alguns desses recursos. A nova especificação apresenta várias novas funcionalidades, com novos elementos de formulário, atributos, tipos de entrada, formas de validação e capacidades de estilização.

Existem mais recursos que ainda não possuem um grande suporte ou cujas implementações estão incompletas. Em alguns casos até mesmo a especificação do W3C não está concluída.

Uma vez que os navegadores mais antigos não suportam essas novas capacidades, você precisa saber o que utilizar como opção de substituição para utilizar esses recursos agora.

Por exemplo, você pode usar um novo elemento de formulário chamado **output**, que agora tem muito suporte. Ele é usado para mostrar os cálculos de outros elementos de formulário. Por exemplo, caso tenha um carrinho de compras e você mude o número de itens que queira comprar, o elemento **output** poderia mostrar o valor recalculado de seu pedido. Este elemento é geralmente usado com o JavaScript.

Para uma lista completa desses novos recursos e seus níveis de suporte entre os navegadores, visite o site da Wufoo *The Current State of HTML5 Forms* em http://wufoo.com/html5/ (em inglês).

17

Vídeo, Áudio e Outras Mídias

Uma das coisas que tornou a web tão popular foi o fato de você poder adicionar gráficos, sons, animações e filmes a suas páginas. Embora no passado o tamanho proibitivo de tais arquivos limitasse seus usos, tecnologias mais recentes como streamings de áudio e vídeo, juntamente com as conexões de banda larga, abriram as portas para as páginas multimídia na web.

Algumas dessas páginas multimídia podem servir como uma base para um podcast de vídeo ou de áudio; outras podem ser propagandas ou painéis interativos. E outras páginas na web ainda podem aproveitar ocasionalmente os arquivos de mídia para proporcionar uma experiência mais rica para seus visitantes. Eu vou lhe mostrar como adicionar multimídia à suas páginas para todos esses propósitos e muito mais.

Antes do HTML5, o único método para se adicionar multimídia às suas páginas era através de plugins de terceiros, como o Adobe Flash Player ou o QuickTime, da Apple. O HTML5 muda tudo isso com a introdução da multimídia nativa – em que o navegador toma conta de tudo.

Neste Capítulo

Adicionando um Único Vídeo à Sua Página	453
Adicionando Controles e Autorreprodução a Seu Vídeo	455
Evitando o Pré-carregamento de Seu Vídeo	458
Adicionando Vídeo com Hyperlink Fallbacks	461
Adicionando Vídeo com Flash Fallbacks	463
Fornecendo Acessibilidade	467
Adicionando um Único Arquivo de Áudio à Sua Página	469
Adicionando Controles e Autorreprodução para o Áudio em um Loop	472
Pré-carregando um Arquivo de Áudio	473
Adicionando Áudio com Hyperlink Fallbacks	475
Adicionando Áudio com Flash Fallbacks	476
Conseguindo Arquivos Multimídia	480
Incorporando uma Animação em Flash	482
Utilizando Vídeo com Canvas	485

Porque a web tem um público tão diverso, às vezes pode ser complicado garantir que todos os seus visitantes possam ver e ouvir os arquivos que você disponibiliza (ou o maior número deles possível). Você precisa pensar no formato necessário do arquivo para ser visto ou ouvido. O fato de os desenvolvedores de tecnologias multimídia não conseguirem concordar com padrões torna a tarefa ainda mais difícil.

Por favor, repare que este capítulo foi feito para dar uma introdução sobre os arquivos multimídia da web, com uma grande ênfase no código do HTML5 que você precisa. Ele não te ensina como criar o conteúdo multimídia, apenas como disponibilizá-lo aos seus visitantes.

Plugins de Terceiros e a Multimídia Nativa

Como já mencionado, antes do HTML5, a única forma de adicionar mídias como áudio e vídeo a sua página na web era através de um plugin de terceiros.

Esses plugins podem ser meio misteriosos e você está confiando que o usuário os tenha instalado em seu computador. Com algo como o Flash Player, era bem provável que o usuário o teria, já que esse plugin tem uma ampla fatia do mercado e está instalado em muitos sistemas.

Mas havia problemas. O código para a incorporação de um vídeo em Flash em um navegador não necessariamente funcionava em outro, e não havia formas elegantes de se burlar isso. Além disso, existia sempre o problema com a velocidade, pois o navegador deixa a execução do conteúdo de mídia a cargo do plugin.

Com essas coisas em mente, a multimídia nativa foi adicionada à especificação do HTML5. Isso traz inúmeros benefícios: velocidade (qualquer coisa nativa do navegador será mais rápida do que um plugin), os controles nativos são construídos dentro do navegador, e a dependência dos plugins foi reduzida drasticamente (mas não por completo – como verá mais tarde).

Assim como com qualquer conjunto de padrões, existem problemas com a multimídia nativa do HTML5 e os formatos de arquivos que são suportados. Inicialmente, a especificação do HTML5 nomeou dois formatos de mídia – um para áudio e outro para vídeo – que um navegador compatível com o HTML5 precisava suportar. Isso teria sido muito útil, mas nem todos os fabricantes queriam receber ordens. Tanto a Nokia quanto a Apple discordaram com a escolha dos formatos de mídia obrigatórios, o que derrubou esta exigência da especificação. Isso significa que você precisa fornecer sua mídia em mais de um formato para que ela seja executada por navegadores compatíveis com o HTML5. Estudaremos esse caso em detalhes mais tarde.

A utilidade do HTML5 e da mídia nativa foi aprimorada quando a Apple anunciou que deixariam de suportar o Flash em seus aparelhos portáteis, incluindo o iPhone e o iPad. Com esses aparelhos tornando-se cada vez mais populares, isso mostrou que a confiança do passado no Flash para executar arquivos de mídia estava desaparecendo rapidamente e que a necessidade de disponibilizar uma solução diferente estava à mão. É aí que a multimídia nativa do HTML5 entra e mostra a sua força, pois o navegador dos aparelhos portáteis da Apple realmente suportam o HTML5.

Sem mais delongas, vamos ver como você pode adicionar vídeos nativos a suas páginas na web.

Formatos de Arquivos de Vídeo

Existem inúmeros arquivos de vídeo, ou codecs, com formatos diferentes que são suportados pelo HTML5.

O HTML5 é compatível com três codecs de vídeo principais. Aqui estão eles e os navegadores que os suportam:

- O Ogg Theora usa a extensão de arquivo .ogg ou .ogv e é suportado pelo Firefox 3.5+, Chrome 5+ e Opera 10.5+.

- O MP4 (H.264) usa a extensão de arquivo .mp4 ou .mv4 e é suportado pelo Safari 3+, Chrome 5-?, Internet Explorer 9+, iOS e Android 2+.

- O WebM usa a extensão de arquivo .webm e é suportado pelo Firefox 4+, Chrome 6+, Opera 11+, Internet Explorer 9+ e Android 2.3+.

(DICA) **Você precisa disponibilizar seu vídeo em pelo menos dois formatos diferentes – MP4 e WebM – para garantir que todos os navegadores compatíveis com o HTML5 sejam suportados. O que não é tão ruim assim!**

(DICA) **O Google vai deixar de dar suporte ao MP4 em algum próximo lançamento do Chrome, mas eles ainda precisam confirmar quando isso vai acontecer.**

O que é um Codec?

Um *codec* é um programa de computador que utiliza um algoritmo de compressão para codificar e decodificar uma corrente digital de dados, tornando-a mais adequada para a reprodução.

O objetivo do codec é, geralmente, tentar manter a máxima qualidade de áudio e vídeo possível, buscando sempre o menor tamanho do arquivo.

Obviamente, alguns codecs são melhores que outros para executar esta tarefa.

Conversão entre Formatos de Arquivo

Mostrar-lhe como criar seus próprios recursos de vídeo está fora do escopo deste capítulo, mas caso você já tenha um recurso de vídeo e queira convertê-lo a um ou a todos os formatos de arquivo listados, existem diversas ferramentas gratuitas que podem ajudá-lo com isso. Aqui estão duas:

Miro Video Converter, em www.mirovideoconverter.com (em inglês)

HandBrake, em http://handbrake.fr (em inglês)

Ⓐ Especificando um único vídeo WebM
sem controles

```
<body>
    <video src="paddle-steamer.webm"></video>
</body>
```

Adicionando um Único Vídeo à Sua Página

Para adicionar um vídeo à sua página web no HTML5, você precisa utilizar o novo elemento **video**. Seu uso não poderia ser mais simples **Ⓐ**.

Para adicionar um único vídeo à sua página:

1. Obtenha a fonte do vídeo.

2. Digite **<video src="*meuVideo.ext*">**, em que ***meuVideo.ext*** é a localização, nome e extensão do arquivo de vídeo.

   E é só isso!

DICA **Tanto a Apple quanto a Microsoft aceitaram e aprimoraram a ideia da multimídia nativa. Para que ela funcione no Safari (e no Chrome, já que ele também é baseado no WebKit), o QuickTime precisa ser instalado no aparelho do usuário; o Internet Explorer 9 precisa do Windows Media Player instalado. A vida é assim mesmo.**

Vídeo, Áudio e Outras Mídias **453**

Explorando os Atributos de Vídeo

Quais outros atributos você pode usar com o elemento **video**? Vejamos a **Tabela 17.1**.

Como pode ver, existem vários atributos, o que lhe dá muita flexibilidade com seus vídeos.

TABELA 17.1 **Atributos de Vídeo**

Atributo	Descrição
src	Especifica a URL para o arquivo de vídeo.
autoplay	Começa a reprodução automática do vídeo assim que possível.
controls	Adiciona o conjunto de controle padrão do navegador ao vídeo.
muted	Deixa mudo o áudio do vídeo (atualmente suportado pelos maiores navegadores, exceto Safari e Internet Explorer).
loop	Reproduz o vídeo em um loop.
poster	Especifica um arquivo de imagem para ser exibido (em vez do primeiro quadro do vídeo) quando carregado. É preciso uma URL para o arquivo de imagem.
width	A largura do vídeo em pixels.
height	A altura do vídeo em pixels.
preload	Indica ao navegador quanto do vídeo deve ser carregado. Ele pode levar três valores diferentes: **none** não carrega nada. **metadata** carrega apenas os metadados do vídeo (como altura e dimensões). **auto** deixa o navegador decidir o que fazer (esta é a configuração padrão).

454 Capítulo 17

Ⓐ Adicionando um único arquivo de vídeo WebM, desta vez com controles

```
<body>
    <video src="paddle-steamer.webm"
    → controls="controls" ></video>
</body>
```

Atributos Boolean

Os atributos Boolean, como **controls**, não precisam ter um valor especificado para eles, pois suas existências dentro do elemento de mídia já são suficientes.

Os exemplos neste livro especificam os valores para esses atributos Boolean, mas os controles em **Ⓐ** também poderiam ser escritos como

```
<video src="paddle-steamer.webm"
→ controls></video>.
```

Adicionando Controles e Autorreprodução a Seu Vídeo

Até agora, eu lhe mostrei o método mais simples possível de se adicionar um vídeo à sua página na web, e o vídeo naquele exemplo sequer será executado, porque não pedimos a ele que o fizesse. Além disso, se o navegador em que você vir este código não suportar o formato do arquivo de vídeo que estiver usando, ele exibirá um retângulo vazio (com 300x150 se as dimensões não tiverem sido especificadas) ou o pôster da imagem, se um tiver sido indicado (através do atributo **poster**).

A amostra de código curta em "Adicionando um Único Vídeo a Sua Página" não adicionará controle algum ao seu vídeo, mas você pode fazer isso facilmente **Ⓐ**.

O atributo **controls** informa ao navegador para adicionar um conjunto de controles padrão ao vídeo.

continua na próxima página

Vídeo, Áudio e Outras Mídias **455**

Cada navegador tem seu próprio conjunto de controles padrão, que são muito diferentes uns dos outros (❶ até ❻).

O exemplo a seguir ilustra como você pode usar alguns dos atributos de vídeo mostrados na Tabela 17.1 ❼.

Para adicionar controles a um vídeo:

Digite **<video src="meuVideo.ext" controls="controls"></video>**.

Para adicionar autorreprodução a um vídeo:

1. Obtenha a fonte do vídeo.
2. Digite **<video src="*meuVideo.ext*" autoplay="autoplay" controls="controls"></video>**, em que *meuVideo.ext* é a localização, nome e extensão do arquivo de vídeo.

❶ Os controles de vídeo no Firefox

❷ Os controles de vídeo no Safari

❸ Os controles de vídeo no Internet Explorer 9

❹ Um único vídeo WebM configurado para ser reproduzido automaticamente quando carregado

```
<body>
    <video src="paddle-steamer.webm"
    → autoplay="autoplay"  controls=
    → "controls"></video>
</body>
```

❺ Os controles de vídeo no Chrome

❻ Os controles de vídeo no Opera

Ⓐ Um único vídeo WebM configurado para ser reproduzido automaticamente e depois em loop.

```
<body>
    <video src="paddle-steamer.webm"
    → autoplay="autoplay" loop="loop" >
    → </video>
</body>
```

Ⓑ Um único vídeo WebM com controles e um pôster da imagem que será exibido quando a página carregar e mostrar o vídeo.

```
<body>
    <video src="paddle-steamer.webm"
    → poster="paddle-steamer-poster.jpg"
    → controls="controls"></video>
</body>
```

Ⓒ Um vídeo exibindo um pôster de uma imagem. Neste caso, a imagem é uma captura de tela tirada do próprio vídeo.

Colocando um Vídeo em Loop e Especificando um Pôster de uma Imagem

Assim como pode-se configurar um vídeo para ser reproduzido automaticamente, você também pode programá-lo para ser executado continuamente até ser parado Ⓐ. (Porém, isso não é recomendado – pense nos coitados dos seus usuários!)

Você simplesmente usa os atributos **autoplay** e **loop**.

Normalmente, o navegador exibirá o primeiro quadro do vídeo quando ele for carregado. Você pode querer alterar isso e especificar sua própria imagem, o que pode ser feito com um pôster da imagem.

Para autorreproduzir e colocar o vídeo em loop:

1. Obtenha a fonte do vídeo.
2. Digite **<video src="*meuVideo. ext*" autoplay="autoplay" "loop="loop"></video>**, em que *meuVideo.ext* é a localização, nome e extensão do arquivo de vídeo.

Para especificar um pôster de uma imagem para um vídeo:

1. Obtenha a fonte do vídeo.
2. Digite **<video src="*meuVideo. ext*" controls="controls" poster="*meuPoster.jpg*"></video>**, em que *meuVideo.ext* é a localização, nome e extensão do arquivo de vídeo e *meuPoster.jpg* é a imagem que você queira usar como pôster.

Evitando o Pré-carregamento de Seu Vídeo

Se você acha que seja improvável que um usuário veja seu vídeo (por exemplo, ele não fazer parte do conteúdo principal da página), é possível pedir para que seu navegador não se incomode em carregá-lo, o que economizará banda Ⓐ.

Para instruir o navegador a não pré-carregar um vídeo:

1. Obtenha a fonte do vídeo.
2. Digite **<video src="***meuVideo.ext***" preload="none" controls="controls"></video>**, em que ***meuVideo.ext*** é a localização, nome e extensão do arquivo de vídeo.

Ⓐ Um único vídeo WebM que não carregará quando a página carregar completamente. Ele não carregará até que o usuário tente reproduzi-lo.

```
<body>
    <video src="paddle-steamer.webm"
 → preload="none"    controls="controls">
 → </video>
</body>
```

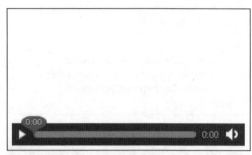

Ⓑ Um vídeo com o **preload** definido como **none**. Como pode ver, nada está sendo exibido porque o navegador não tem nenhuma informação sobre o vídeo (nem mesmo as dimensões) e nenhum pôster de imagem foi especificado.

A Aqui, duas fontes são definidas para o vídeo: um arquivo MP4 e um WebM. Os navegadores mais antigos exibirão apenas a imagem dentro do elemento **p**.

```
<body>
    <video controls="controls">
        <source src="paddle-steamer.mp4"
        → type="video/mp4">
        <source src="paddle-steamer.webm"
        → type="video/webm">
        <p>Sorry, your browser doesn't
        → support the video element</p>
    </video>
</body>
```

Utilizando Vídeos com Várias Fontes

Está tudo muito bom, mas você deve ter notado que os exemplos anteriores usavam apenas um arquivo de vídeo e, portanto, um formato.

Você já viu que, para suportar todos os navegadores compatíveis com o HTML5, é necessário fornecer pelo menos dois formatos diferentes: MP4 e WebM.

Então, como você faz isso? É aí que entra o elemento **source** do HTML5.

Basicamente, o elemento **source** lhe permite definir mais de uma fonte para um elemento de mídia, neste caso, **video**.

Qualquer quantidade de elementos **source** pode ser contida em um elemento **video**, então a definição dos dois formatos diferentes para seu vídeo é bem fácil **A**.

Para especificar duas fontes de vídeo diferentes:

1. Obtenha as fontes do vídeo (duas, desta vez).

2. Digite **<video controls="controls">** para abrir o elemento **video** com o conjunto de controles padrão.

3. Digite **<source src="meuVideo. mp4" type="video/mp4>**, em que **meuVideo.mp4** é o nome do arquivo de vídeo no formato MP4.

4. Digite **<source src="meuVideo. webm" type="video/webm>**, em que **meuVideo.webm** é o nome do arquivo de vídeo no formato WebM.

5. Digite **<p>Desculpe, seu navegador não suporta o elemento de vídeo</p>** para exibir uma mensagem para os navegadores que não suportam o vídeo do HTML5.

6. Digite **</video>** para fechar o elemento **video**.

Vídeo, Áudio e Outras Mídias **459**

Várias Fontes de Mídia e o Elemento Source

Veremos os diversos atributos disponíveis para o elemento **source** em um minuto, mas vejamos rapidamente por que a especificação de diversas fontes para a mesma mídia realmente funciona.

Quando o navegador se depara com o elemento **video**, ele primeiro vê se há um **src** definido no próprio elemento **video**. Como não há, ele então confere os elementos **source**. Ele passa por cada um deles, procurando por algum que contenha algo que ele possa reproduzir. Assim que ele encontra um, o navegador reproduz esse elemento e ignora o resto.

Em nosso exemplo anterior, o Safari executará o arquivo MP4 e sequer verá o WebM, enquanto que o Firefox perceberá que ele não pode tocar a fonte MP4 e passará para a WebM, que ele pode reproduzir Ⓐ.

Qualquer navegador que não reconheça nem o elemento **video**, nem o elemento **source** (ou seja, um navegador não compatível com o HTML5) vai ignorar essas tags por completo quando analisar o documento; ele simplesmente exibirá o texto digitado logo antes de se fechar o elemento **video**.

Vejamos rapidamente os atributos do elemento **source** (**Tabela 17.2**).

> **DICA** Caso especifique um valor no atributo **src** do próprio elemento **video**, ele substituirá automaticamente qualquer coisa especificada em quaisquer elementos **source**.

Ⓐ O vídeo será carregado em todos os navegadores compatíveis com o HTML5 porque especificamos para ele tanto uma fonte WebM quanto uma MP4.

TABELA 17.2 **Atributos do Elemento Source**

Atributo	Descrição
src	A URL para a fonte do vídeo.
type	Especifica o tipo de vídeo, o que ajuda o navegador a decidir se ele pode executar o vídeo ou não. Como mostra o exemplo em "Utilizando Vídeo com Várias Fontes", o valor deste atributo reflete o formato ou o codec do vídeo (por exemplo, **video/mp4**, **video/webm** ou **video/ogg**).
media	Permite-lhe especificar uma media query do CSS3 para a fonte do vídeo, possibilitando, assim, que você especifique vídeos diferentes (menores, por exemplo) para aparelhos com tamanhos de telas distintos.

Ⓐ As fontes MP4 e WebM são especificadas para o vídeo, com os navegadores mais antigos exibindo um link para o download do arquivo MP4.

```
<body>
    <video controls="controls">
        <source src="paddle-steamer.mp4"
        ↪ type="video/mp4">
        <source src="paddle-steamer.webm"
        ↪ type="video/webm">
        <a href="paddle-steamer.mp4">
        ↪ Download the video</a>
    </video>
</body>
```

Download the video

Ⓑ O Internet Explorer 8 ignora os elementos **video** e **source**, exibindo simplesmente um link para o download.

Adicionando Vídeo com Hyperlink Fallbacks

Nem todos os navegadores conseguirão executar vídeos do HTML5 (como o Internet Explorer 8 e versões abaixo). Uma solução de fallback é necessária para eles.

Você já deve ter reparado no exemplo da seção anterior que a forma que os elementos **video** e **source** trabalham juntos é ideal.

E você está certo.

Você pode aproveitar-se do fato de os navegadores não entenderem os elementos **video** e **source** e simplesmente ignorá-los.

Naquele exemplo, você adicionou uma mensagem de texto que seria exibida aos visitantes que não utilizassem um navegador compatível com o HTML5. Você pode substituir esse texto por um hyperlink para o vídeo, permitindo que o usuário baixe o arquivo e visualize-o a seu bel-prazer.

Neste exemplo **Ⓐ**, decidi incluir um link para o download da versão do MP4 de nosso vídeo, mas também poderia ter criado, com a mesma facilidade, um link para o arquivo WebM, ou até mesmo para ambos.

Vídeo, Áudio e Outras Mídias **461**

Para adicionar um hyperlink de fallback a um vídeo:

1. Obtenha as fontes do vídeo.

2. Digite **`<video controls="controls">`** para abrir o elemento **video** com o conjunto de controles padrão.

3. Digite **`<source src="meuVideo.mp4" type="video/mp4">`**, em que **meuVideo.mp4** é o nome do arquivo de vídeo no formato MP4.

4. Digite **`<source src="meuVideo.webm" type="video/webm">`**, em que **meuVideo.webm** é o nome do arquivo de vídeo no formato WebM.

5. Digite **`<a href="meuVideo.mp4">Baixe o Vídeo</a>`** (em que meu **meuVideo.mp4** é o nome da fonte do arquivo de vídeo) para especificar um hyperlink de fallback, para o arquivo de vídeo, a partir do qual o usuário poderá baixar o vídeo.

6. Digite **`</video>`** para fechar o elemento **video**.

Ⓐ Os navegadores que não suportam os vídeos do HTML5 vão recorrer ao fallback do Flash player e vão reproduzir o arquivo de vídeo MP4 especificado.

```
<body>
    <video controls="controls">
        <source src="paddle-steamer.mp4"
        ↪ type="video/mp4">
        <source src="paddle-steamer.webm"
        ↪ type="video/webm">
        <object type="application/
        ↪ x-shockwave-flash" data=
        ↪ "player.swf?videoUrl=paddle-
        ↪ steamer.mp4&controls=true">
            <param name="movie" value=
            ↪ "player.swf?videoUrl=paddle-
            ↪ steamer.mp4&controls=true" />
        </object>
    </video>
</body>
```

Fallback do Flash Player

O fallback do Flash player (**player. swf**) mencionado no fragmento do código está disponível no código para download deste capítulo. O player em si é o excelente JW Player, do LongTail Video (www.longtailvideo.com/players/jw-flv-player – em inglês).

Adicionando Vídeo com Flash Fallbacks

Além de fornecer um link para download, você pode (e provavelmente deve) incorporar um Flash player de fallback que possa reproduzir o arquivo de vídeo MP4.

Sim, eu receio que, apesar de todo esse ótimo trabalho com o HTML5 e a multimídia nativa, você ainda queira recorrer à incorporação do conteúdo em Flash apenas para aqueles velhos navegadores que não dão conta. Dito isso, você realmente quer alcançar o maior número de usuários possível, então pelo menos há uma opção!

No passado, você podia incorporar em sua página o fallback do Flash player e do vídeo utilizando tanto o elemento **object** quanto o **embed**, mas nenhum deles era oficialmente válido, já que eles não estavam na especificação.

A especificação do HTML5 tem, sim, os elementos **object** e **embed**, então agora eles são pelo menos HTML válidos.

Utilizaremos o elemento **object** aqui porque ele oferece uma solução mais completa, já que qualquer conteúdo neste elemento será renderizado, mesmo que o navegador não suporte o plugin que o **object** especifique. Isso lhe permite especificar outro fallback, caso necessário. Um fallback dentro de outro fallback!

Também recomendo que você baixe um Flash video player de código aberto (como o JW Player ou o Flowplayer), o que facilita bastante a incorporação de seu vídeo nesta maneira **Ⓐ**. É ideal que o player possa executar arquivos MP4, pois assim você poderá reutilizar uma de suas fontes de arquivo de vídeo já existentes; caso contrário, você terá que converter os arquivos para os formatos SWF ou FLV.

Vídeo, Áudio e Outras Mídias **463**

Para adicionar um Flash fallback a um vídeo:

1. Obtenha seus arquivos de vídeo.

2. Digite **<video controls="controls">** para abrir o elemento **video** com o conjunto de controles padrão.

3. Digite **<source src="*meuVideo. mp4*" type="type/mp4">**, em que *meuVideo.mp4* é o nome do arquivo de vídeo no formato MP4.

4. Digite **<source src="*meuVideo. webm*" type="video/webm">**, em que *meuVideo.webm* é o nome do arquivo de vídeo no formato WebM.

5. Digite **<object type="application/ x-shockwave-flash" data="*player. swf*?videoURL=*meuVideo. mp4*&controls=true">** (em que *meuVideo.mp4* é o nome do arquivo de vídeo no formato MP4) para especificar que trata-se de um Flash fallback player e indicar qual player e arquivo de vídeo usar. Repare que os parâmetros especificados aqui referem-se ao *player.swf* usado ao longo do capítulo.

6. Digite **<param name="movie" value="*player.swf*? videoURL=*meuVideo.mp4*&controls =true" />** (em que *meuVideo.mp4* é o nome do arquivo de vídeo no formato MP4) para especificar o player e o vídeo para navegadores que não entendem a informação da definição do elemento **object** de abertura. Repare que os parâmetros especificados aqui referem-se ao *player.swf* usado ao longo do capítulo.

7. Digite **</object>** para fechar o elemento **object**.

8. Digite **</video>** para fechar o elemento **video**.

🅑 O Flash fallback player no Internet Explorer 8

```
<body>
    <video controls="controls">
        <source src="paddle-steamer.mp4"
        → type="video/mp4">
        <source src="paddle-steamer.webm"
        → type="video/webm">
        <object type="application/
        → x-shockwave-flash" data=
        → "player.swf?videoUrl=paddle-
        → steamer.mp4&controls=true">
            <param name="movie" value=
            → "player.swf?videoUrl=paddle-
            → steamer.mp4&controls=true" />
        </object>
        <a href="paddle-steamer.mp4">
        → Download the video</a>
    </video>
</body>
```

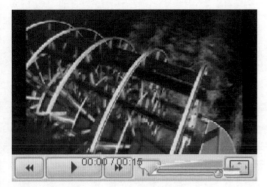

C Os navegadores que não suportam o vídeo do HTML5 recorrerão ao Flash fallback player, que reproduzirá o arquivo de vídeo especificado no formato MP4. O link para o download também será exibido, e os navegadores que não tiverem o Flash instalado também vão oferecer esta opção.

Você também poderia adicionar um link para o download do arquivo (como em um exemplo anterior) após o objeto Flash, logo antes de fechar o elemento **video**. Este seria um fallback ainda mais completo, permitindo que os usuários baixassem o arquivo de vídeo C. No entanto, o Flash fallback player será exibido ao lado do link para download nos navegadores que não suportam o vídeo do HTML5.

Para adicionar Flash e um hyperlink de fallback a um vídeo:

1. Obtenha seus arquivos de vídeo.

2. Digite **<video controls="controls">** para abrir o elemento **video** com o conjunto de controles padrão.

3. Digite **<source src="*meuVideo.mp4*" type="type/mp4">**, em que *meuVideo.mp4* é o nome do arquivo de vídeo no formato MP4.

4. Digite **<source src="*meuVideo.webm*" type="video/webm>**, em que *meuVideo.webm* é o nome do arquivo de vídeo no formato WebM.

5. Digite **<object type="application/x-shockwave-flash" data="*player.swf?videoURL=meuVideo.mp4&controls=true*">** (em que *meuVideo.mp4* é o nome do arquivo de vídeo no formato MP4) para especificar que trata-se de um Flash fallback player e indicar qual player e arquivo de vídeo usar. Repare que os parâmetros especificados aqui referem-se ao *player.swf* usado ao longo do capítulo.

6. Digite **<param name="movie" value="*player.swf?videoURL=meuVideo.mp4&controls=true*" />** (em que *meuVideo.mp4* é o nome do arquivo de vídeo no formato MP4) para especificar o player e o vídeo para navegadores que

continua na próxima página

não entendem a informação na abertura da definição do elemento **object**. Repare que os parâmetros especificados aqui referem-se ao *player.swf* usado ao longo do capítulo.

7. Digite **</object>** para fechar o elemento **object**.

8. Digite **<a href="meuVideo.mp4">Download the video</a>** (em que *meuVideo.mp4* é o nome do arquivo de vídeo no formato MP4) para especificar um hyperlink de fallback para o download do arquivo de vídeo.

9. Digite **</video>** para fechar o elemento **video**.

D O que o Firefox exibe (com o conjunto de controles padrão) quando não consegue encontrar um arquivo de vídeo que ele possa reproduzir – o navegador não recorre ao Flash fallback player ou mostra o link para download.

DICA Se um navegador suporta o vídeo do HTML5 mas não consegue encontrar um arquivo que possa reproduzir, ele *não* vai recorrer ao Flash fallback player **D**.

DICA Um ótimo recurso sobre como disponibilizar um vídeo para todos é o "Video for Everybody", de Kroc Camen (http://camendesign.com/code/video_for_everybody – em inglês). Definitivamente, vale a pena conferi-lo, assim como o *Video for Everybody Generator*, de Jonathan Neal (http://sandbox.thewikies.com/vfe-generator/ – também em inglês).

Fornecendo Acessibilidade

Outra vantagem de se ter multimídia nativa é que o conteúdo pode ser mais acessível através do teclado, aproveitando-se da acessibilidade natural dos navegadores modernos.

Ou é o que você pensaria.

Atualmente, a maioria dos navegadores possuem um conjunto de controles padrão para a mídia do HTML5 através do teclado.

Para os demais navegadores, a única forma de se fazer isso é criando seu próprio conjunto de controles, para o qual você precisa do JavaScript Media API (também parte do HTML5), mas isso está fora do escopo deste capítulo.

O HTML5 também especifica um novo formato de arquivo que lhe permite incluir legendas, descrições, capítulos, etc, no conteúdo de vídeo.

O formato de arquivo WebVTT (Web Video Text Tracks) foi feito para marcar recursos de texto externos, como as legendas.

Apenas o Firefox não oferece suporte a este formato, mas existem inúmeras bibliotecas JavaScript (como Playr e Captionator) que você pode usar para aproveitar o WebVTT e suas funcionalidades.

Maiores discussões sobre o WebVTT e legendagem estão fora do tema deste capítulo, mas você pode encontrar mais informações em www.iandevlin.com/blog/2011/05/html5/webvtt-and-video-subtitles (em inglês).

DICA O livro *HTML5 Multimedia: Develop and Design* (Peachpit Press, 2011), de Ian Devlin, tem capítulos dedicados a lhe mostrar como criar seu próprio conjunto de controles acessível e como usar o WebVTT.

Adicionando Arquivos no Formato de Áudio

Agora que você pode adicionar vídeos à sua página na web utilizando a mídia nativa do HTML5, vejamos como adicionar o áudio. Assim como com o vídeo do HTML5, existem diversos diferentes formatos de arquivo (codecs) que são suportados.

Há cinco codecs de áudio principais que você pode usar. Aqui estão eles, junto com os navegadores que os suportam:

- O Ogg Vorbis usa o extensão de arquivo .ogg e é suportado pelo Firefox 3.5+, Chrome 5+ e Opera 10.5+.

- O MP3 usa a extensão de arquivo .mp3 e é suportado pelo Safari 5+, Chrome 6+, Internet Explorer 9+ e iOS.

- O WAV usa a extensão de arquivo .wav e é suportado pelo Firefox 3.6+, Safari 5+, Chrome 8+ e Opera 10.5+.

- O AAC usa a extensão de arquivo .acc e é suportado pelo Safari 3+, Internet Explorer 9+, iOS 3+ e Android 2+.

- O MP4 usa a extensão de arquivo .mp4 e é suportado pelo Safari 3+, Chrome 5+, Internet Explorer 9+, iOS 3+ e Android 2+.

Você se lembrará que o MP4 também foi listado como um codec de vídeo, mas ele também pode ser usado para codificar apenas dados de áudio.

DICA Assim como com o vídeo, seu conteúdo precisa estar em dois formatos diferentes para garantir o suporte entre todos os navegadores compatíveis com o HTML5. Os dois melhores formatos para se disponibilizar seu conteúdo são o Ogg Vorbis e o MP3.

DICA O aplicativo Miro Video Converter, mencionado na barra lateral "Conversão entre Formatos de Arquivos", também pode ser utilizado para converter o áudio.

A Um simples arquivo de áudio no formato Ogg sem nenhum controle

```
<body>
    <audio src="piano.ogg"></audio>
</body>
```

Adicionando um Único Arquivo de Áudio à Sua Página

Vejamos como realmente colocar um arquivo de áudio em sua página na web. O processo é bem parecido ao de se adicionar um vídeo, mas desta vez você usará o elemento `audio` **A**.

Para adicionar um único arquivo de vídeo a sua página:

- Obtenha seu arquivo de áudio.

- Digite **`<audio src="meuAudio.ext"></audio>`**, em que **`meuAudio.ext`** é a localização, nome e extensão do arquivo de áudio.

Vídeo, Áudio e Outras Mídias **469**

Adicionando à Sua Página um Único Arquivo de Áudio com Controles

Assim como no exemplo anterior, é bem fácil adicionar um único arquivo de áudio à sua página. Mas isso, na verdade, não mostra nada, já que o arquivo de áudio não é visual. Por isso, você precisa adicionar alguns controles utilizando o atributo **controls** Ⓐ.

Para adicionar à sua página um único arquivo de áudio com controles:

1. Obtenha seu arquivo de áudio.
2. Digite `<audio src="meuAudio.ext" controls="controls"></audio>`.

Obviamente, assim como com os controles de vídeo, cada navegador tem seu próprio conceito sobre a aparência desses controles (Ⓑ até Ⓕ).

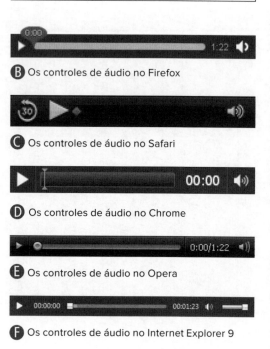

Ⓐ Um simples arquivo de áudio no formato Ogg com o conjunto de controles padrão especificado

Ⓑ Os controles de áudio no Firefox

Ⓒ Os controles de áudio no Safari

Ⓓ Os controles de áudio no Chrome

Ⓔ Os controles de áudio no Opera

Ⓕ Os controles de áudio no Internet Explorer 9

Explorando os Atributos de Áudio

Assim como o elemento **video**, existem vários atributos que você pode utilizar com o elemento **audio**. Eles estão listados na **Tabela 17.3**.

TABELA 17.3 Atributos de Áudio

Atributo	Descrição
src	Especifica a URL para o arquivo de áudio.
autoplay	Começa a reprodução automática do áudio assim que possível.
controls	Adiciona o conjunto de controle padrão do navegador ao áudio.
muted	Deixa o áudio no mudo (atualmente, não suportado por nenhum navegador).
loop	Reproduz o áudio em um loop.
preload	Indica ao navegador quanto do vídeo deve ser carregado. Ele pode levar três valores diferentes: **none** não carrega nada. **metadata** carrega apenas os metadados do vídeo (como altura e dimensões). **auto** deixa o navegador decidir o que é fazer (esta é a configuração padrão).

Adicionando Controles e Autorreprodução para o Áudio em um Loop

Com os atributos **controls** e **autoplay**, fica bem simples adicionar controles e especificar que o arquivo de áudio deve começar a tocar quando for carregado (**A** e **B**).

Também é possível indicar que você quer que o áudio toque em um loop utilizando o atributo **loop** **C**.

Para adicionar controles a um arquivo de áudio e fazer com que ele toque automaticamente:

1. Obtenha seu arquivo de áudio.
2. Digite **<audio src="*meuAudio.ext*" autoplay="autoplay" controls="controls"></audio>**, em que *meuAudio.ext* é a localização, nome e extensão do arquivo de áudio.

Para tocar um arquivo de áudio em um loop:

1. Obtenha seu arquivo de áudio.
2. Digite **<audio src="*meuAudio.ext*" loop="loop" controls="controls"></audio>**, em que *meuAudio.ext* é a localização, nome e extensão do arquivo de áudio.

DICA Só porque você pode tocar o áudio automaticamente e em loop, não significa que você deva.

A Um arquivo de áudio Ogg (com o conjunto de controles padrão) que começará a tocar automaticamente quando a página carregar

```
<body>
    <audio src="piano.ogg" autoplay=
    → "autoplay"  controls="controls">
    → </audio>
</body>
```

B Um arquivo de áudio (com controles) que começou a tocar automaticamente quando carregado

C Um arquivo de áudio Ogg (com o conjunto de controles padrão) que vai tocar em loop

```
<body>
    <audio src="piano.ogg" loop="loop"
    → controls="controls"></audio>
</body>
```

A Este arquivo de áudio Ogg deve ter apenas seus metadados (por exemplo, duração) carregados quando a página terminar de abrir.

```
<body>
    <audio src="piano.ogg" preload=
    → "metadata"  controls="controls">
    → </audio>
</body>
```

B Este arquivo de áudio Ogg permite que o próprio navegador decida quanto do arquivo carregar.

```
<body>
    <audio src="piano.ogg" preload="auto"
    → controls="controls"></audio>
</body>
```

Pré-carregando um Arquivo de Áudio

Você pode pedir para que o navegador pré-carregue o arquivo de áudio de várias formas usando os diferentes atributos do elemento **audio** (**A** e **B**), na Tabela 17.3.

Para pedir que o navegador pré-carregue apenas os metadados do áudio:

1. Obtenha seu arquivo de áudio.

2. Digite **<audio src="*meuAudio. ext*" preload="metadata" controls="controls"></audio>**, em que ***meuAudio.ext*** é a localização, nome e extensão do arquivo de áudio.

Para pedir para o navegador decidir como pré-carregar o arquivo de áudio:

1. Obtenha seu arquivo de áudio.

2. Digite **<audio src="*meuAudio. ext*" preload="auto" controls="controls"></audio>**, em que ***meuAudio.ext*** é a localização, nome e extensão do arquivo de áudio.

DICA Especificar um valor para o atributo **preload** não garante o comportamento do navegador; trata-se apenas de um pedido.

DICA Especificar que um arquivo de áudio toque automaticamente através do atributo **autoplay** substitui qualquer configuração do atributo **preload**, porque o arquivo precisa ser carregado para que ele toque.

Vídeo, Áudio e Outras Mídias **473**

Fornecendo Diversas Fontes de Áudio

Como mencionado, para dar suporte a todos os navegadores compatíveis com o HTML5, você precisa disponibilizar seu áudio em mais do que um formato. Isso é alcançado exatamente da mesma forma que com o elemento **video:** utilizando o elemento **source** Ⓐ.

Todo o processo funciona da mesma forma que se especifica diversas fontes para os arquivos de vídeo. O navegador reproduz o que pode e ignora o que não pode.

Para especificar duas fontes de áudio diferentes:

1. Obtenha seus arquivos de áudio.

2. Digite **<audio controls="controls">** para abrir o elemento **audio** com o conjunto de controles padrão.

3. Digite **<source src="*meuAudio. ogg*" type="audio/ogg">**, em que *meuAudio.ogg* é a localização, nome e extensão do arquivo de áudio no formato Ogg Vorbis.

4. Digite **<source src="*meuAudio. mp3*" type="audio/mp3">**, em que **meuAudio.mp3** é a localização, nome e extensão do arquivo de áudio no formato MP3.

5. Digite **</audio>** para fechar o elemento **audio**.

> **DICA** O atributo **type** ajuda o navegador a decidir se ele pode tocar a fonte do arquivo. Para os formatos de áudio, o valor é sempre **audio/** seguido pelo formato em si: **audio/ ogg, audio/mp3, audio/aac, audio/wav** e **audio/mp4.**

Ⓐ Duas fontes de áudio estão definidas para este elemento **audio** (que também tem um conjunto de controles padrão definido): um codificado como Ogg, e outro como MP3.

```
<body>
    <audio controls="controls">
        <source src="piano.ogg" type=
        ↪ "audio/ogg">
        <source src="piano.mp3" type=
        ↪ "audio/mp3">
    </audio>
</body>
```

Ⓐ Duas fontes de áudio estão definidas para este elemento **audio**, e os navegadores que não suportam o HTML5 exibirão simplesmente o hyperlink para baixar o arquivo de áudio no formato MP3.

```
<body>
    <audio controls="controls">
        <source src="piano.ogg" type=
        → "audio/ogg">
        <source src="piano.mp3" type=
        → "audio/mp3">
    <a href="piano.mp3">Download the
    → audio</a>
    </audio>
</body>
```

Adicionando Áudio com Hyperlink Fallbacks

Correndo o risco de soar repetitivo, o método de fallback para áudio funciona exatamente da mesma forma que o para vídeo.

Você define as diversas fontes usando os elementos **audio** e **source** e, em seguida, adiciona o fallback para os navegadores que não são compatíveis com o HTML5 antes de fechar o elemento **audio** **Ⓐ**.

Para adicionar um hyperlink fallback para seu áudio:

1. Obtenha seus arquivos de áudio.

2. Digite **<audio controls="controls">** para abrir o elemento **audio** com o conjunto de controles padrão.

3. Digite **<source src="*meuAudio. ogg*" type="audio/ogg">**, em que ***meuAudio.ogg*** é a localização, nome e extensão do arquivo de áudio no formato Ogg Vorbis.

4. Digite **<source src="*meuAudio. mp3*" type="audio/mp3">**, em que ***meuAudio.mp3*** é a localização, nome e extensão do arquivo de áudio no formato MP3.

5. Digite **<a href="*meuAudio. mp3*">Download the audio</a>** (em que ***meuAudio.mp3*** é a localização, nome e extensão do arquivo de áudio) para disponibilizar um hyperlink para o download do áudio aos navegadores que não são compatíveis com o HTML5.

6. Digite **</audio>** para fechar o elemento **audio**.

Vídeo, Áudio e Outras Mídias **475**

Adicionando Áudio com Flash Fallbacks

Assim como com o vídeo, o Flash é geralmente o plugin escolhido para incorporar o conteúdo de áudio. E, de novo, assim como com o vídeo, você pode disponibilizar um Flash fallback player para os navegadores que não são compatíveis com o HTML5, como o Internet Explorer 8.

Para fornecer um Flash fallback para seu áudio:

1. Obtenha seus arquivos de áudio.

2. Digite **<audio controls="controls">** para abrir o elemento **audio** com o conjunto de controles padrão.

3. Digite **<source src="*meuAudio. ogg*" type="audio/ogg">**, em que *meuAudio.ogg* é a localização, nome e extensão do arquivo de áudio no formato Ogg Vorbis.

4. Digite **<source src="*meuAudio.mp3*" type="audio/mp3">**, em que *meuAudio. mp3* é a localização, nome e extensão do arquivo de áudio no formato MP3.

5. Digite **<object type="application/ x-shockwave-flash" data="*player. swf?audioURL=meuAudio. mp3&controls=true*">** (em que *meuAudio.mp3* é a localização, nome e extensão do arquivo de áudio) para especificar que trata-se de um Flash fallback player e indicar qual player e arquivo de áudio usar. Neste exemplo, **player.swf** é o mesmo Flash fallback player usado nas seções de vídeo. Repare que os parâmetros especificados aqui referem-se ao **player.swf** usado ao longo do capítulo.

Ⓐ Duas fontes de áudio estão definidas para este elemento **audio**, e os navegadores como o Internet Explorer 8 recorrerão ao Flash fallback player especificado, que usa o arquivo MP3 como sua fonte de áudio.

```
<body>
    <audio controls="controls">
        <source src="piano.ogg" type=
        → "audio/ogg">
        <source src="piano.mp3" type=
        → "audio/mp3">
        <object type="application/
        → x-shockwave-flash"
            data="player.swf?audioUrl=
            → piano.mp3&controls=true">
            <param name="movie" value=
            → "player.swf?audioUrl=
            → piano.mp3&controls=true" />
        </object>
    </audio>
</body>
```

B Flash fallback player de áudio no Internet Explorer 8

6. Digite **<param name="movie" value="***player.swf*?audioURL= meuAudio.mp3&controls=true" />** (em que *meuAudio.mp3* é a localização, nome e extensão do arquivo de áudio) para especificar o player e o áudio para navegadores que não entendem a informação na abertura da definição do elemento **object**.

7. Digite **</object>** para fechar o elemento **object**.

8. Digite **</audio>** para fechar o elemento **audio** B.

DICA Um navegador como o Internet Explorer 8 vai simplesmente ignorar os elementos **audio** e **source** e irá diretamente para o Flash fallback player. Contanto que o usuário tenha o Flash instalado, o conteúdo de áudio será executado.

Vídeo, Áudio e Outras Mídias **477**

Adicionando Áudio com Flash e um Hyperlink Fallback

Você pode disponibilizar um link para download após o Flash fallback player para fornecer um fallback adicional **(A)**.

Para adicionar Flash e um hyperlink fallback a seu vídeo:

1. Obtenha seus arquivos de áudio.

2. Digite **<audio controls="controls">** para abrir o elemento **audio** com o conjunto de controles padrão.

3. Digite **<source src="*meuAudio. ogg*" type="audio/ogg">**, em que ***meuAudio.ogg*** é a localização, nome e extensão do arquivo de áudio no formato Ogg Vorbis.

4. Digite **<source src="*meuAudio. mp3*" type="audio/mp3">**, em que ***meuAudio.mp3*** é a localização, nome e extensão do arquivo de áudio no formato MP3.

5. Digite **<a href="*meuAudio. mp3*">Download the audio</a>** (em que ***meuAudio.mp3*** é a localização, nome e extensão do arquivo de áudio) para disponibilizar um hyperlink para o download do áudio aos navegadores que não são compatíveis com o HTML5.

(A) Duas fontes de áudio estão definidas para os navegadores do HTML5, e um Flash fallback player está definido para navegadores, como o Internet Explorer 8, que não suportam o Flash. Um outro fallback é disponibilizado através de um simples hyperlink para o arquivo de áudio no formato MP3.

```
<body>
    <audio controls="controls">
        <source src="piano.ogg" type=
        → "audio/ogg">
        <source src="piano.mp3" type=
        → "audio/mp3">
        <object type="application/
        → x-shockwave-flash" data=
        → "player.swf?audioUrl=piano.mp3
        → &controls=true" width="280">
            <param name="movie" value=
            → "player.swf?audioUrl=piano.mp3
            → &controls=true" />
        </object>
        <a href="piano.mp3">Download the
        → audio</a>
    </audio>
</body>
```

B Flash do áudio e o hyperlink fallback no Internet Explorer 8

6. Digite **<object type="application/x-shockwave-flash" data="*player.swf*?audioURL=*meuAudio.mp3*&controls=true">** (em que *meuAudio.mp3* é a localização, nome e extensão do arquivo de áudio) para especificar que trata-se de um Flash fallback player e indicar qual player e arquivo de áudio usar. Repare que os parâmetros especificados aqui referem-se ao *player.swf* usado ao longo do capítulo.

7. Digite **<param name="movie" value="*player.swf*?audioURL=*meuAudio.mp3*&controls=true" />** (em que *meuAudio.mp3* é a localização, nome e extensão do arquivo de áudio) para especificar o player e o áudio para navegadores que não entendem a informação na abertura da definição do elemento **object**.

8. Digite **</object>** para fechar o elemento **object**.

9. Digite **<a href="*meuAudio.mp3*">Download the audio</a>**.

10. Digite **</audio>** para fechar o elemento **audio**.

Conseguindo Arquivos Multimídia

Os arquivos multimídia mais comuns incorporados às páginas na web são sons e vídeos. Você pode criar sons com um microfone e um software de digitalização (como o Gravador de Som, para o Windows, ou o Amadeus, para o Mac). E existem muitos programas que criam MP3s de CDs.

Com a invenção dos smartphones e suas câmeras (que continuam melhorando), conseguir vídeos na web ficou mais fácil. Mesmo que o vídeo não esteja no formato que você precisa, ferramentas como o Miro Video Converter e o HandBrake lhe permitem converter facilmente os arquivos para o formato necessário.

Você também pode encontrar sons e filmes na web, embora você deva ler cuidadosamente os acordos da licença.

Mas não limite-se ao áudio e ao vídeo. Embora o elemento **canvas** do HTML5, com a ajuda de seu JavaScript API, permita-lhe criar animações e muito mais, você ainda pode incorporar animações em Flash da mesma forma que antes – usando o elemento **object**. Apesar dos avanços que a mídia do HTML5 traz, o Flash ainda tem seu lugar.

Considerando o Gerenciamento de Direitos Digitais (DRM)

Uma coisa que você certamente percebeu com toda essa incorporação de arquivos de áudio e vídeo é que as URLs para os arquivos-fontes estão disponíveis para qualquer pessoa baixar e "roubar" seu conteúdo – assim como imagens e HTML incorporados, e arquivos-fontes do JavaScript e CSS também estão.

Não há nada que você possa fazer quanto a isso.

O HTML5 não fornece nenhum método que proteja de alguma forma sua mídia, embora ele possa vir a fazer isso no futuro.

Então, caso esteja preocupado com a proteção de seus arquivos de mídia, não use, por enquanto, a multimídia nativa do HTML5 ou os métodos de fallback do Flash mostrados neste capítulo, pois o DRM precisa da incorporação do arquivo de mídia e de que as ferramentas do DRM já estejam presentes no material da fonte.

Incorporando uma Animação em Flash

O software Adobe Flash lhe permite criar animações, filmes e outras mídias que são muito usadas na web. Seu plugin anexo era geralmente usado para incorporar vídeo e áudio a uma página na web. Mas o Flash era e é usado para mais do que isso. Uma vez que as animações são normalmente criadas com o Adobe Flash, e embora elas não poderão ser exibidas em aparelhos como iPads e iPhones, ainda existem ocasiões em que você decidirá usá-las.

Você já viu como o Adobe Flash é usado para incorporar áudio e vídeo, como fallback para navegadores mais antigos, utilizando um Flash fallback player que foi baixado no computador. Aqui você verá como incorporar um arquivo de animação em Flash no formato SWF (A e B).

A Para incorporar uma animação em Flash, configure o tipo MIME para **application/x-shockwave-flash**.

```
<head>
<title>Embed Flash Movie</title>
</head>
<body>
<object type="application/x-shockwave-
→ flash" data="http://www.sarahsnotecards
→ .com/catalunyalive/minipalau.swf"
→ width="300" height="240">
<param name="movie" value="http://
→ www.sarahsnotecards.com/catalunyalive/
→ minipaulau.swf" />
</object>
</body>
```

B A animação em Flash é incorporada na página com o uso do elemento **object**.

Para incorporar uma animação em Flash:

1. Digite `<object` para iniciar o elemento `object`.

2. Digite `type="application/x-shockwave-flash"` para indicar o tipo MIME para animações em Flash.

3. Digite `data="nomedoarquivo.swf"`, em que `nomedoarquivo.swf` é o nome e localização da animação em Flash no seu servidor.

4. Especifique as dimensões de sua animação com `width="w"` `height="h"`, em que `w` e `h` são valores em pixels.

5. Digite `>` para finalizar a tag de início `object`.

6. Digite `<param name="movie" value="nomedoarquivo.swf" />`, em que `nomedoarquivo.swf` corresponde ao que foi usado no passo 3.

7. Digite `</object>` para completar o objeto.

DICA **Esta técnica é baseada no artigo "Flash Satay", de Drew McLellan, no site *A List Apart* (www.alistapart.com/articles/flashsatay – em inglês).**

DICA **Drew descobriu uma forma de usar pequenos filmes como referência para ajudar as animações em Flash a serem reproduzidas adequadamente com esta técnica. Veja seu artigo para mais detalhes.**

DICA **Muitas pessoas usam a combinação das tags `object` e `embed` para inserir animações em Flash em uma página, ambas agora válidas no HTML5. Para mais detalhes, procure por "embed Flash" no site da Adobe (www.adobe.com – em inglês).**

Vídeo, Áudio e Outras Mídias **483**

Incorporando um Vídeo do YouTube

O YouTube (e outros serviços) agora oferece um servidor em que você pode fazer o upload de seus arquivos de vídeo (que tendem a ter um tamanho considerável) e disponibilizá-los para seus visitantes.

Para incorporar um vídeo do YouTube:

1. Vá até o YouTube e veja o vídeo que queira usar (www.youtube.com).

2. Copie o código do filme da barra de endereço. Ele vem logo após o **v=** e continua até o primeiro **&**.

3. Siga as instruções para incorporar o Flash na seção "Para incorporar uma animação em Flash". Nos dois lugares em que você deve colocar a URL para a animação em Flash, digite: **http://www.youtube.com/v/*codigodofilme***, em que ***codigodofilme*** é o que você copiou da barra de endereço no passo 2.

DICA Quando pegar o código do filme do YouTube, ele vem após o v=. Mas quando você constrói sua URL para se referenciar ao filme, você usa v/.

Utilizando Vídeo com Canvas

Outra coisa excelente de se ter multimídia nativa com o HTML5 é que ela pode funcionar com muitos dos outros novos recursos e funcionalidades que venham com ou estejam relacionados com o HTML5.

Um dos novos recursos é o elemento **canvas**.

O elemento **canvas** e seu correspondente JavaScript API lhe permitem desenhar e animar objetos em suas páginas na web.

Você também pode usar o API em conjunto com o vídeo do HTML5, porque o elemento **video** pode ser tratado como qualquer outro elemento HTML e é, portanto, acessível ao **canvas**.

Com o JavaScript API, você pode capturar imagens de um vídeo em execução e redesenhá-las no elemento **canvas** como uma imagem, o que permite que você, por exemplo, capture telas do vídeo.

Você pode manipular pixels individuais da imagem com o API, e como você pode criar imagens de seu vídeo no **canvas**, isso também lhe permite manipular os pixels do vídeo. Por exemplo, você poderia passar todos eles para uma escala cinza.

Isso lhe dá apenas uma pequena ideia do que o **canvas** pode fazer com o elemento **video**, e uma discussão detalhada sobre esse tópico está fora da alçada deste livro. Para mais informações sobre o **canvas** e seu JavaScript API, veja a seção "Outros Recursos", no fim deste capítulo.

Emparceirando Vídeos com SVG

Outra tecnologia que as pessoas começaram a prestar mais atenção com o surgimento do HTML5 foi o SVG (Gráficos Vetoriais Escaláveis).

O SVG está por aí há muito tempo (desde 1999), mas o HTML5 traz consigo o elemento **svg**, que permite que as definições do SVG sejam incorporadas dentro da própria página.

O SVG permite que formas e gráficos sejam definidos no XML, que o navegador interpreta e usa para desenhar as formas reais. Tudo o que a definição do SVG possui é um monte de instruções sobre como e o que desenhar.

Os gráficos produzidos pelo SVG também são baseados em vetores, e não em bitmap. Isso significa que eles dimensionam bem, porque o navegador simplesmente usa as instruções de desenho para desenhar a forma no tamanho necessário. Os gráficos no formato bitmap contém dados em pixels e, caso queira redesenhar a imagem em um tamanho maior que o original, não existem pixels suficientes para a nova dimensão, o que causa uma perda de qualidade da imagem.

Uma discussão completa sobre o SVG está muito fora do conteúdo deste capítulo, mas ele é mencionado aqui para que você saiba que o vídeo pode ser usado em conjunto com as definições do SVG. As formas criadas pelo SVG podem ser usadas para mascarar vídeos – ou seja, mostrar as imagens apenas através do formato (um círculo, por exemplo).

Existem também inúmeros filtros do SVG que você pode aplicar a um vídeo do HTML5, como a conversão preta e branca, Gaussian blur e saturação de cor. Para mais informações sobre o SVG, veja a próxima seção, "Outros Recursos".

Outros Recursos

Este capítulo abordou apenas o básico da multimídia do HTML5. Há muito mais a ser aprendido, então aqui estão vários recursos que você pode conferir como lhe convir (todos eles em inglês).

Recursos online

- "Video on the Web" (http://diveinto.html5doctor.com/video.html)
- *HTML5 Video* (http://html5video.org)
- "WebVTT and Video Subtitles" (www.iandevlin.com/blog/2011/05/html5/webvtt-and-video-subtitles)
- "HTML5 Canvas: The Basics" (http://dev.opera.com/articles/view/html-5-canvas-the-basics)
- "Learning SVG" (http://my.opera.com/tagawa/blog/learning-svg)

Livros

- Ian Devlin. *HTML5 Multimedia: Develop and Design*. Peachpit Press, 2011. (http://html5multimedia.com)
- Shelley Powers. *HTML5 Media*. O'Reilly Media, 2011.
- Silvia Pfeiffer. *The Definitive Guide to HTML5 Video*. Apress, 2010.

18
Tabelas

Estamos todos acostumados com dados tabulados em nossa rotina. Eles têm vários formatos, como dados financeiros ou de pesquisas, eventos de calendário, horário dos ônibus ou programação da TV. Na maioria dos casos, essa informação é apresentada em colunas ou em fileiras com títulos, junto com os dados em si.

O elemento **table** – ao lado de seus elementos filhos – é descrito neste capítulo. Focarei na estruturação básica e estilização do **table**. As tabelas do HTML podem ficar bem complexas, embora haja menos ocasiões que você terá que implementá-las, a menos que você tenha um site rico em dados. Os links abaixo mostram exemplos de códigos para estruturas de tabelas complexas e enfatiza como tornar as tabelas acessíveis (sites em inglês):

- "Bring On the Tables", de Roger Johansson (www.456bereastreet.com/ archive/200410/bring_on_the_tables/)
- "Accessible Data Tables", de Roger Hudson (www.usability.com.au/ resources/tables.cfm)
- "Techniques for Accessible HTML Tables", de Stephen Ferg (www.ferg.org/ section508/accessible_tables.html)

Neste Capítulo

Estruturando Tabelas	490
Abrangendo Colunas e Fileiras	494

Estruturando Tabelas

O tipo de informação que você coloca em uma planilha geralmente se encaixa em uma apresentação em uma tabela do HTML.

Em seu nível mais básico, um elemento **table** é feito de fileiras e células. Cada fileira (**tr**) contém células de cabeçalho (**th**) ou de dados (**td**), ou ambas. Você também pode disponibilizar um elemento **caption** para a tabela caso ache que ele ajudará as pessoas a entendê-la. Além disso, o atributo **scope** – também opcional, mas recomendado – informa os leitores de telas e outros dispositivos de assistência que um **th** é o cabeçalho para a coluna de uma tabela (quando **scope="col"**), para a fileira de uma tabela (quando **scope="row"**), e muito mais (veja a última dica) **A**.

Por padrão, os navegadores exibem as tabelas apenas na largura que a informação exige dentro do espaço disponível na página **B**. Como você já deve esperar, é possível alterar a formatação da tabela com o CSS, como demonstrarei brevemente.

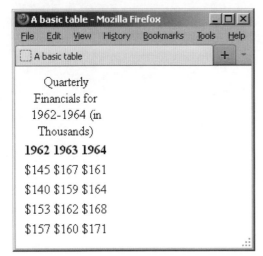

B Por padrão, o texto **th** é em negrito, os de **th** e **caption** são centralizados, e a tabela tem a largura de seu conteúdo.

A Cada fileira é marcada por um elemento **tr**. Esta tabela muito simples tem uma fileira que contém os cabeçalhos (os elementos **th**) e mais três fileiras com células de dados (os elementos **td**). Se você incluir um **caption**, ele precisa ser o primeiro elemento dentro do **table** (**caption** também pode incluir **p** e outros elementos de texto).

```
...
<body>
<table>
    <caption>Quarterly Financials for
    → 1962-1964 (in Thousands)</caption>
    <tr>
        <th scope="col">1962</th>
        <th scope="col">1963</th>
        <th scope="col">1964</th>
    </tr>
    <tr>
        <td>$145</td>
        <td>$167</td>
        <td>$161</td>
    </tr>
    <tr>
        <td>$140</td>
        <td>$159</td>
        <td>$164</td>
    </tr>
    <tr>
        <td>$153</td>
        <td>$162</td>
        <td>$168</td>
    </tr>
    <tr>
        <td>$157</td>
        <td>$160</td>
        <td>$171</td>
    </tr>
</table>
</body>
</html>
```

C Eu defini as seções da tabela explicitamente com **thead**, **tbody** e **tfoot**. Em seguida, adicionei um **th** no começo de cada fileira; aquelas no **tbody** e **tfoot** têm **scope="row"** para indicar que eles são os cabeçalhos das fileiras.

```
...
<body>
<table>
    <caption>Quarterly Financials for
    → 1962-1964 (in Thousands)</caption>
    <thead>  <!-- table head -->
        <tr>
            <th scope="col">Quarter</th>
            <th scope="col">1962</th>
            <th scope="col">1963</th>
            <th scope="col">1964</th>
        </tr>
    </thead>
    <tbody>  <!-- table body -->
        <tr>
            <th scope="row">Q1</th>
            <td>$145</td>
            <td>$167</td>
            <td>$161</td>
        </tr>
        <tr>
            <th scope="row">Q2</th>

            <td>$140</td>
            <td>$159</td>
            <td>$164</td>
        </tr>
        ... Q3 and Q4 rows ...
    </tbody>
    <tfoot>  <!-- table foot -->
        <tr>
            <th scope="row">TOTAL</th>
            <td>$595</td>
            <td>$648</td>
            <td>$664</td>
        </tr>
    </tfoot>
</table>
</body>
</html>
```

Porém, falta alguma coisa na tabela em **A**. Como você sabe o que cada fileira de dados representa? Seria mais fácil de dizer se a tabela também tivesse cabeçalhos *ao lado de* cada fileira. Adicioná-los é uma mera questão de acrescentar um **th** como primeiro elemento de cada fileira. E enquanto os cabeçalhos das colunas têm **scope="col"**, cada fileira **th** que antecede um **td** recebe **scope="row"** **C**.

Também usei **C** como uma oportunidade de apresentar alguns outros elementos que são específicos para definir tabelas: **thead**, **tbody** e **tfoot**. O elemento **thead** marca explicitamente uma fileira ou fileiras de cabeçalhos como sendo a cabeça da tabela. O elemento **tbody** circunda todas as fileiras de dados. O elemento **tfoot** marca explicitamente uma fileira ou fileiras como sendo o rodapé da tabela. Você pode usar o **tfoot** para calcular as colunas, como em **C**, ou para repetir os cabeçalhos **thead** para uma tabela longa, como em um horário de trens (alguns navegadores também podem imprimir os elementos **tfoot** e **thead** em cada página se a tabela tiver várias). Os elementos **thead**, **tfoot** e **tbody** não afetam o layout e não são obrigatórios (embora eu recomende usá-los), exceto que **tbody** é necessário sempre que você incluir um **thead** ou **tfoot**. Você também pode direcionar os estilos com todos os três.

Como visto **B**, as tabelas podem parecer pouco eficientes por padrão. Adicionando-se um pouco de CSS básico **D**, você pode incluir espaço nas células para espalhar o conteúdo (através do **paddig**), acrescentar bordas para indicar os limites das células (através de **border**) e formatar o texto, tudo para melhorar a compreensão de sua tabela **E**.

Para estruturar uma tabela:

1. Digite `<table>`.

2. Se desejar, digite `<caption>`*conteúdo da legenda*`</caption>`, em que **conteúdo da legenda** descreve sua tabela.

3. Se desejar, antes do primeiro elemento **tr** da seção que queira criar, digite `<thead>`, `<tbody>` ou `<tfoot>`, como for apropriado.

4. Digite `<tr>` para definir o começo de uma fileira.

5. Digite `<th scope="`*tipodoescopo*`">` para iniciar uma célula de cabeçalho (em que **tipodoescopo** é **col**, **row** ou **rowgroup**), ou digite `<td>` para definir o começo de uma célula de dados.

6. Digite o conteúdo da célula.

7. Digite `</th>` para completar uma célula de cabeçalho ou `</td>` para completar uma de dados.

8. Repita os passos de 5 a 7 para cada célula na fileira.

9. Digite `</tr>` para completar a fileira.

D Esta simples folha de estilo adiciona uma **border** para cada célula de dados e um **padding** dentro das células de cabeçalho e de dados. Ela também formata o **caption** da tabela e o conteúdo. Sem **border-collapse: collapse;** definido na **table**, um espaço apareceria entre a borda de cada **td** e na borda seu **td** adjacente (a configuração padrão é **border-collapse: separate;**). Você também pode aplicar bordas aos elementos **th**, como mostrado em "Abrangendo Colunas e Fileiras".

```
body {
     font: 100% arial, helvetica, serif;
}

table {
     border-collapse: collapse;
}

caption {
     font-size: .8125em;
     font-weight: bold;
     margin-bottom: .5em;
}

th,
td {
     font-size: .875em;
     padding: .5em .75em;
}

td {
     border: 1px solid #000;
}

tfoot {
     font-style: italic;
     font-weight: bold;
}
```

492 Capítulo 18

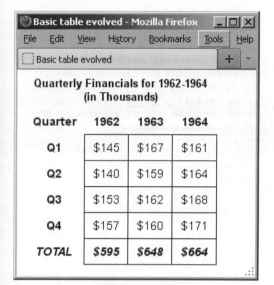

E Agora a tabela tem cabeçalhos para as colunas e fileiras, e tem uma fileira com os valores totais da coluna, anexada em um elemento **tfoot**. As estilizações de nossa borda, padding da célula, conteúdo da legenda (**caption**) e o conteúdo do **tfoot** também são exibidos.

10. Repita os passos de 4 a 9 para cada fileira na seção.

11. Caso tenha começado uma seção no passo 3, feche-a com **</thead>**, **</tbody>** ou **</tfoot>**, como for apropriado.

12. Repita os passos de 3 a 11 para cada seção. Repare que uma tabela pode ter apenas um **thead** e um **tfoot**, mas pode ter vários elementos **tbody**.

13. Para terminar a tabela, digite **</table>**.

DICA Se **table** for o único elemento, além de um **figcaption**, aninhado em um elemento figure, omita o **caption** e descreva o **table** com o **figcaption** (veja "Criando uma Figura", no Capítulo 4). Para deixar bem claro, não aninhe o **figcaption** no **table**, mas no **figure**, como de costume.

DICA Embora não mostrado no exemplo do CSS **D**, você pode definir um **background**, um **width**, entre outros, em sua folha de estilo para os elementos **table**, **td** ou **th**. Resumindo, a maior parte do texto e outras formatações que você usa para estilizar outros elementos do HTML também se aplicam às tabelas (veja "Abrangendo Colunas e Fileiras" para outro exemplo). Você pode notar pequenas diferenças na exibição entre os navegadores, especialmente no Internet Explorer.

DICA Você pode designar o atributo **scope** a um **th** que seja o cabeçalho para um grupo inteiro de colunas (**scope="colgroup"**) ou para um grupo inteiro de fileiras (**scope="rowgroup"**). Veja um exemplo deste último na próxima seção.

Abrangendo Colunas e Fileiras

Você pode abranger um **th** ou **td** através de mais de uma coluna ou fileira com os atributos **colspan** e **rowspan**, respectivamente. O número que você designa aos atributos especifica o número de células que ele abrange (Ⓐ e Ⓑ).

Para abranger um célula através de duas ou mais colunas:

1. Quando chegar o momento em que você precisa definir a célula que abrange mais do que uma coluna, digite **<td** seguido de um espaço.

2. Digite **colspan="*n*"**, em que *n* é igual ao número de colunas que a célula deve abranger.

3. Digite o conteúdo da célula.

4. Digite **</td>**.

5. Complete o resto da tabela como descrito em "Estruturando Tabelas". Caso crie uma célula que abranja duas colunas, você precisará definir uma célula a menos para aquela fileira; caso crie uma célula que abranja três colunas, você terá que definir duas células a menos para aquela fileira; e assim por diante.

Ⓐ Indiquei que *Celebrity Hoedown* passa terça e quarta-feira, às 20h, aplicando **colspan="2"** para o **td** que contém o programa. De forma similar, adicionei **rowspan="2"** para o **td** que contém *Movie of the Week*, porque ele dura duas horas. Repare também que o **th** Time tem **scope="rowgroup"**, porque ele é o cabeçalho de todos os cabeçalhos no grupo de fileiras de cabeçalhos logo abaixo dele.

```
...
<body>
<table>
    <caption>TV Schedule</caption>
    <thead> <!-- table head -->
        <tr>
            <th scope="rowgroup"  >Time</th>
            <th scope="col">Mon</th>
            <th scope="col">Tue</th>
            <th scope="col">Wed</th>
        </tr>
    </thead>
    <tbody> <!-- table body -->
        <tr>
            <th scope="row">8 pm</th>
            <td>Staring Contest</td>
            <td colspan="2"  >Celebrity Hoedown
            → </td>
        </tr>
        <tr>
            <th scope="row">9 pm</th>
            <td>Hardy, Har, Har</td>
            <td>What's for Lunch?</td>
            <td rowspan="2"  >Movie of the Week
            → </td>
        </tr>
        <tr>
            <th scope="row">10 pm</th>
            <td>Healers, Wheelers &amp;
            → Dealers</td>
            <td>It's a Crime</td>
        </tr>
    </tbody>
</table>
</body>
</html>
```

494 Capítulo 18

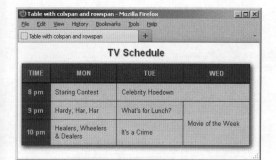

B Pode ter sido um pouco complicado de imaginar como tudo ficaria só de olhar para o código, mas quando visualizados em um navegador, fica claro como **colspan** e **rowspan** afetam a exibição da tabela. Também estilizei a tabela com o CSS. A folha de estilo está disponível no site do livro em www.bruceontheloose.com/htmlcss/examples/ (em inglês).

Para abranger uma célula através de duas ou mais fileiras:

1. Quando chegar o momento em que você precisa definir a célula que abrange mais do que uma fileira, digite **<td** seguido de um espaço.

2. Digite **rowspan="n">**, em que **n** é igual ao número de fileiras que a célula deve abranger.

3. Digite o conteúdo da célula.

4. Digite **</td>**.

5. Complete o resto da tabela como descrito em "Estruturando Tabelas". Caso crie uma célula com um **rowspan** de 2, você não precisará definir a célula correspondente na próxima fileira; caso defina um **rowspan** de 3, você não terá que definir as células correspondentes nas próximas duas fileiras; e assim por diante.

DICA Cada fileira em uma tabela precisa ter o mesmo número de células definidas.
As células que abrangem através das colunas têm o mesmo número de células que seu atributo `colspan`.

DICA Cada coluna em uma tabela precisa ter o mesmo número de células definidas. As células que abrangem através das fileiras têm o mesmo número de células que seu atributo `rowspan`.

19

Trabalhando com Scripts

Enquanto o HTML define o conteúdo de sua página e o CSS, sua apresentação, o Javascript define um comportamento especial.

Você pode escrever programas simples em JavaScript para exibir ou ocultar um conteúdo, e você pode escrever alguns mais complicados, que carregam dados e atualizam de forma dinâmica a sua página. Você pode conduzir controles personalizados dos elementos **audio** e **video** do HTML5, além de criar jogos que usam o elemento **canvas**, do HTML5, para os navegadores. E você pode escrever aplicações web complexas que aproveitam alguns dos recursos mais poderosos no HTML5 e em tecnologias relacionadas (eles são um assunto avançado, então não serão explicados neste livro).

Neste Capítulo

Carregando um Script Externo	499
Adicionando um Script Incorporado	502
Eventos JavaScript	503

Como você pode ver, o JavaScript possui uma bela gama de possibilidades e seu uso aumentou demais. Suas bibliotecas, como jQuery (jquery.com), MooTools (mootools.net), YUI (yuilibrary.com), entre outras, facilitaram a adição de interações simples e comportamentos sofisticados às páginas, além de ajudá-las a se comportar de forma mais consistente entre os navegadores. Dessas bibliotecas, jQuery é a mais usada, principalmente porque os iniciantes a consideram mais fácil de aprender, possui uma boa documentação online e tem uma comunidade muito grande por trás dela.

Os fabricantes de navegadores passaram um tempo considerável adaptando seus produtos para que eles processassem o JavaScript de forma muito mais veloz do que suas versões anteriores. O JavaScript também funciona em tablets e em navegadores modernos de celulares, se bem que, por questões de performance, você terá que pensar quanto dele será carregado nas páginas para esses aparelhos.

Infelizmente, o JavaScript é um tópico bastante extenso, então ele não será explicado neste livro. Neste capítulo, explicarei como inserir scripts, uma vez criados, em seus documentos HTML. Também darei alguns conselhos básicos sobre como fazer isso de uma forma que se minimize o impacto sobre o tempo de renderização de sua página. Além disso, explicarei rapidamente sobre os manipuladores de evento.

A O atributo **src** do elemento **script** indica a URL do script. Na maior parte das vezes, é melhor carregar os scripts no fim de sua página, logo antes da tag de fim **</body>**. Você também pode carregar os scripts no elemento **head B**, mas isso pode afetar a velocidade que sua página é exibida. Veja a barra lateral "As Melhores Práticas para Scripts e Performance" para mais informações.

```
<!DOCTYPE html>
<html lang="en">
<head>
    <meta charset="utf-8" />
    <title>Loading an External Script</title>
<link rel="stylesheet" href="css/base.css" />
</head>
<body>
... All of your HTML content is here ...

<script src="behavior.js"></script>
</body>
</html>
```

B Este exemplo mostra um script carregado no elemento **head**. Ele vem após o elemento **link**, então ele não vai impedir que o arquivo do CSS seja carregado antes. Veja a barra lateral "As Melhores Práticas para Scripts e Performance" para aprender por que você quer minimizar as ocasiões de se carregar os scripts no elemento **head**.

```
<!DOCTYPE html>
<html lang="en">
<head>
    <meta charset="utf-8" />
    <title>Loading an External Script</title>
<!-- Load style sheets before any JS files -->
<link rel="stylesheet" href="base.css" />
<script src="behavior.js"></script>
</head>
<body>
... All of your HTML content is here ...
</body>
</html>
```

Carregando um Script Externo

Existem dois tipos principais de scripts – aqueles que você carrega a partir de um arquivo externo (em formato de texto) e aqueles que são incorporados em sua página (explicados na próxima seção). Trata-se do mesmo conceito das folhas de estilo externas ou incorporadas.

E assim como quando se adiciona folhas de estilo a suas páginas, normalmente é melhor carregar os scripts de um arquivo externo **A** do que incluí-lo em seu HTML. Você colhe alguns dos mesmos benefícios, já que um único arquivo JavaScript pode ser carregado por cada página que precisar dele. Você pode atualizar apenas um script, em vez de atualizar scripts parecidos em páginas HTML separadas.

Seja para carregar ou para incorporar um script, utilize o elemento **script**.

Para carregar um script externo:

Digite **<script src="*script.js*"></script>**, em que *script.js* é a localização no servidor e o nome do arquivo do script externo. Coloque cada elemento do script logo antes da tag de fim **</body>** sempre que possível **A**, em vez de colocá-lo no elemento **head** do documento **B**.

continua na próxima página

DICA Sua página pode carregar diversos arquivos JavaScript e conter vários scripts incorporados (veja Ⓐ, em "Adicionando um Script Incorporado"). Por padrão, os navegadores vão carregar (quando necessário) e executar os scripts na ordem que eles aparecem em seu HTML. Veja a barra lateral para aprender por que evitar vários scripts quando possível.

DICA Os navegadores que não entendem (eles são muito raros) ou tiveram o JavaScript desativado pelo usuário vão ignorar seu arquivo JavaScript. Por isso, certifique-se que sua página não se baseie apenas no JavaScript para dar acesso ao seu conteúdo.

DICA Para manter seus arquivos organizados, é comum colocar seus arquivos JavaScript em uma subpasta (`js` e `scripts` são nomes populares). Os valores de seu atributo src precisam refletir isso, assim como acontece com qualquer outra URL que aponto para um recurso. Por exemplo, se o arquivo em Ⓐ estivesse em uma pasta chamada `assets/js/`, você digitaria `<script src="assets"/js/behavior.js"></script>`. (Isso foi apenas um exemplo; existem outras formas de se representar a URL. Veja "URLs" no Capítulo 1.)

DICA O arquivo JavaScript nos exemplos (Ⓐ e Ⓑ) é chamado de `behavior.js`, mas você pode dar qualquer outro nome, desde que ele tenha a extensão `.js`.

DICA Tecnicamente, há uma terceira forma de se adicionar o JavaScript em uma página: scripts inline. Um *script inline* é uma pequena porção do JavaScript designada, diretamente em seu HTML, para certos atributos de um elemento. Eu evito falar sobre ela, exceto para apontar que você deve evitar seu uso, assim como se evitaria folhas de estilo inline. Assim como as folhas de estilo inline misturam seu HTML e CSS, os scripts inline entrelaçam seu HTML e JavaScript, em vez de mantê-los separados, como pedem as melhores práticas.

As Melhores Práticas para Scripts e Performance

Uma discussão completa das melhores práticas com relação aos scripts e a performance das páginas vai além do propósito deste livro, mas vou tocar em alguns pontos que são bastante relevantes.

Primeiro, isso ajuda a entender como um navegador manipula os scripts. Enquanto uma página carrega, por padrão o navegador baixa (para scripts externos), analisa e executa cada script na ordem em que eles aparecem em seu HTML. Enquanto processa, o navegador não faz o download nem renderiza nenhum elemento que apareça após o elemento `script` – nem mesmo texto. Isso é conhecido como *comportamento de bloqueio.*

Isso acontece tanto com os scripts incorporados quanto com os externos e, como você pode imaginar, isso realmente pode afetar a velocidade de renderização de sua página, dependendo do tamanho de seu script e de que ações ele executa.

A maioria dos navegadores faz isso porque seu JavaScript pode incluir um código do qual outro script dependa, um código que gera conteúdo imediatamente ou um código que, de alguma forma, altera sua página. Os navegadores precisam levar tudo isso em conta antes de terminar a renderização.

Então, como evitar isso? A técnica mais fácil para que seu JavaScript não faça esse bloqueio é colocar todos os elementos `script` no final de seu HTML, logo após a tag de fim `</body>`. Se você passou um tempo analisando a fonte de outros sites, com certeza você viu scripts carregados no elemento `head`. Desconsiderando um caso especial em que possa ser necessário, isso é considerado uma prática ultrapassada que você deve evitar sempre que possível. (Um caso em que isso é necessário ocorre quando é preciso carregar o shiv do HTML5, como descrito no Capítulo 11.) Caso realmente carregue scripts a partir do `head`, coloque-os após todos os elementos `link` que carregam os arquivos do CSS (de novo, por questões de performance).

Outra forma de agilizar o carregamento de seu script é combinar seu JavaScript em um único arquivo (ou no mínimo possível) e reduzir o código. Normalmente, o código reduzido não tem quebra de linhas, comentários ou espaços em branco a mais (entre outras diferenças possíveis do código no tamanho normal). Imagine escrever o código em uma linha longa, sem jamais apertar Enter.

Você pode utilizar ferramentas como as a seguir para reduzir seus scripts:

- Google Closure Compiler:
  https://developers.google.com/closure/compiler/ (download e documentação)
  closure-compiler.appspot.com/ (versão online da ferramenta)

- YUI Compressor:
  http://developer.yahoo.com/yui/compressor/ (download e documentação)
  http://refresh-sf.com/yui/ (versão não-oficial da ferramenta online)

Cada um deles reduzirá o tamanho do arquivo, mas os resultados vão variar de um script para outro. Geralmente, é mais rápido para um navegador carregar um arquivo do que dois (ou mais), mesmo que o único arquivo seja maior do que o tamanho combinado dos arquivos individuais (a menos que esse único arquivo seja *muito* maior).

Esses são dois métodos comuns e poderosos, mas isso é apenas uma pequena amostra do que é possível. Para discussões aprofundadas sobre métodos de carregamento de scripts e otimização, eu definitivamente recomendo o livro *Alta Performance em Sites Web* (Alta Books), de Steve Souders, assim como seu site, www.stevesouders.com (conteúdo em inglês). Esteja avisado, algumas das discussões ficam um pouco técnicas.

Adicionando um Script Incorporado

Um script incorporado existe em seu documento HTML, muito parecido com as folhas de estilo incorporadas. Esse tipo de script fica contido em um elemento **script** Ⓐ. Este método não é o preferível (veja "Carregando um Script Externo"), mas às vezes é necessário.

Para adicionar um script incorporado:

1. Em seu documento HTML, digite **<script>**.

2. Digite o conteúdo do script.

3. Digite **</script>**.

(DICA) **Cada elemento script é processado na ordem em que ele aparece no HTML, seja ele incorporado ou externo (veja "Carregando um Script Externo").**

(DICA) **Embora o elemento script exija a tag final (</script>), você pode incorporar código entre ela e a tag de início quando um atributo src estiver presente (veja "Carregando um Script Externo"). Em outras palavras, <script src="behavior.js">Alguma função aqui</script> é inválido. Qualquer elemento script pode apenas carregar um script externo com o src, ou incoporar um e não ter o src.**

Ⓐ Um script incorporado não tem um atributo **src**. Em vez disso, o código está na página. Caso incorpore um, adicione-o antes da tag de fim **</body>** sempre que possível. Pode-se também incorporar um script no **head** Ⓑ, mas isso não é desejável quando se pensa em performance.

```
<!DOCTYPE html>
<html lang="en">
<head>
    <meta charset="utf-8" />
    <title>Adding an Embedded Script</title>
<link rel="stylesheet" href="css/base.css" />
</head>
<body>
... All of your HTML content is here ...

<script>
/*
Your JavaScript code goes here
*/
</script>
</body>
</html>
```

Ⓑ Este exemplo mostra um script incorporado no **head**. Ele aparece após o elemento **link**, assim o arquivo do CSS carregará mais rápido. Veja a barra lateral "As Melhores Práticas para Scripts e Performance" para aprender por que você quer minimizar as ocasiões de se carregar os scripts no elemento **head**.

```
<!DOCTYPE html>
<html lang="en">
<head>
    <meta charset="utf-8" />
    <title>Loading an External Script</title>
<!-- Load style sheets before any JS files -->
<link rel="stylesheet" href="base.css" />
<script>
/*
Your JavaScript code goes here
*/
</script>
</head>
<body>
... All of your HTML content is here ...
</body>
</html>
```

Eventos JavaScript

Na introdução deste capítulo, mencionei que se aprofundar no JavaScript estava além do escopo do livro. No entanto, eu realmente quero lhe dar uma pequena amostra dos eventos JavaScript para que você tenha uma noção básica sobre o que o JavaScript pode fazer por você.

Você pode escrever o JavaScript para responder a eventos específicos, pré-definidos, que seu visitante ou o navegador aciona. A lista a seguir é apenas uma pequena amostra dos manipuladores de eventos disponíveis para você quando escrever os scripts. O HTML5 apresenta vários outros, muitos dos quais envolvem eventos relacionados aos elementos **audio** e **video**. Alguns aparelhos touch screen também entraram no jogo, com manipuladores de evento especiais baseados no toque.

Por favor, repare que "mouse" nesta lista significa qualquer "dispositivo que aponte". Por exemplo, **onmousedown** ocorre se um visitante usar uma caneta digital, um mouse de verdade ou um aparelho parecido.

- **onblur**. O visitante tira o cursor de um elemento que antes estava em foco (veja **onfocus**).

- **onchange**. O visitante modifica o valor ou o conteúdo do elemento. Isso é mais usado em campos de formulários (veja o Capítulo 16 para mais informações sobre formulários).

- **onclick**. O visitante clica na área especificada ou aperta a tecla Enter ou de retorno enquanto esta área estava em foco (como em um link).

- **ondblclick**. O visitante dá um duplo clique na área especificada.

- **onfocus**. O visitante seleciona, clica ou aperta tab para o elemento especificado.

continua na próxima página

Trabalhando com Scripts **503**

- **onkeydown**. O visitante pressiona a tecla para baixo no elemento especificado.

- **onkeypress**. O visitante aperta para baixo e solta a tecla enquanto estiver no elemento especificado.

- **onkeyup**. O visitante solta a tecla após digitar no elemento especificado.

- **onload**. O navegador termina de carregar a página, incluindo todos os arquivos externos (imagens, folhas de estilo, JavaScript, etc).

- **onmousedown**. O visitante pressiona o botão do mouse sobre o elemento especificado.

- **onmousemove**. O visitante move o cursor do mouse.

- **onmouseout**. O visitante tira o cursor do mouse do elemento especificado após estar sobre ele.

- **onmouseover**. O visitante aponta o mouse para o elemento.

- **onmouseup**. O visitante solta o botão do mouse após clicar no elemento (o oposto de **onmousedown**).

- **onreset**. O visitante clica no botão de reset do formulário ou aperta as teclas de retorno ou enter enquanto o botão está em foco.

- **onselect**. O visitante seleciona um ou mais caracteres ou palavras no elemento.

- **onsubmit**. O visitante clica no botão de envio do formulário ou aperta as teclas de retorno ou enter enquanto o botão está em foco.

Você pode ver a lista completa dos manipuladores de evento do HTML5 em http://dev.w3.org/html5/spec-author-view/global-attributes.html (conteúdo em inglês). Os manipuladores de eventos baseados ao toque que alguns aparelhos touch screen (como smartphones e tablets) contêm incluem **touchstart**, **touchend**, **touchmove**, entre outros (http://dvcs.w3.org/hg/webevents/raw-file/tip/touchevents.html – em inglês).

Testando e Depurando Páginas na Web

Então, você escreveu uma página novinha em folha e a exibiu em seu navegador só para descobrir que ela não se parece nem um pouco com o que você esperava. Ou ela sequer é exibida. Ou talvez ela esteja ótima em seu navegador padrão, mas quando você ou seus clientes a veem em outros, ela fica meio, digamos, engraçada.

Entre o HTML, o CSS e a multidão de navegadores (especialmente os antigos) e plataformas, é fácil ter um problema aqui e ali. Este capítulo vai alertá-lo para alguns erros comuns e também vai ajudá-lo a eliminar os problemas que apareceram em sua página.

Algumas dessas técnicas de depuração parecerão bastante básicas, mas os problemas com as páginas na web também são bastante básicos. Antes de procurar por um grande problema, certifique-se que você não tenha nenhum pequeno. Vou lhe mostrar como, na primeira seção.

Uma vez que seu código esteja correto, você deve testar seu site meticulosamente em alguns navegadores, em uma ou mais plataformas, para ver se cada página funciona da maneira que você quer (veja a seção "Testando Sua Página" e a barra lateral "Quais Navegadores Você Deve Testar?").

Neste Capítulo

Experimentando Algumas Técnicas de Depuração	506
Checando as Coisas Fáceis: Em Geral	508
Checando as Coisas Fáceis: HTML	510
Checando as Coisas Fáceis: CSS	512
Validando Seu Código	514
Testando Sua Página	516
Quando as Imagens Não Aparecem	519
Ainda com Problemas?	520

Experimentando Algumas Técnicas de Depuração

Aqui estão algumas técnicas testadas e verdadeiras para endireitar sua página na Web.

- Primeiro, confira as coisas fáceis.

- Seja observador e metódico.

- Trabalhe progressivamente. Faça pequenas alterações e faça um teste após cada uma. Assim, você conseguirá apontar a fonte do problema caso ele ocorra.

- Quando estiver depurando, comece com o que você sabe que funciona. Só então você deve adicionar as partes complicadas, pedaço por pedaço – testando a página em um navegador após cada adição –, até que encontre a fonte do problema.

- Use o processo de eliminação para descobrir quais porções de seu código estão causando problemas. Por exemplo, você pode comentar metade do código para ver se o problema está na outra metade Ⓐ. Então, comente uma parte menor da metade problemática, e assim por diante, até que você encontre o que está errado. (Veja "Adicionando Comentários", no Capítulo 3, e "Adicionando Comentários a Regras de Estilo", no Capítulo 7.)

- Cuidado com erros de digitação. Muitos problemas perplexos podem acabar sendo meros erros de digitação – por exemplo, você digitou o nome de uma classe de um jeito em seu HTML, e de outro no CSS.

- No CSS, se não tiver certeza se o problema é com a propriedade ou com o seletor, tente adicionar uma declaração bem simples ao seu seletor, como **color: red;** ou **border: 1px**

Ⓐ Comentei a parte do meio deste código para ver se ela é a culpada. Repare que muitos editores de HTML e CSS incluem destaques para a sintaxe, como a adição automática de cores para o código de elementos, seletores e similares. Isso pode ajudar sua depuração. Digite errado o nome de uma propriedade do CSS, por exemplo, e o editor não vai mostrá-la na cor esperada: uma dica de que isso não é válido.

```
...

.entry {
    border-right: 2px dashed #b74e07;
    margin: 0 .5em 2em 0;
}

.entry h2 {
    font-size: 1.25em;
    line-height: 1;
}

/*
.continued,
.entry .date {
    text-align: right;
}

.entry .date {
    line-height: 1;
    margin: 0 1em 0 0;
    padding: 0;
    position: relative;
    top: -1em;
}

.intro {
    margin: -5px 0 0 110px;
}
*/

.photo {
    float: left;
    height: 75px;
    width: 100px;
}

.photo a {
    margin: 0;
    padding: 0;
}

...
```

solid red; (ou escolha uma cor incomum para o site, como **pink** se **red** for parte de seu design). Se o elemento ficar vermelho, o problema é com sua propriedade; se não ficar, o problema é com o seu seletor (presumindo que você não tenha outro seletor que seja mais específico ou que apareça após o atual).

- Faça uma pausa. Às vezes, você pode fazer muito mais em 15 minutos após caminhar por uma hora, do que faria se tivesse trabalhado durante essa hora. Também já resolvi problemas em minha cabeça após tirar breves cochilos.

- Teste as mudanças em seu HTML ou CSS diretamente no navegador usando uma ou mais das barras de ferramentas do desenvolvedor a sua disposição. Ou verifique o código com essas ferramentas para tentar localizar o problema. (Veja a barra lateral "Ferramentas do Desenvolvedor nos Navegadores".)

Ferramentas do Desenvolvedor nos Navegadores

Os navegadores incluem ferramentas de depuração ou as têm disponíveis como extensões. Muitos recursos das ferramentas são parecidos. O recurso que você mais utilizará é o da habilidade de alterar o CSS ou o HTML e ver se isso afeta sua página imediatamente. Isso lhe permite testar rapidamente as mudanças antes de incorporá-las em seu código.

A seguir temos um resumo das ferramentas utilizadas com mais frequência para cada navegador:

- Chrome: Developer Tools (http://code.google.com/chrome/devtools/docs/overview.html).

- Firefox: o add-on muito popular Firebug (http://getfirebug.com). O Web Developer (http://chrispederick.com/work/web-developer/) é um tipo de ferramenta um pouco diferente, mas muito útil. Também está disponível para o Chrome no mesmo link.

- Internet Explorer: IE8+ tem o Developer Tools (http://msdn.microsoft.com/en-us/ie/aa740478) embutido. Para o IE6 e IE7, você pode instalar o Internet Explorer Developer Toolbar (www.microsoft.com/download/en/details.aspx?id=18359).

- Opera: Dragonfly (www.opera.com/dragonfly).

- Safari: Web Inspector (http://developer.apple.com/technologies/safari/developer-tools.html).

Documentação e vídeos mostrando como utilizar muitas dessas ferramentas também estão disponíveis online.

Veja exemplos do Firebug e Web Inspector em ação em "Checando as Coisas Fáceis: HTML" e "Checando as Coisas Fáceis: CSS", respectivamente.

Checando as Coisas Fáceis: Em Geral

Enquanto a diferença que você vê entre os navegadores *pode* ser por causa de algum bug obscuro do navegador ou de alguma técnica que você esteja usando, geralmente trata-se de algo simples. Todo mundo, dos novatos aos experientes, comete aquele erro simples que acaba o derrubando. Por exemplo, é fácil pensar que a fonte do problema está no código e gastar muito tempo fazendo a depuração, apenas para descobrir que você está modificando um arquivo mas fazendo o upload e visualizando um diferente de seu servidor!

Muitas das sugestões a seguir aplicam-se para testar a URL de seu site em seu servidor.

Para checar as coisas fáceis em geral:

- Valide seu código como descrito em "Validando Seu Código". Este é um ótimo lugar para se começar, porque você pode eliminar erros de sintaxe e relacionados como a causa do problema que está ocorrendo.

- Certifique-se de que tenha feito o upload do arquivo que queira testar.

- Certifique-se de que tenha feito o upload do arquivo para a localização que ele pertence.

- Certifique-se de que tenha digitado a URL que corresponda ao arquivo que queira testar. Ou se você tentou navegar para a página a partir de outra, certifique-se de que a URL codificada no link para a página corresponda ao seu nome de arquivo e sua localização.

- Certifique-se de que tenha salvo o arquivo – incluindo as últimas mudanças – antes de fazer seu upload.

- Certifique-se de que tenha feito o upload de qualquer arquivo auxiliar – CSS, imagens, músicas, vídeos, etc.

- Certifique-se de que as letras maiúsculas e minúsculas em sua URL sejam exatamente iguais às dos nomes dos arquivos. (Aliás, esta é uma razão pela qual recomendo usar apenas letras minúsculas; isso reduz o espaço para erros quando digitar URLs – tanto para você quanto para seus visitantes.) E certifique-se de que não tenha usado espaços nos nomes dos arquivos (use hifens, no lugar).

- Caso tenha desativado qualquer recurso do navegador, como o suporte ao JavaScript, durante testes anteriores, certifique-se de que não tenha esquecido de reativá-lo.

- Certifique-se de que o problema não é culpa do navegador. A forma mais fácil de se fazer isso é testando a página em algum outro.

Nas próximas duas seções, vou lhe dizer como checar as coisas fáceis no HTML e no CSS.

Checando as Coisas Fáceis: HTML

Às vezes, o problema está em seu HTML.

Para checar as coisas fáceis no HTML:

- É fácil passar batido por um ou dois simples erros de digitação **Ⓐ**. Certifique-se que tenha digitado tudo corretamente e que tenha designado valores válidos aos atributos **Ⓑ**. Use um dos validadores do HTML para os expor, assim você pode corrigi-los rapidamente (veja "Validando Seu Código").

- Cuidado com o aninhamento de elementos. Por exemplo, caso abra um **\<p>** e, em seguida, use um ****, certifique-se de que o **** venha antes que o **\</p>**.

- Caso caracteres acentuados ou símbolos especiais não estejam sendo exibidos adequadamente, certifique-se de que **\<meta charset="utf-8" />** (ou a codificação de caracteres correta, se for diferente do UTF-8) apareça logo após o começo do elemento **head**, e esteja certo de que seu editor de texto esteja configurado para salvar seus arquivos HTML na mesma codificação. Caso ainda esteja enfrentando problemas, tente utilizar a referência apropriada do caractere.

- Certifique-se de que os valores dos atributos estejam envolvidos por aspas retas, não onduladas. O valor de um atributo pode conter aspas simples caso o valor esteja envolto por aspas duplas **Ⓒ**, que é a norma. Se o valor em si contiver aspas duplas, use as referências dos caracteres para as aspas de dentro **Ⓓ**.

Ⓐ Você pode ver onde estão os problemas? Eu digitei **scr** errado e incluí um tipo de unidade nos valores **width** e **height**. Os validadores do HTML indicarão esses tipos de erros, fazendo com que você economize tempo, em vez de ter que sair caçando-os por toda a parte caso não perceba seus erros de digitação.

```
<img scr="woody.jpg" width="200px"
→ height="150px" alt="Woody the cat" />
```

Ⓑ A versão corrigida mostra o atributo **src** digitado corretamente, eu removi o **px** dos valores **width** e **height**.

```
<img src ="woody.jpg" width=" 200 "
→ height="150 " alt="Woody the cat" />
```

Ⓒ Se o valor de um atributo tiver aspas *simples*, você pode envolvê-lo com as aspas duplas, como de costume.

```
<img src="jungle.jpg" width="325" height="275"
→ alt="Llumi's  jungle " />
```

Ⓓ Se o valor de um atributo tiver aspas *duplas*, use referências de caracteres ao redor do texto entre aspas dentro do valor.

```
<img src="cookie-the-cat.jpg" width="250"
→ height="200" alt="Cookie's saying,
→ &quot;Enough!&quot; " />
```

510   Capítulo 20

E Não inclua uma tag de fim em elementos vazios, como `img`. Os validadores do HTML indicarão este exemplo como um erro.

```
<img src="jungle.jpg" width="325" height="275"
→ alt="Llumi's jungle"></img>
```

F Com o Firebug instalado no Firefox, você pode clicar com o botão direito do mouse (ou com o botão Control, no Mac) sobre o conteúdo e selecionar Inspect Element. Isso exibe no Firebug a estrutura por trás do conteúdo **G**.

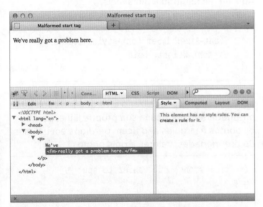

G Quando você inspeciona o parágrafo com o Firebug, é possível ver que o Firefox estruturou o HTML como `<p>We've <fm>really got a problem here</fm>.</p>` quando ele encontrou o erro do código em **H**.

H Este elemento **em** tem um erro de digitação na tag de início. Quando um navegador como o Firefox analisa o HTML, ele tenta entender o erro e altera a estrutura por trás do documento quando exibe a página, como mostrado em **G**. Os validadores do HTML também indicarão esse erro.

```
<p>We've <fm> really</em> got a problem here.
→ </p>
```

- Certifique-se de que todos os elementos apropriados tenham tags de início e fim. E não use tags de início e fim separadas para elementos vazios **E**. (Tecnicamente, os navegadores podem renderizar os elementos corretamente se você omitir a tag de fim ou incluir uma em um elemento vazio, mas é melhor não arriscar.)

- Use as ferramentas do desenvolvedor dos navegadores para inspecionar a estrutura do documento como ele aparece após o navegador o ter analisado **F**, e compare-o com o aninhamento de elementos que você estava esperando **G**. Isso pode ajudar a apontar a localização de uma tag má formada, de um elemento não-fechado, ou algum elemento que tenha sido fechado cedo demais. (Veja a barra lateral "Ferramentas do Desenvolvedor nos Navegadores".)

Checando as Coisas Fáceis: CSS

Enquanto que a sintaxe do CSS é bem direta, ela pode conter algumas armadilhas, especialmente se você estiver mais acostumado a escrever em HTML. Um validador de CSS indicará erros de sintaxe como os discutidos nesta seção, então valide suas folhas de estilo antes de sair procurando por erros em seu CSS.

Para checar as coisas fáceis no CSS:

- Certifique-se de separar propriedades de seus valores com um dois pontos (:), não com o sinal de igual (como feito no HTML) (Ⓐ e Ⓑ).

- Esteja certo de completar cada par propriedade/valor (uma *declaração*) com um ponto e vírgula (;). Certifique-se de que não haja ponto e vírgulas a mais (Ⓒ e Ⓓ).

- Não adicione espaços entre os números e suas unidades (Ⓔ e Ⓕ).

- Não se esqueça de fechar os colchetes.

- Certifique-se de usar valores aceitos. Algo como **font-style: none;** não vai funcionar, já que o valor "none" para esta propriedade é chamado de **normal**. Você pode encontrar uma lista de propriedades e valores do CSS no Apêndice B (veja a página do livro no site da Editora).

Ⓐ Opa. Pode ser difícil perder o hábito de separar propriedades e valores com o sinal de igual.

```
p {
    font-size=1.3em;
}
```

Ⓑ Muito melhor. Sempre use dois pontos entre a propriedade e o valor. Não importa se você adicionar espaços antes e depois dos dois pontos, mas é comum incluir um após eles.

```
p {
    font-size: 1.3em;
}
```

Ⓒ Outro erro. Você precisa pôr um, e apenas um, ponto e vírgula entre cada par propriedade/valor. Aqui há um faltando e um a mais.

```
p {
    font-size: 1.3em font-style: italic; ;
    → font-weight: bold;
}
```

Ⓓ É mais fácil de localizar o erro quando cada par propriedade/valor ocupa sua própria linha, porque os pontos e vírgulas não ficam perdidos em um mar de propriedades, valores e dois pontos.

```
/* Still wrong, but easier to spot */
p {
    font-size: 1.3em;;
    font-style: italic
    font-weight: bold;
}

/* Here's the correct version */
p {
    font-size: 1.3em;
    font-style: italic;
    font-weight: bold;
}
```

E E mais um erro. Nunca coloque espaços entre o número e a unidade.

```
p {
    font-size: .8275 em;
}
```

F Isto vai funcionar. Repare que o espaço entre os dois pontos e o valor é opcional (mas comum).

```
p {
    font-size: .8275em;
}
```

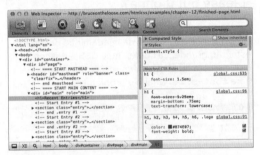

G Verifiquei o código `<h1>Recent Entries</h1>` com o Web Inspector do Safari. O CSS aplicado ao elemento é exibido no painel da direita. Ele mostra uma linha sobre a configuração **font-size** para indicar que ela foi substituída por outra regra (a que está listada acima dela). Este é o resultado que queria nesse caso, mas você pode usar essa técnica para rastrear por que um estilo pode não ter sido aplicado da forma esperada. Você também pode editar as regras no painel da direita para testar um CSS diferente.

- Não se esqueça da tag de fim `</style>` para folhas de estilo incorporadas.
- Certifique-se de que tenha vinculado o documento HTML ao arquivo CSS apropriado, e de que a URL aponta para o arquivo desejado.
- Cuidado com os espaços e a pontuação entre os seletores.
- Certifique-se de que o navegador suporta o que você quer fazer, especialmente com o CSS3, porque o suporte dos navegadores ainda está evoluindo conforme o CSS3 se consolida. Veja o Apêndice B (no site do livro) para URLs que indicam o suporte dos navegadores para propriedades e valores específicos. Um validador de CSS não lhe dirá se determinado navegador é compatível com um recurso do CSS, mas *indicará* se você digitar um seletor, propriedade ou valor que não exista no CSS.
- Use as ferramentas do desenvolvedor dos navegadores para inspecionar as regras de estilo quando forem analisadas pelo navegador – assim como os atuais estilos dos elementos computados – para destacar rapidamente qual código não está sendo analisado como esperado ou para ver como regras de especificidade foram aplicadas **G**. (Veja a barra lateral "Ferramentas do Desenvolvedor nos Navegadores".)

Validando Seu Código

Uma grande forma de se encontrar erros em uma página Ⓐ é rodá-la em um validador Ⓑ. Um validador de HTML compara seu código com as regras da linguagem, exibindo erros ou avisos para qualquer inconsistência que ele encontre. Ele vai alertá-lo para erros de sintaxe; elementos, atributos e valores inválidos; e aninhamentos inapropriados de elementos Ⓒ. Ele não pode lhe dizer se você marcou seu conteúdo com os elementos que melhor o descrevem, então ainda depende de você escrever um HTML semântico (veja "A Semântica do HTML: Marcação com Significado", no Capítulo 1). Os validadores de CSS funcionam de forma parecida.

Você não precisa que suas páginas passem pelos validadores sem algum erro antes de colocá-las na web. Na verdade, a maioria dos sites têm erros. Além disso, o validador de CSS do W3C marcará os prefixos dos fabricantes usados em nomes de propriedade como erros, mas isso não significa que você deve removê-los de suas folhas de estilo (aprenda sobre os prefixos dos fabricantes no Capítulo 14).

Os navegadores foram feitos para lidar com vários tipos de erros (e ignorar alguns outros) e exibir sua página da melhor forma que eles puderem. Então, mesmo que sua página tenha um erro de validação, você pode não ver a diferença. Em outros casos, o erro afeta diretamente a renderização Ⓐ ou comportamento da página. Por isso, use os validadores para manter seu código com o menor número de erros possível.

Veja "Checando as Coisas Fáceis: HTML" e "Checando as Coisas Fáceis: CSS" para exemplos de erros que os validadores encontram.

Para validar seu código:

1. Primeiro confira seu HTML com o http://html5.validator.nu (Ⓑ e Ⓒ) ou com o http://validator.w3.org (ambos em inglês) do W3C. Veja as duas primeiras dicas para mais informações.

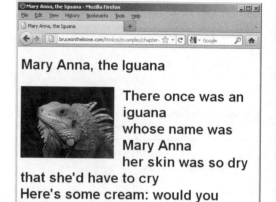

Ⓐ Aquele texto ao lado da imagem não deveria estar tão grande. Já conferi meu CSS e descobri que ele vem de uma configuração não intencional para **font-size**. Qual é o problema?

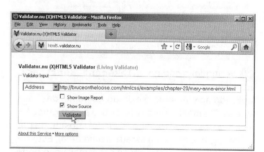

Ⓑ Colei a URL que quero checar no campo de endereço. Também selecionei a opção Show Source (Mostrar a Fonte), então o código-fonte do HTML aparecerá abaixo de qualquer erro que o validador encontrar, com as partes erradas do HTML destacadas.

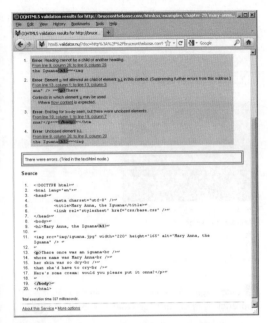

C O erro encontrado na Linha 9 é o problema – em vez de uma tag de fim **</h1>**, utilizei, por engano, outra tag de início **<h1>**. Os outros erros são causados pelo primeiro, então, uma vez que o conserte, a página estará livre de erros.

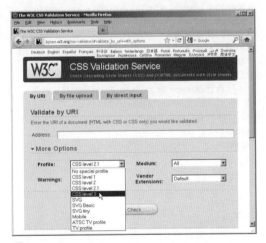

D O validador tem como padrão o nível 2.1 do CSS. Selecione o nível 3 se sua folha de estilo tiver qualquer CSS3. Caso contrário, o validador exibirá mais erros, porque os recursos do CSS3 não são parte do CSS 2.1.

2. Conserte qualquer erro que for indicado, salve as alterações e, se necessário, faça de novo o upload do arquivo para seu servidor. Então, repita o passo 1.

3. Você pode procurar por erros do CSS3 com o http://jigsaw.w3.org/css-validator/ (em inglês). Certifique-se de selecionar CSS level 3 no perfil caso sua folha de estilo tenha qualquer CSS3 **D**. Caso contrário, o validador indicará mais erros do que sua folha de estilo realmente tem.

DICA O validador do W3C (http://validator.w3.org) usa o mecanismo de validação do http://html5.validator.nu/, então use aquele que preferir. As mensagens de erro do W3C são mais fáceis de ler, mas elas não destacam as partes erradas do código-fonte do HTML.

DICA Você pode validar seu HTML digitando a URL **A**, fazendo o upload de arquivo ou colando o HTML no validador. Com os métodos de upload de arquivo ou copiar e colar, você pode checar os arquivos sem fazer o upload no servidor.

DICA Um erro do HTML pode causar vários nos resultados do validador. Por exemplo, uma tag de fim ausente pode desencadear várias mensagens de erro **C**. Corrija a tag de fim e todos esses erros desaparecerão. Comece do topo, consertando alguns erros de cada vez e, em seguida, revalide o arquivo para ver se outros problemas são solucionados.

DICA O HTML5 é bem permissivo com relação a como você formata certas partes de seu código. Por exemplo, ele não se importa se você fecha os elementos vazios, como img, então tanto **<img src="iguana.jpg" alt="Mary Anna, the Iguana" />** quanto **<img src="iguana.jpg" alt="Mary Anna, the Iguana">** são válidos. Os validadores não lhe dirão se seu código é consistente nessas áreas. Caso goste de ter certeza de que seu código é consistente, você pode rodar cada página HTML no HTML Lint (http://lint.brihten.com/html/ – em inglês). Ele tem opções para checar se os elementos vazios estão fechados, se as tags de início e fim e os atributos estão em letras minúsculas, e muito mais.

Testando Sua Página

Mesmo que seu código seja validado, sua página pode não funcionar da forma que você deseja Ⓐ. Ou ela pode funcionar adequadamente em um navegador, mas não em outro. É importante testar sua página em vários navegadores e plataformas (veja a barra lateral "Quais Navegadores Você Deve Testar?").

Para testar suas páginas HTML:

1. Valide seu HTML e CSS (veja "Validando Seu Código") e faça qualquer alteração necessária.
2. Abra um navegador e selecione Arquivo > Abrir Arquivo. Encontre a página que queira testar e clique em Abrir. A página aparece no navegador.
3. Passe por toda a página e garanta que ela tenha a aparência exata que você deseja. Por exemplo:
   - A formatação está do jeito que você quer?
   - Cada URL em seus links apontam para a página ou asset adequados? (Você pode testar as URLs ativando os links e vendo se a coisa certa acontece.)
   - A referência do seu arquivo CSS está correta (Ⓐ até Ⓒ)?
   - Todas as imagens aparecem? Elas estão colocadas e alinhadas propriamente?
4. Sem fechar a página no navegador, abra o documento HTML ou CSS adequado e faça qualquer alteração necessária.
5. Salve as mudanças.
6. Retorne para o navegador e atualize ou recarregue a página para ver as mudanças.
7. Repita os passos de 3 a 6 até que esteja satisfeito com sua página. Não se desencoraje caso precise de várias tentativas.

Ⓐ Esta página foi validada, mas ela não tem a aparência que deveria ter. Qual é o problema Ⓑ?

Ⓑ O problema é o link para o arquivo do CSS – o nome do arquivo é **styles.css**, e aqui estou fazendo o link com **style.css**. O navegador não consegue encontrar o CSS e, assim, exibe a página de forma errada Ⓐ. Após corrigir o nome do arquivo no código, a folha de estilo é carregada.

```
<!DOCTYPE html>
<html lang="en">
<head>
    <meta charset="utf-8" />
    <title>Mary Anna, the Iguana</title>
    <link rel="stylesheet" href=
    → "css/style.css " />
</head>
<body>

...

</body>
</html>
```

C Agora que o link para o CSS foi corrigido, a página é exibida adequadamente.

Revalide o código para ter certeza de que você não cometeu algum erro novo.

8. Começando com o passo 2, execute o mesmo procedimento de teste em outros navegadores até que esteja satisfeito e considere que sua página está pronta para ser publicada em seu site.
9. Faça o upload dos arquivos no servidor.
10. Retorne ao navegador, digite a URL de sua página e aperte Enter ou Retorno. A página aparecerá no navegador.
11. Com sua página no servidor, revise-a novamente para ter certeza de que está tudo certo. Não se esqueça de também testá-la em aparelhos portáteis, se seus visitantes forem utilizá-los para acessar sua página.

DICA Recomendo que você teste a versão local de seu site minuciosamente antes de fazer o upload dos arquivos em seu servidor. Uma vez feito o upload, teste novamente os arquivos, mas em seu servidor – não importando a quantidade de testes que você tenha feito na versão local durante o desenvolvimento –, porque esta é a versão que seus visitantes vão ver.

DICA De novo, se puder, teste seus documentos HTML em diversos navegadores, em várias plataformas (veja a barra lateral "Quais Navegadores Você Deve Testar?"). Você nunca sabe qual navegador (ou computador) seus visitantes usarão.

DICA Veja "Construindo uma Página que se Adapte com Media Queries", no Capítulo 12, para informações sobre o teste em navegadores de aparelhos portáteis.

DICA Se seu código HTML aparecer na página, em vez de seu navegador, certifique-se de que seu arquivo tenha a extensão .htm ou .html (e não uma como .txt).

DICA Às vezes, a culpa não é sua – especialmente com a estilização. Certifique-se de que o navegador suporta o recurso com o qual você está tendo problemas antes de presumir que o problema seja com o seu código. Veja os Apêndices A e B (na página do livro no site da Editora) e confira os links para fontes que contêm informações sobre o suporte dos navegadores para os recursos do HTML e do CSS, respectivamente.

Quais Navegadores Você Deve Testar?

Geralmente, a maioria das pessoas que desenvolve sites faz a verificação nos seguintes navegadores:

- Última versão do Chrome. O Chrome se atualiza automaticamente em seu computador. Um novo lançamento ocorre por volta de uma vez a cada seis semanas. Baixe o Chrome em: www.google. com/chrome.

- Firefox 3.6+. O Firefox tem um calendário de lançamento bastante rápido, como o Chrome, embora as atualizações não sejam automáticas. O Firefox já tem várias versões após a 3.6, então a 3.6 não será uma prioridade por muito mais tempo. Baixe o Firefox em: www.firefox.com.

- Internet Explorer 7+. Baixe o IE em: http://windows.microsoft.com/en-US/internet-explorer/downloads/ie.

- Safari 5+. Na maior parte dos casos, limite seus testes à versão do Mac. Embora o Safari esteja disponível para o Windows, ele possui uma base de usuários pequena, então não vale a pena testar nele. Baixe o Safari em: www.apple.com/safari/.

- Opera 11+. O Opera tem uma pequena fatia do mercado em várias partes do mundo, mas ele também tem um excelente suporte ao HTML5 e ferramentas. Baixe o Opera em: www.opera.com/.

As capacidades dos navegadores explodiram nos últimos anos por causa do HTML5, do CSS3, dos mecanismos melhorados do JavaScript, e de outras tecnologias. A maioria dos navegadores listados aqui renderizarão seu CSS de forma parecida (as exceções envolvem, na maioria, o CSS3). O Internet Explorer 7 e 8 são muito mais antigos e, por isso, mais propensos a diferenças (e bugs). Então não tem problema se seu site ficar um pouco diferente no IE7 e no IE8 se comparado com os navegadores modernos.

E quanto ao Internet Explorer 6? Ele tem sido um calo para os designers e desenvolvedores há anos por causa de suas inúmeras esquisitices e bugs. Felizmente, sua fatia de mercado diminuiu significativamente (veja www.ie6countdown.com, em inglês). Atualmente, é menos comum que os donos de sites façam um esforço a mais para que seus sites funcionem no IE6, mas tudo depende do público do site. Algumas grandes empresas não estão dispostas a abandoná-lo completamente, mas as pessoas geralmente já deixaram ele para trás, então não vale a pena gastar tanta energia com o IE6 para seus sites. Mas conheça seu público. Algumas regiões do mundo, como parte da Ásia (principalmente a China), ainda possuem uma grande base de usuários do IE6. Além disso, algumas grandes corporações utilizam o IE6 como navegador padrão.

É um pouco desafiador conseguir o acesso a todos esses navegadores e plataformas. Veja o artigo de Addy Osmani para ideias de como testar suas páginas em vários navegadores, especialmente nas versões do Internet Explorer: http://coding.smashingmagazine.com/2011/09/02/reliable-cross-browser-testing-part-1-internet-explorer/ (conteúdo em inglês). Além disso, amigos e familiares podem ajudá-lo a testar suas páginas caso eles tenham navegadores que você não tenha. Se você estiver sem tempo ou recursos e precisar limitar seus testes, confira suas páginas nas últimas versões do Chrome, Firefox e IE7+, se possível.

O mercado dos navegadores se mexe rapidamente: enquanto estiver lendo isto, as pessoas podem estar testando versões mais recentes desses navegadores. Mesmo assim, se você seguir o princípio do aprimoramento progressivo, seus sites podem oferecer uma experiência simples nos navegadores antigos, e uma aprimorada nos modernos.

Com isso em mente, o Yahoo! apresentou o conceito de Graded Browser Support (http://yuilibrary.com/yui/docs/tutorials/gbs), que se aplica ao teste do YUI, seus quadros de JavaScript e CSS (www.yuilibrary.com). A ideia é classificar os navegadores por notas que definem o que é esperado deles durante o teste. Você pode adotar essa abordagem e classificar os navegadores, de forma apropriada, para seu projeto.

O Google tem uma abordagem diferente com o Google Apps, compatível com as duas versões mais recentes da maioria dos navegadores (http://googleenterprise.blogspot.com/2011/06/our-plans-to-support-modern-browsers.html — em inglês). De forma parecida, as necessidades de seus projetos podem variar.

Ⓐ O nome do arquivo para a imagem é `iguana.jpg`, mas, no HTML, foi marcado incorretamente como `Iguana.jpg` (com um I maiúsculo). Assim, ela não é exibida quando você confere a página a partir do seu servidor **Ⓑ**.

```
...
<body>
<h1>Mary Anna, the Iguana</h1>

<p><img src="Iguana .jpg" width="220" height=
→ "165" alt="Mary Anna, the Iguana" /> There
→ once was an iguana ...</p>
</body>
</html>
```

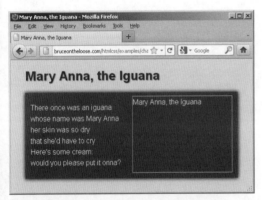

Ⓑ A página pode parecer que está certa em seu computador se ele não se preocupar com letras maiúsculas ou minúsculas. Mas, quando a página é publicada no servidor, que é sensível à forma da letra, a imagem não pode ser encontrada e, em seu lugar, será exibido o texto `alt`.

Quando as Imagens Não Aparecem

Um x vermelho, ícones de imagens corrompidas, textos alternativos ou absolutamente nada – todos eles são sinais de que suas imagens não estão sendo carregadas adequadamente (**Ⓐ** e **Ⓑ**). Isso é um problema se o que você realmente queria era uma iguana!

Para consertar a falta de imagens:

- Primeiro, confirme se o nome do arquivo da imagem no servidor é exatamente igual àquele mencionado no elemento `img`, incluindo letras maiúsculas e minúsculas e a extensão **Ⓐ**.

- Não inclua espaços nos nomes dos arquivos. Veja "Nomes de Arquivos", no Capítulo 1.

- Certifique-se de que a URL da imagem esteja correta no atributo `src` do elemento `img`. Um teste fácil é colocar uma imagem no mesmo diretório que a página HTML. Então você só precisará do nome de arquivo e extensão apropriados no elemento `img`, sem necessidade da informação do caminho. Se a imagem aparecer, o problema era, provavelmente, com o caminho. No entanto, não se trata de uma boa prática manter imagens no mesmo diretório que os arquivos HTML, porque seu site vai se desorganizar rapidamente. Então, após seu teste, remova a imagem do diretório da página HTML e conserte o caminho do `src` que aponta para ele. Veja "URLs", no Capítulo 1.

- Se a imagem aparece quando você vê sua página em seu computador, mas não quando você faz o upload da página para o servidor, certifique-se de que tenha enviado a imagem para o servidor.

- Você salvou a imagem como PNG, JPEG ou GIF? Se sim, todos os navegadores vão exibi-la, o que não se aplica para uma imagem BMP ou TIFF. Veja o Capítulo 5 para mais informações.

Ainda com Problemas?

Não pense que estou sendo protetor quando lhe sugiro fazer uma pausa. Às vezes, a melhor coisa que você pode fazer com um problema é deixá-lo em paz por um tempo. Quando você voltar, a resposta pode estar bem na sua frente. Se não estiver, deixe-me lhe oferecer estas outras sugestões:

1. Procure, de novo, por erros de digitação. Revalide seu código (veja "Validando Seu Código").

2. Confira primeiro as partes fáceis. Na busca pelo problema, cheque as coisas que você acha que conhece muito bem antes de investigar aquelas com que não tem tanta familiaridade.

3. Simplifique o problema. Volte para a versão mais recente da página que funcionou adequadamente. (Com relação a isso, faça cópias de suas páginas conforme você avança na construção delas, pois assim poderá recorrer a outras versões, se necessário.) Então, teste a página conforme for adicionando, pouco a pouco, cada novo elemento.

4. Para os recursos da sua página que têm um link, digite a URL para aquele arquivo de CSS, imagem, JavaScript ou mídia diretamente na barra de endereço do navegador para ter certeza de que ela exista onde você espera.

5. Releia este capítulo – você pode ter se esquecido de alguma coisa na primeira vez, ou isso pode lhe dar uma nova ideia.

6. Existem inúmeros sites em que você pode procurar por soluções ou pedir ajuda. Stack Overflow (www.stackoverflow.com) e SitePoint (www.sitepoint.com/forums/forumdisplay.php?40-design-your-site – ambos em inglês) são apenas dois exemplos. Você pode encontrar outros procurando na internet.

21

Publicando Suas Páginas na Web

Uma vez que você tenha concluído sua obra-prima e esteja pronto para apresentá-la ao público, é preciso transferir suas páginas ao seu servidor de hospedagem para que as pessoas tenham acesso a elas.

Você também pode querer perguntar ao seu provedor de internet sobre a melhor forma de se fazer o upload de arquivos. Geralmente, eles têm um conjunto de instruções que lhe permite entender como se conectar aos seus servidores e onde fazer o upload de arquivos.

Certifique-se de testar suas páginas meticulosamente tanto antes quanto depois de publicá-las. Para mais detalhes, veja o Capítulo 20.

Neste Capítulo

Conseguindo Seu Próprio Nome de Domínio	522
Encontrando um Servidor para Seu Site	523
Transferindo Arquivos para o Servidor	525

Conseguindo Seu Próprio Nome de Domínio

Antes que seus visitantes possam ver seu site, você precisa de um nome de domínio para ser associado a ele Ⓐ. Você pode registrar seu próprio domínio e depois encontrar um servidor para hospedar seu site e disponibilizá-lo a qualquer um que visite o domínio em um navegador (veja "Encontrando um Servidor para Seu Site"). Se você decidir mudar de servidor (ou se ele for fechado), é possível mover seu domínio para outro, e todas as suas URLs continuarão sendo exatamente as mesmas.

Para conseguir seu próprio nome de domínio:

1. Entre em um site de registros de domínios (veja www.internic.net/alpha.html – em inglês – para uma lista) para ver se o domínio que você quer está disponível Ⓑ. (Muitos servidores de hospedagem também permitem que você procure por domínios em seus sites.)

2. Após encontrar um nome de domínio, registre-o como sendo seu (mais comum) ou registre-o no servidor de hospedagem que você vai usar. Os preços variam de registro para registro, mas uma taxa de $10, por ano, para um domínio .com é bem comum (outras extensões podem ter um preço diferente). Alguns servidores oferecem o registro de domínio como parte de um desconto da taxa de hospedagem.

> **DICA** Veja a barra lateral "Conectando Seu Domínio e Seu Provedor Web", na próxima seção, para uma configuração importante que é exigida para que seu site seja exibido quando alguém visita sua URL.

Ⓐ Apenas algumas empresas são registradoras credenciadas de nomes de domínio (esta imagem e a de baixo são da www.namecheap.com, sem fazer nenhuma propaganda sobre a marca). Você pode usar um desses sites para ver se um nome de domínio está disponível ou conferir diretamente no site do servidor de hospedagem.

Ⓑ Se o nome estiver disponível, você pode tanto registrá-lo no site em que o encontrou ou registrá-lo através de um servidor de hospedagem. (E agora você sabe que o domínio www.catalancats.com pode ser seu!)

Seu Provedor de Internet como Servidor

Se você tem acesso à internet, talvez você já tenha uma pequena quantidade de espaço na web oferecido pelo seu provedor. Esse espaço pode não ser suficiente para todo o seu site, mas ele certamente funciona para que você se acostume a colocar páginas na web. Consulte seu provedor para mais detalhes. No entanto, tenha em mente que esses tipos de espaço para hospedagem geralmente não permitem que você coloque em seu site um nome de domínio especial. Na verdade, eles estão em um subdomínio ou subdiretório do domínio do provedor, como www.algumprovedor.com/seu-site, em vez de www.seusite.com. Ou seja, se você tiver ambições profissionais para seu site, você não vai querer que ele seja hospedado em um espaço gratuito que seu provedor pode oferecer.

Encontrando um Servidor para Seu Site

A menos que tenha seu próprio servidor, você provavelmente terá que pagar para alguém hospedar o seu site. Os servidores de hospedagem oferecem uma parte de seus servidores para os arquivos do seu site, além de fornecer outros serviços, como a permissão para que você crie endereços de e-mail associados ao seu nome de domínio (como *seunome@seudominio.com*).

Existem centenas de empresas que fornecem hospedagem para sites. A maioria cobra uma taxa mensal que depende dos serviços que eles oferecem. Algumas oferecem hospedagem gratuita em troca de anúncios em seu site. Embora você possa procurar na internet por um servidor, eu recomendo que você converse com seus amigos para ver se eles têm um servidor preferido – ou talvez o autor de um blog em quem você confia mencionou qual servidor de hospedagem ele utiliza.

Quando for escolher um servidor, há várias coisas a se levar em conta, além do preço.

- Quanto espaço em disco eles vão permitir que você tenha para seu site? Não pague por mais do que você precisa. Dito isto, normalmente, até mesmo as contas mais básicas darão muito espaço para seu site. Lembre-se de que arquivos HTML ocupam muito pouco espaço, enquanto que imagens e arquivos de áudio e vídeo ocupam maior quantidade.

continua na próxima página

- Qual a largura da banda (bandwidth) mensal que a conta permite? Isso representa o tamanho total de dados — HTML, CSS, imagem, arquivos de mídia, etc — que o servidor disponibilizará aos seus visitantes, e não a quantia de dados que a empresa permitirá que você armazene no servidor. Então, caso espere que seus visitantes acessem vários arquivos pesados de seu site, você precisará de uma cota de transferência mensal maior.

- Eles têm planos que atendam a sites com muito tráfego, garantindo que o site não saia do ar?

- Quantos endereços de e-mail você pode criar para seu domínio? (A maioria das empresas geralmente oferece vários.)

- A conta permite que você hospede mais de um domínio, ou é preciso de uma conta separada para cada site?

- Que tipo de suporte técnico eles oferecem? É por telefone, por e-mail ou é por atendimento online? Quanto tempo levará para que eles lhe retornem? Além disso, eles têm bastante informação de suporte disponível em seu site? (Você pode conferir a qualidade do conteúdo antes de se tornar um cliente.)

- Com que frequência eles fazem o backup de dados nos servidores (caso haja algum problema)?

- Que tipo de linguagens do lado do servidor e pacotes de softwares estão incluídos na conta? Eles usam PHP, MySQL, WordPress ou outros recursos avançados?

- Eles oferecem relatórios analíticos da web que lhe permitem saber quantas pessoas visitaram seu site, assim como outros dados úteis?

Conectando Seu Domínio e Seu Provedor Web

Uma vez que tenha registrado seu domínio e encontrado um provedor de hospedagem, é preciso dar um passo importante para conectá-los: você tem que apontar seu domínio para o seu provedor, de forma que seu site carregue quando os visitantes digitarem a sua URL.

Para fazer isso, você configura o nome do servidor associado ao seu domínio. Seu provedor web lhe oferece a informação com o nome do servidor a ser usado na configuração.

A configuração é feita em um dos dois lugares, dependendo de onde você registrou seu domínio (veja "Conseguindo Seu Próprio Nome de Domínio). Se você o registrou com um registrador de domínio, faça o login em sua conta e configure a informação com o nome do servidor para o seu domínio (seu registrador de domínio dará as instruções). Se você registrou seu domínio pelo seu provedor, faça o login em sua conta e atualize as configurações.

Não se preocupe se tudo isso parecer um pouco confuso. Seu servidor e registrador de domínio (se diferentes) vão lhe dar as instruções para fazer isso, e eles geralmente vão oferecer ajuda caso você precise.

Outra coisa para se ter em mente: quando você altera as configurações do nome do servidor, leva-se normalmente entre 24 e 48 horas (72, no máximo) para que a atualização se propague pela web. Mas essa mudança não acontece ao mesmo tempo em todos os lugares. Então, caso tenha feito a atualização do nome de domínio de seu servidor (e feito o upload dos arquivos como descrito em "Transferindo Arquivos para o Servidor"), seus amigos conseguirão acessar seu site de onde eles moram, embora você não (ou vice-versa). Seu site deverá aparecer para todos em um curto espaço de tempo.

Transferindo Arquivos para o Servidor

Para que outras pessoas na internet vejam suas páginas, você precisa fazer o upload delas ao seu servidor do seu provedor web. Uma forma fácil de se fazer isso é com um cliente FTP, como o FileZilla (http://filezilla-project.org – site em inglês), gratuito para Windows, Mac OS X e Linux (veja as dicas para outros clientes FTP). Vários editores de páginas também incluem capacidades com o FTP, permitindo que você publique as páginas diretamente deles, em vez de utilizar um programa como o FileZilla.

Geralmente, seu provedor web lhe envia por e-mail a informação da conexão FTP após você abrir uma conta de hospedagem. (Contacte-o caso não tenha recebido.) Uma vez com essa informação, você pode configurar sua conexão do servidor e salvá-la com um nome (Ⓐ até Ⓒ) para facilitar o acesso a qualquer momento que queira publicar os arquivos (ou baixá-los do servidor do seu site).

continua na próxima página

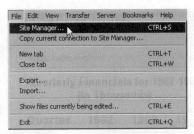

Ⓐ Para colocar informação sobre um novo servidor, selecione File > Site Manager (Arquivo > Gerenciador de Site), da janela principal do FileZilla. É onde você configura os detalhes da conexão FTP para cada site.

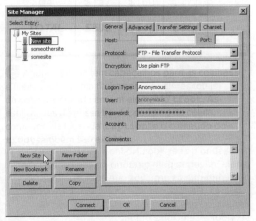

Ⓑ Quando você clica no botão New Site no Site Manager (Novo Site), um nome temporário aparece sob My Sites (Meus Sites).

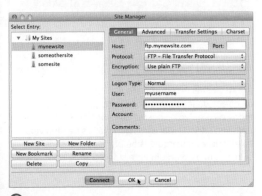

Ⓒ Substitua o nome temporário por um de sua escolha e, então, configure os detalhes da conexão na aba General (Geral). O botão Conectar salva a informação e estabelece uma conexão com o servidor imediatamente. O botão OK somente salva a informação.

Depois, conectar a seu servidor ⓓ e transferir os arquivos (ⓔ e ⓕ) é bem direto.

Repare que o FileZilla tem aparências diferentes no Mac OS e no Windows, mas as interfaces são configuradas similarmente (as figuras mostram uma mistura de sistemas operacionais). A menos que seja indicado, os passos para utilizá-los são os mesmos.

Para definir um novo FTP às propriedades do site:

1. Clique em Arquivo > Gerenciador de Sites, no menu principal do FileZilla ⓐ.

2. Na janela Gerenciador de Sites, clique no botão Novo Site ⓑ. Um nome temporário para seu site aparece sob Meus Sites.

3. Digite um nome para o site (substituindo o temporário). Ele não precisa ser o mesmo que o seu domínio; é apenas um rótulo. Siga as informações fornecidas pelo seu provedor web para preencher os campos na aba Geral. No mínimo, isso envolve o preenchimento da URL do servidor, a escolha Normal para a opção do tipo de logon e o preenchimento do nome de usuário e senha (geralmente criados quando você abre a conta) ⓒ.

4. Quando terminar de preencher os detalhes da conexão, clique no botão Conectar para salvar a informação e conectar ao servidor, ou clique em OK para salvar a informação e se conectar mais tarde ⓒ.

ⓓ Agora que a informação de conexão de seu site está salva no Gerenciador de Sites, você pode conectar ao servidor de FTP de seu provedor sem precisar redigitar tudo de novo todas as vezes. No Mac ou no Windows, retorne para o Gerenciador de Sites (através do ícone do servidor ou do menu em ⓐ), selecione seu site da lista e clique em Conectar ⓒ. Como alternativa para o Windows, como mostrado na imagem de baixo, você pode clicar na seta para baixo ao lado do ícone do servidor (bem à esquerda) e escolher o nome do seu site a partir do menu que aparece. O FileZilla vai se conectar ao servidor.

ⓔ No lado direito da janela, selecione o diretório de destino do servidor. No lado esquerdo da janela, navegue pelo diretório de seu computador que contenha os arquivos que você queira fazer o upload. Depois, clique com o botão direito no arquivo ou pasta que queira fazer o upload ao servidor e selecione Upload.

ⓕ As pastas recém-transferidas aparecem no quadro da direita da janela. Siga o mesmo processo para todos os arquivos e pastas que você queira transferir para seu site. Ou, para transferir vários de uma vez, selecione vários arquivos ou pastas e, em seguida, clique com o botão direito e selecione Upload.

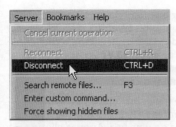

G Selecione Server > Disconnect (Servidor > Desconectar), quando tiver terminado.

Para transferir arquivos ao servidor com o FileZilla:

1. Abra o FileZilla.

2. Selecione a seta para baixo, ao lado do ícone do servidor (bem à esquerda, logo abaixo do menu principal). Então escolha o nome de seu site no menu que aparecer D. O FileZilla estabelecerá uma conexão com o seu servidor.

3. No lado direito da janela, navegue para o diretório do servidor em que você queira fazer o upload dos arquivos.

4. No lado esquerdo da janela, navegue para o diretório de seu computador que tenha os arquivos que você queira fazer o upload.

5. Clique com o botão direito no arquivo ou pasta desejada e selecione a opção Upload E. Os arquivos são transferidos F (levará mais tempo para arquivos pesados, como vídeos). Você também pode transferir arquivos na ordem inversa (veja a primeira dica).

6. As atualizações de seu site agora estão no ar. Visualize seu site em *www.seudominio.nmd* (em que *seudominio.nmd* é o domínio que você registrou; e .nmd é o nível máximo do domínio, que será .com, a menos que você tenha registrado um domínio com uma extensão diferente) para garantir que tudo esteja funcionando adequadamente. Edite qualquer arquivo em seu computador, se necessário, e faça seu upload seguindo os passos de 3 a 5 (repita o passo 2 se tiver passado muito tempo). Repita este passo até que seu site esteja da forma desejada.

7. Feche o FileZilla ou clique em Servidor > Desconectar, no menu principal, quando terminar de transferir os arquivos G.

continua na próxima página

DICA Você também pode transferir arquivos do servidor do seu site para o seu computador. Para isso, clique com o botão direito nos arquivos ou pastas na janela do lado direito e selecione Download no menu que aparecer.

DICA O FileZilla é apenas um dos vários clientes FTP disponíveis. Alguns outros populares para o Mac OS X são o CyberDuck (gratuito, http://cyberduck.ch), Transmit (www.panic.com/transmit) e Fetch (http://fetchsoftworks.com). O Mac OS X também tem a capacidade do FTP embutida (veja http://osxdaily.com/2011/02/07/ftp-from-mac/ – todos os sites em inglês). Procure na internet por "cliente FTP" para encontrar outros para o Mac e o Windows. Eles funcionam de forma parecida, mas alguns têm mais recursos do que outros.

DICA Quando você transfere arquivos e pastas, eles são copiados para a pasta de destino. O local de origem mantém sua versão dos assets.

DICA Seu programa de FTP pode lhe perguntar (o FileZilla pergunta) se você tem certeza de que quer substituir um arquivo ou pasta caso transfira um que o destino já tenha. Porém, cada cliente FTP é diferente, então é possível que ele não peça por sua permissão. Faça isso com um arquivo de teste para ver como seu cliente FTP se comporta nesta situação.

DICA As URLs relativas em seu código são mantidas quando você transfere uma pasta para um servidor.

DICA Se seu site não carregar quando você visitar sua URL, pode ser por causa de algumas coisas. Primeiro, veja se você fez o upload dos arquivos para o diretório adequado. Geralmente, suas páginas ficam em um diretório chamado *public_html*, *www*, ou algo parecido. As instruções de seu provedor web devem especificar a localização adequada; pergunte a eles, caso não tenha certeza. Se você colocou os arquivos no lugar certo e o site ainda não aparece, o problema pode estar nas configurações com o nome de domínio do servidor (veja a barra lateral "Conectando Seu Domínio e Seu Provedor Web").

DICA Se você fez o upload de uma nova versão de um arquivo em seu servidor, mas não vê a mudança quando visita o site, limpe o cache de seu navegador e veja a página novamente. Veja a seção de Ajuda do seu navegador se não souber como limpar o cache.

DICA Você pode redimensionar a janela da maioria dos clientes FTP para exibir mais (ou menos) arquivos de uma vez. Apenas clique e arraste o canto inferior direito.

Índice

`/*, */`, usado para comentários sobre CSS, 182

`:` (dois pontos) versus `=` (sinal de igual), 205

`;` (ponto e vírgula), usado com propriedades do CSS, 205

`<!- -, - - >`, usado para comentários sobre HTML, 97

320 and Up, 351

3D, posicionando elementos em, 318-319

A

abreviações, explicando, 118-119

acessibilidade. *Ver também* ARIA (Accessible Rich Internet Applications), e leitores de telas
- defensores, 91
- explicado, 11
- mídia do HTML5, 467

`:active` pseudo-classe, 231

Adobe Fireworks, 153, 155

Adobe Photoshop, 153-155
- dimensionando imagens, 161
- encontrando tamanhos das imagens, 159
- montagens, 359

`::after` pseudo-elemento, 229

agrupando seletores, 237
- cabeçalhos, 58-59

algoritmo do outline, 57

alinhando elementos verticalmente, 322
- texto, 268-269

altura da linha, definindo, 255

âncoras. *Ver também* links
- criando, 172-173, 175-177
- direcionando a, 174

animação em Flash, incorporando, 482-483

apresentação "One Web", 332

áreas de texto
- `cols`, 441
- criando, 441
- máximo de caracteres, 441
- `maxlenght`, 441
- `rows`, 441

ARIA (Accessible Rich Internet Applications), 87-91. *Ver também* acessibilidade
- especificação, 91
- função `form`, 91
- função landmark, 88-89
- resultados de testes dos leitores de telas, 90
- `role="banner"` definição, 89
- `role="complementary"` definição, 90
- `role="contentinfo"` definição, 90
- `role="main"` definição, 89
- `role="navigation"` definição, 89

ARIA função landmark. *Ver* função landmark
- estilizando elementos com, 284-285
- sobreposição com elementos HTML5, 88
- versus `id`s, 284-285

arquivo de áudio no formato MP3, 468

Índice **529**

arquivo de áudio no formato Ogg Vorbis, 468

arquivo de áudio no formato WAV, 468

arquivo `player.swf`, 463

arquivos

comprimindo, 177

escolhendo codificação para, 32

nomeando, 36

ocultando, 34

organizando, 36

transferindo para servidores, 525-528

visualizando, 35

arquivos de áudio

adicionando a páginas na web, 469-470

atributo `preload`, 471, 473

arquivos de vídeo nos formatos
Ogg Theora, 452

arquivos multimídia, conseguindo, 480

arquivos-fonte, organizando em pastas, 370

árvores genealógicas, criando para páginas na
web, 15

aspas

anexando valores de atributo em, 510

usando com nomes de fontes, 243

Ateş, Faruk, 377

atributo `alt`, 157

atributo `class`. *Ver também* pseudo-classes

designando a elementos, 92-94

nomeando, 94

selecionando elementos pelo, 218-220

utilizando com microformatos, 92-94

versus atributos `id`, 94

versus seletores `id`, 220

atributo `datetime`, 106-108

atributo de vídeo `height`, 454

atributo de vídeo `poster`, 454

atributo de vídeo `width`, 454

atributo `disabled`, 447

atributo `href`

começando com #, 172

valores em, 15

atributo `id`

nomeando elementos com, 92-94

selecionando elementos por, 218-220

versus atributo `class`, 94

atributo `lang`, 43

em cabeçalhos, 49

usando com o elemento `q`, 114

atributo `pubdate`, 106-107

especificando, 109

usando com `time`, 109

atributo `readonly`, usando com campos
ocultos, 443

atributo `reversed`, 400

atributo `role`, usando com elemento `nav`, 64

atributo `src`

áudio, 471

conteúdos, 15

vídeo, 454, 460

atributo `target`, 171

atributo `title`

adicionando a elementos, 95

usando com elemento `abbr`, 118

usando com elemento `dfn`, 120

versus elemento `title`, 95

atributos

conteúdos dos, 14

valores numéricos, 15

valores, 14-15

atributos `audio`

`autoplay`, 471

`controls`, 471

`loop`, 471

`muted`, 471

`preload`, 471,473

`src`, 471

atributos de vídeo

`autoplay` e `loop`, 457

`autoplay`, 454-456

`controls`, 454-456

`height`, 454

`loop`, 454

`muted`, 454

`poster`, 454

`preload`, 454

`src`, 454, 460

`width`, 454

atributos para formulários, 428

áudio

   Flash e hyperlink fallback, 478-479

   Flash fallbacks, 475

áudio em loop

   atributo **autoplay**, 472

   atributo **controls**, 472

autoplay

   atributo de áudio, 471-472

   atributo de vídeo, 454-457

B

background do texto, mudando, 260-263

background gradiente, 390-393. *Ver também* backgrounds

backgrounds. *Ver também* background gradiente

   aplicando, 388-389

   criando, 297

   diversos, 388

   modificando para texto, 260-263

   modificando, 294-297

barra lateral, **aside** como, 76-77

Beaird, Jason, 27

::before pseudo-elemento, 229

Bester, Michael, 196

biblioteca do jQuery JavaScript, 498

biblioteca do Modernizr JavaScript, 287, 348, 377

biblioteca do MooTools JavaScript, 498

biblioteca do YUI JavaScript, 498

BOM, recurso web para, 32

bordas

   adicionando a imagens, 156

   atalhos, 312-313

   cores, 311

   definindo, 311-313

   deletando de imagens, 156

   larguras, 311

Boston Globe, 332

botão de enviar

   com imagem, 444

   criando, 444-445

   elemento **button**, 445

   par nome/valor, 445

   rotulando, 445

botões de rádio

   atributo **name**, 436

   atributo **value**, 436-437

   criando, 436-437

C

cabeçalhos

   criando, 61-63

   elemento **nav**, 63

   restrições, 63

   tamanho dos, 46

   usando, 63

   usando como texto vinculado, 46

   versus títulos, 63

caixa de elemento

   controlando a aparência da, 293

   posicionando, 293

caixa de texto, mudando, 270

caixas de e-mail, criando, 432-433

caixas de seleção

   agrupando opções, 439

   atributo **size**, 438-439

   criando, 438-439

   elemento **option**, 438-439

   elemento **select**, 438

caixas de telefone, criando, 432-433

caixas de texto

   atributo **autofocus**, 430

   atributo **maxlenght**, 430

   atributo **name**, 428

   atributo **placeholder**, 429-430

   atributo **required**, 429

   criando, 428-430

caixas de URL, criando, 432-433

Camen, Kroc, 466

campos ocultos

   atributo **readonly**, 443

   criando, 443

cantos

   arredondados, 378-381

elípticos, 380

cantos elípticos, criando, 380

caracteres ASCII, 16

caracteres, lendo da direita para a esquerda, 139-141

Cascading Style Sheets (CSS). *Ver* CSS (Cascading Style Sheets)

checkboxes, criando, 440

Chrome
  Developer Tools, 507
  verificando sites no, 518

círculos, criando com **border-radius**, 380

citações, indicando, 112

citando
  frases, 114
  texto, 113-115

citando frases, 114

Clark, Keith, 351

Clarke, Andy, 351

clientes FTP
  CyberDuck, 528
  Fetch, 528
  FileZilla, 525-528
  redimensionando janelas de, 528
  sites FTP, definindo propriedades para, 526
  Transmit, 528

codecs, 452

codificação de caracteres, especificando, 16

codificação UTF-8
  escolhendo, 32
  salvando arquivos em, 45

codificação, escolha de arquivos, 32

código
  paragrafação, 5
  marcando, 128
  validando, 508, 514-515

código do CSS, visualizando, 212

código HTML, visualizando, 39

código-fonte, salvando, 40

comando Visualizar Fonte, usando, 39

comentários condicionais, 351

comentários em HTML. *Ver também* comentários
  adicionando, 96-97
  restrições, 97

sintaxe, 97

comentários, 282. *Ver também* comentários sobre HTML
  adicionando a regras de estilo, 182-183
  condicional, 351

comprimindo arquivos, 177

construções de página
  informação, 60
  layout, 60
  semântica, 60

containers
  criando, 84-87
  envolvendo o conteúdo, 84-85

containers génericos
  criando, 84-87
  elemento **div**, 84-87

conteúdo da lista, colocação do, 400

conteúdo do texto, 16-17. *Ver também* conteúdo

conteúdo sindicado, gerenciamento de, 57

conteúdo. *Ver também* conteúdo
  separando da apresentação, 276
  sindicado, 57

controles de áudio, 470

controls
  atributo de áudio, 471-472
  atributo de vídeo, 454-456

cor de background
  escolhendo, 297
  fallback, 391

cor HSL e HSLA, 193-196

cor RGB, 191

cor RGBA, 193-196

cor, configurando, 258-259. *Ver também* cores do CSS

cores do CSS, 190. *Ver também* cor
  HSL, 193-196
  HSLA, 193-196
  RGB, 191
  RGBA, 192-196

cores hexadecimais, 191

Coyier, Chris, 322

CSS (Cascading Style Sheets)
  colidindo regras, 184-187
  combinador irmão adjacente, 226

comentários para regras de estilo, 182-183

regras de estilo, 181

CSS1, introdução do, 8

CSS3

arredondando cantos de elementos, 378-381

background gradiente, 390-393

backgrounds, 388-389

combinadores de irmãos gerais, 226

compatibilidade com navegador, 375

opacidade dos elementos, 394-395

polyfills para aprimoramento
progressivo, 376-377

prefixos dos fabricantes, 373-374

sombreamento, 382-387

CSS3 Generator, 374

cursores, modificando, 323

CyberDuck, cliente FTP, 528

D

data do calendário, especificando a, 107

declaração `@charset`, utilizando com folhas de
estilo, 199

declaração `<!DOCTYPE html>`, 4, 24

declarações de fontes, combinando, 257

definição `role="banner"`, 89

definição `role="complementary"`, 90

definição `role="contentinfo"`, 90

definição `role="main"`, 89

definição `role="navigation"`, 89

definindo termos, 120

deletando, bordas das imagens, 156

design "mobile first", 332

destacando texto, 116-117

destaque de sintaxe, usando, 39, 506

detecção de problemas do CSS

colchetes, 512

declarações, 512

espaços, 512-513

ferramentas do desenvolvedor, 513

pares de propriedade/valor, 512

pontuação, 513

separando propriedades de valores, 512

suporte do navegador, 513

tag de fim `</style>`, 513

valores, 512

vinculando documentos HTML, 513

detecção de problemas do HTML

aninhamento de elemento, 510

erros de digitação, 510

formatação de caractere, 510

valores de atributo, 510

detectando problemas

CSS, 512-513

entrada da URL, 509

HTML, 510-512

imagens, 519

permitindo recursos de navegadores, 509

recursos, 520

salvando arquivos, 509

técnicas, 520

upload de arquivos, 508-509

validando o código, 508

Devlin, Ian, 467, 487

dimensionando imagens

com editor de imagem, 161

com navegador, 160

com Photoshop, 161

direcionando a imagens thumbnail, 177

dispositivos portáteis, suporte HTML5 e CSS3
para, 351

`dl` (lista de descrição). *Ver também* listas

aninhamento, 415

criando, 414-415

elementos `dt` e `dd`, 413

grupos nome-valor, 412

DOCTYPE

não diferenciação de maiúsculas e
minúsculas, 45

para documento estrito do XHTML, 45

renderização em navegadores, 45

`document.createElement()`, 287

documentos Estritos do XHTML,
DOCTYPE para, 45

documentos HTML, começando, 24. *Ver também*
documentos

documentos. *Ver também* documentos HTML;
páginas na web

estruturando, 279

finalizando, 5

salvando, 35

Dribbble site, 376

DRM (Digital Rights Management), 481

Dunham, Ethan, 361

E

edições, detectando, 124-127

editando páginas na web, 35

Editor de texto BBEdit, baixando, 29

editor de texto Coda, 29

editor de texto Notepad, usando, 28-30

editor Sublime Text, 29

editor TextMate, 29-30

editores de imagens

    Adobe Fireworks, 153

    Adobe Photoshop, 153

    dimensionando imagens com, 161

    escolhendo, 153

editores de texto

    escolhendo a codificação, 32

    extensões padrão, 32

    usando, 28-29

Electric Mobile Simulator para Windows, 347

elemento **a** . *Ver* âncoras

elemento **abbr**, 118-119

elemento **adress**

    definindo informação de contato com, 102-103

    usando com elemento **article**, 70

elemento **article**, 68-71

    aninhamento, 69

    conteúdo aninhado em, 9

    conteúdo em, 9

    elemento **address**, 70

    elemento **footer**, 70

    exemplos, 70-71

    filhos de, 15

    fornecendo informação para contato, 102-103

    versus elemento **section**, 69, 73, 283

elemento **aside**, 75-79

    como barra lateral, 76-77

    exemplos, 78-79

    restrições, 77

    versus elemento **figure**, 77

elemento **audio**, 471

elemento **b**, 111

    redefinição do, 111

    versus elemento **strong**, 110

elemento **bdi**, 139-141

    ordem lógica, 140

    ordem visual, 140

elemento **bdo**, 139-141

    ordem lógica, 140

    ordem visual, 140

elemento **blockquote**, 113-115

    aninhando com elementos **q**, 115

    como seccionamento de raiz, 115

elemento **body**, 44

elemento **br**,

    codificando, 133

    usando com a propriedade **white-space**, 267

elemento **canvas**, usando com vídeo, 485

elemento **cite**, 112

elemento **code**, 128

elemento de formulário **output**, 448

elemento **del**, 124-127

elemento **dfn** (definição), 120

elemento **div**

    aplicando estilos ao, 85

    circulando conteúdo, 84

    como container genérico, 84-87

    estruturando páginas com, 279

    exemplos, 87

    melhores práticas, 86

    usando com JavaScript, 85

    versus elemento **span**, 85

elemento **em**, 110

    calculando valores para indentação, 265

    usando com parágrafos, 10

    versus **i**, 110-111

    versus **mark**, 117

elemento **fieldset**, 426-427

elemento **figcaption**, 104-105

elemento **figure**

    usando, 104-105

    versus elemento **aside**, 77

elemento **footer**, 80-83

    colocação do, 81

conteúdos do, 81

exemplos, 82-83

restrições, 81

usando com elemento **article**, 70

usando com **role="contentinfo"**, 81

elemento **form**, 419

elemento **head**

explicação, 44

recuando código aninhado em, 45

elemento **header**, 61-63, 279

elemento **hgroup**, 58-59

elemento **html**, 45

elemento **i**, 111

redefinição do, 111

versus elemento **em**, 110

elemento **img**, usando, 9

elemento **ins**, 124-127

elemento **kbd**, 129

elemento **label**

exemplo de, 14

usando com formulários, 434

elemento **legend**, 426-427

elemento **mark**, 116-117

elemento **math**, 129

elemento **mathML**, 129

elemento **meta**, 339

elemento **meter**

usando, 142-143

versus elemento **progress**, 143

elemento **nav**, 64-67

aninhando links em, 64

atributo **role**, 64

colocando links de rodapé em, 65

em cabeçalhos, 63

embrulhando links em, 66-67

restrições, 65

usando com leitores de telas, 65

elemento **p**, usando, 100

elemento **pre**, 130-131

marcações relacionadas à matemática, 129

usando com a propriedade **white-space**, 267

elemento **progress**

usando, 144-145

versus elemento meter, 143

elemento **q**, 114-115

elemento **rp**, 138-139

elemento **rt**, 138-139

elemento **ruby**, 138-139

elemento **s**, 126-127

elemento **samp**, 129

elemento **script**

atributo **src**, 499

bloqueando comportamento, 501

melhores práticas, 501

processando, 502

separador final **</script>**, 502

elemento **section**

exemplo, 74

terminologia, 50

usando com **role="main"**, 69

usando, 72-74

versus elemento **article**, 69, 73, 283

elemento **small**, 8, 132

elemento **source**

atributo **media**, 460

atributo **type**, 460

usando com elemento **video**, 461-462

usando com múltiplas mídias, 460

elemento **span**

usando, 134

versus elemento **div**, 85

elemento **strong**, 110

aninhamento, 110

versus elemento **b**, 110

versus elemento **i**, 110

versus **mark**, 117

elemento **style**, regras **@import** em, 206

elemento **sub**, 121-122

elemento **table**, 489

elemento **time**, 106-107

restrições, 109

usando com **pubdate**, 109

elemento **title**, 4

caracteres especiais no, 47

colocação do, 46

melhores práticas, 47

mensagem central, 47

restrições, 47

Índice **535**

versus atributo **title**, 95

elemento **u**, 136

elemento **var**, 129

elemento **video**, usando com elemento **source**, 461-462

elemento **wbr**, 137

elementos de formulários
  atributo **for**, 435
  atributo **id**, 435
  atributo **title**, 435
  desativando, 447
  organizando, 426-427
  output, 448

elementos do HTML5, 13-14. *Ver também* pseudo-elementos
  adicionando preenchimento ao redor de, 304-305
  alinhando verticalmente, 322
  ancestrais, 221
  aninhamento, 15
  aplicando estilos a grupos de, 236-237
  arredondando cantos de, 378-381
  conteúdos do, 13
  definindo altura ou largura, 298-301
  descendentes, 221
  digitando nomes de, 14
  espaço e barra, 13
  especificando grupos de, 236-237
  estilizando em navegadores, 286-289
  exibindo, 324-326
  flutuação, 306-310
  formatando, 93
  nomeando com classes ou IDs, 92-94
  ocultando, 324-326
  offsetting em fluxo natural, 314-315
  posicionando absolutamente, 316-317
  posicionando em 3D, 318-319
  selecionando as primeiras letras dos, 228
  selecionando as primeiras linhas dos, 227
  selecionando baseado em ancestrais, 222-223
  selecionando baseado em atributos, 232-235
  selecionando baseado em filho, 224-226
  selecionando baseado em irmão adjacente, 226
  selecionando baseado em pais, 223-224

selecionando baseado em tipo, 217
selecionando partes dos, 227-229
selecionando por **class** ou **id**, 218-220
selecionando por contexto, 221-226
selecionando por nome, 216-217
sobreposição com funções landmark, 88
tag de fim, 13
tag de início, 13
tags de início e fim, 511
valor **auto** para **width**, 300
vazio, 13
vazio, 13, 511

elementos em sua própria linha, 7

elementos **h1–h6**, 48
  tamanhos de, 49
  usando consistentemente, 49, 55

elementos HTML
  exibindo, 6-8
  inline, 7
  nível de bloco, 7

elementos **li** (listar item), 398-400

elementos listar item (**li**), 398-400

elementos nível de bloco, 7

elementos void, omitindo tags de fim dos, 511

elementos, 13-14. *Ver também* pseudo-elementos
  adicionando preenchimento ao redor de, 304-305
  alinhando verticalmente, 322
  ancestrais, 221
  aninhamento, 15
  aplicando estilos a grupos de, 236-237
  arredondando cantos de, 378-381
  conteúdos de, 13
  definindo altura ou largura, 298-301
  descendentes, 221
  deslocando do fluxo natural, 314-315
  digitando nomes de, 14
  espaço e barra, 13
  especificando grupos de, 236-237
  estilizando em navegadores, 286-289
  exibindo, 324-326
  flutuação, 306-310
  formatação, 93

536 Índice

nomeando com classes ou IDs, 92-94

ocultação, 324-326

posicionando absolutamente, 316-317

posicionando em 3D, 318-319

selecionando as primeiras letras dos, 228

selecionando as primeiras linhas dos, 227

selecionando baseado em ancestrais, 222-223

selecionando baseado em atributos, 232-235

selecionando baseado em filho, 224-226

selecionando baseado em irmão adjacente, 226

selecionando baseado em pais, 223-224

selecionando baseado em tipo, 217

selecionando partes dos, 227-229

selecionando por `class` ou `id`, 218-220

selecionando por contexto, 221-226

selecionando por nome, 216-217

sobreposição com funções landmark, 88

tag de fim, 13

tag de início, 13

tags de início e fim, 511

tags de início e fim, 511

valor `auto` para `width`, 300

vazio, 13, 511

vazios, 13

emuladores, usando com dispositivos portáteis, 347

erros de digitação, corrigindo, 510-511

erros do CSS, checando, 515

esboço do documento, 50-55

  algoritmo, 57

  hierarquia `h1-h6`, 51

  leitores de telas, 54

  seccionando elementos, 51-52, 55

  semânticas explícitas, 53

  tecnologias assistivas, 54

espaçamento

  consertando entre linhas, 123

  controlando, 264

espaçamento da linha, consertando, 123

espaçamento das letras, definindo, 264

espaçamento entre palavras, definindo, 264

esquema `file`, 20

estilos inline, aplicando, 204-205

estilos padrões. *Ver também* estilos

  normalizando, 290-291

redefinindo, 290-291

estilos. *Ver também* estilos padrões;
layout com estilos

  aplicando a grupos de elementos, 236-237

  localização de, 206-207

estrutura do documento, inspecionando a, 511

evento JavaScript `onblur`, 503

evento JavaScript `onchange`, 503

evento JavaScript `onclick`, 503

evento JavaScript `ondblclick`, 503

evento JavaScript `onfocus`, 504

evento JavaScript `onkeydown`, 504

evento JavaScript `onkeypress`, 504

evento JavaScript `onkeyup`, 504

evento JavaScript `onload`, 504

evento JavaScript `onmousedown`, 504

evento JavaScript `onmousemove`, 504

evento JavaScript `onmouseout`, 504

evento JavaScript `onmouseover`, 504

evento JavaScript `onmouseup`, 504

evento JavaScript `onreset`, 504

evento JavaScript `onselect`, 504

evento JavaScript `onsubmit`, 504

evento JavaScript `touchend`, 504

evento JavaScript `touchmove`, 504

evento JavaScript `touchstart`, 504

Eventos JavaScript

  manipuladores touch-based, 504

  `onblur`, 503

  `onchange`, 503

  `onclick`, 503

  `ondblclick`, 503

  `onfocus`, 504

  `onkeydown`, 504

  `onkeypress`, 504

  `onkeyup`, 504

  `onload`, 504

  `onmousedown`, 504

  `onmousemove`, 504

  `onmouseout`, 504

  `onmouseover`, 504

  `onmouseup`, 504

  `onreset`, 504

  `onselect`, 504

Índice **537**

`onsubmit`, 504

`touchend`, 504

`touchmove`, 504

`touchstart`, 504

expressões regulares, uso de, 433

extensões `.htm` e `.html`, 19, 30-31

extensões de arquivos, usando com editores de texto, 32

F

famílias de fontes
definindo, 243
nomeando, 364

Faulkner, Steve, 91, 168

favicons,
adicionando a sites, 162-163
salvando, 163

Featherstone, Derek, 168

Ferg, Stephen, 489

ferramentas de codificação para celulares, 347

ferramentas do desenvolvedor no navegador
Chrome Developer Tools, 507
Firebug para Firefox, 507
Internet Explorer, 507
Opera Dragonfly, 507
Safari Web Inspector, 507

Fetch FTP cliente, 528

figuras, criando, 104-105

FileZilla, transferindo arquivos para servidor com, 527

fine print, especificando, 132

Firebug para Firefox, 212, 507

Firefox, verificando sites no, 518

Firtman, Maximiliano, 351

Flash fallback player, 463

Flash fallbacks
áudio, 476-477
e hyperlink fallback para áudio, 478-479
e hyperlink fallback para vídeo, 465-466
vídeo, 464-465

folhas de estilo externas. *Ver também* folhas de estilo
benefícios das, 200
criando, 198-199
importando, 199

modificando, 200
regras `@import` em, 207
regras, 201
URLs em, 201
vinculando a, 199-201

folhas de estilo incorporadas, criando, 202-203

folhas de estilo para mídias específicas, 208-209

folhas de estilo. *Ver também* folhas de estilo externas
alternativas, 210-211
declaração `@charset`, 199
estilos persistentes, 210
estilos preferidos, 210-211
externas, 198-200
incorporadas, 202-203
mídias específicas, para, 208-209
nomeando, 199
organizando em pastas, 370
redefinição do CSS, 290
renderizando títulos em, 7
vinculando a, 201

Font Squirrel, 355-356, 358, 366

`font-style: italic`, 247

`font-weight: bold`, 248

`font-weight: normal`, 248

fonte mono espaçada, renderizando, 129

fontes de áudio, múltiplas, 474-475

fontes de mídia, elemento `source`, 460

fontes web .eot (Embedded OpenType), 354

fontes Web .ttf(TrueType), 354, 359

fontes Web TrueDoc, 354

fontes Web. *Ver também* fontes
.eot (Embedded OpenType), 354
.svg (Scalable Vector Graphics), 354
.ttf (TrueType), 354, 359
.woff (Web Open Font Format), 354
arquivo `demo.html`, 358-359
assistência ao navegador, 355
auto-hospedagem, 356
baixando, 358-359
encontrando, 356-357
estilizando, 365-369
formatação em itálico, 366-369
formatação em negrito, 366-369
gerenciando tamanho de arquivos, 365-369

incorporando a páginas na web, 361-362
qualidade, 357
questões jurídicas, 355
recurso `@font-face`, 355
recursos das, 354
renderizando, 357
serviços, 356-357, 370
subsetting, 365-366
tipos de arquivos, 354
TrueDoc, 354
usando para títulos, 369
usando, 362-364
fontes. *Ver também* fontes Web
   especificando, 244-245
   padrões, 244
FontShop, 356
Fontspring Web site, 361
formatação em negrito
   aplicando, 248-249
   removendo, 248
formato de arquivo de áudio AAC, 468
formato de texto
   escolhendo, 32
   salvando páginas na web em, 30
formato GIF
   cor, 149
   imagens, 148
   menos perdas, 151
   transparência, 151
formato `hh:mm:ss`, 108
formato JPEG, 148, 150
formato PNG, 148
   cor, 149
   menos perdas, 151
   transparência alfa, 151
formato `YYYY-MM-DD`, 108
formatos de arquivos de áudio
   AAC, 468
   atributo `type`, 474
   MP3, 468
   MP4, 468
   Ogg Vorbis, 468
   WAV, 468
formatos de arquivos de vídeo
   convertendo entre, 452

H.264, 452
MP4, 452
Ogg Theora, 452
WebM, 452-453, 455, 457
formatos de arquivos de vídeo H.264, 452
formulário de dados, enviando via e-mail, 424-425
formulários
   atributo `disabled`, 447
   campos ocultos em, 443
   criando, 419-420
   elemento `fieldset`, 426-427
   elemento `legend`, 426-427
   enviando com imagens, 446
   método `get`, 442
   processando, 421-423
   recurso para, 448
   segurança, 423
formulários HTML. *Ver* formulários
funções landmark
   estilizando elementos com, 284-285
   recomendação, 90
   sobreposição com elementos do HTML5, 88
   versus `id`s, 284-285

G

Gallagher, Nicolas, 123, 290
Gasston, Peter, 334
gerador de gradiente do ColorZilla, 393
gerador de gradiente, 393
Gerenciamento de Direitos Digitais (DRM), 481
Google Apps, 518
Google Closure Compiler, 501
Google WebFonts, 356
Graded Browser Support, 518
gradientes radiais, 391
grupos de elementos, especificando, 236-237

H

HandBrake, conversor de vídeo, 452
hanging indent, criando, 265
`hasLayout`, 395
home page da Food Sense, 330-331
homepage, especificando, 33-34
`:hover` pseudo-classe, 231

HSL Color Picker, 194-195
HTML
   checando, 514
   marcação, 6
   semântica, 6, 24
   tags de início e fim, 511
   validando, 515
HTML Lint, 515
HTML5
   DOCTYPE, 45
   formatando o código, 515
   novos opções de formulários, 448
   Outliner, 52
   phrasing content, 7
   semântica, 8-9
HTML5 shiv, 287
"HTML5 Canvas: The Basics", 487
HTML5 Video, 487
html5.js, baixando, 289. *Ver também* HTML5 shiv
http esquema, 20
https://, usando, 431-432
Hudson, Roger, 489
hyperlinks fallbacks
   áudio, 475
   vídeo, 461-462

I

ícones, adicionando para Web sites, 162-163
ids versus funções landmark ARIA, 284-285
imagens com animação, salvando, 151
imagens de background
   controlando a anexação de, 295
   diversas, 388
   especificando a posição das, 295
   repetindo, 294
   usando, 294
imagens pôster, especificando para vídeos, 457. *Ver também* imagens
imagens thumbnail, direcionando a, 177
imagens, 17. *Ver também* imagens pôster
   adicionando a páginas, 9
   adicionando bordas a, 156

animação, 151
conseguindo, 152
cor, 149
deletando bordas de, 156
detectando problemas, 519
dimensionando com editor de imagem, 161
dimensionando com navegadores, 160
faltando, 519
formato GIF, 148, 151
formato JPEG, 148, 150
formato PNG, 148, 151
formato, 148
incluindo a páginas HTML, 9
inserindo em páginas, 156
licenças Creative Commons, 152
pixels, 149
salvando, 154-155, 519
tamanho e resolução, 149-150
texto alternativo, 157
transparência, 151
usando para enviar formulários, 446
velocidade, 150-151
!important, marcando estilos com, 207
index.html página padrão, 33-34
informação de contato do autor, adicionando, 102-103
informação para contato, adicionando, 102-103
instruções de entrada do usuário, marcando, 129
Internet Explorer
   Developer Tools, 507
   filtro de Gradiente, 195-196
   reconhecendo CSS, 287
   verificando sites no, 518
iOS Simulator, 347
iPad
   renderização, 345
   testando páginas para, 347
iPhones
   assistência para media queries, 341
   testando páginas para, 347
Irish, Paul, 377
iSP, usando como servidor Web, 523
itálicos, criando, 246-247

J

janelas de senha, criando, 431

JavaScript
adicionando a páginas na web, 499-500
biblioteca Modernizr, 287
biblioteca, 498
`document.createElement()`, 287
polyfills para aprimoramento
progressivo, 376-377
scripts inline, 500

Jehl, Scott, 348

Johansson, Roger
"Bring On the Tables", 489
código `@font-face`, 370

Johnston, Jason, 377

JW Player, 463

K

Keith, Jeremy, 332

kerning, especificando, 264

Kiss, Jason, 91

Kissane, Erin, 27

L

lado do cliente vs. lado do servidor, 421

lado do servidor vs. lado do cliente, 421

layout com estilos. *Ver também* estilos
abordagens, 277-278
conteúdo e apresentação, 276
cor de background, 296
imagens de background, 294-295
modelo de caixa, 292-293
navegadores, 276-277
propriedades de background, 296-297

layouts
elástico, 278
fixo, 277
fluido, 277-278

"Learning SVG", 487

legendas, criando para figuras, 104-105

leitor de telas JAWS, 91

leitor de telas NVDA, 91

leitor de telas VoiceOver, 91

leitores de telas, 12, 54
assistência à função landmark, 91
disponibilidade de, 91
elemento `nav`, 65
JAWS, 91
NVDA, 91
VoiceOver, 91

letras em minúsculas
removendo, 271
usando, 271

licenças Creative Commons, 152

linguagem PHP do lado do servidor, 421-423

Link Maker da Apple, 177

link `visited`, 230

links `active`, 230

links de nível de bloco, 168-170

links de rodapé, colocando elementos
`nav` em, 65

links `focus`, 230

links `hover`, 230

links, 17. *Ver também* âncoras
abrindo, 171
`active`, 230
aninhando em elemento `nav`, 64
atributo `target`, 171
criando, 167-170
definindo regras para, 231
definindo, 10
designando para navegação, 65
destino, 166
envolvendo em elemento `nav`, 66-67
estruturando em elementos `ul` e `ol`, 65
`focus`, 230
`hover`, 230
marcando grupos de links com, 399
mnemônico LVFHA, 231
mudando a aparência do, 230
nível de bloco, 168-170
rótulos, 166, 170
selecionando baseado em estados, 230-231
`visited`, 230

lista de descrição (`dl`). *Ver também* listas
aninhamento, 415

criando, 414-415

elementos **dt** e **dd**, 413

grupos nome-valor, 412

lista ordenada (**ol**)

algarismos árabes, 409

criando, 398-400

tipos de marcadores, 401

usando com links, 65

listas aninhadas. *Ver também* listas

:hover pseudo-classe, 411

estilizando, 408-411

navegação drop-down, 411

seletores, 409

listas. *Ver também* **dl** (listas de descrição); listas aninhadas

aninhando, 400

atributo **value**, 403

criando, 398-400

desordenada (**ul**), 398, 400

direção do conteúdo da direita para a esquerda, 400

escolhendo marcadores, 401-402

exibindo sem marcadores, 402

marcadores personalizados, 404-405

ordenada (**ol**), 398-400

recuando, 400

suspendendo marcadores, 406

valor **start**, 403

loop

atributo de áudio, 471

atributo de vídeo, 454

M

mailto esquema, 20

manipuladores de eventos. *Ver* eventos JavaScript

marcação de HTML, componentes, 24. *Ver também* marcação

marcação, definida, 1, 6. *Ver também* marcação de HTML

marcadores personalizados. *Ver também* marcadores

exibindo, 405

URLs (Uniform Resource Locators), 405

usando, 404-405

marcadores. *Ver também* marcadores personalizados

controlando a suspensão, 406

escolhendo para listas, 401

valor **inside**, 406

valor **outside**, 406

Marcotte, Ethan, 331

margins

definindo ao redor de elementos, 302-303

definindo valores para, 301

valor **auto**, 302-303

McLellan, Drew, 483

@media at-rule, usando em folhas de estilo, 208-209

media queries

construindo páginas adaptadas com, 349-350

conteúdo e HTML, 340-341

declarações em regras, 338

definindo, 336-337

encadeando recursos e valores, 336

evoluindo o layout, 343-346

exemplos, 334-336, 344-345

implementação do design, 341-342

iPhone 4, 351

min-width e **max-width**, 348

navegador Opera Mobile 11, 351

par *resource: valor*, 335

porção *logic*, 335

porção *type*, 335

recurso **width**, 338

recursos do, 333-334

renderizando estilos no Internet Explorer, 348

sintaxe, 334-336

melhores práticas para scripts, 501

Meyer, Eric, 290

min-height versus **height**, 300

Miro Video Converter, 452

Mobile Boilerplate, 347, 350

modelo da caixa, 292-293

MP4

arquivo de áudio no formato, 468

arquivo de vídeo nos formatos, 452

muted

atributo de áudio, 471

atributo de vídeo, 454

Myfonts, 356

N

navegação
  com teclado, 170
  marcando, 64-67

navegação drop-down, usando listas aninhadas para, 411

navegadores
  capacidades, 518
  compatibilidade, 375
  considerando layouts, 276-277
  encontrando os tamanhos das imagens, 158
  estilizando elementos do HTML5 nos, 286-289
  folhas de estilo padrão, 7
  Graded Browser Support, 518
  suporte para, 448
  testando, 518
  visualizando páginas na web em, 37-38

Neal, Jonathan, 123, 290, 466

nome de domínio
  conectando ao servidor Web, 524
  conseguindo, 522

nomes de arquivos
  caixa baixa, 19, 24
  extensões `.htm` e `.html`, 19, 30-31
  extensões, 19
  nome de arquivo, marcando, 128
  travessões entre palavras, 19, 24

nomes de fontes
  genéricos, 245
  sem caracteres ASCII, 243
  usando citações com, 243

nomes de pastas, caixa baixa, 24

`normalize.css`, 123, 290-291

numeração da lista, iniciando, 403

O

ocultando arquivos, 34

`ol` (lista ordenada)
  algarismos árabes, 409
  criando, 398-400

tipos de marcadores, 401
  usando com links, 65

opacidade, definindo para elementos, 394-395

Opera
  Dragonfly, 507
  verificando sites no, 518

ordem de empilhamento, especificando, 315, 317

overflow, tratamento dos navegadores, 320-321

P

padrões, encontrando, 433

página **`default.htm`**, 33

página padrão, especificando, 33-34. *Ver também* páginas HTML; páginas na web

páginas em HTML5. *Ver também* páginas na web
  iniciando, 43-44
  seção **`body`**, 44
  seção **`head`**, 44

páginas HTML. *Ver também* página padrão; páginas na web
  acima da tag de início **`<body>`**, 4
  alicerce, 43
  conteúdo do texto, 3, 5
  DOCTYPE, 4, 24
  elemento **`title`**, 4
  finalizando documentos, 5
  imagens, 9
  links, 10
  organizando em pastas, 370
  página básica, 3
  parágrafos, 10
  quebra de linha, 3
  semântica, 9-10
  testando, 516-517
  título **`h1`**, 9
  títulos, 9

páginas na web. *Ver também* página padrão; documentos; páginas HTML
  `article` versus elementos **`section`**, 283
  árvores genealógicas, 15
  capacidades relacionadas ao background, 261
  comentários, 282
  componentes, 24
  containers, 279

Índice   **543**

conteúdo do texto, 1, 16-17

conteúdo, 24

criando, 28-29

divs, 279

editando, 35

elemento **footer**, 279

elemento **header**, 279

elementos de cabeçalho, 282

entradas de blog, 283

estrutura, 279-283

HTML, 2

marcação, 1

marcando, 283

ordenando conteúdo, 282

referências de arquivos, 1

salvando, 30-32

visualizando em navegadores, 37-38

páginas. *Ver* páginas HTML; páginas na web

pais e filhos, 15

parágrafos

elemento **a**, 10

elemento **em**, 10

iniciando, 100-101

inspecionando, 511

marcando, 10

partes de formulários, rotulando, 434-435

pastas

nomeando, 36

organizando arquivos em, 36

subpastas, 36

usando, 370

Pfeiffer, Silvia, 487

Photoshop, 153-155

dimensionando imagens, 161

encontrando o tamanho das imagens, 159

montagens, 359

pixels, 149

placerholders versus **label**s, 434

Plug-ins, 18, 451

polyfills, usando para aprimoramento progressivo, 376-377

ponto e vírgula (;), usando com propriedades do CSS, 205

posicionamento relativo, 314-315

posicionamento, relativo, 314-315

position: absolute, 316

position: fixed, 317

position: relative, 314-316

position: static, 317

Powers, Shelley, 487

preenchimento

adicionando ao redor de elementos, 304-305

sufixo **-bottom**, 305

sufixo **-left**, 305

sufixo **-right**, 305

sufixo **-top**, 305

prefixo **-khtml-**, 373

prefixo **-moz-**, 373, 378-379

prefixo **-ms-**, 373

prefixo **-webkit-**, 373, 378-379

prefixos dos fabricantes, 373-374

preload

atributo de áudio, 471, 473

atributo de vídeo, 454, 458

print, fine, 132

processadores de palavras, evitando o uso de, 29

pronunciação, indicando, 138

propriedade **background-attachment**, 295

propriedade **background-color**, 296, 388-389

propriedade **background-image**, 294, 388-389

propriedade **background-position**, 295, 297, 388-389

propriedade **background-repeat**, 294, 388-389

propriedade **border-image**, 313

propriedade **border-radius**, 376, 378-381

propriedade **box-shadow**, 384-386

propriedade **clear**, utilizando com **float**s, 308-310

propriedade **cursor**

valor **auto**, 323

valor **crosshair**, 323

valor **default**, 323

valor **move**, 323

valor **pointer**, 323

valor **progress**, 323

valor **text**, 323

valor **wait**, 323

valor **x-resize**, 323

propriedade **display**, 324

valor **block**, 325

valor **inline**, 325

valor **inline-block**, 325

valor **none**, 325

propriedade **float**

método **clearfix**, 310

método **overflow**, 310

usando a propriedade **clear** com, 308-310

valor **left**, 306

valor **none**, 307

valor **right**, 306

propriedade **font-family**, 243-244

propriedade **font-variant**, 271

propriedade **height:**

definindo, 298-299

versus **min-height**, 300

propriedade **list-style-type**, 401

propriedade **max-width**, definindo, 299

propriedade **overflow**

valor **auto**, 320

valor **hidden**, 320

valor **scroll**, 320

valor **visible**, 320-321

propriedade **text-decoration**, 272-273

propriedade **text-shadow**, 382-383

propriedade **text-transform**, 270

propriedade **vertical-align**

valor **super**, 322

valor **text-bottom**, 322

valor **text-top**, 322

valor **top**, 322

propriedade **vertical-align**

valor **baseline**, 322

valor **bottom**, 322

valor **middle**, 322

valor **sub**, 322

propriedade **visibility**, 324

valor **collapse**, 326

valor **hidden**, 326

propriedade **width**

definindo, 298-299

ropriedade **auto**, 300

propriedade **z-index**, 315, 317-319

propriedades **background**, 262-263, 296-297

propriedades de borda, configurando, 312

propriedades de borda, definindo, 311

propriedades de espaço em branco,
definindo, 266-267

propriedades do CSS

comprimentos, 188-189

cores hexadecimais, 191

números sozinhos, 189

porcentagens, 188-189

URLs, 190

utilizando ; (ponto e vírgula) com, 205

valor **inherit**, 188

valores pré-definidos, 188

propriedades **life-style**, definindo, 407

protegendo senhas, 431

ProtoFluid, baixando, 347

pseudo-classes, 229. *Ver também* atributo
 class

 :active, 231

 :hover, 231

pseudo-elementos. *Ver também* elementos

 ::after, 229

 ::before, 229

 ::first-letter, 229

 ::first-line, 229

Q

quebra de linhas, criando, 133, 137

R

rasura, 126

recuando código, 5, 45

recuos

adicionando, 265

removendo, 265

recurso **@font-face**, 355, 360-364

regra, 360

sintaxe, 360

usando, 370

recursos

"HTML5 Canvas: The Basics", 487

"Learning SVG", 487

"mobile first" design, 332

"Video for Everybody", 466

"Video on the Web", 487

"WebVTT and Video Subtitles", 487

320 and Up, 351

apresentação "One Web", 332

ARIA spec, 91

background gradiente, 392

biblioteca do jQuery JavaScript, 498

biblioteca do MooTools JavaScript

biblioteca do YUI JavaScript, 498

bibliotecas JavaScript, 498

BOM, 32

comentários condicionais, 351

compatibilidade com navegador, 375

conversores de vídeo, 452

CSS Tricks, 395

CSS3 Generator, 374

dispositivos portáteis, 351

editor de texto Coda, 29

editor Sublime Text, 29

editores de texto, 29

Electric Mobile Simulator para Windows, 347

estruturas de tabelas, 489

eventos JavaScript, 504

ferramentas do desenvolvedor
no navegador, 507

ferramentas do desenvolvedor, 507

Firebug para Firefox, 212

Font Squirrel, 355-356, 358, 366

FontShop, 356

Fontspring, 361

formulários HTML, 428

formulários, 428

gerador de gradiente do ColorZilla, 393

gerador de gradiente, 393

Google Apps, 518

Google Closure Compiler, 501

Google WebFonts, 356

Graded Browser Suport, 518

HandBrake, 452

hasLayout, 395

HTML Lint, 515

HTML5 Video, 487

iOS Simulator, 347

JW Player, 493

licenças Creative Commons, 152

linguagem PHP do lado do servidor, 422

línguas da direita para a esquerda, 141

Link Maker da Apple, 177

manipuladores de eventos, 504

Meyer reset, 290

Miro Video Converter, 452

Mobile Boilerplate, 347, 350

Modernizr, 287, 348, 377

multimídia, 487

MyFonts, 356

normalize css, 123

novos recursos do HTML5, 448

polyfills, 377

ProtoFluid, 347

script **showform.php**, 420

seletores do CSS3, 239

serviço Fontdeck. 356

serviço Fonts.com, 356

serviço Typekit, 356-357, 359

serviço WebINK, 356

SitePoint, 520

Stack Overflow, 520

TextMate, 29

TextWrangler, 28

The League of Moveable Type, 355-356

validando o código, 515

valor **collapse** para **visibility**, 326

verificação de erro do CSS, 515

vídeo do YouTube, 484

Video for Everybody Generator, 466

vídeo, 487

Web Font Specimen, 357

Wufoo, 448

YUI Compressor, 501

recursos multimídia, 487

recursos online

"HTML5 Canvas: The Basics", 487

"Learning SVG", 487

"mobile first" design, 332

"Video for Everybody", 466
"Video on the Web", 487
"WebVTT and Video Subtitles", 487
320 and Up, 351
apresentação "One Web", 332
background gradiente, 392
biblioteca do jQuery JavaScript, 498
biblioteca do MooTools JavaScript
biblioteca do YUI JavaScript, 498
bibliotecas JavaScript, 498
BOM, 32
comentários condicionais, 351
compatibilidade com navegador, 375
conversores de vídeo, 452
CSS Tricks, 395
CSS3 Generator, 374
dispositivos portáteis, 351
editor de texto Coda, 29
editor Sublime Text, 29
editores de texto, 29
Eletric Mobile Simulator para Windows, 347
especificação ARIA, 91
estruturas de tabelas, 489
eventos JavaScript, 504
ferramentas do desenvolvedor
   no navegador, 507
ferramentas do desenvolvedor, 507
Firebug para Firefox, 212
Font Squirrel, 355-356, 358, 366
FontShop, 356
Fontspring, 361
formulários HTML, 428
formulários, 428
gerador de gradiente do ColorZilla, 393
gerador de gradiente, 393
Google Apps, 518
Google Closure Compiler, 501
Google WebFonts, 356
Graded Browser Suport, 518
HandBrake, 452
hasLayout, 395
HTML Lint, 515
HTML5 Video, 487
iOS Simulator, 347
JW Player, 493

licenças Creative Commons, 152
linguagem PHP do lado do servidor, 422
linguagens da direita para a esquerda, 141
Link Maker da Apple, 177
manipuladores de eventos, 504
Meyer reset, 290
Miro Video Converter, 452
Mobile Boilerplate, 347, 350
Modernizr, 287, 348, 377
multimídia, 487
MyFonts, 356
normalize css, 123
novos recursos do HTML5, 448
polyfills, 377
ProtoFluid, 347
script **showform.php**, 420
seletores do CSS3, 239
serviço Fontdeck. 356
serviço Fonts.com, 356
serviço Typekit, 356-357, 359
serviço WebINK, 356
SitePoint, 520
Stack Overflow, 520
TextMate, 29
TextWrangler, 28
The League of Moveable Type, 355-356
validando o código, 515
valor **collapse** para **visibility**, 326
verificação de erro do CSS, 515
vídeo do YouTube, 484
Video for Everybody Generator, 466
vídeo, 487
Web Font Specimen, 357
WebVTT (Web Video Text Tracks), 467
Wufoo, 448
YUI Compressor, 501
recursos Web
   "HTML5 Canvas: The Basics", 487
   "Learning SVG", 487
   "mobile first" design, 332
   "Video for Everybody", 466
   "Video on the Web", 487
   "WebVTT and Video Subtitles", 487
   320 and Up, 351
   apresentação "One Web", 332

ARIA spec, 91
background gradiente, 392
biblioteca do jQuery JavaScript, 498
biblioteca do MooTools JavaScript
biblioteca do YUI JavaScript, 498
bibliotecas JavaScript, 498
BOM, 32
comentários condicionais, 351
compatibilidade com navegador, 375
conversores de vídeo, 452
CSS Tricks, 395
CSS3 Generator, 374
dispositivos portáteis, 351
editor de texto Coda, 29
editor Sublime Text, 29
editores de texto, 29
Electric Mobile Simulator para Windows, 347
estruturas de tabelas, 489
eventos JavaScript, 504
ferramentas do desenvolvedor
  no navegador, 507
ferramentas do desenvolvedor, 507
Firebug para Firefox, 212
Font Squirrel, 355-356, 358, 366
FontShop, 356
Fontspring, 361
formulários HTML, 428
formulários, 428
gerador de gradiente do ColorZilla, 393
gerador de gradiente, 393
Google Apps, 518
Google Closure Compiler, 501
Google WebFonts, 356
Graded Browser Suport, 518
HandBrake, 452
hasLayout, 395
HTML Lint, 515
HTML5 Video, 487
iOS Simulator, 347
JW Player, 493
licenças Creative Commons, 152
linguagem PHP do lado do servidor, 422
linguagens da direita para a esquerda, 141
Link Maker da Apple, 177

manipuladores de eventos, 504
Meyer reset, 290
Miro Video Converter, 452
Mobile Boilerplate, 347, 350
Modernizr, 287, 348, 377
multimídia, 487
MyFonts, 356
normalize css, 123
novos recursos do HTML5, 448
polyfills, 377
ProtoFluid, 347
script **showform.php**, 420
seletores do CSS3, 239
serviço Fontdeck. 356
serviço Fonts.com, 356
serviço Typekit, 356-357, 359
serviço WebINK, 356
SitePoint, 520
Stack Overflow, 520
TextMate, 29
TextWrangler, 28
The League of Moveable Type, 355-356
validando o código, 515
valor **collapse** para **visibility**, 326
verificação de erro do CSS, 515
vídeo do YouTube, 484
Video for Everybody Generator, 466
vídeo, 487
Web Font Specimen, 357
WebVTT (Web Video Text Tracks), 467
Wufoo, 448
YUI Compressor, 501
Redefinição do CSS, começando uma folha de
  estilo principal com, 290
referências, indicando, 112
regras **@import**
  em folhas de estilo externas, 207
  no elemento **style**, 206
regras de estilo
  adicionando comentários a, 182-183
  blocos de declaração, 181
  construindo, 181
  criando, 271
  em cascata, 185-187

especificidade, 186-187

herança, 185-186

localização de, 187

seletores, 181

Resig, John, 287

rodapés, criando, 80-83

role"contentinfo", usando com elemento **footer**, 81

role="main", usando com elemento **article**, 69

S

Safari

verificando sites no, 518

Web Inspector, 507

salvando

alterações em documentos, 35

arquivos como UTF-8, 8, 45

favicons, 163

imagens animadas, 151

imagens, 154-155, 519

páginas na web, 30-32

Scalable Vector Graphics (SVG)

emparceirando com vídeo, 486

fontes Web, 354

script **respond.js**, 348, 351

script **showform.php**, baixando, 420

scripts

adicionando incorporados, 502

carregando externo, 499

Google Closure Compiler, 501

YUI Compressor, 501

scripts externos, carregando, 499

scripts incorporados, adicionando, 502

scripts inline, 500

search engine optimization (SEO), 12

seções, definindo, 72-74

Seddon, Ryan, 377

seletores de atributo, 232-235. *Ver também* seletores

seletores do CSS3, recursos para, 239

seletores **id** vs. **class**, 220

seletores. *Ver também* seletores de atributo

agrupando, 237

combinando, 238-239

construindo, 214-215

semântica

acessibilidade, 11

exibindo HTML, 12

importância da, 11-12

leitores de telas, 12

SEO (search engine optimization), 12

serviço Fontdeck, 356

serviço Fonts.com, 356

serviço Typekit, 356-357, 359

serviço WebINK, 356

servidor seguro, usando, 431

servidor Web

conectando ao domínio, 524

encontrando para sites, 523-524

servidor, encontrando para sites, 523-524

servidor, transferindo arquivos para, 525-528

Sexton, Alex, 377

shims, usando para aprimoramento progressivo, 376-377

simuladores, usando com dispositivos portáteis, 347

sinais : (dois pontos) versus = (igual), 205

sinal de dois pontos (:) versus igual (=), 205

sinal de igual (=) versus dois pontos (:), 205

sintaxe **::first-letter**, 229

sintaxe **::first-line**, 229

site da BART, 329

SitePoint, 520

sites

carregando, 528

esboçando, 26-27

HTML5 Outliner, 52

planejando, 26

Sneddon, Geoffrey, 52

Snook, Jonathan, 254

sombra dentro do elemento, criando, 385

sombreamento

adicionando a elementos, 384-387

adicionando ao texto, 382-383

spans, criando, 134-135

Stack Overflow, recursos Web, 520

styles-480.css, estilos em, 333

Índice **549**

subscripts, criando, 121-122

SVG (Scalable Vector Graphics)

    emparceirando com vídeo, 486

    fontes Web, 354

T

tabelas

    abrangendo colunas e fileiras, 494-495

    atributo `colspan`, 494-495

    atributo `rowspan`, 494-495

    atributo `scope`, 490-493

    bordas para células de dados, 492

    cabeçalhos, 490

    células, 490

    elemento `tbody`, 491

    elemento `td`, 490

    elemento `tfoot`, 491

    elemento `thead`, 491

    elemento `tr`, 490

    estruturando, 490-493

    `figcaption`, 493

    fileiras, 490

    `padding`, 492

    texto `caption`, 490

tag de fim `</html>`, 5

tags de início, incluindo em elementos, 13

tags fim, incluindo em elementos, 13

tamanho da fonte

    definindo, 250-254

    elemento pai, 254

    filho de elemento, 254

    tipo de unidade `pt`, 253

    unidade %, 250, 251-252, 254

    unidade `em`, 251-252, 254

    unidade `ex`, 254

    unidade `px`, 250-254

    unidade `rem`, 254

tamanho da imagem, especificando, 158-159

tecla Tab, pressionando, 170

técnicas de depuração

    checando o HTML, 510-511

    destacando a sintaxe, 506-507

técnicas de teste

    entrada da URL, 509

    permitindo recursos de navegadores, 509

    salvando arquivos, 509

    upload de arquivos, 508-509

    validando o código, 508

tecnologias assistivas, 54. *Ver também* leitores de telas

telefones celulares. *Ver também* design de Web responsiva

    construindo para desktops, 342

    construindo sites para, 328-332

    construindo uma linha base para, 341-342

    estilizando a base, 340

    testando páginas em, 347

tempo, especificando, 106-109

termos, definindo, 120

testando

    navegadores, 518

    páginas HTML, 516-517

    versões locais de sites, 517

texto

    adicionando sombras ao, 382-383

    alinhando, 268-269

    alternativo, 157

    citando, 113-115

    decorando, 272-273

    deletando, 124

    destacando, 116-117

    detectando imprecisões, 124-127

    enfatizando, 110

    inserindo, 124

    marcando como importante, 110

    removendo decorações, 273

    usando pré-formatado, 130-131

texto alternativo, 157

TextWrangler

    baixando, 28

    usando, 28

The League of Moveable Type, 355-356

tipo de lista, escolhendo, 399

título `h1`, usando, 9

títulos, 282

    adicionando `id`s a, 49

    agrupando, 58-59

    atributo `lang` em, 49

criando, 61-63

em sites de busca, 49

usando, 9, 48

versus cabeçalhos, 63

tooltips, adicionando, 95

truques do CSS, 395

U

Uggedal, Elvind, 350

ul (lista desordenada)

criando, 398-400

usando com links, 65

Ullman, Larry, 422

Unicode, 16

upload de arquivos, permitindo, 442

URLs (Uniform Resource Locators), 20-23

absolutas versus relativas, 21-23

barra, 20

criando, 175-177

file scheme, 20

http scheme, 20

letras em caixa baixa, 170

mailto scheme, 20

nome do servidor, 20

scheme, 20

usando **cite** e **blockquote** with, 114

visitando, 528

URLs absolutas versus relativas, 21-23

URLs relativas

usando, 169

versus URLs absolutas, 21-23

V

validando o código, 514-515

valor **capitalize**, usando com **text-transform**, 270

valor **lowercase**, usando com **text-transform**, 270

valor **none**, usando com **text-transform**, 270

valor placeholder, representando, 129

valor **uppercase**, usando com **text-transform**, 270

valores de atributo, colocando entre aspas, 510

valores de fonte, definindo todos, 256-257

valores fracionados, indicando, 142-143

vídeo

adicionando a páginas na web, 453

adicionando com Flash fallbacks, 463-466

atributo **autoplay**, 455-456

atributo **controls**, 455-456

atributo **preload**, 454

elemento **object** para Flash fallbacks, 463-466

emparceirando com SVG (Scalable Vector Graphics), 486

especificando imagens pôster, 457

hyperlink fallbacks, 461-462

incorporando YouTube, 484

livros, 487

looping, 457

múltiplas fontes, 459

prevenindo pré-carregamento, 458

recursos online, 487

usando com elemento **canvas**, 485

vídeo do YouTube, incorporando um, 484

"Video for Everybody", 466

Video for Everybody Generator, 466

"Video on the Web", 487

vídeos WebM

atributo **autoplay**, 473

atributo **controls**, 455

autoplay e **loop**, 457

descrição, 454

sem controles, 453

viewport do Mobile Safari, 335

viewports

elemento **meta**, 339

recursos do, 339

visitantes, permitindo a fazer upload de arquivos, 442

Visscher, Sjoerd, 287

W

WAI-ARIA. *Ver* ARIA (Accessible Rich Internet Applications)

Web design responsiva, 331-332, 341-342. *Ver também* telefones celulares

definindo estilos para breakpoints, 343

imagens e mídia, 331
larguras dos pixels, 343, 346
layout baseado em grade, 331
media queries, 331, 343
Web design. *Ver* Web design responsiva
Web Font Specimen, 357
Web Open Font Format (.woff), 354
Web sites
carregando, 528
esboçando, 26-27

HTML 5 Outliner, 52
planejando, 26
"WebVTT and Video Subtitles", 487
WebVTT (Web Video Text Tracks), 467
.woff (Web Open Font Format), 354
Wroblewski, Luke, 322, 351

Y

YUI Compressor, 501